THE DEEP LEARNING REVOLUTION

딥러닝 레볼루션

THE DEEP LEARNING REVOLUTION

AI시대,
무엇을 준비할
것인가

테런스 J. 세즈노스키 지음 | 권정민 감수 | 안진환 옮김

한국경제신문

●○

솔로몬 골롬(Solomon Golomb)을 추모하며,
보(Bo)와 솔(Sol), 테리사(Theresa), 조셉(Joseph)에게
이 책을 바칩니다.

○●

2016년 봄 최강의 바둑기사 이세돌과 인공지능 바둑 프로그램 알파고가 펼친 다섯 번의 대국 이후 어딜 가든 인공지능, 머신러닝, 딥러닝에 대한 이야기가 첫 번째로 올라왔다. 상상의 영역에만 존재하는 줄 알았던 기술이 현실로 등장하자, 두려움에 우려를 표하는 이도 인류의 진보를 꿈꾸는 이도 있었다. 인공지능과 뇌과학 연구에 평생을 바쳐온《딥러닝 레볼루션》의 저자 세즈노스키는 어느 쪽과도 거리를 둔다. 새로운 기술이 미래에 어떤 영향을 끼칠지는 그 누구도 쉽사리 예측할 수 없다고 말한다. 특히나 인공지능의 경우에는 아직 해결하지 못한 난제가 남아 있으며, 과장된 부분도 있다는 것이다.

한번 이 말을 달리 생각해보자. 우리에게도 아직 기회와 시간이 남아 있다는 의미가 된다. 그렇다면 무엇을 준비해야 할까. AI 시대에 한국이 뒤처지지 않기 위해서는 어떤 노력과 지원이 필요한지, 나아가 인공지능을 끔찍한 괴물이 아닌 '인공지혜(artificial wisdom)'로 만들기 위해서는 어떤 성찰과 고민이 필요한지 모두 머리를 맞대야 할 때다. 저자의 통찰은 미래를 향한 넓고 깊은 논의의 토대가 되어줄 것이다.

이어령 한중일비교문화연구소 이사장

○●

물리학을 전공하고 신경생물학에 전산학을 접목한 저자에 대한 위키피디아 설명은 다음과 같습니다. '신경망과 전산 신경과학의 개척자.' 우리의 세상을 바꿔놓을 혁신적 기술의 발전을 위해 노력한 연구자들의 이야기를 담은 딥러닝의 역사서이자, 그들이 꿈꾸는 일반지능을 가진 미래의 인공지능에게는 창세기와 같은, '과거와 현재, 그리고 미래의 딥러닝을 한눈에 파악할 수 있는 가이드북'의 일독을 권합니다.

송길영 마인드 마이너 ·《상상하지 말라》저자

○●

초기의 AI는 인간이 정해준 로직을 따라서 추론하며 인간의 사고와 행동을 모방하려 했다. 이러한 접근방식은 예상하지 못하는 새로운 상황이 발생하였을 때 원만하게 적응하는 데 취약점을 노출하였다. 하지만 이제는 주어진 로직 대신 데이터를 이용한 네트워크 방식의 학습을 통하여 로직을 찾으며 추론하고 있다. 딥러닝 네트워크는 아기가 세상을 경험하며 배우는 방식과 비슷하게 데이터를 통해 학습한다. 학습 알고리즘은 데이터에서 정보를 추출해, 그 정보로 지식을 만들고, 그 지식을 바탕으로 새로운 사실을 찾아낸다. 이와 같이 AI 속 깊은 이야기기 흥미진진하게 펼쳐진다.

이광형 KAIST 바이오및뇌공학과 겸 문술미래전략대학원 교수

○●

테런스 세즈노스키는 딥러닝 분야의 리더이며 개척자 중 한 명이다. 그가 30여 년간 딥러닝과 신경과학 분야의 최고 연구자들과 함께하고, 때로는 치열하게 경쟁한 역사를 이 책에서 상세하게 설명하고 있다. 단순히 이론과 프로그래밍을 배우는 것이 아닌 최고 연구자들의 생각과 대화를 통해, 물리학과 생물학 그리고 신경과학 분야가 딥러닝과 인공지능 연구에 어떻게 영향을 주고 발전하게 했는가를 알 수 있는 책이다. 현재 진행하고 있는 인공지능의 다양한 연구 분야에 대한 그의 깊이 있는 통찰을 보여준다.

한상기 공학박사 · 테크프론티어 대표 · 과학기술 전문 서점 책과얽힘 주인장

○●

《딥러닝 레볼루션》은 머신러닝의 역사, 알고리즘, 인공지능의 미래를 한 권에 담아낸 역작이다. 초지능과 초연결로 대표되는 4차 산업혁명 시대에 살아남기 위한 필독서로 꼽기에 모자람이 없다. 인공신경망 분야의 구루인 테런스 세즈노스키는 자신의 경험을 바탕으로 인간 지능의 진화와 인공지능의 진화라는 두 가지 주제를 깊이 있게 풀어내고 있다. 만만한 책은 아니지만 이 책을 읽은 사람과 읽지 않은 사람의 차이는 크게 날 것이다.

김지연 성균관대학교 초빙교수 · 《4차 산업혁명 시대에 살아남기》 저자

○●

테런스 세즈노스키는 인공지능 연구 초창기부터 '딥러닝의 아버지'라 불리는 제프리 힌튼과 함께 확률적 신경망의 초석을 다져온 신경망 분야의 세계적인 석학입니다. 힌튼은 이후 인공신경망 연구자의 길을, 세즈노스키는 생물학적 신경망 연구자의 길을 걸어왔다고 할 수 있습니다. 그는 2019년 현재 인공지능 최고 권위 학회인 NeurIPS의 회장이기도 합니다. 최근 많은 책들이 기술 관점에서 '딥러닝이 풀어낸 문제들'을 설명하는 것에 집중하는 반면, 이 책은 신경과학의 관점에서 '딥러닝이 풀어야 하는 근본적인 문제들'을 다루고 있습니다. 세즈노스키 교수와 함께 인공지능의 과거와 현재를 걸어보고, 그의 통찰력을 빌려 인공지능의 미래를 엿보는 즐거움을 누리시기 바랍니다.

이상완 뇌과학자

○●

뇌과학과 기계 학습 기술의 선구자인 저자가 지난 30여 년간의 뉴럴 네트워크 기반 딥러닝 기술 발전의 역사와 현황, 그리고 앞으로의 미래에 대한 이야기를 매우 흥미진진하게 풀어간다. 단순한 관찰자적 기술만이 아닌, 다양한 개인적인 일화도 함께 소개함으로써 해당 분야의 드라마틱한 발전 과정이 더 생생하게 다가온다. 인공지능 기술의 실제 속내가 궁금하고 그 구체적인 내용을 알고 싶은 일반 독자는 물론이고, 새로운 직관을 얻기 원하는 딥러닝 및 인공지능 연구에 종사하는 연구자들도 꼭 한 번 읽어봐야 할 필독서이다.

문태섭 성균관대학교 전자전기공학부 교수

○●

테런스 세즈노스키의 뉴럴 네트워크에 대한 이 책은 새로운 학문의 성공 이야기입니다. 물리학과 신경과학의 기초 위에 발전하여 오늘날 성공적으로 적용되고 있는 뉴럴 네트워크라는 인공지능 방법론이 다른 방법론을 사용하는 대가들의 비판을 견디고 결국 성공에 이르기까지, 수십 년에 걸친 도전의 이야기입니다. 테런스 세즈노스키는 기계 학습 분야 최고 학회인 NeurIPS의 수장으로 오랫동안 있으면서 함께 성공을 견인했던 동시대의 사람들에 대한 이야기를 전하고 있으며 해당 분야의 나아갈 바를 예상해볼 수 있도록 학자로서 인공지능 분야를 바라보는 시각을 제시합니다.

노영균 한양대학교 컴퓨터소프트웨어학부 교수

○●

2016년 알파고와 이세돌 9단의 대국 이후 우리 사회에서 인공지능은 산업과 생활의 혁신을 이끌 미래 기술로 급격히 부상하였다. 인간을 대신하여 인공지능이 자동차를 운전하고, 주식을 거래하며, 환자를 진단하는 세상은 이미 우리 곁에 와 있다. 하지만, 불과 10년 전만 하더라도 인공지능이 우리 사회를 이렇게 크게 변화시킬 것으로 예상하는 사람은 많지 않았다. 이러한, 인공지능을 변혁의 핵심으로 부상시킨 것이 바로 이 책에서 다루고 있는 '딥러닝'의 발전이었다.

사실 딥러닝의 기초가 되는 인공 신경망은 1950년대에 이미 제시된 개념이지만, 이를 실질적인 문제의 해결에 활용하는 것은 오랫동안 매우 어려운 일이었다. 이 책은 인공신경망에 대한 과학적 신념을 바탕으로 이를 꾸준히 연구하고 발전시켜, 결국 딥러닝을 탄생시키고 인공지능의 부흥을 이끈 저자를 비롯한 여러 연구자들에 대한 서사이다. 신경생물학으로부터 어떻게 전산적 신경망 모델이 발전했는지, 현재 널리 사용되고 있는 딥러닝 기술 뒤에 숨어 있는 직관은 무엇인지, 세계 최고의 인공지능 학술대회로 떠오른 NeurIPS는 어떻게 조직되었는지까지 딥러닝 기술 자체와 그 역사에 대한 많은 이야기를 담고 있다. 이 책을 통해 관련 전문가뿐만 아니라 인공지능에 관심이 있는 일반인까지 딥러닝을 이해하는 데 도움을 얻을 수 있을 것으로 생각한다.

석준희 고려대학교 전기전자공학부 교수

○●

테런스 세즈노스키는 현대 뇌과학 이론을 언어 학습에 적용한 세계적 대가이다. NeurIPS 재단의 회장이 될 정도로 인공지능 전 분야의 기술의 핵심을 꿰뚫고 있다. 《딥러닝 레볼루션》에서 새로운 아이디어가 누구에 의해서 어떻게 창출되었는지, 미래의 연구를 어떻게 해야 하는지를 보여준다.

특히 이 책은 딥러닝 알고리즘에 국한되어 있지 않고 인공지능 전 분야에 관해, 생물학적 인간지능이 어떻게 연구되고 적용되어 실용화되었는지를 잘 설명하고 있다. 또한 분야별로 전 세계적 연구 동향뿐만 아니라 세계적 대가들의 공적과 그들의 생애를 잘 묘사하고 있다는 점에서, 이 분야 연구에 종사하는 사람이라면 읽어봐야 할 필독서로 생각된다.

최완 한국전자통신연구원(ETRI) 책임연구원

이제는 SF 영화를 보아도 그 안의 세계가 그다지 낯설지 않다. 스마트폰 속의 비서는 사람이 말을 하면 이를 알아듣고 행동을 해주고, 자동차는 사람의 제어 없이 방해물을 피하고 차선을 변경하며, 집에 사람이 발을 들이면 알아서 불이 켜지고 음악이 나온다. 인공지능이 장기와 체스에 이어서 바둑에서도 챔피언을 상대로 승리를 거두기도 했다. '아직 이런 건 기계가 사람처럼 할 수는 없지' 하고 잠시 마음을 놓고 있다 보면 인공지능이 어느새 영역을 넓혀 곳곳의 영역에서 순식간에 사람보다 훨씬 좋은 결과를 내는 상황이 태반이다.

덕분에 편리함이라는 혜택을 누리지만 이런 사례가 항상 긍정적인 것만은 아니다. 사람들의 얼굴을 합성해서 동영상을 만들어낸다든지, 사람 대신 보이스 피싱 범죄에 활용되는 인공지능과 같이 기술이 악용되는 사례도 뉴스에서 쉽게 접하게 된다. 또한 인공지능의 성차별, 인종차별 등 우려되는 상황 역시 나타나고 있다. 정말로 SF 스릴러 영화에서나 나올 법한 일이 바로 옆에서 일어나고 있는 것이다.

그래서 이런 이야기를 수차례 접하다 보면 인공지능이라는 것이 갑자기 지구를 침범한 외계인마냥 낯설게 느껴지기도 하고, 막연한 두려움이나 공포감을 가지게 되기도 하고, 무작정 부정하거나 혹은 전지전능하다고 믿게 되고 무작정 신봉하게 되기도 한다. 하지만, 생산적이고 발전적인 논의를 위해서는 처음으로 돌아갈 필요가 있다.

《손자병법》에서 이야기하는 '지피지기백전불태(知彼知己百戰不殆)'라는 말은 인공지능의 시대에도 통용된다. 인공지능이라든가, 머신러닝이라든가 하는 것 역시 사람이 만든 것이고, 이제는 누구나 손쉽게 이용할 수 있는 만큼, 이에 대해서 잘 모르는 상태로 여기저기서 피상적으로 하는 이야기들만 듣고 판단을 내릴 것이 아니다. 이에 대해서 어느 정도 이해를 한 후에, 세상에서 일어나고 있는 일들을 좀 더 깊이 있게 판단하고, 더 나아가 우리가 직접 이를 어떻게 활용할 수 있는지에 대해서 생각해봐야 할 것이다.

다행히 세상에는 이에 대해서 많은 책이 나와 있고, 《딥러닝 레볼루션》 역시 인공지능 책 무리의 일원이다. 다만 이 책은 이런 '인공지능'의 여러 측면 중에서도 최근 이런 인공지능을 활성화시킨 주요 기술인 '딥러닝(심층 학습)'에 초점을 맞추고 있다. 딥러닝이라는 이름 역시, 연구자나 엔지니어 사이에서만 통용되는 단어가 아니라, 일반적으로도 널리 퍼져서, 여러 지면상에 소개되고 많은 제품에 이 이름을 같이 언급할 정도로 유명해진 용어다. 아마 지금 이 글을 읽고 계시는 분들도 딥러닝이란 이름이 이미 익숙해서 이 책을 집어들었을 것이라고 생각한다.

세계의 연구자들은 딥러닝을 수십 년 만에 한 번 나오는 진정한 혁신이라며 칭송을 아끼지 않았다. 딥러닝의 발전 속도는 굉장히 눈부시며, 이를 활용하는 분야 역시 빠른 속도로 늘어나고 있다. 이제 딥러닝은 얼굴 인식, 번역, 음성 인식 및 합성 분야에서 맹활약을 펼치고 있고 실생활 분야에서도 다각도로 활용되고 있다. 스마트폰, IoT(사물인터넷)가 널리 퍼지면서 딥러닝 활용은 날개 단 듯이 가속화되고 있다.

하지만 사실 딥러닝은 어느 날 혜성처럼 등장한 기술이 아니다. 딥러닝은 '뉴럴 네트워크'를 다층 구조로 구성해놓은 형태를 기반으로 하는 것으로, 딥러닝의 첫 등장은 1980년대, 뉴럴 네트워크의 첫 등장은 1930년대다. 아주 오래전부터 인간은 인간과 유사한 형태를 만들고자 해왔고, 다양한 분야에서 인간의 동작 메커니즘을 모방해서 활용하고자 하는 시도가 이루어졌다.

그런 시도 중 하나가 뉴런의 시냅스에서 자극을 전달하여 결합 세기를 다르게 하고, 이를 통해 어떤 판단을 내리게 되는 인지 구조를 모방해서 수학적 알고리즘으로 만든 뉴럴 네트워크였다. 이 알고리즘은 아이디어도 좋고 성능도 나쁘지 않아 정말로 인공지능으로 갈 수 있는 방안으로 떠올랐지만, 안타깝게도 몇 가지 문제에 직면하게 되었다. 이를 실제로 사용하기에는 사용 이전에 알고리즘에게 기존 데이터로 가르치는 단계인 학습 시간이 너무 오래 걸리고, 이 과정에서 과적합(기존 데이터로 배운 지식에 너무 편중되어 이후 새로운 데이터에 응용을 못하는 경우)이 발생한 것이다.

그래서 뉴럴 네트워크 대신 이보다 간단하면서 비슷한 성능을 내는 알고리즘을 찾아내고자 했고, 발견 이후 새로운 가능성을 열어줄 대안으로 각광을 받았다. 하지만 1980년에 뉴럴 네트워크를 다층으로 쌓은 딥러닝 형태가 제시된 후에도 컴퓨팅 자원의 문제로 널리 사용되지 못하고, 그나마도 사용할 수 있는 분야가 한정되면서 머신러닝은 일부 연구 및 소수의 분야에서만 활용되면서 그 저변을 천천히 넓혀가는 정도였다.

그러다 딥러닝이 처음 제시된 지 20여 년이 지난 2006년, 제프리 힌튼이 비지도 학습과 '다층 뉴럴 네트워크(딥러닝)'를 결합한 형태로 과적합 문제를 어느 정도 해결하게 되면서, 딥러닝은 빠른 속도로 발전하기 시작했다. 그리고 물체 인식 등의 분류 및 판별 문제에서 그 영역을 넓혀가면서, 현재의 모습에 이르게 되었다. 그리고 그 발전 및 저변 확대는 현재진행형으로 가속을 더해가면서 이루어지고 있다.

이 책의 저자인 테런스 J. 세즈노스키는 과거부터 현재까지 이런 흐름의 중심에서 이를 몸소 체험해왔다. 신경과학자인 저자는 많은 학자들과 교류하며 뉴럴 네트워크가 뇌의 뉴런과 신경을 어떤 식으로 모방을 하고 어떤 식으로 활용을 할 수 있는지를 다각도에서 파악하고 발전시키기 위해서 노력해왔다. 저자는 뉴럴 네트워크, 그리고 딥러닝이 어떤 과정을 통해 현재에 이르게 되었고, 여기서 우리가 어떤 점을 이해해야 하는지 본인의 경험과 지식을 토대로 다양한 관점에서 꼼꼼하게 풀어내고 있다.

이 책은 총 3부에 걸쳐 인공지능과 딥러닝의 활용 현황, 현대의 인공지능을 대하는 관점, 인공지능과 딥러닝 기술의 발전 과정에 대해서 이야기하고 있다. 1부 활용 현황의 경우 어느 정도는 우리가 익히

아는, 혹은 많은 미디어에서 이야기하는 것들이어서 비교적 친숙할 것이다. 하지만 여기서는 보다 풍부한 예를 다루고 있어서, '이런 것에도 이제 인공지능이 활용되고 있구나' 하고 새로운 변화의 양상을 깨달을 수 있을 것이다.

2부의 경우는 인공지능과 관련 기술에 대한 접근 방식 및 태도를 기반으로 최근의 인공지능과 관련된 이슈나 어떤 불안감 같은 것에 대해서 다시 한 번 돌이켜보면서 관점을 다듬는 기회가 될 수 있을 것이다. 인공지능과 딥러닝에 대한 '지피지기백전불태'의 모습을 갖춘다면 이런 것이 아닐까.

마지막 3부에서는 인공지능과 딥러닝 발전 과정에 대해서 여러 학계의 관점에서 차근차근 살펴보고 있는데, 그 폭과 깊이에 나도 적지 않게 놀랐고 많이 배울 수 있었다. 이 장을 읽어나가다 보면 인간과 동물의 신경계의 형태를 전산학에서 모방한 방식 및 과정에 대해 웬만한 다른 교양서보다 훨씬 깊이 있게 파악할 수 있다. 아마도 이 분야에 대해서 완전히 낯선 사람들 중 생물학 혹은 전산학에 익숙하지 않은 경우 다소 어렵게 느껴지는 부분도 충분히 있을 수 있다. 하지만 이런 부분은 '이런 것이 있구나' 하고 넘어간 후에 나중에 어디선가 비슷한 이야기를 들었을 때 다시 찾아보는 유용한 자료로 이용할 수도 있을 것이다.

"미래는 이미 와 있다. 단지 널리 퍼져 있지 않을 뿐이다"라는 윌리엄 깁슨(William Gibson)의 유명한 말은 이제 "미래는 이미 와 있다. 이미 우리 삶에 충분히 퍼져 있다"라고 바뀌어야 할 것이다. 인공지능이나 딥러닝에 대해서는 더욱 그러하다. 그리고 그만큼 우리는 이렇게 다가온 미래를 좀 더 이해하려고 노력해야 하고, 이를 위한 도구로서 이 책이 도움이 되었으면 한다.

2019년 10월

권정민

안드로이드폰이나 인터넷의 구글 번역으로 음성인식을 이용해본 적이 있는가? 그렇다면 당신은 이미 딥러닝으로 훈련된 뉴럴 네트워크[1]와 커뮤니케이션을 하고 있는 것이다. 지난 몇 년 동안 딥러닝은 자율주행 자동차와 구글 글라스(Google Glass), 구글 브레인(Google Brain) 등 구글 X(구글의 비밀 연구조직-옮긴이)에서 수행하는 모든 초현대적인 프로젝트들의 비용을 감당하기에 충분한 이익을 구글에 안겨줬다.[2] 구글이 인터넷 기업들 중에서도 발 빠르게 딥러닝을 수용한 덕분이다. 구글은 2013년 '딥러닝의 아버지'라 할 수 있는 제프리 힌튼을 영입했고, 다른 기업들은 구글을 따라잡기 위해 애쓰고 있는 실정이다.

최근에 이뤄진 인공지능(AI)의 진보는 역공학(reverse engineering, 이미 구성된 시스템을 역으로 추적해 애초의 문서나 설계 기법 등의 자료를 얻어내는 소프트웨어공학-옮긴이) 기술의 발전 덕분이다. 계층형 인공 뉴럴 네트워크 모델의 학습 알고리즘은 인체의 뉴런(신경단위)이 서로 소통하는 방식에서 영감을 받고 경험에 의해 수정된다. 뉴럴 네트워크 내에서 세상의 복잡성은 지능의 구성 요소인 변화무쌍한 내부 활동 패턴으로 변형된다. 1980년대 내가 연구한 네트워크 모델은 수백만 개의 인공 뉴런을 보유하며 수십 개 계층을 이루는 오늘날의 모델에 비하면 보잘것없는 수준이었다. 인공지능의 최대 난제 몇 가지와 관련해서 딥러닝이 커다란 도약을 이룰 수 있었던 것은 그사이에 지속성과 빅데이터, 컴퓨터 성능 면에서 많은 발전이 있었기 때문이다.

사람들은 새로운 기술이 미래에 어떠한 영향을 미칠지 상상하는 일을 잘하지 못한다. 인터넷이 상업화된 1990년에 누가 그것이 음악 사업과 택시 운송 사업, 선거운동 등에 미칠 영향을 예측할 수 있었던가? 우리 일상생활의 거의 모든 측면에 미칠 영향을 제대로 예측한 사람이 과연 있었을까? 컴퓨터가 우리의 삶을 어떻게 바꿀지 상상하는 일에도 유사한 실패 사례가 있었다. IBM의 토머스 J. 왓슨(Thomas J. Watson) 사장은 1943년에 이렇게 말한 것으로 유명하다. "아마도 전 세계적으로 컴퓨터에 대한 시장 수요는 다섯 대 정도가 될 겁니다."[3] 상상하기 어려운 것은 새로운 발명품이 어떤 용도에 쓰일 것이냐 하는 부분이다. 사실 이 부분에 대한 예측은 발명자 본인도 다른 사람들보다 그다지 나을 게 없다. 현재 딥러닝과 인공지능을 놓고 한편에서는 이상적인 시나리오를, 다른 한편에서는 종말론적 시나리오를 각양각색으로 펼쳐놓고 있지만, 가장 상상력이 풍부한 공상과학 소설가조차도 그것들의 궁극적인 영향은 짐작할 수 없다고 봐야 옳다.

이 책《딥러닝 레볼루션(The Deep Learning Revolution)》의 초고는 태평양 연안 북서부에서 하이킹을 하면서, 수십 년 전 태동한 인공지능 세계에 최근 일고 있는 주목할 만한 변화에 대해 숙고한 후 몇 주 동안 집중적인 노력을 기울여 완성했다. 이 책은 막대한 자금력을 자랑하며 해당 분야의 '유일한 활동 조직'임을 주장하던 인공지능 기득권층에 도전한 일단의 소규모 연구원들에 관한 이야기다. 인공지능 기득권자들은 문제의 어려움을 크게 과소평가하며 지능에 대한 직관에 의존했다. 그것이 잘못된 길이었음이 드러난 것은 물론이다.

지구상의 생명체는 많은 신비로 가득하며, 그에 대한 이해에서 가장 어려운 부분은 필경 지능의 본질에 대한 이해일 것이다. 자연에는 단순한 박테리아에서 복잡한 인간에 이르기까지 온갖 형태의 지능이 넘쳐나는 데 각각의 지능은 나름의 환경적 틈새에 적응한 상태다. 인공지능 역시 다양한 형태로 도래할 것이고 이 스펙트럼에서 각자 자신의 자리를 찾을 것이다. 심층적 뉴럴 네트워크에 기초한 기계 지능이 성숙해짐에 따라 그것이 생물학적 지능에 새로운 개념적 골격을 제공할 가능성도 높아질 것이다.

이 책은 과거와 현재 그리고 미래의 딥러닝을 한눈에 파악할 수 있는 일종의 가이드북이다. 그렇다고 해당 분야의 포괄적인 역사를 다룬다는 뜻은 아니다. 그보다는 주요한 개념적 진보와 그런 진보를 이룩한 연구원 공동체에 대한 개인적 시각에 초점이 맞춰져 있다고 할 수 있다. 인간의 기억은 변덕스럽고 이야기를 반복할 때마다 조금씩 변한다. 이른바 '재강화(reconsolidation)'라는 과정을 통해서다. 이 책이 다루는 과거와 현재는 40년이 넘는 기간이다. 어떤 일들은 마치 어제 일어난 것처럼 기억에 생생하지만 몇몇 세부 내용은 시간이 지남에 따라 기억의 자체 교정에 의해 편집되었을지도 모른다는 점을 인정한다.

1부는 딥러닝에 대한 연구가 개시된 동기와 그 기원을 이해하는 데 필요한 배경을 살펴본다. 2부는 딥러닝이 현재 우리의 삶에 미치는 영향과 앞으로 미칠 가능성이 높은 영향에 대해 탐구한다. 그러나 뉴욕 양키스의 철학자 요기 베라(Yogi Berra)가 설파했듯이 "예측은 어려우며 특히 미래에 대한 예측은 더욱 그렇다". 3부는 서로 다른 몇 가지 유형의 뉴럴 네트워크 아키텍처가 각기 어떤 학습 알고리즘에 기초하는지 설명한다. 본문 중 8개의 장에 마련한 텍스트 박스(text box)는 해당 이야기의 기술적 배경을 담고 있다. 각 부의 마지막 부분에 있는 연대표는 해당 내용과 관련된 사건을 추적하는데, 60년에 걸친 이야기를 담고 있다.

2019년 튜링상(Turing Award) 수상자로 제프리 힌튼(Geoffrey Hinton), 얀 르쿵(Yann LeCun), 요슈아 벤지오(Yoshua Bengio)가 선정되었다. 이는 딥러닝 연구 분야에서 보여준 그들의 선구적 공로를 인정하는 것이었다. 튜링상은 현대 컴퓨터의 근간이 되는 이론을 창시한 선구자 앨런 튜링(Alan Turing)의 업적을 기리는 의미에서 이름 붙여졌다. 현대의 디지털 컴퓨터는 노벨상이 제정된 이후에 발명되었으며, 따라서 튜링상은 '컴퓨터 과학 분야의 노벨상'으로 불리고 있다. 이 책은 이처럼 인공지능 혁명을 이끈 선구자들의 여정과 그들이 세상에 남긴 업적과 영향에 대해서 이야기한다.

차례

THE DEEP LEARNING REVOLUTION

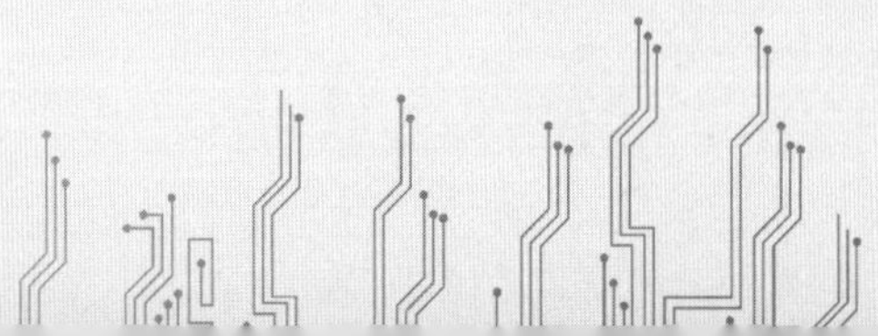

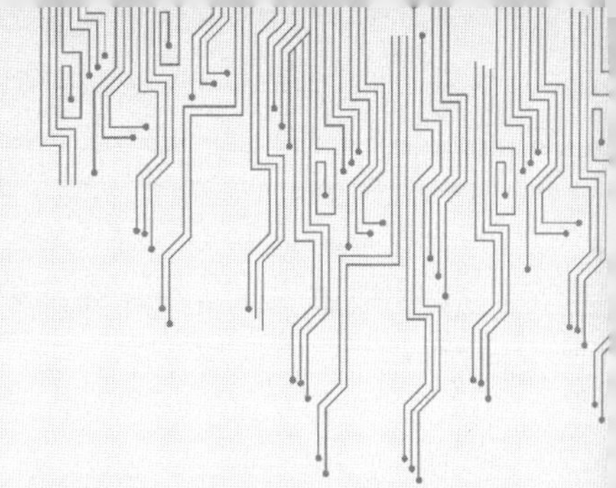

3부 ○ 다양한 학습 방법

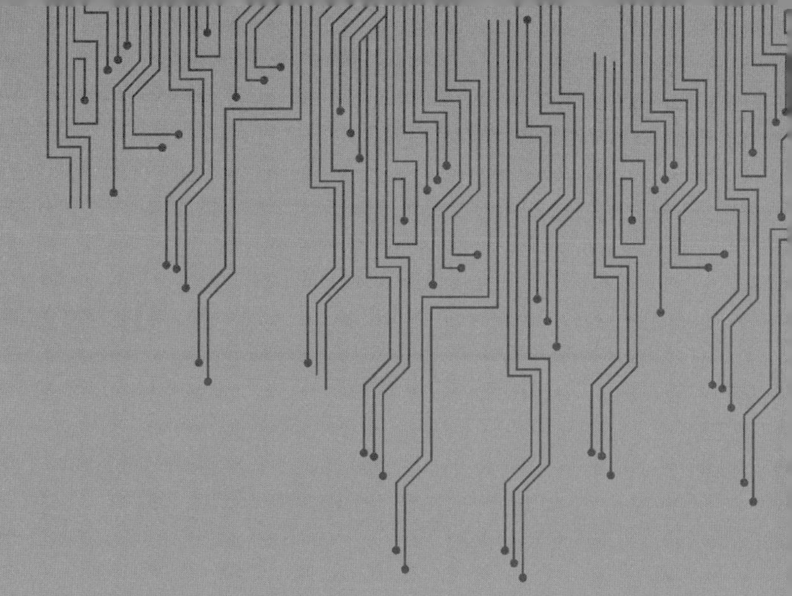

| 1부 |

지능의 재해석

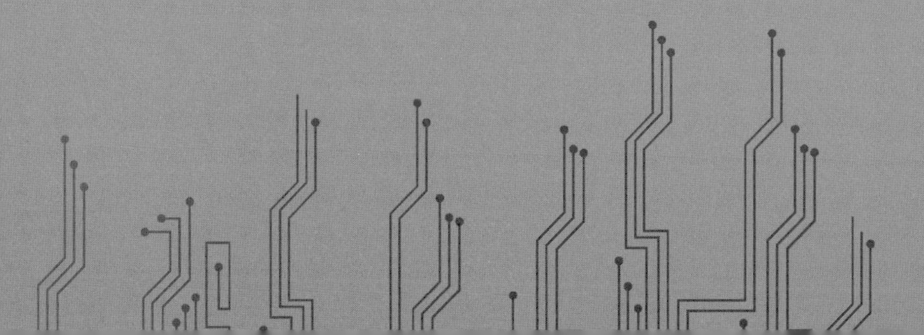

| 1장 | 머신러닝의 부상

그리 오래되지 않은 과거에만 해도 컴퓨터 비전(Computer Vision)은 한 살배기 아기의 시각 능력을 따라잡을 수 없다는 말이 정설로 통했다. 오늘날 그 말은 더 이상 사실이 아니다. 이제 컴퓨터는 대부분의 성인만큼 물체나 장면을 잘 인식할 수 있다. 컴퓨터 조종 자율주행 차량이 평균적인 18세 청소년보다 안전하게 도로를 누빌 수 있는 세상이다. 더욱이 컴퓨터는 보는 방법이나 운전하는 방법을 지시받는 대신 경험을 통해 배우며 자연이 수백만 년 전에 택했던 방침을 따른다. 이러한 진보를 가능케 하는 연료는 무한히 축적되는 데이터다. 데이터가 새로운 종류의 기름이고 학습 알고리즘이 원료 데이터에서 정보를 뽑아내는 정유공장인 셈이다. 정보는 지식을 창출하는 데 쓰일 수 있고, 지식은 이해를 이끌어내며, 이해는 지혜의 바탕이 된다. 딥러닝이라는 멋진 신세계에 온 것을 환영하는 바다.[1]

딥러닝은 수학과 컴퓨터공학, 신경과학에 뿌리를 두고 있는 머신러닝의 한 분야다. 딥러닝 네트워크는 아기들이 자신을 둘러싼 세상을 배워나가는 것과 같은 방식으로 데이터를 통해 학습한다. 생생한

눈으로 시작해 점차 새로운 환경을 탐색하는 데 필요한 기술을 습득해나가는 아기들처럼 말이다. 딥러닝의 기원은 인공지능을 창출하는 방법에 관한 두 가지 다른 시각이 경합을 벌이던 1950년대의 인공지능 태동 시점까지 거슬러 올라간다. 하나는 로직과 컴퓨터 프로그램에 기초한 시각으로 수십 년 동안 인공지능 세계를 지배했으며, 다른 하나는 데이터로부터 직접 학습하는 방식에 기초한 시각으로 성숙 단계에 이르기까지 그보다 더 오랜 시간이 걸렸다.

오늘날의 기준으로 볼 때 컴퓨터가 보잘것없고 데이터 저장에 많은 비용이 들던 20세기에는 로직이 문제를 해결하는 효율적인 방법이었다. 숙련된 프로그래머들이 각각의 문제에 대해 서로 다른 프로그램을 작성했고, 문제가 클수록 프로그램도 커졌다. 하지만 컴퓨터의 역량이 커지고 빅데이터가 풍부해진 오늘날에는 학습 알고리즘을 사용해 문제를 해결하는 것이 더 빠르고 보다 정확하며 훨씬 효율적이다. 또한 동일한 학습 알고리즘이 서로 다른 문제를 해결하는 데 이용될 수 있다. 각각의 문제에 서로 다른 프로그램을 작성하는 것보다 훨씬 덜 노동 집약적인 솔루션이 나온다는 뜻이다.

운전의 딥러닝

미국 국방부 산하 미국방위고등연구계획국(DARPA)이 2005년 200만 달러의 상금을 걸고 개최한 그랜드 챌린지(Grand Challenge)의 우승은 스탠퍼드대학교의 서배스천 스런(Sebastian Thrun) 팀이 제작한 스탠리

(Stanley)라는 자율주행 자동차에게 돌아갔다. 스런 팀은 스탠리에게 머신러닝을 통해 캘리포니아의 사막을 주행하는 방법을 가르쳤다(〈그림 1.1〉). 총 132마일(약 212킬로미터)에 달하는 해당 코스에는 좁은 터널과 급커브가 산재했으며 한쪽은 낭떠러지이고 다른 한쪽은 바위산으로 구성된 구불구불한 산악도로 비어보틀패스(Beer Bottle Pass)도 포함되어 있었다(〈그림 1.2〉). 스런 팀은 컴퓨터 프로그램을 작성해 모든 우연성에 대비하는 전통적인 인공지능 접근법을 따르는 대신, 스탠리로 하여금 사막을 주행하며 스스로 학습하고 자체의 시각 센서와 거리 센서가 제공하는 입력 데이터를 토대로 운전을 해나가도록 만들었다.

얼마 후 스런은 구글에 들어가 하이테크 프로젝트를 수행하는 비밀 실험실 구글 X를 조직하고 책임을 맡았다. 자율주행 자동차 기술을 더욱 발전시키는 게 주목적이었다. 이후 지금까지 구글의 자율주행 자동차가 샌프란시스코 베이에어리어 주변을 달린 거리는 도합 350만 마일(약 563만 킬로미터)에 달한다. 우버(Uber)는 이미 일단의 자율주행 자동차를 피츠버그 지역에 배치한 상태다. 애플(Apple) 역시 자율주행 자동차 기술 개발에 뛰어들어 자사의 OS가 제어할 수 있는 제품의 영역을 넓히고 있다. 휴대전화 시장에서 향유했던 전략적 침투의 성공을 재현하는 게 그들의 희망이다. 전통적인 자동차 제조사들도 장장 100년 동안 변화가 없었던 사업이 눈앞에서 변모하는 모습을 보며 자율주행 자동차 경쟁에 뛰어들고 있다. 제너럴모터스(General Motors, GM)는 무인 자동차 기술을 개발하고 있는 실리콘밸리의 스타트업 크루즈오토메이션(Cruise Automation)에 10억 달러를 투

〈그림 1.1〉
스런과 스탠리. 스탠리는 2005년 미 국방부 DARPA가 주최한 그랜드 챌린지에서 우승하며 운송 분야의 기술 혁명을 주도하기 시작했다. 이미지 출처: 서배스천 스런.

〈그림 1.2〉
비어보틀패스. 자율주행 차량이 132마일의 오프로드 사막 코스를 달리는 2005 그랜드 챌린지의 결승선 근처 구간이다. 저 멀리 경사면을 막 오르기 시작한 트럭 한 대가 보인다. 이미지 출처: DARPA.

자했고, 2017년 관련 연구 개발에 6,000만 달러를 추가로 투여했다.[2] 인텔(Intel)은 2017년 자율주행 자동차용 센서 및 컴퓨터 비전 전문 개발사 모빌아이(Mobileye)를 153억 달러에 인수했다. 운송은 규모가 수조 달러에 달하는 경제 부문이다. 판돈이 커질 수밖에 없다.

자율주행 자동차는 곧 수백만에 달하는 트럭 및 택시 운전사들의 생계를 파괴할 전망이다. 결국 도시에서는 승용차를 소유할 필요가 없어질 것이다. 언제든 자율주행 자동차가 1분 안에 나타나 목적지에 안전하게 모셔다줄 테니까 말이다. 직접 주차할 필요도 없으니 금상

첨화가 아닐 수 없다. 현재 일반적인 승용차의 주행 시간은 4퍼센트에 불과하다. 이는 곧 차의 생애 중 96퍼센트의 시간 동안에는 어딘가에 주차해둬야 한다는 의미다. 자율주행 자동차가 상용화되고 도시 밖에 주차되는 시대가 오면 현재 도시에서 주차장으로 쓰이는 방대한 면적이 보다 생산적인 목적으로 재활용될 것이다. 도시 계획가들은 이미 주차장을 공원화하는 방안 등을 그려보고 있다.[3] 자동차와 관련된 여러 다양한 비즈니스들도 영향을 받을 것이다. 보험사와 정비소가 대표적이다. 속도위반이나 불법주차도 없어질 것이다. 음주운전이나 졸음운전으로 인한 사망 사고도 크게 줄어들 것이다. 출퇴근길에 운전하며 소비하는 시간도 다른 목적에 쓰일 것이다. 미 인구조사국에 따르면 2014년 1억 3,900만 명의 미국인이 근무일 출퇴근길에 쓰는 시간은 평균 52분이었다. 이는 연간 총 296억 시간에 해당하며 보다 나은 용도에 쓸 수 있었던 340만 년이라는, 인간 삶의 귀한 시간이다.[4] 헤매는 일 없는 질서정연한 운행으로 고속도로의 수용 능력이 4배 정도 증가할 것이다.[5] 그리고 운전대 없이 목적지를 찾아갈 수 있는 자율주행 차량이 일단 개발되어 널리 이용되면 차량 절도가 종식될 것이다. 자율주행 자동차가 상용화되기까지 물론 많은 규제와 법적 제약이 따르겠지만, 일단 그런 세상이 도래하면 우리는 완전히 신세계에서 살게 될 것이다. 트럭이 아마 지금부터 10년 정도 후에 가장 먼저 운전자 없는 차량으로 도로를 누빌 것이다. 택시는 15년 정도 후에 그렇게 될 것이고, 일반 승용차는 15년 후부터 20년 후 사이에 자율주행 차량으로 전환될 것이다.

우리 사회에서 승용차가 갖는 우상적 지위는 우리가 상상할 수 없는 방식으로 바뀔 것이고, 새로운 차량 생태학이 부상할 것이다. 100여 년 전 자동차의 도입으로 많은 새로운 산업과 직업이 창출되었듯 이미 자율주행 자동차를 둘러싸고 새로운 생태계가 급성장하고 있다. 구글의 자율주행 전문 자회사 웨이모(Waymo)는 지난 8년간 10억 달러를 투자했으며 캘리포니아 중앙부의 대지구대에 91에이커(약 36만 8,000제곱미터, 약 11만 평)에 모조 도시를 건설해놓고 비밀 주행 시험을 실시하고 있다. 자전거 운전자들과 차량 고장도 가상으로 설정해 놓고 실험하는 것은 물론이다.[6] 이들의 목표는 훈련 데이터를 확대해 이른바 극단적 경우(edge case)에 해당하는 특수 상황이나 특이 환경까지 포함시키는 것이다. 고속도로에서 발생하는 희귀 사건이 종종 사고를 유발한다. 자율주행 자동차의 다른 점은 한 대가 희귀 사건을 경험하는 경우 학습 경험으로 그것을 다른 모든 자율주행 자동차들에 전파해 일종의 집단지성을 형성한다는 사실이다. 이와 유사한 실험 시설 다수가 여타의 자율주행 자동차 회사들에 의해 건설되고 있다. 그에 따라 전에 존재하지 않았던 새로운 직업이 창출되고 있으며 차량을 인도하는 데 필요한 센서와 레이저를 위한 새로운 공급망도 생겨나고 있다.[7]

자율주행 자동차는 IT가 주도하는 경제체의 주요 변화 가운데 가장 눈에 띄는 징후일 뿐이다. 정보는 도시의 수도관을 흐르는 물처럼 인터넷을 통해 흐르며 구글과 아마존, 마이크로소프트 등이 운영하는 방대한 데이터센터에 축적된다. 이들 IT 기업들의 데이터센터는 엄청난 양의 전력을 필요로 하는 탓에 수력발전소 근처에 위치해야 할 정도다. 또한 정보의 끝없이 이어지는 흐름에 많은 열이 발생해 냉

각수를 쉽게 조달할 수 있는 강가에 위치해야 한다. 2013년 미국 내 데이터센터들은 도합 1,000만 메가와트를 소비했는데, 이는 대형 발전소 서른네 곳이 생산한 전력과 맞먹는 양이다.[8] 하지만 현재 경제에 그보다 더 큰 영향을 미치고 있는 것은 이들 정보가 사용되는 방식이다. 미가공 데이터에서 추출되는 정보는 사람들과 사물에 대한 지식으로 바뀌고 있다. 우리가 하는 일과 원하는 것, 우리가 어떤 사람인지에 대한 지식이 쌓이고 있다는 뜻이다. 그리고 갈수록 늘어나는 컴퓨터 구동 장치들이 이 지식을 사용해 우리와 구어로 대화를 나누고 있다. 두뇌 외부에서 구체화되는 책의 수동적 지식과 달리 클라우드의 지식은 모든 사람의 삶에서 능동적 일부를 이루는 외부 정보가 되고 있다.[9]

번역의 딥러닝

현재 구글은 스트리트뷰(Street View)에서 인박스 스마트 리플라이(Inbox Smart Reply), 음성 검색 등에 이르는 100여 가지 서비스에 딥러닝을 이용하고 있다. 수년 전 구글의 엔지니어들은 이들 컴퓨팅 집약적인 애플리케이션을 클라우드 수준으로 확대해야 한다는 점을 깨달았다. 딥러닝을 위한 특수 목적의 칩을 설계하기 시작한 그들은 솜씨 좋게 데이터센터 랙의 하드디스크 드라이브 슬롯에 딱 들어맞는 보드를 고안해냈다. 그렇게 탄생한 인공지능 전문 칩 TPU(Tensor Processing Units)는 이제 세계 곳곳의 서버들에 배포되어 딥러닝 애플

〈그림 1.3〉
구글 번역 스마트폰 앱이 번역한 일본어 게시판. 이 앱은 일본에서 지하철이나 전철을 탈 때 특히 유용하다.

리케이션의 성능을 열 배 정도 향상시키고 있다.

딥러닝이 얼마나 빨리 풍광을 바꿀 수 있는지를 보여주는 하나의 예가 바로 언어 번역에 미친 영향이다. 번역은 인공지능의 성배가 아닐 수 없다. 문장을 이해하는 능력이 좌우하기 때문이다. 최근에 베일을 벗은 딥러닝 기반의 새로운 구글 번역 버전은 자연언어 간의 번역 품질에서 비약적인 약진을 이뤄냈다. 거의 하룻밤 사이에 언어 번역은 단편적인 마구잡이식 문구 뒤섞기에서 매끄러운 문장 구성 단계로 넘어갔다(〈그림 1.3〉). 이전의 컴퓨터 방식은 함께 번역될 수 있는 단어의 조합을 찾았지만 딥러닝 방식은 전체 문장들 사이의 상관성을 찾는다.

구글 번역의 갑작스런 품질 향상에 주목한 도쿄대학교의 준 레키모토(Jun Rekimoto) 교수는 2016년 11월 18일 어니스트 헤밍웨이가 남긴 단편소설 〈킬리만자로의 눈〉 도입부를 일본어로 번역하게 한 다음, 다시 영어로 번역하게 하는 방식으로 그 새로운 시스템을 테스트해봤다. 그렇게 얻은 결과가 다음의 문단이다(어느 것이 헤밍웨이의 글인지 추측해보기 바란다).

1: Kilimanjaro is a snow-covered mountain 19,710 feet high, and is said to be the highest mountain in Africa. Its western summit is called the Masai "Ngaje Ngai," the House of God. Close to the western summit there is the dried and frozen carcass of a leopard. No one has explained what the leopard was seeking at that altitude.

2: Kilimanjaro is a mountain of 19,710 feet covered with snow and is said to be the highest mountain in Africa. The summit of the west is called "Ngaje Ngai" in Masai, the house of God. Near the top of the west there is a dry and frozen dead body of leopard. No one has ever explained what leopard wanted at that altitude.[10]

(1번이 헤밍웨이의 작품이다.) 다음 단계는 보다 큰 딥러닝 네트워크에 단락에 대한 훈련을 시켜 문장 전체의 연속성을 향상시키는 일이 될 것이다. 단어는 제각기 오랜 문화적 역사를 지닌다. 《롤리타》를 발표한 러시아 출신 작가이자 영어 소설가 블라디미르 나보코프는 시를 다른 언어로 번역하는 것은 불가능하다고 결론을 내린 바 있다. 그는 알렉산드르 푸시킨의 《예브게니 오네긴(Evgeny Onegin)》을 영어로 직역하면서 시구 각각의 문화적 배경을 설명하는 주석을 달았다. 자신의 견해를 그렇게 피력한 것이다.[11] 하지만 언젠가는 구글 번역이 셰익스피어가 남긴 모든 시구를 통합해 그의 작품 각각에 대한 적절한

번역을 내놓을 수 있을지도 모른다.[12]

청취의 딥러닝

인공지능의 또 다른 성배는 음성 인식이다. 최근까지 컴퓨터에 의한 화자 독립(speaker-independent) 음성 인식은 항공편 예약과 같은 좁은 영역에 국한되었다. 하지만 이제 그러한 제약은 사라졌다. 2012년 마이크로소프트에서 토론토대학교 출신의 한 인턴 직원이 수행한 여름 연구 프로젝트는 마이크로소프트 음성 인식 시스템의 성능을 극적으로 향상시켰다(〈그림 1.4〉).[13] 2016년 마이크로소프트의 연구 팀은 120개 계층으로 이뤄진 자사의 딥러닝 네트워크가 다중 화자(multi-speaker) 음성 인식에 대한 벤치마크 테스트에서 인간 수준의 수행력을 성취했다고 발표했다.[14]

이러한 약진의 결과는 향후 수년에 걸쳐 컴퓨터 키보드가 자연 언어 인터페이스로 대체되면서 사회 전체에 파급 효과를 미칠 것이다. 아마존의 알렉사(Alexa), 애플의 시리(Siri), 마이크로소프트의 코타나(Cortana) 등이 도처의 가정에서 구비하는 각종 디지털 단말기에 경쟁적으로 탑재되면서 이미 그러한 파급 효과는 가시화되고 있다. 컴퓨터의 폭넓은 보급으로 타자기가 쓸모없어진 것과 마찬가지로 컴퓨터 키보드 역시 언젠가는 박물관의 유물이 될 것이다.

음성 인식이 언어 번역과 결합되면 서로 다른 문화권 사이의 실시간 커뮤니케이션이 가능해질 것이다. 〈스타트렉〉에서 선보인 바 있는

〈그림 1.4〉
마이크로소프트의 최고연구책임자(CRO) 릭 라시드(Rick Rashid)가 2012년 10월 25일 중국 텐진의 한 행사장에서 딥러닝으로 자동화한 음성 인식 시스템을 라이브로 시연하고 있다. 2,000명에 달하는 중국인 청중 앞에서 라시드가 영어로 하는 말이 해당 시스템에 의해 인식되어 먼저 라시드의 영상 이미지 아래에 자막으로 나왔고 곧이어 중국어로 통역되었다. 이 아슬아슬한 시연은 뉴스피드를 통해 전 세계적으로 퍼져나갔다. 이미지 출처: 마이크로소프트연구소.

범세계 통역기(Universal Translator)가 우리의 수중에 들어올 날이 멀지 않았다는 의미다(〈그림 1.4〉). 그렇다면 컴퓨터에 의한 음성 인식 및 언어 번역이 인간 수준의 수행력을 갖추는 데 그렇게 오랜 시간이 걸린 이유는 무엇일까? 컴퓨터의 이들 인지 기능과 여타의 인지 기능이 동시에 임계점에 도달한 것은 그저 우연의 일치일까? 이러한 모든 혁신의 원동력은 바로 빅데이터다.

진단의 딥러닝

피부병

서비스 산업 및 전문직 역시 머신러닝이 발전하고 빅데이터를 이용할 수 있는 여러 문제에 적용됨에 따라 커다란 변혁을 겪게 될 전망이다. 의료 진단이 대표적인 예다. 환자 수백만 명의 기록을 활용할 수 있게 되면서 더욱 정확해질 것이다. 최근의 한 연구에서는 2,000

가지 이상의 피부과 질환의 13만 건에 달하는 이미지에 딥러닝을 적용했다. 전에 사용하던 것보다 10배나 큰 의료 데이터베이스였다(〈그림 1.5〉).[15] 이 연구의 네트워크는 이전에 본 적이 없는 새로운 이미지의 '테스트 세트'로부터 각각의 질환을 진단하도록 훈련되었다. 새로운 이미지에 대한 그것의 진단 수행력은 21명의 피부과 전문의와 비슷하거나 몇몇 경우에는 더 뛰어났다. 조만간 스마트폰 사용자라면 누구나 의심스런 피부 병변을 촬영해 즉각적으로 진단이 나오게끔 하는 일이 가능해질 것이다. 병원에 가서 전문의의 검진을 받기 위해 장시간 기다린 후 상당한 금액까지 지불하는 일이 생략될 것이라는 얘기다. 피부과 치료의 범위가 확대되고 품질도 크게 향상될 것이다. 개개인이 신속하게 전문적인 진단을 받을 수 있다면 피부 질환의 초기 단계에 병원을 찾는 일이 늘어날 것이고 더불어 치료도 수월해질 것이다. 피부과 의사들이 딥러닝의 도움으로 희귀한 피부 질환을 보다 잘 진단할 수 있게 되는 것은 물론이다.[16]

〈그림 1.5〉
피부 병변을 높은 정확도로 진단하는 딥러닝 네트워크에 대한 일러스트레이션. 2017년 2월 2일 간행판 〈네이처〉 표지.

암

슬라이드 상의 림프절 생검 이미지에서 전이성 유방암을 발견하는 일은 전문의의 몫이다. 문제는 그들이 때로 실수할 수 있고 그러한 실수는 치명적 결과를 낳는다는 데 있다. 이것이 바로 딥러닝이 뛰어넘어야 할 패턴 인식 문제다. 실제로 검증 결과가 나온 슬라이드의 대규모 데이터세트에 대해 훈련을 받은 딥러닝 네트워크는 0.925의 정확도에 이른 상태다. 나쁘진 않지만 동일한 테스트 세트에서 0.966의 정확도를 달성한 전문의들에게는 미치지 못하는 수준이다.[17] 그렇지만 딥러닝의 예측과 전문의의 판단이 결합된 경우 0.995라는 거의 완벽한 정확도가 나왔다. 둘이 힘을 합쳤을 때 더 나은 수행력이 나온 이유는 전문의와 딥러닝 네트워크가 동일한 자료를 서로 다른 방식으로 보기 때문이다. 이는 곧 인간과 기계가 경쟁하기보다는 공조하는 미래가 열릴 것이며 보다 많은 생명을 살릴 수 있게 될 것이라는 의미다.

수면 장애

수면과 관련해 심각한 문제가 있는 경우(인구 중 70퍼센트가 언젠가는 겪기 마련인 문제다), 병원에 가기까지 수개월을 뜸들이다가(아주 긴급하지 않는 한 대부분 그런다) 결국 수면 클리닉 처방을 받는다. 수면 클리닉에서는 밤에 환자가 수면을 취하는 동안 뇌파(EEG)와 근육 활동을 기록하기 위해 환자의 몸에 수십 개의 전극을 부착하고 관찰한다. 그러한 관찰이 진행되는 매일 밤 환자는 서파수면(slow-wave sleep, 뇌파에 크고 느린 파가 나타나는 깊은 수면-옮긴이)에 빠졌다가 주기적으로 부활수면(rapid eye-movement sleep, REM, 안구의 급속한 움직임을 수반하는 얕은 수면으로 꿈을 꿀 때 나타난다-옮긴이)에 들어가는 양상을 보인다. 그러나 불면증이나 수면 무호흡증, 하지 불안 증후군 등의 수면 장애는 이러한 패턴을 방해할 수 있다. 게다가 집에서 자는 데 어려움을 겪는 환자 입장에선 불길한 의료 장비에 전선으로 연결된 채 낯선 침대에서 자는 일은 진정한 도전이 될 수 있다. 수면 전문가는 환자의 뇌파 기록을 살펴보며 30초 단위로 수면 단계를 표시한다. 그렇게 각 8시간의 수면을 기록하는 데 그만큼의 시간이 걸리는 것은 물론이다. 그리고 마침내 환자가 받게 되는 것은 수면 패턴에 이상이 있음을 알리는 보고서와 2,000달러에 달하는 청구서다.

수면 전문가는 대개 앤서니 레흐샤펜(Anthony Rechtshaffen)과 앨런 케일스(Alan Kales)가 1968년 고안한 시스템에 기초해 각기 다른 수면 단계를 나타내는 뚜렷한 특징을 찾도록 교육을 받는다.[18] 그러나 그런 특징이 종종 모호하고 일관성 없이 드러나기 때문에 전문가들이 해석 방법에 동의하는 경우가 평균 75퍼센트에 불과하다. 이에 반해 내 연구실의 대학원생이었던 필립 로(Philip Low)가 자율적으로 머신러닝을 이용해서 3초 단위로 수면 단계를 자동 감지해 내놓은 해석은 전문가들로부터 87퍼센트의 동의를 얻었다. 로가 분석 결과를 얻는 데 걸린 시간은 불과 1분도 되지 않았다. 더욱이 로는 환자의 머리 단 한 곳에 전극을 부착해 기록하는 방법을 썼다. 신체 이곳저곳에 다수의 전선을 연결하는 방식에 비해 훨씬 많은 시간과 수고를 덜 수 있었다는 뜻이다. 2007년 우리는 이 기술을 수면 클리닉들에 제공하기 위해 뉴로비질(Neurovigil)이라는 스타트업을 출범시켰지만 수면 클리닉 관계자들은 인간의 평가에서 발생하는 현금 흐름에 지장을 초래하는 혁신을 달갑게 여기지 않았다. 실제로 환자에게 청구할 수 있는 보험 규정이 갖춰진 까닭에 보다 저렴한 절차를 채택해야 할 인센티브는 전혀 없는 셈이었다.

뉴로비질은 임상시험을 통해 자신들의 약품이 수면 패턴에 미치는 영향을 테스트해야 하는 대형 제약 회사들에서 또 다른 시장을 찾았다. 그리고 지금은 장기 요양 시설 시장에 진입하고 있다. 노인들은 종종 점진적인 수면 장애에 빠져들기 마련이다.

현재의 수면 클리닉 모델에는 결함이 따른다. 그렇게 제한된 환경을 기반으로 해서는 건강 문제를 신뢰성 있게 진단할 수 없기 때문이다. 사람들은 모두 제각기 다른 기준치를 보유하고 있으며 그런 기준치에서 출발하는 것이 가장 유익하다.

뉴로비질은 얼마 전 가정용 소형 장치인 아이브레인(iBrain)을 출시했다. 가정에서 뇌파를 기록해 인터넷으로 데이터를 전송한 후 장기적으로 데이터를 분석해 경향과 이상을 파악하도록 돕는 장치다. 이를 통해 의사는 건강 문제를 초기 단계에서 파악할 수 있고, 그러면 치료가 보다 손쉬울 뿐 아니라 만성질환으로 발전하는 상황까지 막을 수 있다. 이런 식의 지속적인 모니터링으로 혜택을 입을 수 있는 질병은 무수히 많다. 예컨대 제1형 당뇨병의 경우 혈당 수준을 관찰해 인슐린 투여의 시간과 양을 조절할 수 있다. 지속적으로 데이터를 기록할 수 있는 저렴한 센서의 출현은 이런저런 만성질환의 진단 및 치료에 큰 영향을 미치고 있다.

우리는 뉴로비질의 경험에서 몇 가지 교훈을 배울 수 있다. 더 낫고 저렴한 기술이라고 해서 늘 쉽게 시장성 있는 신제품이나 서비스로 변환되는 것은 아니다. 아주 탁월한 기술의 경우에도 마찬가지다. 기득권층이 시장을 지배하고 있을 때 특히 그러하다. 하지만 그런 상황에서도 신기술이 즉각적인 영향을 미치고 개선 및 경쟁력 강화의 시간을 벌 수 있는 부차적인 시장은 있기 마련이다. 태양에너지 기술을 포함해 다른 많은 새로운 산업의 기술이 바로 그렇게 시장에 진입했다. 장기적으로, 수면 모니터링과 같은 입증된 장점을 지닌 신기술은 가정의 환자에게 도달할 것이고 궁극적으로 의료 실무에 통합될 것이다.

투자의 딥러닝

오늘날 뉴욕증권거래소 거래의 75퍼센트 이상이 자동화된 상태다(〈그림 1.6〉). 극초단타매매(High Frequency Trading, HFT)로 10분의 몇 초 사이에 포지션이 바뀐다. (각각의 거래에 수수료를 지불할 필요가 없는 경우, 각 거래에서 발생하는 작은 이익조차도 큰 이윤으로 증대될 수 있다.) 보다 긴 시간 투자하는 알고리즘 거래는 빅데이터를 기반으로 장기적인 트렌드를 고려한다. 딥러닝은 갈수록 더 많은 돈과 더 높은 수익을 창출하고 있다.[19] 금융 시장을 예측할 때의 문제는 데이터에 잡음(noise, 잡음은 측정에서 원하지 않는 신호를 의미한다–옮긴이)이 끼고 조건이 안정적이지 않다는 점이다. 사람들의 투자 심리는 선거 결과나 국제 분쟁으로 인해 하룻밤 사이 바뀔 수 있다. 이는 곧 주식의 가치를 예측하는 오늘의 알고리즘이 내일에는 먹히지 않을 수 있다는 의미다. 실제로 수백 가지의 알고리즘이 사용되고 있으며 수익을 최적화하기 위해 최상의 알

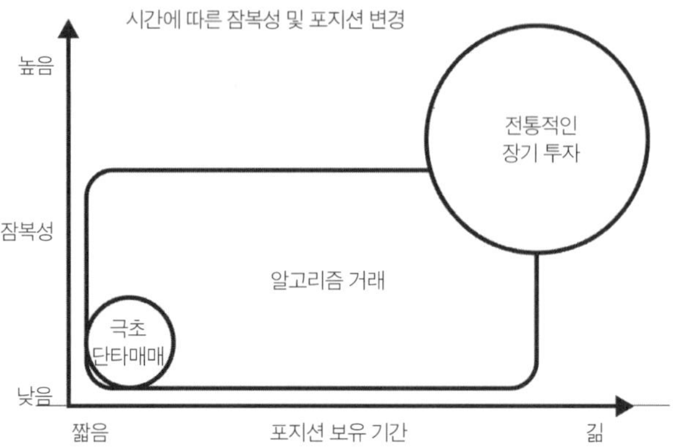

〈그림 1.6〉
머신러닝이 알고리즘 거래를 촉진하고 있다. 알고리즘 거래는 전통적인 장기 투자 전략보다 빠르며 극초단타매매보다 신중한 축에 속한다. 여러 다양한 종류의 머신러닝 알고리즘이 최상의 수익을 올리기 위해 결합되고 있다.

고리즘들이 지속적으로 결합되고 있다.

1980년대 주식 거래를 위한 뉴럴 네트워크 모델과 관련해 모건 스탠리(Morgan Stanley)에 컨설팅을 제공하던 시절, 나는 병렬 컴퓨터 설계를 전문으로 하는 컴퓨터과학자 데이비드 쇼(David Shaw)를 만났다. 당시는 거래 자동화의 초기로 쇼는 컬럼비아대학교에 휴직계를 내고 정량 분석가, 즉 '퀀트(quant, 금융 시장 분석가)'로 활동하고 있었다. 그는 이어서 월스트리트에 자신의 투자 관리 회사 쇼그룹(Shaw Group)을 설립하고 승승장구해 억만장자가 되었다. D. E. 쇼그룹은 대단한 성공을 거뒀지만 또 다른 헤지펀드인 르네상스테크놀로지스(Renaissance Technologies)만큼 성공하지는 못했다. 르네상스테크놀로지스는 스토니브룩대학교의 수학과 학과장 출신의 저명한 수학자 제임스 시몬스(James Simons)가 설립한 투자 회사로 2016년에만 16억 달러의 수익을 올렸으며, 심지어 그해가 가장 좋은 성과를 올린 연도도 아니었다.[20] '세계 최고의 물리학 및 수학과'[21]로 불리는 르네상스테크놀로지스는 월스트리트의 때가 묻은 사람은 고용하지 않는 것으로 유명하다.[22]

쇼그룹의 일상 업무에 더 이상 관여하지 않는 데이비드 쇼는 이제 D. E. 쇼연구소 일에 빠져 지낸다. 쇼연구소는 지구상의 그 어떤 컴퓨터보다 훨씬 빨리 단백질 접힘(protein folding)을 수행하는 '안톤(Anton)'이라는 특수 목적의 병렬 컴퓨터를 구축했다.[23] 시몬스 역시 르네상스테크놀로지스의 경영 일선에서 물러나 자폐증과 물리학 및 생물학 분야의 여타 프로그램에 연구비를 지원하는 재단을 설립했다. 시몬스의 자선 사업은 UC 버클리의 시몬스컴퓨팅이론연구소와 MIT의 시몬스소셜브레인(Social Brain)센터, 그리고 뉴욕의 플랫아이언연구소(Flatiron Institute)를 통해 데이터 분석과 모델링, 시뮬레이션을 위한 컴퓨팅 방법의 발전에 큰 영향을 미치고 있다.[24]

금융 서비스는 이른바 '핀테크(fintech)'라는 금융 기술의 기치 아래 보다 광범위한 변혁을 겪고 있다. 금융 거래에서 금융 중개자를 대체하는 안전한 인터넷 원장인 블록체인과 같은 정보기술은 아직까지는 소규모로 테스트되고 있지만 조만간 수십 억 달러 규모의 금융 시장을 파괴할 수도 있다. 머신러닝은 현재 대출 관련 신용 평가를 개선하고 비즈니스 및 재무 정보를 정확하게 전달하고 소셜 미디어에서 신호를 수집해 시장 동향을 예측하고 금융 거래에 생체 인식 보안을 제공하는 데 사용되고 있다. 세상에는 금융 데이터가 널려 있고, 가장 많은 데이터를 보유하면 누구든 승자가 된다.

법조계의 딥러닝

법조계는 딥러닝이 이제 막 영향을 미치기 시작한 축에 속한다. 시간당 수백 달러의 임금을 받는 로펌 직원들의 업무 대부분이 자동화될 것이다. 큰돈이 걸린 사건을 수임하는 대형 로펌들이 자동화에 앞장설 것이다. 특히 검토 및 검색 작업은 전혀 피곤함을 모르고 수천 쪽의 문서를 분류하며 법적 증거를 찾을 수 있는 인공지능으로 대체될 것이다. 딥러닝 시스템은 또한 로펌들이 점점 더 복잡해지는 정부 규정을 준수하도록 도울 것이다. 변호사를 선임할 돈이 없는 보통 사람들 역시 딥러닝 시스템의 도움으로 법률 상담을 받을 수 있게 될 것이다. 법률 업무와 서비스가 보다 저렴해질 뿐만 아니라 훨씬 더 빨라질 것이다. 시간은 종종 비용보다 더 중요한 요인이 된다. 법조계는 그렇게 합법적으로 딥러닝에 빠져들고 있다.[25]

포커의 딥러닝

헤즈업 노리미트 텍사스 홀덤(heads-up no-limit Texas hold'em, 베팅 액수에 제한이 없는 포커 게임. 여기서 '헤즈업'은 팟에 두 명의 플레이어만 남는 상황을 말한다-옮긴이)은 포커 중에서 가장 인기 있는 버전으로 일반적으로 카지노에서 플레이된다. 노리미트 베팅 방식은 포커 월드시리즈(World Series of Poker) 메인 이벤트의 필수 요건이다(〈그림 1.7〉). 포커는 어려운 게임이다. 두 선수가 동일한 정보에 접근할 수 있는 체스와 달리

포커 플레이어는 불완전한 정보를 토대로 게임을 해야 하기 때문이다. 그래서 최고 수준의 게임에서는 블러핑(bluffing, 자신의 패가 좋지 않을 때, 상대방이 기권하게 할 목적으로 거짓으로 강한 베팅을 하는것을 말한다-옮긴이)과 속임수의 기술이 손에 쥐는 패만큼 중요하게 여겨진다.

수학적 게임 이론을 정립하고 디지털 컴퓨터를 개척한 수학자 존 폰 노이만(John von Neumann)은 특히 포커에 매료되었다. 그는 말했다. "실생활은 블러핑과 작은 속임수 그리고 내가 무엇을 어떻게 할 것이라 상대가 생각할지 판단하는 일로 이뤄집니다. 그것이 바로 내 이론에서 게임이 의미하는 모든 것입니다."[26] 포커는 진화로 정교해진 인간 지능의 일부를 반영하는 게임이다. '딥스택(DeepStack)'이라는 딥러닝 네트워크가 33명의 전문 포커 플레이어와 4만 4,852번의 게임을 치렀다. 딥스택은 개중에서도 세계 최고수로 통하는 포커 플레이어를 표준편차 1이라는 상당한 차이로 이겨 포커 전문가들을 충격에 빠뜨렸다. 하지만 33명 전원에 대해서는 표준편차 4 차이로 이겼다. 엄청난 격차가 아닐 수 없다.[27] 이러한 성취가 정치나 국제 관계 등과 같은, 불완전한 정보에 근거한 인간의 판단이 다른 무엇보다 중

〈그림 1.7〉
헤즈업 노리미트 텍사스 홀덤. 홀 카드가 에이스 페어다. 딥러닝은 판돈이 큰 포커 판의 블러핑을 마스터해 큰 차이로 전문 포커 플레이어들을 격파했다.

요한 분야에 복제되는 경우 그 영향력은 실로 광대할 것이다.[28]

바둑의 딥러닝

2016년 3월 열여덟 차례나 세계 정상에 오른 바 있는 한국의 바둑왕 이세돌이 딥마인드(DeepMind)의 알파고(AlphaGo)를 상대로 다섯 차례의 대국을 펼친 끝에 4대 1로 졌다(〈그림 1.8〉).[29] 알파고는 딥러닝 네트워크를 이용해 돌의 위치와 가능한 수를 평가하는 바둑 프로그램이다. 바둑과 체스의 난이도를 비교하자면 체스와 체커의 차이와 같다고 할 수 있다. 체스가 전투라면, 바둑은 전쟁이다. 19×19의 바둑판은 8×8의 체스판보다 훨씬 크기 때문에 판의 여러 부분에서 수차례의 전투가 벌어질 수 있다. 또한 이곳저곳의 전투들 간에도 전문가들조차 판단하기 어려운 장기적인 상호 작용이 펼쳐진다. 바둑판 위에 규칙의 어긋남 없이 돌이 놓일 수 있는 경우의 수는 10의 170승이다. 우주 전체의 원자 수보다 훨씬 많다.

판세를 진단하고 최선의 수를 선택하기 위한 몇 개의 딥러닝 네트워크 외에도 알파고는 완전히 다른 학습 시스템을 보유했다. 시간적 신뢰도 할당 문제(temporal Credit Assignment Problem, 일련의 행동들이 모두 끝난 후에야 궤환 신호를 얻을 수 있는 상황에서 그때까지 수행된 일련의 행동들 중 어떤 행동에 신뢰도를 주고 또 어떤 행동에 벌점을 줄 것인지 결정하는 문제-옮긴이)를 해결하는 데 사용되는 시스템이었다. 가능한 여러 수 가운데 어떤 수가 승리에 책임이 있고 어떤 수가 패배에 책임이 있는가? 인간 뇌의 기저핵은 대뇌 피질 전체에서 나름의 예측을 받아 그것을 다시 대뇌 피질로 되쏘며 시간차(temporal difference) 알고리즘과 강화 학습으로 이 문제를 해결한다. 알파고는 기저핵이 미래의 보상을 극대화할 목적으로 일련의 행동을 평가하기 위해 발달시킨 것과 동일한 학습 알고리즘을 사용했다(17장에서 이 과정에 대해 자세히 설명할 것이다). 알파고는 자기 자신과의 게임을 통해서 학습했다. 수없이 많은 게임을 통해서 말이다.

이세돌과 알파고의 바둑 대국은 아시아에서 큰 인기를 끌었다. 아시아는 바둑 챔피언이 국가적 영웅이자 록 스타처럼 여겨지는 지역이다. 알파고는 이전에 유럽의 바둑 챔피언을 물리친 바 있었지만, 그 수준이 아시아 최고 수준보다 현저히 낮았기에 이세돌은 자신이 힘겨운 대국을 치르게 되리라고는 예상하지 못했다. 알파고를 개발한 딥마인드조차도 그들의 딥러닝 프로그램이 얼마나 강력한지 알지 못했다. 유럽 챔피언과의 대국 이후 알파고는 자체의 몇몇 버전과 수백만 번의 게임을 치렀을 뿐 달리 그 실력을 벤치마크로 테스트할 방법이 없던 터였다.

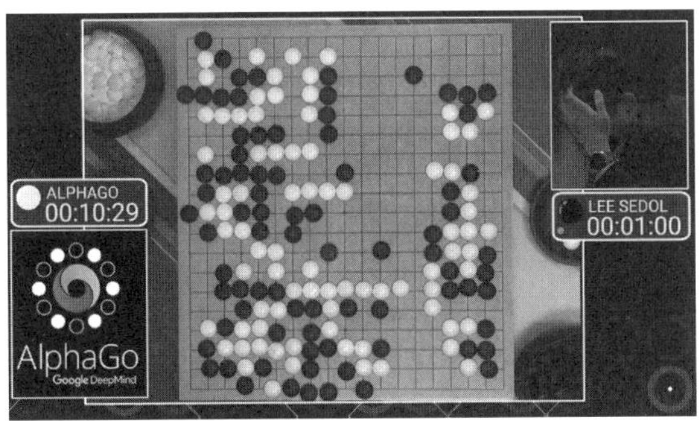

〈그림 1.8〉
이세돌과 알파고의 펼친 대국의 TV 중계화면. 알파고는 자체의 연습 대국을 통해 바둑을 배운 딥러닝 뉴럴 네트워크였다.

알파고는 예기치 않게 높은 수준의 플레이로 총 다섯 차례의 대국 가운데 내리 세 판을 따내며 이세돌을 꺾어 많은 사람들을 충격에 빠뜨렸다. 둘의 대국은 한국의 주요 TV 방송국들이 해설을 곁들여 중계 방송했으며 수많은 사람들을 TV 앞에 모여들게 만들었다. 알파고가 둔 몇몇 수는 가히 혁명적이었다. 특히 두 번째 대국에서 둔 38번째 수는 놀랍도록 창의적인 움직임으로서 이세돌을 놀라게 만들었다. 이세돌은 거의 10분이나 장고한 끝에 대응하는 돌을 놓았다. 이세돌은 네 번째 게임을 잡음으로써 인간의 체면을 세웠지만, 시합은 대국 전적 4대 1로 알파고의 압승으로 끝났다(〈그림 1.9〉).[30] 당시 샌디에이고에 있던 나는 3월의 그 밤들을 꼬박 새우며 넋을 놓고 대국을 시청했다. 그러면서 나는 1966년 6월 2일 밤 한 시 클리블랜드에 있던 집의 TV 앞에 들러붙어 서베이어(Surveyor) 로봇 탐사선이 달 표면에 착륙해 그곳의 첫 번째 사진을 보내는 장면을 지켜보던 때를 떠올렸다.[31] 나는 그렇게 두 차례의 역사적 순간들을 실시간으로 함께했다. 알파고는 나와 많은 사람들이 가능할 것으로 생각한 수준을 훨씬 뛰어넘었다.

2017년 1월 4일 한 인터넷 바둑 사이트에서 '마스터(Master)'라는 이름의 플레이어가 세계에서 내로라하는 바둑 선수들을 상대로 60전 전승을 기록한 후 알파고 2.0 버전인 것으로 밝혀졌다. 알파고 2.0이 꺾은 상대 중에는 당시 세계 랭킹 1위였던 중국의 19세 바둑 천재 커제(Ke Jie)도 포함되어 있었다. 알파고는 당대의 전략적 지혜에 반하는 새로운 스타일의 수를 선보이며 상대들을 차례로 제압했다. 2017년 5월 27일 커제는 중국 저장성 우전 국제인터넷컨벤션센터에서 열

〈그림 1.9〉
2016년 3월 바둑 챌린지 매치(Challenge Match)에서 패한 후의 이세돌.

〈그림 1.10〉
2017년 중국에서 역사적인 바둑 시합을 마친 후 커제가 데미스 허사비스(왼쪽)와 만나 포즈를 취했다. 둘이 손에 든 것은 커제의 사인을 담은 바둑판이다. 이미지 출처: 데미스 허사비스.

린 '바둑의 미래 서밋(Future of Go Summit)' 행사에서 알파고에 제3국마저 내주며 3전 전패를 기록했다(〈그림 1.10〉). 수억 명의 중국인들이 이틀 간격으로 지켜본 둘의 세 차례 대국은 역사상 가장 훌륭한 바둑 시합의 반열에 올랐다. "작년에 나는 알파고가 인간에 가깝게 바둑을 둔다고 생각했습니다. 하지만 오늘 나는 알파고가 바둑의 신에 가깝다고 생각합니다." 시합에 패한 후 커제가 내린 결론이었다.[32]

제1국을 한 집 반이라는 미세한 차이로 지고 나서 커제는 이렇게 말했다. "대국 중반에 승기를 잡았다고 판단했습니다. 그러자 흥분이 밀려오더군요. 가슴이 쿵쾅거리는 게 느껴질 정도였습니다. 어쩌면 그렇게 흥분한 탓에 멍청한 몇 수를 둔 건지도 모릅니다. 아마 그게 인간이 지닌 최대 약점이겠지요."[33] 커제가 경험한 것은 감정적 과부하였다. 하지만 최고의 수행력을 발휘하려면 덜 고조된 감정 상태를 유지해야 한다. 실제로 무대에 오르는 배우들은 공연 전에 긴장감이 느껴지지 않으면 바람직한 상태가 아니라는 것을 안다. 그들의 공연은 역 U자 모양의 곡선을 따른다. 낮은 수준과 높은 수준의 흥분 상태 사이에서 최적의 공연을 펼칠 수 있는 것이다. 운동선수들 역시 약간 흥분한 상태에서 가장 집중이 잘된다고 말한다.

알파고는 또한 2017년 5월 26일 세계 최고 수준의 바둑기사 5명으로 구성된 팀을 격파했다. 이 기사들은 이후 알파고의 수를 분석하고 전략 변경에 들어갔다. 중국 정부가 주최한 그 시합은 핑퐁 외교의 새로운 버전이라 할 수 있다. 중국은 머신러닝에 막대한 투자를 하고 있으며 그들의 두뇌 이니셔티브가 추구하는 주요 목표는 뇌를 채굴해 새로운 알고리즘을 캐내는 것이다.[34]

이 바둑 영웅전설의 다음 장은 훨씬 더 주목할 만하다. 알파고는 사실 자체 게임에 들어가기 전에 16만 건의 기존 기보에 대한 지도 학습(supervised learning, 대표적인 머신러닝 방식으로, 데이터가 어떤 답에 맞을 확률을 구하는 방법이다. 문제와 답이 있는 내용을 배운 후 응용 문제를 푸는 사람의 공부 방식에 비견되어 가장 널리 사용된다. 머신러닝에서는 컴퓨터에 입력값과 답이 있는 데이터를 사용해서 모델을 학습시킨 후, 답이 없이 값만 있는 데이터를 이 모델에 적용해서 답을 구한다. 대표적으로 분류(classification)및 회귀(regression)가 있고, 대부분의 딥러닝 알고리즘도 분류 지도 학습 중 하나다-감수자)을 받았다. 그래서 알파고가 단기간에 일취월장할 수 있었던 것이다. 일각에서는 이를 놓고 속임수라며 폄훼했다. 자율 인공지능 프로그램이라면 의당 인간의 지식 없이 바둑 두는 법을 배울 수 있어야 한다는 논리였다. 2017년 10월 알파고 제로(Zero)라는 새로운 버전이 공개되었다. 게임의 규칙만 알고 출발해서 바둑 두는 법을 스스로 익힌 버전이었다. 알파고 제로는 커제를 이긴 버전인 알파고 마스터와 100차례의 대국을 펼쳐 100전 전승이라는 놀라운 성과를 거뒀다.[35] 더욱이 알파고 제로는 알파고 마스터보다 학습 속도는 100배 빠른 반면 컴퓨팅 동력은 10배나 덜 필요로 했다. 알파고 제로는 인간의 지식을 완전히 무시함으로써 슈퍼-슈퍼맨이 되었다. 머신러닝 알고리즘이 계속 향상됨에 따라 알파고가 얼마나 더 나아질지에 대해서는 아직 알려진 한계가 없다.

알파고 제로는 인간의 전략을 배제했지만 그럼에도 그 프로그램이 바둑을 두기 위해 이용할 수 있는 바둑 지식은 수작업으로 입력된 상태였다. 그렇다면 알파고 제로는 바둑에 대한 지식이 없어도 여전히 향상될 수 있을까? 이 의문에 대한 답을 찾기 위해 도출한 것이 알파제로(AlphaZero)였다. 코카콜라 제로(Coca-Cola Zero)가 코카콜라에서 모든 칼로리를 제거한 것이듯 알파제로는 알파고 제로에서 바둑에 관한 특정 지식 모두를 제거한 것이었다. 결론부터 말하자면 알파제로는 알파고 제로보다 더욱 빠른 속도로 학습할 수 있었고, 알파고 제로를 뛰어넘는 수준에 이르렀다.[36] 또한 알파제로는 학습 매개변수를 단 하나도 변경하지 않은 상태에서 슈퍼맨 수준으로 체스를 배워 '적을수록 더 좋다(less is more)'는 요점을 보다 극적으로 보여줬다. 알파제로는 인간이 전에 한 번도 시도한 적 없는 외계적 체스 수까지 선보이며 슈퍼맨 수준의 기존 체스 프로그램인 스톡피시(Stockfish)에게 단 한 차례도 승리를 허용하지 않았다. 한 체스 대국에서는 비숍 하나를 희생하는 대담한 수(때로 유리한 위치를 점유하기 위해 이용되는 수)를 둔 후 퀸까지 내줬다. 이런 행보는 치명적인 실수로 보였지만, 이후 적잖은 수가 진행된 후 체스 프로들도, 스톡피시도 예상하지 못했던 외통수 장군이 나와 모두를 놀라게 했다. 외계인이 도착한 셈이었고, 이제 지구는 더 이상 전과 같지 않을 터였다.

알파고의 개발사 딥마인드는 2010년 유니버시티 칼리지 런던의 갯스비컴퓨팅신경과학연구소(Gatsby Computational Neuroscience Unit)에서 박사후 연구원으로 일하던 신경과학자 데미스 허사비스(Demis Hassabis, 〈그림 1.10〉의 왼쪽 인물)를 중심으로 공동 설립되었다(갯스비컴퓨팅신경과학연구소의 책임자는 내 연구소에서 박사후 연구원으로 일한 바 있으며 2017년 보상 학습에 관한 연구로 레이먼드 돌란(Raymond Dolan) 및 볼프람 슐츠(Wolfram Schultz)와 함께 권위 있는 브레인 상(Brain Prize)을 수상한 피터 다얀(Peter Dayan)이다). 딥마인드는 2014년 6억 달러에 구글에 인수되었다. 현재 이 회사에는 학계와 스타트업이 조화를 이루는 문화 속에서 400명이 넘는 엔지니어와 신경과학자가 일하고 있다. 신경과학과 인공지능이 결합해서 내는 시너지 효과는 갈수록 빠른 속도로 커지고 있다.

지능 강화의 딥러닝

알파고는 똑똑한가? 지능은 심리학에서 의식을 제외한 다른 어떤 주제보다 더 많이 연구되고 발표된 주제다. 의식과 지능 두 가지 모두 그만큼 정의하기 어렵다는 뜻이다. 1930년대 이후 심리학자들은 새로운 문제를 해결할 때 이전 지식에 의존하지 않고 새로운 상황에서 추론과 패턴 인식을 사용하는 유동성 지능(fluid intelligence)과 마찬가지 경우에 이전의 지식에 의존하는 결정적 지능(crytallized intelligence)을 구분해왔다. 표준 IQ 테스트가 측정하는 지능은 후자에 속한다. 유동성 지능은 발달 과정을 거치며 성년 초기 최고치에 도달하고 나이와 더불어 감소하는 반면, 결정체적 지능은 인생의 노년기에 이르기까지 천천히 점증적으로 증가한다. 알파고는 다소 좁은 영역에서 유동성 지능과 결정체적 지능 모두를 드러내는데, 해당 영역 내에서는 놀랄 만한 창의성까지 보여준다. 전문 지식이라는 것 역시 마찬가지로 좁은 영역의 학습을 기반으로 하지 않는가. 우리는 모두 언어 영역의 전문가이며 일상적으로 그것을 연습한다.

알파고에서 사용하는 강화 학습 알고리즘은 많은 문제에 적용될 수 있다. 이러한 형태의 학습은 일련의 움직임(수)이 끝날 때 승자에게 주어지는 보상에만 의존하기 때문에 역설적으로 훨씬 일찍 내려지는 결정을 향상시킬 수 있다. 이것은 다수의 강력한 딥러닝 네트워크와 결합되면 다수의 영역 종속적인 사고력으로 이어진다. 실제로 사회, 정서, 기계, 건설 등과 관련된 영역 종속적인 여러 종류의 지능에서 이 논거의 정당함이 입증된 바 있다.[37] 지능 테스트가 측정한다고 주장하는 'g 요소'는 서로 다른 종류의 이러한 지능들과 연관성을 갖는다. IQ 테스트의 결과를 해석할 때 주의해야 할 이유가 바로 여기에 있다. IQ의 평균은 1930년대 처음 연구된 이래로 세계 전역에서 매 10년마다 3포인트씩 증가해오고 있다. 이런 추세를 우리는 플린 효과(Flynn effect)라고 부른다. 플린 효과에 대해서는 여러 가지 해석이 가능하다. 사람들의 건강 관리나 영양 수준이 나아졌기 때문이라거나 여타의 환경적 요인들 덕분이라는 등의 설명이 그것이다.[38] 매우 그럴듯한 설명이다. 환경은 유전자 조절에 영향을 미치고, 이는 다시 뇌 연결성에 영향을 미쳐 행동 방식의 변화를 이끌어내기 때문이다.[39] 인간이 갈수록 인위적으로 창조된 환경에 많이 살게 됨에 따라 뇌 역시 점점 자연이 결코 의도한 바 없는 방식으로 형성되고 있다. 그렇다면 인간은 (IQ 테스트가 있기) 훨씬 오래전부터 점점 더 똑똑해진 것은 아닐까? 또 앞으로 얼마나 오랫동안 인간의 IQ는 증가할 것인가? 챔피언 수준의 플레이를 선보이는 컴퓨터 프로그램의 출현 이후 컴퓨터로 체스와 백개먼(backgammon, 보드 주위로 말을 움직이는 일대일 전략 게임-옮긴이), 그리고 바둑을 즐기는 인구가 꾸준히 늘고 있으며 더불어 인간 플레이어들의 지능이 기계에 의해 강화되고 있다.[40] 딥러닝은 결국 과학 연구원들뿐만 아니라 모든 직업에 종사하는 사람들의 지능을 신장할 것이다.

과학 도구들은 엄청난 속도로 데이터를 생성하고 있다. 제네바에 있는 대형강입자충돌기(Large Hadron Collider, LHC)에서 발생하는 소립자 충돌은 매년 25페타바이트(petabyte, 1,000조 바이트)의 데이터를 생성한다. 또한 차세대 천체 망원경인 대형개요조망망원경(Large Synoptic Survey Telescope, LSSST)은 매년 6페타바이트의 데이터를 생성할 전망이다. 이러한 데이터세트는 인간이 전통적인 방법으로 검색하기에는 너무 방대하다. 그래서 물리학 및 천문학의 거대 데이터세트를 분석하는 데 머신러닝이 이용되고 있는 것이다.[41] 예를 들어 딥렌징(DeepLensing)은 다른 은하 주변의 '중력 렌즈'로 인한 빛의 굴곡 때문에 식별할 수 없는 먼 은하의 이미지를 포착하는 뉴럴 네트워크다. 딥렌징 덕분에 앞으로 원거리의 많은 새로운 은하들이 자동적으로 발견될 것이다. 물리학과 천문학 분야에는 여전히 '건초더미에서 바늘 찾기'와 같은 문제들이 많이 있다. 딥러닝은 이와 관련된 데이터 분석의 전통적인 접근 방식을 크게 증폭시켜줄 것이다.

인력 시장의 변화

1960년대 후반 은행들이 연중무휴로 운영하는 현금자동입출금기(ATM)를 도입하면서 은행 영업 시간 전후에 현금을 필요로 하는 사람들의 편의가 크게 높아졌다. 이후 ATM이 손으로 쓴 수표를 읽는 능력까지 구비함에 따라 은행 직원들의 일상 업무는 크게 줄어들었지만, 고객에게 대출이나 투자 상담 같은 맞춤형 서비스를 제공하는 직원은 늘어났고, ATM을 관리하고 수리하는 새로운 일자리가 생겨났다.[42] 그 옛날 증기기관이 출현했을 때에도 유사한 일이 발생했다. 한편에서는 육체노동자들이 증기기관으로 대체되었지만 다른 한편에서는 증기기관을 만들고 유지하거나 증기기관차를 운행할 수 있는 기술 인력을 위한 새로운 일자리가 창출되었다. 아마존의 온라인 마케팅 역시 각 지역의 전통적인 매장에서 일하던 노동자들의 일자리를 빼앗았으나 자사와 산하 사업체들이 판매하는 제품의 유통과 배달 부문에 38만 개의 새로운 일자리를 창출했다.[43] 마찬가지로 인간의 인지 능력을 필요로 하는 일자리들이 자동화된 인공지능 시스템으로 대체됨에 따라 그러한 시스템을 만들고 유지할 수 있는 사람들을 위한 새로운 일자리가 생겨날 것이다.

일자리의 전환은 새로운 현상이 아니다. 19세기에도 농장 근로자들은 기계에 의해 대체되었고 기계로 인해 도시의 공장들에 새로운 일자리가 창출되었으며 이 모든 상황으로 인해 새로운 기술을 훈련시키는 교육 시스템이 등장했다. 그 당시와 현재의 차이점은, 오늘날 인공지능이 열어놓는 새로운 일자리는 전통적인 인지 기술과 더불어 새롭고 다르며 끊임없이 변화하는 기술을 요구한다는 사실이다.[44] 그 때문에 우리는 경력 전반에 걸쳐 학습해야 할 필요가 생겼다. 그리고 그것이 가능하려면 학교가 아닌 가정을 기반으로 하는 새로운 교육 시스템이 필요하다.

다행스럽게도, 새로운 일자리를 찾아야 할 필요성이 절실해지면서 인터넷에 새로운 지식과 기술을 습득할 수 있는 무료 개방형 온라인 강좌(Massive Open Online Courses), 즉 무크(MOOC)가 등장했다. 아직 유아기에 불과하지만 무크는 교육 생태계에서 급속도로 진화하고 있으며 전례 없이 다양한 사람들에게 양질의 교육을 제공하겠다는 위대한 전망을 밝히고 있다. 차세대 디지털 보조 장치들과 결합되는 경우 무크는 실로 교육에 일대 변혁을 야기할 수 있다. 바바라 오클리(Barbara Oakley)와 나는 '배우는 법 배우기(Learning How to Learn)'라는 인기 무크를 개발해 보다 나은 학습자가 되는 방법(〈그림 1.11〉)을 가르치고 있으며, 그 후속 무크로 '마인드시프트(Mindshift)'를 도입해 자신

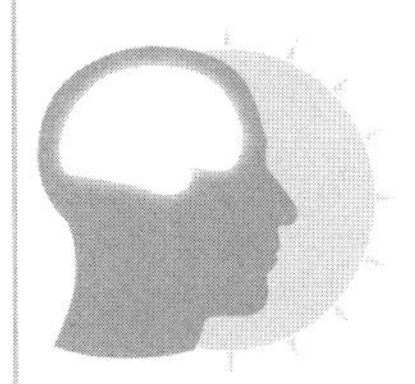

〈그림 1.11〉
보다 나은 학습자가 되는 방법을 가르치는 '배우는 법 배우기' 무크는 300만 명 이상의 수강자를 보유한, 인터넷의 최고 인기 무크 중 하나다. 이미지 출처: 테런스 세즈노스키, 바버라 오클리.

을 재창조하고 생활 방식을 바꾸는 방법도 가르치고 있다(두 무크에 대해서는 6장에서 자세히 소개할 것이다).

우리는 인터넷과 상호 작용하면서 우리 자신에 대한, 기계 판독이 가능한 빅데이터를 생성한다. 그렇게 우리는 스스로 인터넷에 남긴 디지털 빵 부스러기를 토대로 생성된 광고의 타깃이 되고 있다. 페이스북이나 여타 소셜 미디어 사이트에 드러낸 우리의 정보는 세상의 다른 누구보다도 우리에 대해 잘 알고 그 어떤 사실도 잊지 않으며 거의 우리의 도플갱어와 마찬가지가 되는 디지털 보조자를 창출하는 데 이용될 수 있다. 인터넷 추적과 딥러닝을 이용하면 현재의 아이들의 자녀들은 오늘날 부유한 가정에서 누릴 수 있는 최상의 수준보다 더 나은 교육의 기회를 제공받게 될 것이다. 우리의 손자 세대들은 그들의 교육 과정 내내 동행하는 디지털 개인교사를 갖게 될 것이다. 이미 세계 곳곳에서 칸 아카데미(Kahn Academy) 프로그램과 게이츠(Gates) 및 챈-저커버그(Chan-Zuckerberg) 자선기금 등이 지원하는 프로그램들이 다양한 교육 실험을 전개하고 있다. 이들 실험의 주안점은 모든 학생들이 공식 교육 전반에 걸쳐 자신만의 학습 진도에 맞춰 나아가며 개인의 특정한 니즈에 적응하도록 돕는 소프트웨어를 테스트하는 데 있다.[45] 디지털 개인교사가 널리 보급됨에 따라 학교 선생님들은 성적 매기기와 같은 반복적인 업무에서 해방되어 인간이 가장 잘할 수 있는 일에 대부분의 시간을 쓰게 될 것이다. 고군분투하는 학생에게는 정서적 지원을 제공하고 영재 학생에게는 지적 영감을 부여하는 등의 일 말이다. 빠르게 발전하고 있는 교육 기술, 즉 에드테크(Edtech) 덕분에 정밀 교육으로의 이전은 자율주행 자동차로의 그것보다 더욱 빠르게 이뤄질 전망이다. 극복해야 할 장애물은 훨씬 덜 위압적인데 반해 수요는 훨씬 크기 때문이다. 미국의 경우 교육 시장의 규모가 1조 달러에 달한다.[46] 단 한 가지 우려 사항은 디지털 보조원 및 디지털 개인교사의 내부 파일에 누가 접근 권한을 갖느냐 하는 문제가 될 것이다.

인공지능은 인간의 생존을 위협할 것인가?

2016년 알파고가 이세돌을 압도적으로 누르고 나자 인공지능이 인간에게 가할 수 있는 위험성과 관련해 지난 수년 동안 쌓여온 우려가 크게 증폭되었다. 컴퓨터 과학자들은 군사 목적으로 인공지능을 사용하지 않겠다는 서약서에 서명했다. 스티븐 호킹과 빌 게이츠는 인공지능이 제기하는 인간 생존의 위협에 대해 경고하는 공개 성명을 발표했다. 일론 머스크와 몇몇 실리콘밸리 기업가들은 10억 달러라는 거금을 공동출자해 오픈에이아이(OpenAI)라는 비영리 연구소를 설립했으며 딥러닝의 대부 제프리 힌튼의 수제자 중 한 명인 일리아

수트케버(Ilya Sutskever)를 제1대 소장으로 앉혔다. 오픈에이아이가 공개적으로 천명한 목표는 향후의 모든 인공지능 관련 발견을 모두가 공개적으로 이용할 수 있도록 보장하는 것이었지만, 그들의 암묵적이고도 보다 중요한 목표는 민간 기업이 인공지능을 사악하게 이용하는 것을 막는 것이었다. 알파고가 바둑의 세계 챔피언 이세돌을 꺾은 사건이 결국 티핑포인트로 작용한 셈이다. 이전까지 실패작으로 판단되던 인공지능이 거의 하룻밤 사이에 실질적 위협으로 둔갑한 것이다.

신기술의 부상으로 인간 생존의 위협이 제기된 것은 이번이 처음이 아니다. 핵무기의 발명과 개발 및 비축은 전 세계를 날려버릴 위협으로 우려됐지만, 어쨌든 우리는 적어도 지금까지는 그러한 일이 일어나지 않도록 관리해왔다. 재조합형 DNA 기술이 처음 출현했을 때 치명적으로 유전자가 변형된 생물체로 인해 전 세계적으로 엄청난 고통과 죽음이 초래될지도 모른다는 공포가 조성되었다. 유전자 공학은 이제 그 결함과 문제를 제거하거나 줄이며 오랜 시간 이롭게 이용되어온 성숙한 기술이며, 지금까지 우리는 그것이 창출한 어떤 생물체로부터도 큰 위협을 받지 않은 채 잘 살고 있다. 최근의 머신러닝의 진보는 핵무기나 살인 생명체에 비해 상대적으로 약한 위협을 제기하고 있다. 우리는 인공지능에 대해서도 전처럼 적응할 것이며, 실제로 벌써 그런 적응이 가시화되고 있다.

딥스택의 성공이 암시하는 한 가지는 딥러닝 네트워크가 세계적인 거짓말쟁이가 되는 법을 배울 수 있다는 사실이다. 딥러닝 네트워크가 훈련받을 수 있는 것은 트레이너의 상상력과 데이터에 의해 제한된다. 어떤 네트워크가 자동차를 안전하게 운전하도록 훈련될 수 있다면 그것은 포뮬러 원 자동차경주대회에서 달리도록 훈련될 수도 있다. 그런 개발에 기꺼이 비용을 댈 사람이 분명 존재할 것이다. 지금 당장은 딥러닝을 이용하는 제품이나 서비스를 구축하려면 고도로 숙련된 기술자나 실무자가 필요하지만 컴퓨팅 동력의 비용이 계속 떨어지고 소프트웨어가 자동화되면 고등학생들이 인공지능 애플리케이션을 개발하는 일도 곧 가능해질 것이다. 세계 최고 수준의 매출을 자랑하는 독일의 의류와 가구, 스포츠용품 전문 온라인 전자상거래 기업 오토(Otto)는 딥러닝을 이용해 고객이 주문할 가능성이 높은 제품을 미리 예측한다. 과거의 주문 이력을 토대로 그것을 예측해 선주문 서비스를 제공하는 것이다.[47] 고객들이 주문하기 직전에 상품을 배달하는 서비스인데, 적중률이 90퍼센트에 달한다. 인간의 개입 없이 자동으로 처리되는 선주문 서비스 덕분에 오토는 재고 및 반품 관리 부문에서 연간 수백만 유로에 달하는 비용을 절약할 뿐 아니라 고객 만족도와 보유율까지 높이고 있다. 딥러닝으로 노동자들이 대체되는 대신 생산성이 신장된 사례다. 인공지능은 이렇게 일의 생산성을 높이는 데 이용될 수 있다.

딥러닝 애플리케이션들의 개척자는 물론 주요 하이테크 기업들이지만 머신러닝의 도구들은 이미 널리 보급되어 여타의 많은 회사들에 혜택을 안겨주기 시작했다. 아마존 에코(Echo) 스마트 스피커와 연동해 널리 사용되는 디지털 보조 장비 알렉사는 딥러닝을 기반으로 자연어 요청에 응답한다. 아마존 웹서비스(AWS)는 자동화한 문자 음성 변환과 음성 인식, 자연어 이해 각각에 기초해 동일한 자연어 인터페이스를 쉽게 개발하도록 돕는 '렉스(Lex)'와 '폴리(Poly)', '컴프리헨드(Comprehend)'라는 도구상자를 제공한다. 대화형 상호 작용을 갖춘 애플리케이션은 이제 머신러닝 전문가를 고용할 여력이 없는 중소기업들도 얼마든지 이용할 수 있는 단계에 이르렀다. 그들 역시 인공지능을 이용해 고객 만족도를 높이고 있다는 얘기다.

체스 게임 컴퓨터 프로그램이 최고의 인간 체스 플레이어를 제압했을 때, 그로 인해 사람들이 체스를 그만두기 시작했는가? 오히려 해당 프로그램은 사람들의 플레이 수준을 높여줬다. 더욱 중요한 것은 그것이 또한 체스를 민주화했다는 사실이다. 이전에는 최고의 체스 플레이어들이 모스크바나 뉴욕 같은 대도시에서 나오는 게 관행이었다. 젊은 플레이어들을 가르치고 수준을 올려줄 수 있는 고수들이 모두 대도시에 몰려 있었기 때문이다. 하지만 체스 게임 컴퓨터 프로그램의 출현으로 그런 지형이 달라졌다. 노르웨이의 작은 마을에서 자란 마그누스 칼슨(Magnus Carlson)이라는 소년이 13세 나이에 체스 그랜드마스터에 등극해 현재 체스 세계 챔피언으로 군림하고 있다. 인공지능은 단지 게임 분야뿐 아니라 예술에서 과학에 이르기까지 인간이 노력을 기울이는 모든 분야에 그 혜택을 미칠 것이다. 인공지능은 우리를 더욱 똑똑하게 만들 수 있다.[48]

백 투 더 퓨처

이 책에는 인간의 지능이 진화한 과정과 인공지능이 진화하고 있는 방식이라는 두 가지 주제가 얽혀 있다. 이 두 종류의 지능 사이의 가장 큰 차이점은 인간의 지능은 진화하는 데 수백만 년이 걸렸지만 인공지능은 수십 년 범위 안에서 측정 가능한 궤도를 따라 진화하고 있다는 사실이다. 비록 인공지능이 문화 진화와 관련해서조차 가공할 초고속으로 달리고 있지만, 안전벨트를 매고 몸을 도사리는 것은 올바른 반응이 아닐 수도 있다.

언론보도를 접하며 어떤 인상을 받았는지 모르지만 최근에 딥러닝이 보여준 비약적인 발전은 하룻밤 사이에 이뤄진 성공이 아니었다. 기호와 로직, 규칙에 기초한 인공지능에서 빅데이터와 학습 알고리즘에 기초한 딥러닝 네트워크로의 전환에 대한 비하인드 스토리는 일반적으로 잘 알려져 있지 않다. 이 책은 1980년대 뉴럴 네트워크 학습 알고리즘 개발의 선구자이자 현재 신경정보처리시스템(Neural Information Processing Systems, NIPS, 머신러닝과 딥러닝을 비롯한 인공지능 연구 및 신경과학 분야에서 최고 권위의 학회로 1987년 이후 매해 12월에 콘퍼런스를 개최한다. 현재는 NeurIPS로 공식 명칭이 변경되었으나, 저자의 집필 시기와 저자가 언급하는 시기에는 NIPS였으므로 본문에서는 NIPS로 표기했다-옮긴이) 재단의 회장인 내가 개인적 관점에서 그 비하인드 스토리를 들려주며 딥러닝의 기원과 영향력을 탐구하는 책이다. NIPS 재단은 지난 30년 동안 머신러닝 및 딥러닝 부문의 발견을 감독해온 기관이다. 뉴럴 네트워크 공동체에 속한 나와 내 동료들은 지난 세월 약자로 통했지만, 끈기와 인내심으로 결국 우세한 위치에 올랐음을 밝힌다.

| 2장 | 인공지능의 재탄생

마빈 민스키(Marvin Minsky)는 탁월한 수학자로서 MIT인공지능연구소(MIT AI Lab)[1]의 설립을 주도한 인물이었다. 인공지능 분야의 방향과 문화는 이 연구소의 설립자들에 의해 설정되었으며, 특히 민스키의 역할 덕분에 1960년대의 MIT인공지능연구소는 지략의 요새로 통했다. 내가 아는 한, 민스키는 그 어느 누구보다도 더 많은 아이디어를 빠른 속도로 쏟아내며 특정 문제에 대한 자신의 해결 방식이 옳다는 것을 납득시킬 수 있는 인물이었다. 상식에 반하는 해결책에 대해서도 그럴 수 있었다. 나는 그의 대담함과 명석함에 경탄했으나 그가 인공지능을 끌고 간 방향에 대해서는 동의하지 않았다.

애들 놀이?

1960년대 MIT인공지능연구소에서 나온 프로젝트의 대표적인 예가 블록스 월드(Blocks World)다. 블록스 월드는 비전 문제를 단순화하기 위해 구조물을 형성하도록 쌓을 수 있는 다양한 크기의 직육면체 블록으로 구성되었다(〈그림 2.1〉). 이 프로젝트의 목표는 '큰 노란색 블록을 찾아 빨간색 블록 위에 놓을 것'과 같은 명령을 해석할 수 있는 프로그램을 작성해 로봇 팔이 해당 명령을 수행할 수 있게끔 단계를 설계하는 것이었다. 애들 놀이처럼 보이지만 방대하고 복잡한 프로그램을 작성해야 가능한 일이었다. 얼마나 길고 복잡했는지 해당 프로그램을 작성한 MIT 학생 테리 위노그래드(Terry Winograd)가 MIT를 떠났을 때 남은 연구원들이 그것을 디버깅(debugging, 컴퓨터 프로그램의 오류를 찾아내고 고치는 작업을 말함-옮긴이) 하기가 힘들어 사실상 폐기했을 정도다. 이 일견 간단해 보이는 문제는 관계자들의 짐작보다 훨씬 어려웠고, 설령 성공했더라도 블록스 월드에서 실제 세계로 가는 직접적인 경로는 없었다. 현실 세계에서는 물체의 모양과 크기, 무게가 죄다 다른데다가 각도도 직각을 이루지 않는 경우가 많기 때문이다. 조명의 방향과 수준을 고정시킬 수 있는 통제된 실험실 환경과 달리 실제 환경에서는 조명 역시 장소와 시간에 따라 극적으로 달라질 수 있으므로 컴퓨터의 물체 인식 작업이 크게 복잡해진다.

MIT인공지능연구소는 또한 1960년대 탁구 로봇을 구축하는 프로젝트를 진행하며 한 군사 연구 기관으로부터 대규모의 보조금을 받았다. 이 프로젝트와 관련해 내가 들은 이야기 하나는 당시 주요 연구원이 보조금 제안서에 해당 로봇의 비전 시스템 제작에 들어가는 비용을 집어넣는 것을 잊어버려 어쩔 수 없이 그 문제를 한 대학원생에게 여름 프로젝트로 맡겼다는 내용이었다. 나는 훗날 민스키에게 그 이야기가 사실인지 물었다. 그는 내가 내용을 잘못 알고 있다고 받아

〈그림 2.1〉
1968년경 마빈 민스키가 로봇이 블록을 쌓는 모습을 지켜보고 있다. 블록스 월드는 우리가 세상과 상호 작용하는 방식을 단순화한 버전이었지만, 모두의 상상 이상으로 복잡했다. 이 문제가 해결된 것은 2016년 딥러닝에 의해서다.

쳤다. "대학원생? 대학생에게 맡겼다네." MIT의 문서보관소에는 민스키의 증언을 확인해주는 서류가 남아 있다.[2] 해결하기 쉬운 것처럼 보였던 그 문제는 결국 한 세대 동안 컴퓨터 비전 분야의 연구원들을 집어삼켰다.

왜 비전은 그토록 어려운 문제인가?

우리 인간은 객체의 위치와 크기, 방향, 명암 등이 달라져도 그것이 무엇인지 식별하는 데 어려움을 거의 겪지 않는다. 컴퓨터 비전 분야 초창기의 아이디어 중 하나는 객체의 템플릿(template, 원형)을 이미지의 픽셀과 맞춰보는 것이었다. 하지만 이 접근 방식은 동일한 물체라도 다른 방향으로 놓인 두 객체의 이미지는 픽셀이 일치하지 않아 실패에 이르렀다. 예를 들어 〈그림 2.2〉의 새 두 마리를 생각해보라. 한 마리의 이미지를 다른 새의 이미지로 옮기면 픽셀이 일치하는 일부분을 얻을 수 있지만 나머지는 등록된 범위를 벗어나게 된다. 게다가

〈그림 2.2〉
대화를 나누고 있는 금화조 두 마리. 우리는 그들이 같은 종이라는 사실을 인지하는 데 아무런 어려움을 겪지 않는다. 그러나 이들이 이렇게 뷰어(viewer)에 다른 방향으로 위치한 경우 거의 동일한 특징을 지니고 있더라도 컴퓨터는 이들을 템플릿과 비교하기가 어려워진다.

다른 종의 새라도 자세가 동일한 이미지인 경우 상당히 높은 수준의 일치성을 보이니 문제가 아닐 수 없다.

컴퓨터 비전은 픽셀이 아닌 특징에 초점을 맞춤으로써 진보하기 시작했다. 예를 들어 조류 사육자나 관찰자들은 몇 가지 미묘한 무늬만 다른 경우가 많은 각각의 종을 구별할 줄 아는 전문가가 되어야 한다. 조류 구분법을 알려주는 실용적이고 대중적인 서적은 대개 각각의 새에 대해 한 장의 사진을 소개하면서 그들 사이의 미묘한 차이를 보여주는 스케치를 곁들인다(〈그림 2.3〉).[3] 특정 종에만 고유한 특징이 있으면 수월한 경우에 해당하지만, 대개 많은 종에서 동일한 특징들이 발견되기 때문에 새의 식별을 가능하게 하는 것은 날개의 횡대나 눈의 줄무늬, 깃털의 반점 등과 같은 부위별 표식 몇 가지의 독특한 조합이다. 그러한 부위별 표식이 밀접히 관련된 종들 사이에 공유되는 경우에는 다시 울음소리나 노랫소리로 서로를 구별한다. 관련된 종들 사이의 특징에 주의를 집중시킬 때에는 사진보다 그림이나 스케치를 이용하는 것이 효과가 높다. 사진은 관련성이 낮은 수많은 특징까지 가득 포함하기 때문이다(〈그림 2.3〉).

〈그림 2.3〉
비슷한 새를 구별하는 데 사용할 수 있는 독특한 특징을 보여주는 삽화. 울새과에서 종을 구별하는 데 중요한 날개의 횡대를 찾는 위치를 화살표로 가리키고 있다. 어떤 것은 뚜렷하고, 어떤 것은 모호하며, 어떤 것은 이중으로 구성되어 있고, 어떤 것은 길거나 짧다. 이미지 출처: 피터슨(Peterson) 외.[4]

특징에 기초한 이 접근 방식의 문제점은 수없이 많은 세상의 서로 다른 객체에 대한 특징 감지기를 개발하는 일이 매우 노동 집약적이라는 것뿐만 아니라 최상의 특징 감지기를 갖춘다 하더라도 객체의 일부가 가려지는 경우 그 이미지에서 모호성이 발생한다는 데 있다. 결국 여러 객체가 뒤섞여 모여 있는 경우 컴퓨터가 각각을 인지하는 일은 벅찬 작업이 될 수밖에 없는 것이다.

1960년대 컴퓨터 비전이 인간 수준의 수행력을 갖추는 데 이후 50년의 세월에 걸쳐 컴퓨터 성능이 100만 배는 증가해야 될 것으로 짐작한 사람은 거의 없었다. 컴퓨터 비전 프로그램을 작성하는 일이 수월할 것이라는 잘못된 직관은 우리 인간이 보고 듣고 움직이는 것과 같은 활동을 수월하게 행한다는 사실에 기초했다. 하지만 그런 활동이 제대로 자리 잡히는 데 수백만 년이라는 진화의 세월이 걸리지 않았던가. 원통하게도 초기의 인공지능 개척자들은 곧 컴퓨터 비전 문제를 해결하는 일이 극도로 어렵다는 사실을 인정하지 않을 수 없었다. 그에 반해 컴퓨터가 로직에서는 인간보다 훨씬 뛰어난 것으로 밝혀졌기 때문에 그들은 수학적 정리를 증명하도록 컴퓨터를 프로그래밍하는 일은 훨씬 쉽다는 것을 깨달았다. 수학적 정리의 증명은 최고 수준의 지능을 요하는 것으로 생각되는 과정이다. 논리적으로 생각하는 능력은 진화에서도 늦은 단계의 발달에 속하며, 심지어 인간의 경우에도 정확한 결론에 이르려면 일련의 논리적 명제를 체계적으로 따르도록 훈련을 받아야 하는 무엇이다. 반면에 우리가 생존을 위해 풀어야 할 대부분의 문제는 대개의 경우 이전 경험에 기초한 일반화만으로도 잘 해결할 수 있다.

전문 시스템

1970년대와 1980년대에는 일련의 규칙을 이용해, 예컨대 의료 진단 문제 같은 것을 해결하는 인공지능 전문 시스템의 개발이 붐을 이뤘다. 초기 전문 시스템의 대표 격은 수막염과 같은 전염성 질병에 책임이 있는 박테리아를 식별하기 위해 개발된 마이신(MYCIN)이었다.[5] 이 시스템 개발자들은 전문 시스템 접근 방식에 따라 먼저 환자들의 증상과 병력은 물론이고 전염성 질환 전문의로부터 사실과 규칙을 수집한 다음 시스템의 컴퓨터에 입력해야 했고, 마지막으로 컴퓨터가 로직을 사용해 추론하도록 프로그램을 작성해야 했다. 하지만 개발자들은 곧 전문가로부터 사실과 규칙을 수집하는 데 어려움을 겪기 시작했다. 특히 최고의 전문의들이 규칙에 의존하지 않고 경험에 기초한 패턴 인식에 의존해 진단을 내리는 보다 복잡한 영역에서 그러했다(코드화가 어려운 부분이기 때문이다).[6] 또한 새로운 사실이 발견되거나 오래된 규칙이 폐기될 때마다 시스템을 지속적으로 업데이트해야 하는 영역에서도 그러했다. 더불어 그들은 환자들의 증상과 병력을 수집해 시스템의 컴퓨터에 입력하는 과정 자체에서도 어려움을 겪었다. 환자 1인당 적어도 30분 이상의 시간이 걸렸기 때문이다. 바쁜 의사가 감당할 수 있는 과정이 아니었다. 놀랄 것도 없이 MYCIN은 임상적으로 활용되는 단계에 이르지 못했다. 그 밖에도 독극물 방출 관리나 자율주행 차량의 임무 계획, 음성 인식 등과 같은 여타 애플리케이션을 위한 전문 시스템이 다수 개발되었으나 오늘날까지 사용되고 있는 시스템은 거의 없다.

인공지능의 초기 수십 년 동안 많은 연구원들이 서로 다른 다양한 접근 방식을 시도했지만, 그것들 모두 실용적이라기보다는 이론적으로 기발한 축에 해당했다. 현실 세계 문제의 복잡성을 과소평가했을 뿐만 아니라 제안한 솔루션들 역시 규모를 잘못 잡기 일쑤였다. 복잡한 영역에서는 규칙의 수가 엄청나기 때문에 새로운 사실을 손으로 추가할 때마다 서로 다른 규칙들 간의 상호 작용 및 예외적 조건을 추적하는 일은 불가능에 가깝다. 예를 들어보자. 더글러스 레나트(Douglas Lenat)는 1984년 상식을 코드화하기 위해 '사이크(Cyc)'라는 프로젝트를 출범시켰다. 출범 당시에는 멋진 아이디어로 보였지만 그 프로젝트는 사실상 악몽인 것으로 드러났다.[7] 우리는 세상이 돌아가는 방식에 무수히 많은 수의 사실이 얽히고설키는 것을 당연시하며, 그런 사실들 대부분을 경험에 근거해 받아들인다. 예컨대 우리는 12미터 높이에서 떨어지는 고양이는 다치지 않을 가능성이 높지만,[8] 같은 높이에서 떨어지는 인간은 중상을 입거나 사망에 이른다는 사실을 알고 있다.

초기 인공지능의 발전이 그렇게 느렸던 또 다른 이유는 오늘날의 표준에 비해 디지털 컴퓨터가 믿을 수 없을 정도로 원시적이었고 메모리가 너무 비쌌기 때문이다. 그러나 디지털 컴퓨터는 논리적 연산과 기호 처리, 규칙 적용에 매우 효율적이었으므로 (원시적 연산 도구이긴 해도) 20세기 나머지 기간 내내 선호될 것이라는 사실은 그리 놀라운 게 아니었다. 그리하여 카네기멜론대학교의 컴퓨터 과학자 앨런 뉴얼(Allen Newell)과 허버트 사이먼(Herbert Simon)은 1955년 앨프리드 노스 화이트헤드(Alfred North Whitehead)와 버트런드 러셀(Bertrand Russell)이 수학의 모든 것을 체계화하기 위해 공저한 《수학 원리(Principia Mathematica)》에 소개된 논리적 정리들을 증명할 수 있는 '논리 이론가(Logic Theorist)'라는 컴퓨터 프로그램을 작성할 수 있었다. 이 초기 시절에는 지능형 컴퓨터가 곧 등장할 것이라는 기대가 팽배했다.

인간 지능의 기능을 가진 컴퓨터 프로그램을 작성하려고 애썼던 인공지능 개척자들은 인간의 뇌가 실제로 어떻게 지능적인 행동 방식을 성취했는지에 대해서 관심을 갖지 않았다. 내가 뉴얼에게 그 이유를 물었을 때, 그는 개인적으로 뇌 연구에서 나온 식견을 얻고 싶어 개방적인 자세를 취했지만 당시는 그저 뇌에 관한 내용이 충분히 파악되지 않았던 시절이라 쓸 만한 정보가 별로 없었다고 답했다. 앨런 호지킨(Alan Hodgkin)과 앤드류 헉슬리(Andrew Huxley)의 연구로 밝혀지기 시작한 뇌 기능의 기본 원리는 1950년대에 막 알려지고 있었다. 호지킨과 헉슬리는 어떻게 뇌의 신호가 신경을 따라 실무율(all-or-none, 悉無律) 법칙의 전기 스파이크에 의해 장거리를 이동하는지 설명했다. 그리고 그러한 전기 신호가 (신경세포와 신경세포를 연결하며 신경에서 신경으로 신호를 전달하는) 시냅스(synapse)에서 어떻게 화학 신호로 변환되는지에 대한 실마리를 발견한 버나드 카츠(Bernard Katz)의 연구 역시 이런 기류에 기여했다.[9]

1980년대에는 뇌에 관해 더 많은 내용이 알려졌고 생물학 분야 밖에서도 그런 정보에 보다 쉽게 접근할 수 있는 여건이 마련되었다. 하지만 인간의 뇌 자체는 새로운 세대의 인공지능 연구원들과 더욱 관련성이 없어졌다. 이들 신세대 연구원들의 목표는 뇌가 작용하는 방식과 기능적으로 동등한 프로그램을 작성하는 것이었다. 철학에서는 이런 자세를 기능주의(functionalism)라고 칭했는데, 덕분에 많은 사람들이 생물학의 골치 아픈 세부 사항을 무시할 수 있는 변명거리를 얻은 셈이 되었다. 그러나 주류에 속하지 않은 소수의 인공지능 연구원 그룹은 인공지능 접근 방식이 뇌의 실제 생물학에서 영감을 받아야 한다고 믿었고, 그런 방법론적 토대를 나름대로 '뉴럴 네트워크'나 '연결주의(connectionism, 인공 신경망으로 인지적 능력을 설명하려는 심리철학의 이론-옮긴이)' 또는 '병렬분산처리(Parallel Distributed Processing, PDP)' 등으로 불렀다. 이 소그룹이 결국 로직 기반의 인공지능이 이해하지 못했던 문제를 해결하게 되는 것이다.

나는 그런 소그룹에 속해 있었다.

호랑이 굴에 들어서다

1989년 MIT 컴퓨터과학연구소의 책임자인 마이클 데토주스(Michael

Dertouzos)가 뉴럴 네트워크에 기초한 인공지능의 선구적인 접근 방식에 대해 MIT에서 명사 특별 강연을 해 달라고 나를 초청했다(〈그림 2.4〉). 그곳에 도착하자 데토쥬스는 나를 따뜻하게 맞이하며 엘리베이터로 안내했다. 그리고 그는 엘리베이터 안에서 내게 특별 강연자는 점심 뷔페 자리에서 교수진과 학생들로 이뤄진 청중을 대상으로 강연의 주제를 놓고 5분가량 토론회를 여는 게 MIT의 전통이라고 설명했다. 엘리베이터 문이 열릴 때 그가 덧붙였다. "참고로 오늘 이 자리에 모인 청중들은 당신이 하고 있는 일을 증오하는 사람들이라오."

점심 뷔페가 마련된 장소에는 거의 100명 정도의 청중이 들어차 있었다. 참석한 사람들의 규모에 데토쥬스도 놀랄 정도였다. MIT의 과학자들은 크게 세 개의 원을 형성하며 서 있었다. 둥그런 첫 번째 줄은 상급 교수진, 두 번째 줄은 하급 교수진, 세 번째 줄은 학생들로 구성되었고, 내 자리는 중앙의 주 요리 테이블 바로 앞이었다. 과연 5분 동안 뭐라고 말을 해야 내가 하고 있는 일을 증오하는 청중들 사이에 모종의 변화를 일으킬 수 있을까?

나는 즉흥적으로 말을 쏟아내기 시작했다. "여기 테이블 위에 파리 보이시죠. 이 파리는 고작 10만 개의 뉴런으로 구성된 뇌를 보유하고 있습니다. 무게는 1밀리그램 정도면서 1밀리와트의 동력을 소비하는 뇌입니다." 나는 그 파리를 손으로 쫓으며 말을 이었다. "이놈은 볼 수도 있고 날 수도 있으며 항행할 수도 있고 음식을 찾을 수도 있습니다. 하지만 실로 놀라운 부분은 놈이 번식할 수 있다는 사실입니다. 여기 MIT에는 가격이 1억 달러에 달하는 슈퍼컴퓨터가 있습니다. 1메가와트의 동력을 소비하고 대형 에어컨으로 열을 식혀야 하는 컴

〈그림 2.4〉
이 책의 저자 세즈노스키가 1989년 소크생물학연구소(Salk Institute for Biological Studies)로 옮긴 직후 피질에 대한 축척 법칙(scaling law, 규모나 빈도 사이의 관계를 로그값으로 변환해 일정한 패턴을 찾는 방법-옮긴이)에 대해 설명하고 있다. 이미지 출처: 시엔샤 엑스플리카다(Ciencia Explicada).

퓨터입니다. 하지만 그 슈퍼컴퓨터에 따르는 가장 큰 비용은 바로 프로그래머들이 놈의 프로그램을 향한 엄청난 식욕을 충족시키려 애쓸 때 생겨나는 인간의 희생입니다. 그놈은 볼 수도 없고 날 수도 없으며 다른 컴퓨터들과 커뮤니케이션은 할 수 있을지언정 짝을 찾을 수도, 번식할 수도 없습니다. 이 그림에 대체 뭐가 잘못된 걸까요?"

한동안 침묵이 흐른 뒤 앞줄의 나이 든 교수 한 명이 입을 열었다. "우리가 아직 비전 프로그램을 완성하지 못한 게 문제라고 할 수 있지요." (미 국방부는 당시 1983년부터 1993년까지 대략 10년 계획으로 실행 중이던 전략적 컴퓨팅 이니셔티브(Strategic Computing Initiative)라는 프로그램에 6억 달러를 쏟아붓고도 자율주행 탱크를 안내할 비전 시스템조차 구축하지 못한 상태였다.)[10] "그 일에 행운이 따르기를 기원합니다." 이것이 나의 응답이었다.

궤도 역학을 위한 고정밀 통합 시스템을 포함해 현실 세계의 여러 문제에 대한 몇 가지 중요한 인공지능 애플리케이션을 개발한 제럴드 서스먼(Gerald Sussman) 교수가 나서서 앨런 튜링의 고전적 작업을 거론하며 MIT의 인공지능 접근 방식에 대한 명예를 지키려 했다. 튜링은 사고 실험(thought experiment, 조건을 단순화해 예상되는 현상을 이론에 따라 추정하는 실험-옮긴이)으로 튜링 머신을 상정해 그것이 계산 가능한 모든 함수를 연산할 수 있음을 증명한 영국의 수학자 겸 논리학자로 컴퓨터공학과 정보공학의 이론적 토대를 마련한 인물이다(특히 제2차 세계대전 당시 암호 해독으로 연합군의 승리에 기여한 것으로 유명하다). "그런데 그러려면 시간은 얼마나 걸릴까요?" 내가 반문한 후 덧붙였다. "서두르시는 게 좋을 겁니다. 그렇지 않으면 잡아먹히게 되니까요." 그런 후 나는 방을 가로질러 걸어가 커피 한 잔을 컵에 따랐다. 그렇게 교수진과의 대화는 끝이 났다.

"이 그림에 뭐가 잘못된 걸까요?"는 내 연구실의 학생이라면 누구나 대답할 수 있는 질문이었다. 그러나 그날 점심 토론장의 첫 두 줄에 선 청중들은 모두 난감해했다. 마침내 세 번째 줄에 있던 한 학생이 다음과 같이 응수했다. "디지털 컴퓨터는 비효율적이긴 하지만 어떤 것이든 연산하도록 프로그램을 짤 수 있는 범용 목적의 장치입니다. 하지만 파리는 특수 목적의 컴퓨터라 할 수 있지요. 그것은 보고 비행할 수는 있지만 제 수표책의 수지균형을 맞추는 일은 못하지요." 올바른 대답이었다. 파리의 비전 네트워크는 수억 년에 걸쳐 진화했으며 그 비전 알고리즘은 네트워크 자체에 내장되어 있다. 그렇기 때문에 우리가 파리 눈의 신경회로를 통하는 정보와 배선 다이어그램을 알아내 역공학으로 비전 문제를 해결할 수 있는 것이고, 그렇기 때문에 하드웨어 자체가 특정 문제를 풀 수 있는 소프트웨어를 필요로 하는 디지털 컴퓨터로는 그 일을 할 수 없는 것이다.

로드니 브룩스(Rodney Brooks)가 청중들 뒤쪽에서 미소를 지으며 서 있는 모습이 눈에 들어왔다. 내가 전에 매사추세츠주 케이프코드의 우즈홀(Woods Hole)에서 열린 연산 신경과학 워크숍에 초대한 바 있는 과학자였다. 브룩스는 호주 출신으로 1980년대 당시 MIT 인공지능연구소의 하급 교수로 재직 중이었다. 그는 디지털 로직에 의존하지 않는 아키텍처를 사용해 걸어다니는 로봇 곤충을 개발하고 있었다. 훗날 그는 그 연구소의 소장이 되고, 이어서 로봇 청소기 룸바(Roomba)를 만드는 회사 아이로봇(iRobot)을 창립한다.

그날 오후 내가 공식 강연을 한 강의실은 거대했고 학부생들로 가득 찼다. 과거가 아닌 미래에 주목하는 차세대였다. 나는 어바나-샴페인 소재 일리노이대학교 산하 복합시스템연구센터(Center for Complex Systems Research)의 물리학자 제럴드 테소로(Gerald Tesauro)와 공동으로 수행한 프로젝트에 대해 이야기했다. 백개먼 놀이를 배우는 뉴럴 네트워크를 구축한 프로젝트였다. 백개먼은 두 명의 플레이어가 서로 번갈아가며 주사위를 굴려 그 값에 따라 말들을 움직이고 모든 말들을 누가 먼저 다 옮겨놓느냐에 따라 승부가 결정되는 게임이다. 결정론적인(즉 주어진 조건들을 만족하는 유일 해가 존재한다는 가정에 따르는) 체스와 달리, 백개먼 게임은 주사위에 의한 우연에 지배를 받는다. 주사위 굴리기에 내재된 불확실성으로 인해 특정한 이동의 결과를 예측하기가 어려워진다는 뜻이다. 이 게임은 중동에서 매우 인기가 높은데, 생계 수단으로 삼는 사람들도 있을 정도다.

백개먼 판에서 말이 놓일 수 있는 경우의 수가 10의 20승이라는 점을 감안하면 로직과 경험적 지식에 근거해 가능한 모든 말의 위치를 처리하는 프로그램을 작성한다는 것은 불가능한 일이다. 그래서 우리는 네트워크로 하여금 강사의 플레이를 지켜보며 패턴 인식을 통해 게임 방법을 익히도록 만들었다.[11] 그리고 테소로는 계속해서 백개먼 네트워크가 자체적으로 게임을 하도록 만들어 세계 챔피언 수준으로 플레이를 하는 최초의 백개먼 프로그램을 창출했다(17장에서 이에 대해 자세히 소개할 것이다).

MIT에서 강연을 마치고 나서 나는 그날 아침 〈뉴욕타임스〉에 정부 기관들의 인공지능 연구 지원금 삭감 소식이 1면 기사로 실렸다는 사실을 알았다. 이것은 당시의 주류 연구원들에게 인공지능의 겨울이 시작되었음을 알리는 소식이었지만 나와 우리 그룹의 나머지 연구원들에게는 전혀 영향을 미치지 않았다. 우리에게는 뉴럴 네트워크의 봄이 막 시작되었을 뿐이었다.

그러나 인공지능에 대한 우리의 새로운 접근 방식은 비전과 음성, 언어 부문에서 실용적인 애플리케이션을 내놓는 데 이후 25년이 걸린다. 1989년 당시에도 나는 그 일에 그 정도의 시간은 걸릴 것으로 짐작하고 있었다. 1978년 프린스턴대학교의 대학생이었을 때 나는 컴퓨팅 성능이 기하급수적으로 증가해 매 18개월마다 두 배가 된다는 무어의 법칙(Moore's Law)을 접하고 그것이 인간의 두뇌 수준에 도달하려면 어느 정도의 시간이 필요한지 나름대로 추론해 2015년경이라는 결론을 내린 적이 있었다. 하지만 다행히도 그런 긴 세월이 나를 주눅 들게 만들지는 않았다. 뉴럴 네트워크에 대한 나의 신념은 자연이 그러한 문제들을 해결했다면 우리는 자연으로부터 그것들을 해결하는 법을 배울 수 있어야 한다는 직관에 근거했다. 내가 기다려야 했던 25년은 자연이 인고한 수억 년에 비하면 눈 깜박할 새조차 안 되는 것이었다.

시각 피질 내의 뉴런은 계층 구조로 배열되어 있다. 감각 정보가 피질 층을 거치며 변형됨에 따라 세상에 대한 표상은 더욱 추상적으로 변한다. 지난 수십 년 동안 뉴럴 네트워크 모델의 계층 수가 증가하면서 그 수행력이 계속 향상되었고, 마침내 1980년대에는 꿈만 꿀 수밖에 없었던 비전 문제 해결의 임계점을 넘어서기에 이르렀다. 딥러닝은 특정 이미지 안에서 서로 다른 객체를 구분할 수 있는 적합한 특징을 찾는 프로세스를 자동화한다. 그래서 오늘날의 컴퓨터 비전이 5년 전에 비해 그렇게 월등히 나은 것이다.

2016년 컴퓨터는 25년 전에 비해 100만 배나 빨라졌고 컴퓨터 메모리는 메가바이트에서 테라바이트로 10억 배가 증가했다. 이제 우리는 수백만 유닛과 수십 억 커넥션을 갖춘 뉴럴 네트워크의 모의실험을 수행할 수 있다. 고작 수백 유닛과 수천 커넥션밖에 없었던 1980년대의 네트워크와 비교해보라. 비록 1,000억 개의 신경세포와 1,000조 개의 시냅스 커넥션(synaptic connection, 연접 연결)을 갖춘 인간의 뇌에 비하면 여전히 미흡한 수준이지만 오늘날의 뉴럴 네트워크는 좁은 영역에서 원리를 증명하기에는 충분한 수준으로 발전한 상태다.

심층 뉴럴 네트워크의 딥러닝 시대는 이미 개시되었다. 하지만 그런 깊은 네트워크에 이르기 전에 우리는 얕은 네트워크를 훈련시키는 법부터 배워야 했다.

| 3장 | 뉴럴 네트워크의 여명

인공지능의 모든 난제를 풀 수 있다는 유일한 실존 증거는 자연이 이미 진화를 통해 그것들을 해결했다는 사실뿐이다. 그러나 만약 인공지능 연구원들이 애초부터 상징 처리(symbol processing)와는 근본적으로 다른 접근 방식을 취했더라면 1950년대에도 컴퓨터가 실제로 지능적인 행동 방식을 취할 수 있는 실마리가 잡혔을 것이다.

첫 번째 단서는 우리의 뇌가 강력한 패턴 인식 기능을 갖췄다는 사실이었다. 인간의 시각 시스템은 여러 가지가 뒤섞인 어수선한 장면에서도 특정 객체를 영점 몇 초 사이에 인식할 수 있다. 해당 객체를 전에 본 적이 없는 경우에도 그렇고, 일정한 크기만 갖췄다면 그것이 어떤 위치에 어떤 방향으로 놓여도 그렇다. 간단히 말해서 우리의 시각 시스템은 '객체 인식'을 단일 명령으로 처리하는 컴퓨터처럼 움직인다.

두 번째 단서는 우리의 뇌가 연습을 통해 피아노 연주에서 물리학 학습 등에 이르는 많은 어려운 작업의 수행법을 배울 수 있다는 사실이었다. 자연은 범용 목적의 학습을 이용해 특수한 문제를 해결하며 인간은 그런 학습의 달인이다. 이는 실로 우리의 특별한 힘이다. 딥러닝 네트워크는 우리의 모든 감각 및 운동 시스템에서 발견된다.[1]

세 번째 단서는 우리의 뇌가 로직(논리)이나 규칙으로 가득 차 있지 않다는 사실이었다. 물론 우리는 논리적으로 생각하거나 규칙을 따르는 법을 배울 수 있지만, 많은 훈련을 한 후에도 잘하지 못하는 경우가 허다하다. 이를 잘 보여주는 예가 '웨이슨 선택 과제(Wason selection task)'라는 논리 테스트에 나타나는 전형적인 수행력이다(〈그림 3.1〉). (먼저 〈그림 3.1〉과 〈그림 3.2〉의 퍼즐을 풀어보기 바란다.)

〈그림 3.1〉
이 네 장의 카드 각각은 한쪽에는 숫자가 적혀 있고 다른 한쪽에는 색이 칠해져 있다. '만약 카드 앞면이 짝수라면 뒷면은 짙은 빨간색이다'라는 명제가 참인지 확인하려면 어떤 카드(또는 카드들)를 뒤집어봐야 하는가? 이미지 출처: 위키피디아의 '웨이슨 선택 과제'.

〈그림 3.2〉
이 네 장의 카드 각각은 한쪽에는 연령이 적혀 있고 다른 한쪽에는 마실 수 있는 음료의 종류가 그려져 있다. '만약 알코올 음료를 마실 수 있으려면 18세 이상이어야 한다'는 법규가 참인지 확인하려면 어떤 카드(또는 카드들)를 뒤집어봐야 하는가? 이미지 출처: 위키피디아의 '웨이슨 선택 과제'.

〈그림 3.1〉에서 올바른 선택은 '8'이 적힌 카드와 옅은 빨간색 카드다(이 논리 테스트의 규칙은 '카드가 한 면에 짝수를 표시하면 반대 면은 짙은 빨간색'이라는 것이다. 따라서 앞면이 짝수이면서 뒷면은 짙은 빨간색이 아닌 카드만이 규칙을 위반하게 된다. 이러한 전제하에 가능한 모든 경우를 살펴보면 다음과 같다. ① '3'이 적힌 카드는 짙은 빨간색이든 옅은 빨간색이든 규칙을 위반하지 않는다. 규칙에서 홀수에 대해서는 아무것도 주장하고 있지 않기 때문이다. ②만약 '8'이 적힌 카드가 짙은 빨간색이 아니라면 규칙에 위배된다. ③짙은 빨간색 카드는 홀수든 짝수든 규칙을 위반하지 않는다. 짙은 빨간색은 짝수에 국한된다는 규칙이 없기 때문이다. ④옅은 빨간색 카드가 짝수이면 규칙에 위배된다. 따라서 '8'이 적힌 카드와 옅은 빨간색 카드를 뒤집어보는 게 논리적으로 올바른 선택이다-옮긴이). 원래의 연구에서 올바른 선택을 내린 실험 참가자는 단 10퍼센트에 불과했다.[2]

그러나 동일한 논리 테스트가 〈그림 3.2〉처럼 친숙한 맥락에서 이뤄졌을 때에는 대부분의 실험 참가자가 별다른 어려움 없이 올바른 선택을 내렸다('16'이 적힌 카드와 맥주가 그려진 카드가 정답이다-옮긴이).

추론은 영역에 의존하는 것으로 보인다. 우리가 해당 영역에 익숙할수록 관련 문제의 해결이 용이해진다는 뜻이다. 영역 내의 문제 해결에서는 경험이 크게 도움이 된다. 과거에 접한 사례를 이용해 해결책을 직관적으로 떠올릴 수 있기 때문이다. 예를 들어 물리학을 공부할 때 우리는 공식을 암기하는 것이 아니라 많은 문제를 풀어봄으로써 전기나 자기 같은 영역을 학습한다. 만약 인간의 지능이 순수하게 로직에 기반한다면 영역에 종속되지 않아야 마땅하다. 하지만 그렇지 않지 않은가.

네 번째 단서는 우리의 뇌가 서로 끊임없이 소통하는 수십 억 개의 작은 뉴런으로 가득 차 있다는 사실이었다. 이것이 시사하는 바는 인공지능의 난제에 대한 해결책을 찾으려면 우리가 한 번에 하나씩 데이터와 명령어를 가져와 실행하는 폰 노이만식의 디지털 아키텍처가 아니라 대규모 병렬 아키텍처를 갖춘 컴퓨터에 초점을 맞춰야 한다는 것이다. 그렇다. 튜링 머신은 충분한 메모리와 충분한 시간만 주어지면 계산 가능한 모든 함수를 연산할 수 있다. 하지만 자연은 문제를 실시간으로 해결해야 했고, 또 그렇게 실시간으로 문제를 해결하기 위해 지구상에서 가장 강력한 컴퓨터처럼 막대한 병렬 프로세서를 갖춘 뇌의 뉴럴 네트워크를 이용했다. 그런 네트워크에서 효율적으로 실행되는 알고리즘이 결국 성공에 이를 터였다.

초기의 개척자들

제2차 세계대전 직후 미국의 수학자 노버트 위너(Norbert Wiener)를 중심으로 일단의 학자들이 생물과 기계를 결합한 제어 및 통신 시스템을 연구하는 인공두뇌학(cybernetics, 사이버네틱스)을 제창했다.[3] 이후 1950년대와 1960년대에 걸쳐 자기조직화(self-organizing) 시스템에 대한 관심이 폭발적으로 증가했다. 그런 폭발이 야기한 기발한 창안물의 한 작은 예가 올리버 셀프리지(Oliver Selfridge)가 구상한 판데모니엄(Pandemonium)이었다.[4] 이것은 특징을 탐지하는 '데몬들(demons)'이 물체를 이미지로 나타낼 권리를 얻기 위해 서로 경합을 벌이는 개념에 기초한 패턴 인식 장치(딥러닝과 유사한 개념을 담은 최초의

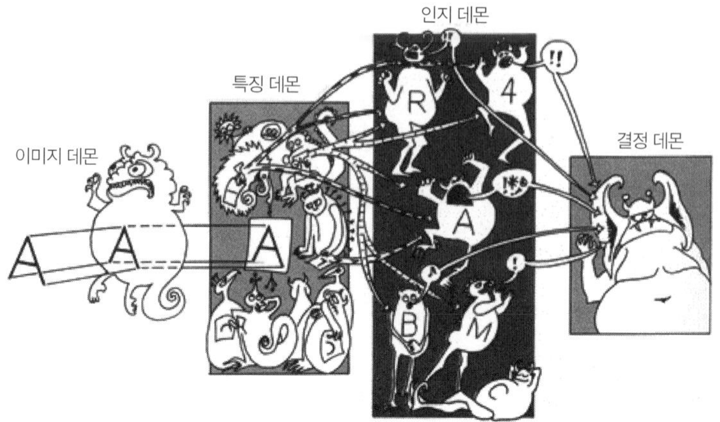

〈그림 3.3〉
판데모니엄. 셀프리지는 감각 기관을 통해 들어온 인풋에서 보다 복잡한 특징과 추상을 잇따라 추출하는 과정을 거쳐 결정을 내리는 데몬들이 뇌에 있는 것으로 상상했다. 각 단계(또는 수준)의 각 데몬은 전 단계의 인풋과 일치를 이루는 경우 흥분 상태에 이른다. 결정 데몬은 그런 흥분의 정도와 정보원의 중요성을 가늠한다. 이런 형태의 증거 평가는 오늘날의 딥러닝 네트워크 개념과 맥락을 같이 한다. 딥러닝 네트워크는 판데모니엄보다 훨씬 더 많은 단계 또는 수준을 보유한다고 보면 된다. 이미지 출처: 피터 린지(Peter H. Lindsay) 외.[5]

장치라 할 수 있음)였다(〈그림 3.3〉). 그리고 스탠퍼드대학교의 버나드 위드로(Bernard Widrow)와 그의 제자 테드 호프(Ted Hoff)는 최소평균제곱법(least mean square, LMS) 학습 알고리즘을 창안했다.[6] 이 학습 알고리즘은 이를 계승한 알고리즘들과 함께 소음 제거에서 재무 예측에 이르는 다양한 애플리케이션에서 적응 신호 처리에 폭넓게 이용되고 있다. 여기서 나는 그런 초기 시절의 개척자 중 한 명인 프랭크 로젠블랫에 초점을 맞출 것이다(〈그림 3.4〉). 그가 창안한 '퍼셉트론(Perceptron)'이라는 네트워크가 딥러닝의 직접적인 조상이기 때문이다.[7]

NEW NAVY DEVICE LEARNS BY DOING

Psychologist Shows Embryo of Computer Designed to Read and Grow Wiser

WASHINGTON, July 7 (UPI) —The Navy revealed the embryo of an electronic computer today that it expects will be able to walk, talk, see, write, reproduce itself and be conscious of its existence.

The embryo—the Weather Bureau's $2,000,000 "704" computer—learned to differentiate between right and left after fifty attempts in the Navy's demonstration for newsmen.,

The service said it would use this principle to build the first of its Perceptron thinking machines that will be able to read and write. It is expected to be finished in about a year at a cost of $100,000.

Dr. Frank Rosenblatt, designer of the Perceptron, conducted the demonstration. He said the machine would be the first device to think as the human brain. As do human beings, Perceptron will make mistakes at first, but will grow wiser as it gains experience, he said.

Dr. Rosenblatt, a research psychologist at the Cornell Aeronautical Laboratory, Buffalo, said Perceptrons might be fired to the planets as mechanical space explorers.

〈그림 3.4〉

코넬대학교의 프랭크 로젠블랫(Frank Rosenblatt)이 깊은 생각에 빠져 있다. 그는 딥러닝 네트워크의 선조라 할 수 있는 퍼셉트론을 개발했다. 퍼셉트론은 이미지를 분류해 범주화하는 단순한 학습 알고리즘을 보유했다. 기사는 〈뉴욕타임스〉 1958년 7월 8일자 UPI 보도문이다. 퍼셉트론 기계는 1959년 완성 시까지 10만 달러, 오늘날의 화폐 가치로 약 100만 달러의 비용이 소요될 것으로 예상되었다. 1958년 200만 달러(오늘날의 2,000만 달러)가 든 IBM 704 컴퓨터는 초당 1만 2,000회의 곱셈을 수행할 수 있었다. 당시로서는 엄청나게 빠른 속도였지만 오늘날 그보다 훨씬 저렴한 삼성 갤럭시 S6 휴대전화는 100만 배 더 빠른 속도로 초당 340억 회의 연산을 수행할 수 있다. 이미지 출처: 조지 내기(George Nagy).

예를 통한 학습

뉴럴 네트워크 인공지능의 개척자들은 뇌 기능에 대한 이해의 부족에도 굴하지 않고 만화 버전의 뉴런을 그려가며 그것들이 서로 어떻게 연결되는지 파악하기 위해 애썼다. 코넬대학교의 로젠블랫은 자동으로 패턴을 인식하는 우리의 시각 시스템의 아키텍처를 모방하기 위해 노력한 최초의 연구원들 중 한 명이었다(〈그림 3.4〉).[8] 그는 예컨대 알파벳 등과 같은 패턴을 분류해 범주화하는 법을 배울 수 있는 학습 알고리즘을 갖춘 퍼셉트론을 창안했는데, 실로 믿을 수 없을 정도로 간단한 네트워크였다. 알고리즘이란 특정한 목적을 이루기 위해 밟는 단계별 절차를 말한다. 요리할 때 따르는 레시피와 비슷하다고 보면 쉽다(7장에서 알고리즘에 대해 전반적으로 설명할 것이다).

퍼셉트론이 패턴 인식 문제의 해결 방법을 배우는 기본 원리를 이해하면 딥러닝의 작용 방식을 반은 이해한 셈이 된다. 퍼셉트론의 목표는 특정한 인풋(input)의 패턴이 특정한 범주(예컨대 고양이 범주)에 속하는지 여부를 결정하는 것이다. 〈박스 3.1〉은 퍼셉트론으로의 인풋이 인풋 유닛에서 일련의 가중치(weight)에 의해 변환되어 아웃풋(output) 유닛에 이르는 방식을 설명한다. 가중치는 각각의 인풋이 아웃풋 유닛에서 내리는 최종 결정에 미치는 영향력의 정도를 말한다. 어려운 부분은 어떻게 인풋을 정확하게 분류할 수 있는 일련의 가중치를 찾느냐 하는 것이다.

엔지니어들이 그와 같은 문제를 해결하는 전통적인 방법은 분석 또는 임시변통의 절차에 기반해 가중치를 직접 만드는 것이다. 이는 노동 집약적인 작업이며 종종 엔지니어링에 의존하는 만큼 직관에도 의존한다. 대안은 우리가 세상의 사물에 대해 배우는 것과 마찬가지의 방식으로 예나 사례, 실례로부터 배우는 자동 절차를 이용하는 것이다. 이 경우 범주에 속하지 않은 예를 포함해 많은 예가 필요하다.

〈박스 3.1〉

퍼셉트론

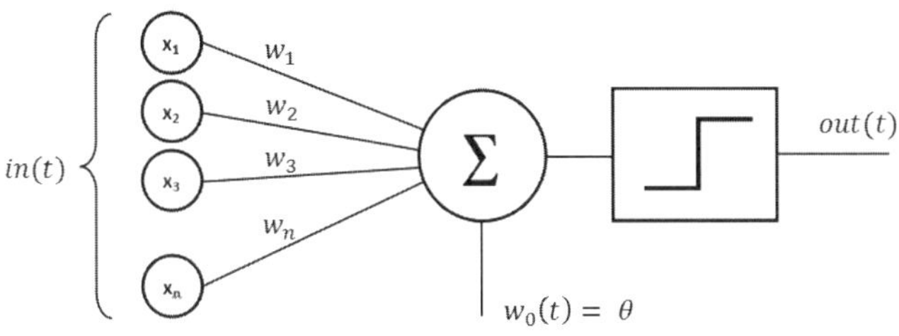

퍼셉트론은 한 개의 인풋 층 그리고 인풋 유닛과 아웃풋 유닛을 연결하는 일련의 접속부로 구성된 한 개의 인공 뉴런을 갖춘 뉴럴 네트워크다. 퍼셉트론의 목표는 인풋 유닛에 제시되는 패턴을 분류하는 것이다. 아웃풋 유닛이 수행하는 기본 작업은 각 인풋(x_n)에 그것의 연결 강도, 즉 가중치(w_n)를 곱한 값을 합산해 아웃풋을 결정하는 것이다. 위의 도표에서 인풋들($\Sigma_{i=1, \ldots, n}\ w_i\ x_i$)의 가중 합은 임계값 θ와 비교되고 합계가 임계값보다 큰 경우 '1'의 아웃풋을 내고 그렇지 않은 경우 '0'의 아웃풋을 내는 계단함수를 거친다. 여기서 인풋은 특정 이미지에서 픽셀의 농도일 수도 있고 또는 보다 일반적으로 이미지에 있는 물체의 윤곽 등과 같이 생 이미지에서 추출되는 특징일 수도 있다. 그런 이미지가 한 번에 한 개씩 제시되는 데 퍼셉트론은 해당 이미지가 특정 범주(예컨대 고양이 범주)에 속하는지 여부를 결정한다. 아웃풋은 이미지가 범주에 속하면 '온(on)', 속하지 않으면 '오프(off)'와 같이 오직 두 상태 중 하나로 표시된다. 여기서 '온'과 '오프'는 이진법 값 1과 0에 해당한다. 퍼셉트론 학습 알고리즘은 다음과 같다.

$\delta w_i = \alpha \delta x_i$

δ=아웃풋-선생님

여기서 아웃풋과 선생님은 모두 이진법에 해당하므로 아웃풋이 적절하면 δ=0이 되고, 적절하지 않으면 그 차이에 따라 δ=+1 또는 -1이 된다.

예를 들어 고양이를 인지하는 것이 목표인 경우 개를 포함해 유사한 여러 종의 예가 필요하다는 얘기다. 예는 한 번에 하나씩 퍼셉트론으로 전달되며 분류 오류가 있는 경우 가중치에 따라 자동으로 수정이 이뤄진다.

퍼셉트론 학습 알고리즘의 훌륭한 부분은 일련의 가중치가 존재하고 충분한 예가 있는 경우 자동으로 가중치의 세트를 확보하는 일이 보장된다는 점이다. 학습은 훈련 세트의 각 예가 모두 제시되고 아웃풋이 정답과 비교된 이후에 점진적으로 이뤄진다. 만약 응답이 맞으면 가중치에 아무런 변화가 생기지 않지만, 그렇지 않은 경우(0이어야 할 때 1이 나오고, 1이어야 할 때 0이 나오는 경우) 가중치가 약간 수정되어 다음에 동일한 인풋이 주어질 때 적절한 답에 그만큼 가까워진다(〈박스 3.1〉). 중요한 점은 변화가 점진적으로 일어나야 한다는 것이다. 그래야 가중치에 마지막 예뿐만 아니라 모든 훈련용 예까지 반영될 수 있기 때문이다.

퍼셉트론의 학습에 대한 이 설명이 명료하게 와 닿지 않는다면, 퍼셉트론이 인풋을 분류하는 방법을 이해하는 훨씬 더 깔끔한 기하학

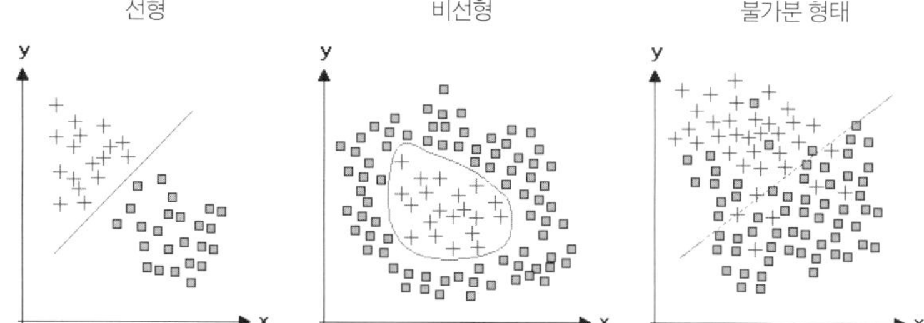

〈그림 3.5〉
두 개의 객체 범주가 퍼셉트론에 의해 구별되는 방식에 대한 기하학적 설명. 객체의 특징이 일테면 크기 및 밝기와 같이 두 가지인 경우 제각기 값(x, y)을 가지며 각 그래프에 점으로 표시된다. 왼쪽 패널에 있는 두 유형의 객체(진동과 사각형)는 그 사이를 지나는 직선으로 분리할 수 있으며 이 차이는 퍼셉트론에 의해 학습될 수 있다. 다른 두 패널에 나타난 두 유형의 객체는 직선으로 분리할 수 없지만 가운데 패널의 객체는 곡선으로 구분할 수 있고 오른쪽 패널의 객체는 굳이 구분하려면 부자연스러울 정도로 구불구불한 곡선을 동원해야 할 것이다. 딥러닝 네트워크는 충분한 훈련 데이터만 있으면 이 세 가지 패널에 나타난 것과 같은 구별을 모두 학습할 수 있다.

적인 방법이 있다. 인풋이 두 개인 특수한 상황에서는 각각의 인풋을 2차원 그래프에 표시할 수 있다. 각 인풋은 그래프에서 하나의 점이 되고 네트워크의 두 가중치는 직선의 위치를 결정한다. 학습의 목표는 선을 움직여 긍정적인 예와 부정적인 예를 깔끔하게 구분하는 것이다(〈그림 3.5〉). 인풋이 세 개인 경우에는 인풋의 공간이 3차원을 형성하고, 이 경우 퍼셉트론은 (선이 아닌) 면으로 긍정적인 예와 부정적인 예를 구분한다. 인풋 공간의 차원 수가 높고 가시화가 불가능한 일반적인 경우에도 동일한 원리가 그대로 적용된다.

결국 모종의 솔루션이 나오는 경우 가중치는 더 이상 바뀌지 않는다. 이는 퍼셉트론이 훈련용 세트의 모든 예를 정확하게 분류했음을 의미한다. 그러나 (해당 모델이 훈련 데이터세트에는 너무 잘 맞지만 일반성은 떨어지는) 이른바 '과적합(overfitting)'이 발생할 수도 있는데, 이는 세트의 예가 충분치 않거나 네트워크가 그저 특정한 예들만 암기해서 새로운 예들을 보편적으로 구분하지 못하는 상태를 뜻한다. 과대적합을 피하기 위해서는 훈련용 세트 외에 '테스트 세트'를 추가적으로 구비하는 것이 중요하다. 네트워크를 훈련시키는 데 쓰는 게 아니라 검증하는 데 쓰는 예들의 세트다. 훈련이 끝난 후 테스트 세트를 돌리면 각각의 범주가 알려져 있지 않은 새로운 예들을 퍼셉트론이 얼마나 잘 분류할 수 있는지 알 수 있다. 이것이 퍼셉트론의 수행력에 대한 진정한 척도가 된다. 여기서 중요한 개념은 일반화다. 실생활에서 우리가 같은 객체를 전과 똑같은 방식으로 보거나 똑같은 상황에서 조우하는 경우는 결코 일어나지 않는다. 결국 새로운 광경이나 상황에 예전의 경험을 일반화해서 적용할 수 있어야 폭넓은 영역의 실세계 문제를 다룰 수 있게 되는 것이다.

섹스넷

퍼셉트론이 현실 세계의 문제를 해결하는 데 어떻게 사용될 수 있는지를 알 수 있는 한 가지 예로서 남성의 얼굴과 여성의 얼굴을 구별하는 경우를 생각해보자. 머리카락이나 보석 장신구, 또는 목젖 같은 2차 성징 등은 모두 제거한 채 순전히 얼굴만 보고 판단해서 말이다 (목젖은 대체로 남자가 여자보다 크게 나타난다).

1990년 나의 연구실에서 박사후 과정을 밟던 베아트리체 골롬(Beatrice Golomb)은 대학생들의 데이터베이스에서 추출한 얼굴들을 인풋으로 이용해 한 퍼셉트론을 훈련시켰다. 훈련을 마친 해당 퍼셉트론은 81퍼센트의 정확도로 얼굴의 성별을 분류할 수 있게 되었다(〈그림 3.6〉).[9] 퍼셉트론이 분간하기 어려웠던 얼굴들은 사람이 구분하기에도 어려웠는데, 나의 연구실 구성원들의 경우 동일한 얼굴 세트에 대해 평균 88퍼센트의 수행력을 달성했다. 골롬은 또한 다층 퍼셉트론(multifer perceptron) 하나를 훈련시켜 92퍼센트의 정확도를 얻어내기도 했다.[10] 놈이 우리 연구실 사람들보다 더 나은 수행력을 보였다는 얘기다(이에 대해서는 15장에서 자세히 소개할 것이다).

그녀는 1991년 NIPS 콘퍼런스에서 자신의 연구 결과를 발표하며 다음과 같이 결론지었다. "경험을 통해 수행력이 향상된다는 사실을 확인했습니다. 이것이 시사하는 바는 우리 연구실 사람들도 성별을 식별하는 연습에 보다 많은 시간을 투여할 필요가 있다는 겁니다." 그녀는 자신의 다층 퍼셉트론에 '섹스넷(SEXNET)'이라는 이름을 지어줬다. 질의응답 시간에 청중 한 명이 이렇게 물었다. "그럼 섹스넷은 복장 도착자의 얼굴을 식별하는 데 이용될 수도 있겠네요?" "물론이죠." 골롬의 대답이었다. 그러자 NIPS 콘퍼런스의 주최자인 에드 포스너(Ed Posner)가 이렇게 응수했다. "그렇게 쓰일 때는 드래그넷(DRAGNET, '수사망'이라는 의미가 있다-옮긴이)이라는 이름이 더 어울릴 것 같네요."[11]

남성 및 여성의 얼굴 식별이 흥미로운 작업인 이유는 우리 인간이 그 일을 꽤나 잘해내지만 남성 및 여성 얼굴의 어떤 점이 어떻게 다른지를 정확하게 설명할 수는 없다는 데 있다. 어떤 단일 특징도 결정적이지 않기 때문에 이 패턴 인식 문제는 많은 수의 낮은 수준 특징으로부터 증거를 수집해 결합하는 일에 달려 있다. 퍼셉트론의 장점은 가중치들이 얼굴의 어느 부분이 성별과 관련해 가장 유용한 정보

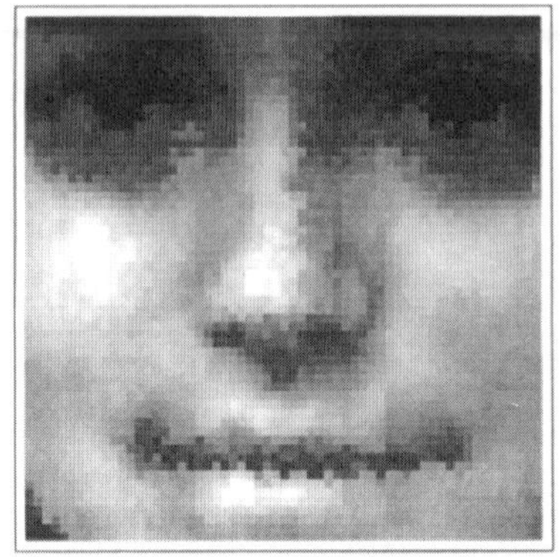
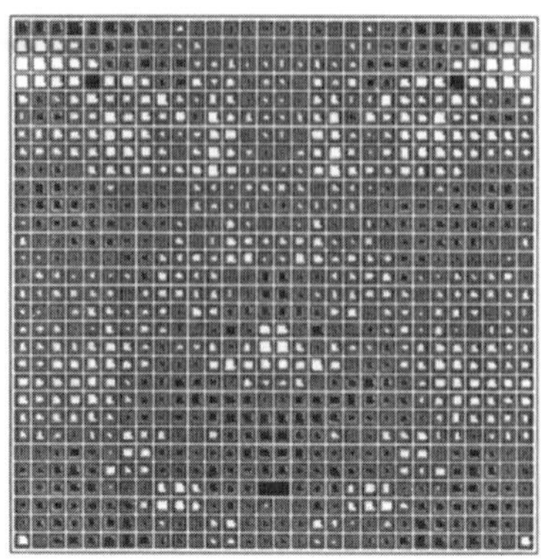

〈그림 3.6〉
이 얼굴의 성별은 무엇일까? 남성일까, 여성일까? 한 퍼셉트론이 남성과 여성의 얼굴을 구별하도록 훈련받았다. 얼굴 이미지의 픽셀(왼쪽)을 그에 상응하는 가중치(오른쪽)로 곱한 후 그 합을 임계값과 비교하는 방식이다. 각 가중치의 크기는 픽셀의 면적으로 표시된다. 긍정적인 가중치(백색)는 남성성의 증거이고 부정적인 가중치(흑색)는 여성성의 증거다. 코의 너비, 코와 입 사이의 크기, 눈 주변부의 이미지 강도 등이 남성의 식별에 중요한 영향을 미치는 반면, 입 주위와 광대뼈 주변부의 이미지 강도는 여성의 식별에 영향력을 행사한다. 이미지 출처: 테런스 세즈노스키 외.[12]

를 주는지에 대한 단서를 제공한다는 데 있다(〈그림 3.6〉). 놀랍게도, 인중 부위(코와 입술 사이의 공간)가 가장 뚜렷한 특징인 것으로 드러났다. 그 부위는 대부분의 남성이 여성보다 현저히 더 크다. 눈 주변(남성이 더 큼)과 윗빰(여성이 더 큼)도 성별을 분류하는 데 있어 정보 가치가 높다. 퍼셉트론은 이러한 모든 위치에서 나오는 증거를 평가해 결정을 내린다. 우리 역시 어떻게 그러는지 구체적으로 설명할 수는 없지만 그렇게 한다.

로젠블랫이 1957년에 수행한 '퍼셉트론 수렴 정리(perceptron convergence theorem)'에 대한 증명은 하나의 돌파구였으며 그의 시연은 실로 인상적이었다. 그는 이후 해군연구소(Office of Naval Research)의 지원을 받아 400개의 광전지를 인풋으로 삼고 모터가 조정하는 포텐셔미터(potentiometer, 직선변위와 회전변위를 전기 저항의 변화로 바꾸는 가변저항기-옮긴이)를 가중치로 갖춘 맞춤형 하드웨어 아날로그 컴퓨터를 구축했다. 아날로그 신호는 축음기의 레코드판에서 나오는 신호처럼 시간에 따라 계속 변화한다. 로젠블랫의 퍼셉트론은 탱크가 있는 사진과 없는 사진으로 이뤄진 데이터세트가 주어지자 새로운 이미지에서도 탱크를 식별하는 법을 학습했다. 이 내용은 당시 〈뉴욕타임스〉에 소개되었고 일대 센세이션을 일으켰다(〈그림 3.4〉).[13]

퍼셉트론은 고차원 공간에서의 패턴 분류에 관한 멋진 수학적 분석에 영감을 불어넣었다. 점들이 수천 개의 차원을 가진 공간에 존재하는 경우 3차원 공간에 익숙한 우리는 점들 사이의 거리를 직관적으로 파악할 수 없다. 러시아의 수학자 블라디미르 바프닉(Vladimir Vapnik)은 그러한 분석에 기초해 '서포트 벡터 머신(Support Vector Machine, SVM)'[14]이라는 분류기를 창안했다. SVM은 퍼셉트론을 일반화한 것으로 지금도 머신러닝에 널리 활용되고 있다. 그는 두 가지 범주의 점들을 가장 효과적으로 구분하는 평평한 면(〈그림 3.5〉의 선형)을 자동으로 찾는 방법을 발견했다. 이것은 공간에서 점들의 측정 오차에 대한 일반화를 더욱 굳건하게 만든다. SVM 알고리즘은 비선형 확장인 '커널 트릭(kernel trick)'과 결합되면서 머신러닝의 대들보가 되었다.[15]

퍼셉트론의 쇠퇴

그러나 퍼셉트론 계열의 연구에 문제를 일으키는 한계가 있었다. 앞서 언급한 '일련의 가중치가 존재하는 경우'라는 단서가 퍼셉트론이 해결할 수 있는 문제와 해결할 수 없는 문제에 대한 의문을 제기했다. 곤혹스러울 정도로 단순한 2차원 상의 점의 분포(〈그림 3.5〉의 비선형)를 퍼셉트론으로 분리할 수 없었다. 탱크 퍼셉트론은 탱크 분류기가 아니라 시간 분류기인 것으로 드러났다. 이미지에서 탱크를 분류하는 일은 훨씬 더 어려웠다. 아니 그것은 퍼셉트론으로는 불가능했다. 이는 심지어 퍼셉트론이 뭔가를 배웠을 때조차도 그 내용은 우리가 생각한 바가 아닐 수도 있다는 사실을 보여줬다. 퍼셉트론에 가해진 결정적인 타격은 마빈 민스키와 시모어 페퍼트(Seymour Papert)가 공동 연구해 1969년에 발표한 〈퍼셉트론〉이라는 제목의 절묘한 수학 논문이었다.[16] 둘은 거의 완벽한 기하학적 분석을 토대로 퍼셉트론의 능력이 제한적일 수밖에 없음을 밝혔다. 퍼셉트론이 분류할 수 있는 것은 선형으로 분리 가능한 범주뿐이라는 얘기였다(〈그림 3.5〉). 이 책의 표지에는 퍼셉트론으로 풀 수 없음을 민스키와 페퍼트가 증명한 기하학적 문제가 실려 있었다(〈그림 3.7〉). 민스키와 페퍼트는 책의 끝부분에서 한 층이 다음 층에 반영되는 식으로 단일 계층에서 다중 계층으로 퍼셉트론이 일반화될 가능성을 고려하면서도 그렇게 더욱 강력해지는 퍼셉트론을 훈련시킬 방법이 과연 있을지에 대해 의구심을 품었다. 불행히도 많은 사람들이 이러한 회의적인 시각을 확정적으로 받아들였고, 결국 1980년대에 이르러 새로운 세대의 뉴럴 네트워크 연구원들이 문제를 새로운 시각으로 들여다볼 때까지 해당 분야는 방치되고 말았다.

퍼셉트론에서 각각의 인풋은 아웃풋 유닛에 독립적인 증거를 기여한다. 그러나 각각의 개별적인 인풋이 아니라 그들의 조합에 의존해 결정을 내리는 방식이라서 몇 개의 인풋을 결합할 필요가 있는 경우에는 어떻게 되는가? 퍼셉트론이 나선형의 연결 여부를 구별하지 못하는 이유가 바로 여기에 있다. 단일 픽셀은 그것이 내부에 있는지 외부에 있는지에 대한 정보를 담지 못한다. 다층 피드포워드(feedforward, 실행 전에 결합을 예측하고 행하는 피드백 과정의 제어-옮긴이) 네트워크에서는 여러 인풋의 조합이 인풋 및 아웃풋 유닛 사이의 중간 계층에 형성될 수 있지만 1960년대에는 어느 누구도 인풋 및 아웃풋 계층 사이에 단지 단일 계층의 그러한 '숨겨진 유닛'을 갖춘 네트워크조차도 훈련시키는 방법을 알지 못했다.

〈그림 3.7〉
민스키와 페퍼트가 발표한 논문 〈퍼셉트론〉의 확장판 책 표지. 두 개의 나선형은 똑같아 보이지만 실제로는 그렇지 않다. 위는 분리된 두 개의 나선형이고 아래는 하나로 연결된 나선형이다. 연필로 루프의 내부를 따라 선을 그어나가면 이를 확인할 수 있다. 민스키와 페퍼트는 퍼셉트론이 이 두 객체를 구별할 수 없음을 증명했다. 당신은 연필을 이용하지 않고 육안으로 둘의 차이를 구별할 수 있는가? 그게 쉽지 않은 이유는 무엇일까?

로젠블랫과 민스키는 학창 시절 뉴욕시에 있는 브롱크스과학고등학교의 급우였다. 그들은 과학 세미나에서 만나기만 하면 인공지능에 대한 근본적으로 다른 각자의 접근 방식을 주장하며 열띤 토론을 벌였다. 당시 참석자들은 늘 민스키의 접근 방식에 호응했다. 그렇게 다른 시각을 견지했지만 둘 모두 우리가 퍼셉트론을 이해하는 데 나름대로 의미 있는 공헌을 했다. 이것이 중요한 이유는 퍼셉트론이 딥러닝의 출발점이기 때문이다.

1971년 로젠블랫이 보트 사고로 43세의 나이에 유명을 달리 했을 때 퍼셉트론에 대한 반발은 절정을 이루고 있었다. 그런 분위기 탓인지 심지어 그가 자살했다는 소문까지 돌았다. 실제로 그랬는지, 아니면 그저 비극으로 끝난 유람 여행이었는지는 지금도 알 수 없다.[17] 분명한 것은 뉴럴 네트워크를 통한 새로운 컴퓨팅 방식을 발견한 영웅적 시대가 막을 내리고 있었다는 사실이다. 로젠블랫의 선구적인 노력이 결실을 맺는 것은 그로부터 한 세대를 건너뛰고 나서다.

| 4장 | 두뇌 방식의 컴퓨팅

1939년도에 상영된 고전 뮤지컬 영화 〈오즈의 마법사〉에서는 허수아비가 〈내게 뇌만 있다면(If I Only Had a Brain)〉이라는 노래를 부른다. 허수아비가 몰랐던 것은 그가 이미 뇌를 갖추고 있었다는 사실이다. 뇌가 없었다면 노래는커녕 말도 한마디 못했을 것이다. 다만 그의 뇌는 생긴 지 고작 이틀밖에 안 된 상태였고, 따라서 그의 진정한 문제는 뇌가 아니라 경험의 부재였다. 시간이 흐르면서 그는 세상에 대해 배워나가고 결국은 오즈의 모든 인물 가운데 가장 현명한 존재로 인정받는다. 그는 자신의 한계를 알 정도로 현명했다. 대조적으로 틴 우드맨(Tin Woodman)은 〈내게 심장만 있다면(If I Only Had a Heart)〉을 불렀다. 그와 허수아비는 뇌를 갖는 것과 심장을 갖는 것 가운데 어느 것이 더 중요한지를 놓고 열띤 토론을 벌였다. 실세계에서는 물론이고 오즈에서도 인지와 감성이 조화를 이뤄 행동과 학습에 정교한 균형을 가하며 인간 지능을 창출한다. 이 고전 뮤지컬을 인용한 이유는 이 장의 주제가 '인공지능에 뇌와 심장만 있다면(If AI Had Only a Brain and a Heart)'이기 때문이다.

두뇌의 작용 방식

제프리 힌튼(〈그림 4.1〉)과 나는 1979년 그가 주최한 워크숍에서 만나 뉴럴 네트워크 모델의 장래성에 대해 서로 유사한 신념을 보유하고 있음을 확인했다. 우리는 급속히 친해졌고, 나중에는 협업을 통해 '볼츠만 머신(Boltzmann machine)'이라는 새로운 유형의 뉴럴 네트워크 모델을 발견하기도 했다. 볼츠만 머신은 다층 네트워크 모델의 학습을 한 세대 동안이나 방해하던 모종의 정체 현상을 타파하게 되는 모델이다(이에 대해서는 14장에서 자세히 논의할 것이다).

힌튼은 2~3년마다 한 번씩 내게 전화를 걸어 "두뇌의 작용 방식을 알아냈어요"라며 소식을 알리곤 했다. 그런 전화를 할 때마다 그는 뉴럴 네트워크 모델을 개선하는 기발한 계획을 풀어놓았다. 다층 뉴럴 네트워크의 딥러닝이 오늘날 휴대전화 상의 음성 인식이나 사진 상의 물체 인식에서 인간에 견줄 만한 수행력을 갖추게 된 데에는 바로 그런 종류의 계획이 수차례 마련된 덕분이다. 이런 능력이 대중에 알려진 것은 불과 몇 년 전부터다. 지금은 대중화되었지만 실현되기까지 오랜 세월이 걸렸다는 뜻이다.

힌튼은 케임브리지대학교에서 심리학 학사학위를 취득했으며 에든버러대학교에서 인공지능 박사학위를 받았다. 그의 논문 지도교수는 연관 메모리의 초기 네트워크 모델을 개발한 저명한 화학자 크리스토퍼 롱게트-히긴스(Christopher Longuet-Higgins)였다. 그 당시 인공지능의 지배적 패러다임은 상징과 로직, 규칙을 이용하는 프로그램을 작성해 지능형 행동 방식을 체계화하는 것이었다. 인지심리학자

(A) (B)

〈그림 4.1〉
(A) 어린 시절의 제프리 에베레스트 힌튼의 모습. 그의 가운데 이름은 친척인 조지 에베레스트(George Everest)의 이름에서 따온 것이다. 인도 전역을 측량하고 세계에서 가장 높은 산의 높이를 재는 법을 알아낸 인물이다. 그런 연유로 그 산에 그의 이름이 붙었다. (B) 1994년의 힌튼. 이 두 사진의 시간차는 15년이다. 이미지 출처: 제프리 힌튼.

들은 이 접근 방식을 채택해 인간의 인지력, 특히 언어 인지력을 연구했다. 힌튼은 그러한 시대의 흐름에 역행했다. 그가 언젠가 뇌(또는 적어도 뇌와 비슷한 어떤 것)의 작용 방식을 알아낼 것이라 예측한 사람은 아무도 없었다. 그의 강의는 강력한 흡인력으로 유명하다. 그는 추상적인 수학적 개념을 수학 지식이 거의 없어도 충분히 이해할 수 있도록 설명할 수 있는 인물이다. 그의 위트와 겸허한 유머는 실로 매력적이다. 힌튼은 또한 천성적으로 경쟁심이 강하다. 특히 두뇌와 관련해서는 두말할 필요가 없다.

우리가 처음 만났을 때 힌튼은 캘리포니아대학교 샌디에이고 캠퍼스(UCSD)에서 데이비드 러멜하트(David Rumelhart)와 제임스 맥클러랜드(James McClelland) 교수가 이끄는 병렬분산처리 그룹(PDP Group) 소속으로 박사후 연구 과정을 밟고 있었다. 힌튼은 병렬 구조에서 예제로 학습하는 단순한 처리 유닛을 갖춘 네트워크가 인지를 이해하는 보다 나은 방법이라고 믿었다. 그는 당시 네트워크 내의 수많은 노드에 활동을 분산함으로써 단어와 언어를 이해할 수 있는 방법을 탐구하던 PDP 그룹의 중심인물이었다.

인지과학에서 언어에 접근하는 전통적인 방식은 상징적 표상에 기초한다. 예를 들어 '컵'이라는 단어는 컵이라는 개념을 나타내는 상징이다. 어느 특정한 컵이 아니라 모든 컵의 상징이라는 뜻이다. 이러한 상징 덕분에 우리는 복잡한 아이디어를 요약해 편하게 다룰 수 있다. 상징에 기초할 때의 문제는 그런 요약으로 무한한 형태와 모양, 크기를 갖는 현실 세계의 컵을 모두 반영하기 어렵다는 데 있다. 어떤 것이 컵이고 어떤 것은 아닌지 조건을 지정할 수 있거나 이미지로 모든 컵을 인식할 수 있는 논리 프로그램은 작성이 불가능하다. 사람들 대부분은 보기만 하면 그것이 컵인지 아닌지 금방 알 수 있는데 말이다. 정의나 평화와 같은 추상적 개념은 논리 프로그램으로 인식하기가 더욱더 어렵다. 이의 대안은 개념 간의 유사점과 차이점을 모두 포착할 수 있는 매우 많은 수의 뉴런 집단에 활동 패턴으로 특정 상징을 제시하는 것이다. 그렇게 하면 상징에 그 의미를 반영할 수 있는 풍부한 내부 구조가 생긴다. 문제는 1980년의 어느 누구도 이러한 내부 개념 작용의 창출 방법을 알지 못했다는 것이다.

1980년대에 지능형 행동 방식을 모방하는 네트워크 모델의 가능성을 믿은 연구원들이 힌튼과 나밖에 없었던 것은 아니었다. 세계 곳곳에서 대부분 고립된 상태로 심혈을 기울이던 많은 수의 연구원들이 우리와 동일한 신념을 갖고 전문 네트워크 모델을 하나둘 선보이기 시작했다. 그 가운데 한 명이 독일의 크리스토프 본 데르 말스버그(Christoph von der Malsburg)였다. 그는 극파(spike, 棘波, 뇌파에 나타나는 첨예한 파형-옮긴이)를 발하는 인공 뉴런의 연결에 기초해 패턴 인식 모델을 개발했으며[1], 나중에는 그 접근 방식으로 얼굴을 인식할 수도 있음을 입증했다.[2] 또 오사카대학교의 쿠니히코 후쿠시마(Kunihiko Fukushima) 교수는 나선형 필터와 단순한 형태의 시냅스 유연성을 이용한 비전 시스템 아키텍처에 기초해 다층 네트워크 모델 네오코그니트론(Neocognitron)을 개발했는데,[3] 이 역시 딥러닝의 직접적인 조상이라 할 수 있다. 세 번째 인물은 헬싱키대학교의 전기공학자 튜보 코호넨(Teuvo Kohonen)으로, 유사한 인풋을 2차원 지도에 모으는 법을 배울 수 있는 자기조직화 네트워크를 개발했다. 이것은 예컨대 유사한 인풋이 아웃풋 공간의 이웃하는 영역을 활성화시키는 방식으로 지도의 서로 다른 처리 유닛이 서로 다른 음성을 표시할 수 있었다.[4] 코호넨 네트워크 모델의 가장 큰 장점은 각각의 인풋에 대해 범주 라벨을 필요로 하지 않는다는 점이었다. 코호넨은 화살집에 단 한 개의 화살밖에 가지고 있지 않았지만 그것은 아주 훌륭한 화살이었다.

개연론적 네트워크를 체계화하기 위한 초기의 대표적인 시도는 바로 로스앤젤레스 소재 캘리포니아주립대학교의 유대 펄(Judea Pearl)이 도입한 신념 네트워크였다. 이는 예컨대 스프링클러가 돌았거나 비가 왔기 때문에 잔디가 젖어 있을 것이라는 것과 같은 개연성을 토대로 네트워크 내의 항목을 연결 짓는 모델이었다.[5] 펄의 네트워크 모델은 세상사의 원인과 결과를 추적하는 강력한 프레임워크(framework, 애플리케이션이나 솔루션의 개발을 수월하게 하기 위해 소프트웨어의 구체적 기능에 해당하는 부분의 설계와 구현을 재사용 가능하도록 협업 형태로 제공하는 소프트웨어 환경-옮긴이)였지만 그에 요구되는 모든 개연성을 수동으로 할당하는 것은 실질적으로 불가능했다. 학습 알고리즘을 통해 그런 개연성을 자동적으로 찾는 획기적인 조치가 필요했던 것이다(3부에서 이 모두에 대해 설명할 것이다).

이와 같은 네트워크 기반 모델은 모두 하나의 치명적인 결함을 갖고 있었다. 그것들 중 어떤 것도 현실 세계의 문제를 해결하기에 충분하지 않다는 사실이 그 결함이었다. 더욱이 그것들을 개발한 개척자들은 좀처럼 서로 협력하지 않았다. 진보를 이루기가 그만큼 더 어려웠다는 의미다. 결과적으로 MIT와 스탠퍼드, 카네기멜론 등의 선도적 인공지능연구센터에서는 뉴럴 네트워크를 진지하게 받아들이는 연구원이 거의 없었다. 그리하여 규칙에 기반한 상징 처리는 지원금의 대부분을 차지하며 관련 일자리의 대부분을 창출하게 되었다.

초기의 개척자들

힌튼과 브라운대학교의 심리학자 제임스 앤더슨(James Anderson)은 1979년 캘리포니아주 라호야에서 '연관 메모리 병렬 모델' 워크숍을 개최했다.[6] 대부분의 참가자들은 거기서 처음으로 만나는 것이었다. 당시 하버드 의학대학원에서 신경생물학 박사후 연구 과정을 밟고 있던 나는 고작 뉴럴 네트워크에 관한 고도로 전문적인 논문 두세 편을 그다지 유명하지 않은 전문지에 발표한 상태였는데, 놀랍게도 그

〈그림 4.2〉
(왼쪽에서 오른쪽으로) 1974년 캘리포니아에서 산책 중인 토마소 포지오와 데이비드 마 그리고 프랜시스 크릭. 크릭은 갖가지 과학적 현안을 놓고 방문객들과 긴 토론을 나누는 것을 즐겼다. 이미지 출처: 소크생물학연구소.

워크숍에 초청을 받았다. 힌튼은 나중에 내게, 뉴럴 네트워크 모델 분야의 거성이자 MIT 인공지능연구소의 지도적 선지자인 데이비드 마(David Marr, 〈그림 4.2〉에서 중간)에게 연락을 취해 나에 대해서 알아본 후 초대를 결정한 것이라고 털어놓았다. 내가 마를 처음 만난 것은 1976년 와이오밍주 잭슨홀(Jackson Hole)에서 열린 소규모 워크숍에서였다. 그는 당시 내가 자신과 관심사가 비슷하다는 것을 알고 나를 초대해 MIT에서 특별 강연을 할 수 있도록 주선했다.

마는 케임브리지대학교에서 수학 학사학위와 생리학 박사학위를 받았다. 그의 박사과정 지도교수는 망막 및 색각 연구 전문 생리학자인 자일스 브린들리(Giles Brindley)였다. 브린들리는 또한 음악학 및 발기부전 치료에 대한 연구로도 유명했는데, 그가 네바다주 라스베이거스에서 열린 미국 비뇨기과학회(American Urological Association)의 강연회에서 화학적으로 유도하는 발기의 효과를 입증하기 위해 바지를 벗은 일화는 지금도 관계자들 사이에 회자되고 있다. 마의 박사학위 논문은 전체 뇌 용적의 약 10퍼센트를 차지하며 운동 기능을 조절하는 것으로 알려진 소뇌의 학습 뉴럴 네트워크 모델에 대해 설명했다. 그는 또한 해마와 대뇌피질의 뉴럴 네트워크 모델도 개발했는데, 그것을 설명하는 그의 그 난해한 논문에 깊은 통찰력이 담겨 있었던 것으로 드러나고 있다.[7]

내가 잭슨홀에서 마를 처음 만났을 때 그는 이미 MIT로 자리를 옮겨 비전에 대한 연구를 진행하며 카리스마 넘치는 성품으로 재능 있는 학생들을 끌어모아 연구에 참여시키고 있었다. 그는 상향식 전략을 추구하면서 빛이 전기 신호로 변환되는 망막에서 출발해 망막의 신호가 어떻게 물체의 특징을 부호화하고 시각 피질이 어떻게 물체의 표면과 경계를 나타내는지 탐구했다. 그와 토마소 포지오(Tomaso Poggio, 〈그림 4.2〉에서 왼쪽)는 입체 시각을 위한 독창적인 회귀성 뉴럴 네트워크 모델을 개발했다. 점으로 구성한 이미지를 양안용 무선점 스테레오그램(random-dot stereogram, 불규칙한 점들의 배열로 보이지만 양안의 초점을 잘 조절하면 입체적으로 보이는 화상-옮긴이)으로 약간의 거리를 두고 나란히 배치해 물체의 깊이, 즉 입체감을 감지할 수 있게 만든 피드백 연결이 갖춰진 모델이었다.[8] 매직아이(Magic Eye)를 기억하는가? 매직아이 이미지가 튀어나오는 방식의 기초가 바로 이 양안의 깊이 지각이다.[9]

마가 35세의 젊은 나이에 백혈병으로 사망하고 2년이 지난 1982년 그가 생전에 완성해놓은 원고가 《비전(Vision)》이라는 제목의 유작으로 출간되었다.[10] 아이러니하게도 마는 비전 연구에 상향식 접근 방식을 취해 망막에서 출발해 시각적 처리의 각 단계를 모델링했음에도, 그의 책은 해결할 문제에 대한 컴퓨터 조작 분석으로 시작해 문제 해결을 위한 알고리즘을 구축한 다음 마지막으로 하드웨어에 해당 알고리즘을 구현하는 하향식 전략을 옹호한 것으로 유명하다. 하지만 하향식 접근 방식은 모든 것을 다 파악한 이후에 상황을 설명할 때에는 훌륭한 방법이 될 수 있지만 뇌에서 무슨 일이 벌어지고 있는지 발견하려고 나선 상태에서는 그다지 좋은 방법이 될 수 없다. 사실은 뇌가 어떤 문제를 해결하고 있는지에 대해 결정하는 첫걸음부터가 쉽지 않다. 우리의 직관은 종종 우리를 잘못된 방향으로 이끈다. 비전과 관련해서도 마찬가지다. 우리 인간은 보는 일에 아주 능하지만 뇌는 그에 관한 모든 세부 사항을 숨기고 있다. 결과적으로 하향식 전략이든 상향식 전략이든 오로지 어느 한쪽에만 매달리면 결함이 따를 수밖에 없다(이어지는 장들에서 학습 알고리즘을 통해 안팎을 뒤집는 방식으로 비전의 작용을 이해하기 시작한 진보의 과정을 소개할 것이다).

힌튼과 앤더슨의 라호야 워크숍에 참석한 인물 가운데 1953년 케임브리지대학교에서 제임스 왓슨(James Watson)과 함께 DNA 구조를 발견한 프랜시스 크릭(Francis Crick, 〈그림 4.2〉에서 오른쪽)도 있었다. 그 발견이 있고 20여 년이 흐른 1977년 크릭은 라호야 소재 소크생물학연구소로 자리를 옮겨 신경과학 연구에 매진했다. 당시 그는 연구원들을 초대해 비전을 위시해 여러 신경과학 주제를 놓고 오랜 시간 토론을 나누는 것을 즐겼다. 마는 종종 그를 찾은 방문객 중 한 명이었다. 마의 저서 말미에 소크라테스식 문답법 형태로 흥미로운 사실을 밝히는 대화가 있는데, 나는 나중에 그 대화가 크릭과의 토론에서 유래한 것임을 알게 되었다. 1989년 나 역시 소크생물학연구소로 자리를 옮기자마자 곧 크릭과 토론을 나누는 시간의 가치를 알게 되었다.

조지 불과 머신러닝

1854년 독학으로 선생님이 된 영국의 수학교사 조지 불(George Boole)이 《사고의 법칙에 대한 탐구(An Investigation of the Laws of Thought)》라는 제목의 책을 발표했다. 오늘날 '불 논리(Boolean logic, 0과 1 또는 참과 거짓의 두 가지 값을 이용하는 논리적 연산-옮긴이)'라고 불리는 대수 형식의 수학적 토대를 담은 책이었다(조지 불의 다섯 딸 중 몇 명도 수학자의 길을 걸었다). 논리적 표현을 조작하는 방법에 대한 불의 통찰력은 디지털 컴퓨팅의 핵심이며 1950년대 갓 날갯짓을 시작한 인공지능 연구의 자연스러운 출발점이었다. 공교롭게도 불의 고손자인 힌튼은 몇 세대를 거쳐 전해내려온, 불이 쓰던 펜을 하나 가지고 있는 것을 매우 자랑스러워한다.

언젠가 강연을 준비하면서 나는 불의 그 유명한 책의 전체 제목이 《논리와 확률의 수학적 이론의 토대를 이루는, 사고의 법칙에 대한 탐구(An Investigation of the Laws of Thought, on Which Are Founded the Mathematical Theories of Logic and Probabilities)》라는 사실을 발견했다(〈그림 4.3〉). 이 책은 논리에 대한 통찰력으로 가장 유명하지만 확률 이론과 관련해서도 많은 얘기를 하고 있다. 확률론이야말로 현대 머신러닝의 핵심이다. 그 덕분에 논리(로직)로는 다루기 힘든 현실 세계의 불확실성을 훨씬 잘 설명할 수 있는 것이다. 따라서 불 또한 머신러닝의 아버지라 할 수 있다. 아이러니한 점은 그의 사고에서 잊힌 부분이 250년 후 고손자에 의해 다시 꽃을 피운다는 사실이다. 불 역시 분명 하늘나라에서 자랑스러워하고 있을 것이다.

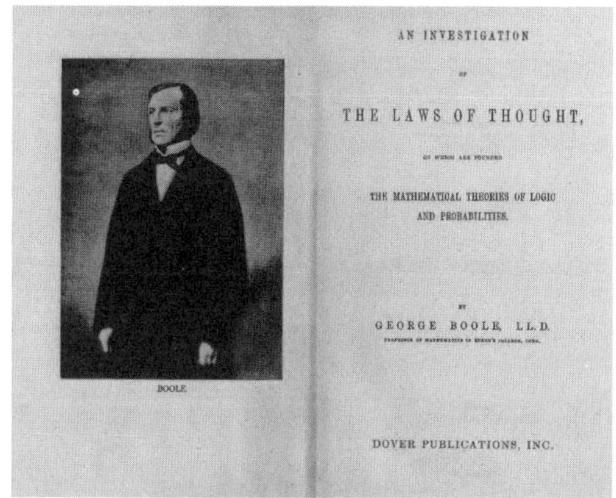

〈그림 4.3〉
조지 불의 '사고의 법칙'은 논리를 사고의 기초로 탐구한 것으로 유명하지만 그와 동시에 확률에 관한 책이라는 사실에 주목할 필요가 있다. 수학의 이 두 분야가 인공지능에 대한 상징처리 접근 방식과 머신러닝 접근 방식에 각기 영감을 불어넣었다.

험프티 덤프티 프로젝트

프린스턴대학원에서 물리학을 전공하던 나는 비선형으로 상호 작용하는 뉴런들의 네트워크에 대한 방정식을 작성하고 분석하는 방법으로 뇌를 이해하는 문제에 접근했다.[11] 물리학자들이 지난 수세기에 걸쳐 중력과 빛, 전기, 자력, 원자력의 속성을 이해하기 위해 수학을 이용한 것과 유사한 맥락이었다. 매일 밤 잠자리에 들기 전 나는 기도를 올렸다. '사랑하는 주님, 방정식은 선형이 되고 잡음은 가우스 잡음(Gaussian noise, 임의 차수의 분포가 정규분포로 나타나는 잡음, '백색잡음'이라고도 함-옮긴이)이 되고 변수는 분리 가능한 것이 되게 해주소서.' 그것들이 분석적 해결책을 도출할 수 있는 조건이었다. 그러나 뉴럴 네트워크 방정식은 비선형으로, 잡음은 비가우스적으로, 변수는 분리할 수 없는 것으로 드러났고, 그래서 명백한 솔루션이 나올 수 없었다. 게다가 당시에는 대규모 네트워크에 대한 방정식을 컴퓨터로 시뮬레이션하는 작업은 너무 속도가 나질 않아 사실상 불가능했고, 더욱 낙담스러웠던 부분은 내가 방정식을 올바르게 잡았는지 여부를 알 길이 없었다는 점이다.

그렇게 프린스턴대학원에서 고군분투하던 시절 나는 신경과학자들이 흥미로운 진전을 이뤄내고 있다는 사실을 알게 되었다. 신경과학은 약 45년 전에 태동한 비교적 젊은 학문이었다. 그 전에는 생물학과 심리학, 해부학, 생리학, 약리학, 신경학, 정신의학, 생체공학 등 여러 다양한 분야에서 뇌에 관한 연구를 수행했다.

1971년에 열린 신경과학협회의 첫 학회에서 버논 마운트캐슬(Bernon Mountcastle)은 입구에 서서 참석하는 모든 사람들에게 인사를 건넸다.[12] 피질 원주를 처음 발견한 그 전설적인 신경생리학자 마운트캐슬이 직접 말이다. 오늘날 신경과학협회는 4만 명이 넘는 회원이 활동하며 연례 학회에는 약 3만 명이 참석한다. 무서운 성품으로도 유명했던 마운트캐슬을 처음 만난 것은 1982년 내가 존스홉킨스대학교 생물물리학과에 첫 직장을 잡아 옮겼을 때였다.[13] 나는 거기서 마운트캐슬과 함께 그런 종류로는 세계 최초인 존스홉킨스 마인드/브레인연구소(Mind/Brain Institute)의 설립을 준비했고 1994년에 그 결실을 봤다.

뇌 연구에는 다수의 서로 다른 단계가 존재했는데(〈그림 4.4〉), 각 단계에서 중요한 발견이 이뤄졌다. 그 모든 지식을 통합하는 일은 감히 엄두가 나지 않는 어마어마한 문제에 속했다. 나는 그 문제를 생각할 때마다 험프티 덤프티(Humpty Dumpty) 동요가 떠올랐다.

연구 단계

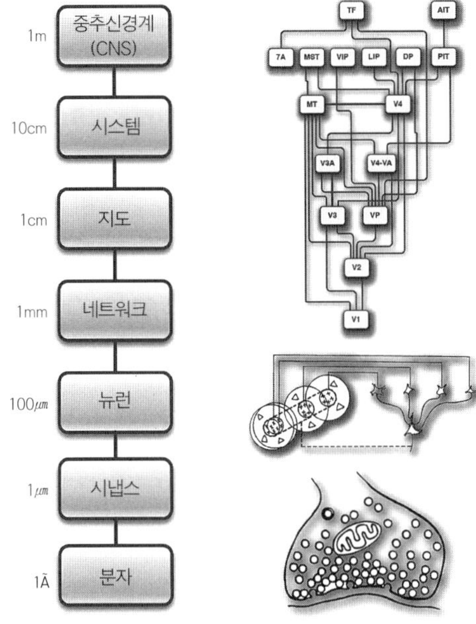

〈그림 4.4〉
뇌 연구의 단계. (왼쪽) 맨 아래의 분자 단계에서 맨 위의 전체 중추신경계(CNS)에 이르는 공간 축척을 보여준다. 이 단계들 각각에 대해 많은 내용이 파악되었지만, 고도로 상호 연결된 뉴런들의 소집단들로 이뤄진 네트워크 단계에 대해서는 그다지 많은 내용이 이해되지 않은 상태다. 이 단계가 바로 인공 뉴럴 네트워크가 모델링하는 부분이다. (오른쪽) 시냅스 아이콘(아래), 시각 피질의 간단한 세포(중간), 시각 피질의 피질 영역 계층 구조(맨 위). 이미지 출처: 테런스 세즈노스키 외.[14]

험프티 덤프티가 담 위에 앉았다가,
험프티 덤프티가 떨어져 깨졌다네.
왕의 모든 말들도, 왕의 모든 신하들도
험프티를 다시 붙일 수는 없었다네.

신경과학자들은 뇌를 분해하는 데에는 능하지만 그것을 다시 조립하는 데에는 어려움을 느낀다. 삭감이 아닌 통합을 요하는 문제이기 때문이다. 나는 그 문제에 도전하고 싶었다. 하지만 그러려면 먼저 부분에 대해 잘 알아야 했다. 뇌는 많은 부분으로 이뤄져 있다.

프린스턴대학원 수업 중에 원숭이의 시각 시스템을 연구하던 심리학자 찰스 그로스(Charles Gross)가 지도하는 세미나가 있었다. 나는 그 수업을 들으며 하버드 의학대학원의 데이비드 허블(David Hubel)과 토르스텐 비셀(Torsten Wissel)이 시각 피질의 단일 뉴런들을 기록하면서 이룩한 진보에 깊은 인상을 받았다. 물리학이 뇌가 어떻게 작용하는지를 이해하는 왕도가 아니라면, 필경 신경과학이 그렇게 될 터였다. 허블과 비셀은 일차 시각 피질에서 거둔 선구적 공로로 그 얼마 후인 1981년 노벨 생리의학상을 받게 된다. (이들의 발견은 딥러닝의 기초를 이루는데, 5장에서 그 과정을 다루고 16장에서 주제로 삼을 것이다.)

내가 우즈홀에서 배운 것

1978년 프린스턴대학원에서 물리학 박사학위를 취득한 후 나는 우즈홀의 해양생물연구소(Marine Biological Laboratory)에서 개설한 '실험 신경생물학 여름 10주 심층 강좌'에 등록했다. 나는 개강 첫날 캐주얼한 청색 스포츠 코트와 깔끔하게 다린 카키색 바지 차림으로 도착했는데, 강사진 중 한 명인 스토리 랜디스(Story Landis)가 그런 나를 보고 데려가 내 생애 첫 청바지를 사줬다. 랜디스는 당시 하버드 신경생물학과 교수로 재직하고 있었으며 훗날 국립보건원 산하 신경병 및 뇌졸중 연구소의 책임자가 되었다. 당시를 떠올리면 여전히 그녀가 청바지를 사준 그 일이 생각난다.

그 여름 강좌가 끝난 후에도 나는 9월의 몇 주간 계속 우즈홀에 머물며 전에 시작한 프로젝트의 마무리 작업을 수행하고 있었다. 상어와 가오리(홍어 포함)는 아주 약한 전기장도 감지할 수 있다. 실제로 그들은 대서양 한편에서 다른 편의 1.5볼트 배터리에서 나오는 신호도 명료하게 감지할 수 있다. 이 여섯 번째 감각으로 홍어는 자신의 움직임이 발하는 약한 전기 신호를 이용해 지구의 자기장 속을 항행할 수 있다. 지구의 자기장이 내는 마이크로볼트의 신호를 그들의 전기수용기(수서동물의 체표면에 있는, 체외의 전기장에 대한 수용기-옮긴이)로 감지하면서 말이다. 나의 프로젝트는 전자현미경으로 홍어 전기수용기의 극적인 이미지를 포착하는 것이었다.[15]

우즈홀에 있는 로엡홀의 지하 실험실에서 전자현미경으로 사진을 찍고 있던 어느 날, 하버드 의학대학원에서 신경생물학과를 개설한 스티븐 커플러(Stephen Kuffler) 교수가 예기치 않은 전화를 걸어왔다. 신경과학계의 전설적 인물이 나에게 자신의 실험실에서 박사후 연구원으로 함께 일할 것을 제안하는 전화였다. 내 삶에 일대 변혁을 일으키는 제안이 아닐 수 없었다. 나는 앨런 겔페린(Alan Gelperin)과 함께 학명 리맥스 맥시무스(Limax maximus), 즉 큰 민달팽이의 족신경절 신진대사 활동을 도표화하는 짧은 박사후 연구 과정을 마친 후 보스턴으로 날아갔다.[16] 이후 나는 달팽이를 먹을 때마다 놈의 뇌에 대해 생각하지 않을 수 없었다. 겔페린은 동물의 행동 방식에 내재된 뉴런의 기초를 연구하는 신경생태학의 지적 계보를 이어받은 학자였다. 내가 알게 된 내용은 무척추 동물의 이른바 단순한 신경 시스템이 진화의 사다리에서 보다 높은 쪽에 위치한 생물들의 그것보다 사실은 더 복잡하다는 것이었다. 무척추 동물은 훨씬 적은 수의 뉴런으로 생존해야 했기 때문에 뉴런 각각이 고도로 전문성을 띠게 되었다는 얘기다. 또한 나는 신경과학의 어떤 것도 행동 방식에 비춰보지 않고는 이해할 수 없다는 사실을 알게 되었다.[17]

커플러의 실험실에 자리를 마련한 나는 황소개구리의 교감 신경절의 한 시냅스에서 일어나는 '늦은' 느린 흥분 반응을 연구했다. 동일한 뉴런의 다른 시냅스에서 일어나는 빠른 흥분 반응(1,000분의 1초 단위로 발생)보다 6만 배나 더 느린 반응이었다(〈그림 4.5〉).[18] 이 신경절은 황소개구리의 자율 신경계의 분비물을 형성하는 뉴런을 포함하며, 이 자율 신경계는 땀샘과 내장 기관을 조절한다. 나는 해당 시냅스에 붙은 신경에 자극을 가한 후, 뉴런에 대한 시냅스 인풋(synatic input, 연접 입력)이 최고점에 도달하기 전에 커피포트에 가서 커피 한 잔을 따라 가져올 수 있었다. 그것이 최고점에 도달하는 데 1분 정도 걸리고 다시 회복되는 데 10분이 소요되기 때문이었다. 시냅스는 뇌의 기본적인 연산 요소이며, 그 유형은 실로 다양하다. 이 경험을 통해 나는 복잡성이 뇌의 기능을 이해하는 왕도가 아닐 수도 있음을 깨달았다. 뇌를 이해하기 위해 나는 진화를 통해 자연이 오래전에 많은 문제를 해결한 방식과 그렇게 얻은 해결책을 진화의 사다리를 통해 아래의 종에서 위의 종으로 전달한 방식을 이해해야 했다. 우리는 우리의 뇌에 수십 억 년 전 박테리아에서 처음으로 진화한 이온 통로(ion channel, 이온과 작은 분자가 드나드는 구멍이 있는 세포막 단백-옮긴이)를 지니고 있다.

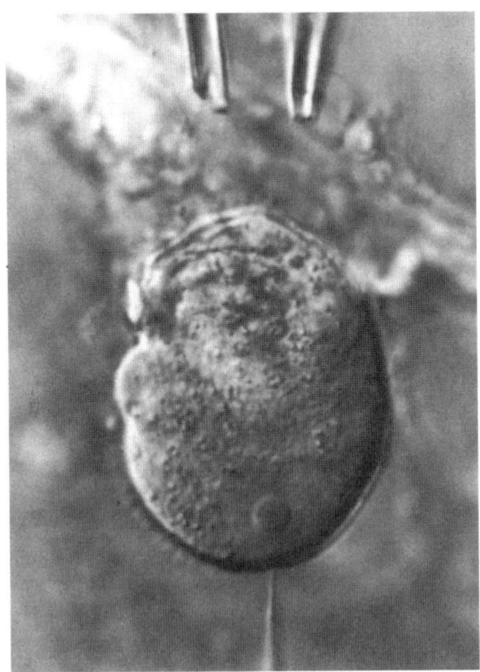

〈그림 4.5〉
황소개구리의 교감 신경절 세포. 이들 세포는 뉴런으로서 황소개구리의 척수로부터 인풋을 받아 피부에 있는 분비선들을 자극한다. 이것들은 비교적 크기 때문에 그 전기 신호를 미소 전극(아래)으로 기록하기가 쉽다. 여기에는 가지 돌기가 없으며 신경(위, 배경) 또는 화학물질(위, 마이크로피페트 한 쌍)에 의해 전기적으로 자극될 수 있다. 이에 대한 자극은 세 가지 다른 시냅스 신호를 이끌어낸다. 먼저 신경근접합부에서 발생하는 것과 유사한 1,000분의 1초 단위의 빠른 흥분 반응이 있고, 이어서 10초 정도에 최고점에 달해 1분 동안 지속되는 느린 흥분 반응이 있으며, 1분 정도에 최고점에 달해 10분 동안 지속되는 늦은 느린 흥분 반응이 있다. 이는 심지어 가장 간단한 뉴런에도 폭넓은 시간 범위가 존재함을 보여준다. 이미지 출처: 테런스 세즈노스키 외.[19]

빠진 연결고리

그러나 물리학이 너무 단순하고 생물학은 너무 복잡하다면, 과연 나는 어디에서 지침을 찾아야 하는가? 물리학에서의 힘과는 달리 뇌 회로는 목적을 갖는다. 세상에서 생존하기 위해 보는 것이나 움직이는 것과 같은 연산적인 문제를 해결하는 것이 그 목적이다. 심지어 뉴런의 작용 방식에 대한 완벽한 물리적 모델조차도 그 목적에 대해서는 아무것도 말하지 못한다. 뉴런은 정보를 전달하는 신호를 처리하는 일에만 종사하기 때문이다. 결국 자연을 이해하려는 시도에서 빠진 연결고리는 연산이었다. 나는 지난 40년 동안 '연산 신경과학(computational neuroscience)'이라는 새로운 분야를 개척하며 그 연결고리를 찾기 위해 노력했다.

힌튼은 UCSD에서 일정 기간 박사후 연구원으로 일한 후 영국으로 돌아가 케임브리지 소재 의학연구위원회(Medical Research Council, MRC)의 응용심리학 부서에 연구원으로 들어갔다. 1981년 어느 날, 그는 캘리포니아주 팰러앨토에 있는 시스템디벨롭먼트파운데이션(System Development Foundation)의 회장인 찰스 스미스(Charles Smith)에게서 걸려온 전화를 받았다. 새벽 두 시였다.[20] 스미스는 자신의 재단이 잠재적으로 유망하지만 성공할 확률이 낮은 모험적 연구에 자금을 지원하길 원하는데, 주변에서 힌튼을 적극 추천해 연락을 취한 것이라고 말했다. 그런 얘기를 들으며 힌튼은 이것이 '실화'인지 의구심이 들었다고 나중에 내게 털어놓았다. 나의 좋은 친구인 힌튼은 내가 수행 중인 연구도 스미스에게 언급했다. 나의 연구가 자신의 연구보다 더 성공할 확률이 낮다면서 말이다.

그 재단은 실제로 존재했고, 그렇게 해서 힌튼과 나는 각각 첫 번째 연구 지원금을 제공받았다. 덕분에 우리는 연구의 속도를 크게 높일 수 있었다. 아울러 더 빠른 컴퓨터를 구입하고 우리와 함께 일하는 학생들에게 수당도 지불할 수 있게 되었다. 힌튼은 피츠버그의 카네기멜론대학교로 옮기며 애플 II를 멋진 LISP(list processor, 인공지능 지향 프로그램 언어-옮긴이) 기계로 교체했다.[21] 볼티모어의 존스홉킨스대학교로 옮겼을 때 나는 잠시나마 그 대학교 컴퓨터학과 전체가 보유한 것보다 더 많은 컴퓨터 성능을 누리는 인물이었다.[22] 나는 또한 홉

〈그림 4.6〉
1980년 세즈노스키와 힌튼이 보스턴에서 비전의 네트워크 모델에 대해 대화를 나누고 있다. 힌튼과 내가 라호야의 '연관 메모리 병렬 모델' 워크숍에서 만나고 1년 후이자, 내가 볼티모어의 존스홉킨스에 내 연구실을 열고 힌튼이 피츠버그의 카네기멜론에서 그의 연구팀을 출범시키기 1년 전의 모습이다. 이미지 출처: 제프리 힌튼.

킨스의 연구실을 (인터넷의 전신이라 할 수 있는) ARPANET에 연결하는 첫 번째 모뎀도 구입할 수 있었고, 그래서 힌튼과 언제든 이메일을 주고받을 수 있었다. 당시 새로운 방향으로 출발하던 우리에게 더할 나위 없이 훌륭한 여건이 갖춰진 셈이었다(〈그림 4.6〉). 이후 오랜 세월 미 해군연구소의 지원을 받게 되는 것 역시 내게는 큰 행운이었다. 해군연구소는 프랭크 로젠블랫과 다른 많은 뉴럴 네트워크 연구원들도 지원했으니 인공지능 발전사의 숨은 공로자라 할 수 있겠다.

| 5장 | 시각 시스템에서 얻은 통찰

가장 어린 시절의 기억 중 하나는 내가 유치원에 들어가기도 전에 조각그림 맞추기 퍼즐을 어깨 너머로 배웠으며, 모양과 색깔, 맥락을 실마리 삼아 꽤 능란하게 퍼즐을 맞췄다는 것이다. 부모님은 집에서 파티를 열 때면 아장아장 걷는 아들이 얼마나 빨리 조각그림 퍼즐을 풀어내는지 보여주는 것으로 친구분들을 놀래곤 했다. 물론 당시에 나는 몰랐지만 나의 두뇌는 두뇌가 가장 잘하는 일을 하고 있었다. 패턴 인식으로 문제를 해결하는 일 말이다. 과학 분야는 여전히 조각은 빠져 있고 밑그림에 대한 힌트는 모호한 퍼즐 같은 문제들로 가득 차 있다. 두뇌가 문제를 해결하는 방식이야말로 궁극적인 퍼즐이 아닐 수 없다.

헬름홀츠 클럽(Helmholtz Club)은 남 캘리포니아의 비전 연구 과학자들 중에서도 핵심적인 인물들로 구성된 모임이었다. 로스앤젤레스와 샌디에이고, 어바인 소재 캘리포니아주립대학교는 물론이고 캘리포니아공과대학교와 남가주대학교 출신의 과학자들이 매월 한 차례 오후 시간에 어바인 캠퍼스에 모였다.[1] 클럽이 오마주로 삼은 헤르만 폰 헬름홀츠(Hermann von Helmholtz)는 시각에 대한 수학적 이론과 실험 방식을 개발한 19세기의 물리학자이자 의사였다. 그의 이론과 접근 방식이 오늘날 우리의 시지각(visual perception, 視知覺)에 대한 이해의 기초를 형성하고 있다. 클럽의 총무였던 나는 15~20명의 회원과 손님들을 대상으로 강연을 할 외부 연사를 초빙하는 일을 도맡았다. 그런 강연회의 2부 순서는 클럽 회원들이 참여하는 토론회였다. 연사도 참여하는 그 토론회는 매번 오랜 시간 심도 깊은 논의로 이어졌다. 외부 강연자 중 한 사람은 회원들의 열성적인 질문에 놀라움을 표하기도 했다. "사람들이 실제로 대답을 알고 싶어 하는 분위기였어요." 참석하는 모든 이들에게 지적인 충만감을 안겨주던 그 월례 모임은 실로 비전 분야의 마스터 클래스였다.[2]

시각은 인체에서 가장 잘 발달된 동시에 가장 많이 연구되는 감각기관이다. 우리는 한 쌍의 전두안구를 통해 절묘한 양안 깊이 지각을 하며 우리의 대뇌피질의 절반이 시각에 관여한다. 시각의 특별한 지위는 '백문이 불여일견(Seeing is believing)'이라는 속담에서도 잘 드러난다. 아이러니한 것은 우리가 그렇게 잘 볼 수 있다는 점이 그동안 우리로 하여금 비전 문제의 그 어마어마한 연산적 복잡성을 못 보게 만들었다는 사실이다. 자연이 해결하는 데에도 수억 년이라는 진화의 세월이 걸렸을 정도로 복잡한 문제였는데 말이다(2장에서 언급한 바 있다). 하지만 결국 가장 성공적인 딥러닝 네트워크에 영감을 부여한 것도 이 시각 피질의 구조였다.

우리의 시각 피질에 있는 10억 개의 뉴런은 0.1초 안에 병렬로 작동해 어수선한 장소에 놓인 컵을 식별할 수 있다. 전에 그 특정한 컵을 본 적이 없어도 그럴 수 있고, 그것의 위치와 크기, 방향이 어떠하

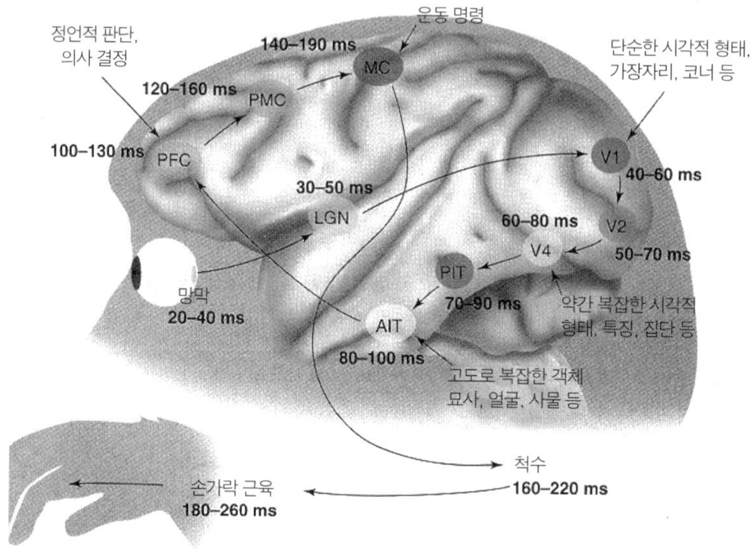

〈그림 5.1〉
짧은 꼬리 원숭이의 시각 시스템을 통하는 정보 흐름의 개략도. 화살표는 망막에서 시작하는 시각 영역들 사이의 투사를 나타낸다. 시각적 처리의 각 단계에 시각적 정보가 도착하는 데에는 밀리초(ms, 1,000분의 1초) 단위의 지체가 발생한다. 원숭이의 시각적 인식은 우리의 그것과 유사하며 시각적 처리의 단계 역시 동일하다. LGN: 외측슬상핵, V1: 일차 시각 피질, V2: 이차 시각 피질, V4: 시각 영역 4, AIT: 전방 하측두 피질, PIT: 후방 하측두 피질, PFC: 전전두엽 피질, PMC: 전운동 피질, MC: 운동 피질. 이미지 출처: S. J. 소프(S. J. Thorpe) 외.[3]

든 그럴 수 있다. 프린스턴대학원 재학 시절 나는 비전에 매료되어 어느 여름방학 동안 찰스 그로스 교수의 연구실에서 일했다. 당시 그로스 교수는 원숭이의 하측두 피질을 연구하며 얼굴이나 화장실 브러시 같은 복잡한 객체에 반응하는 뉴런을 발견한 터였다(〈그림 5.1〉).[4]

또 하버드 의학대학원의 신경생물학과에서 일할 때에는 이미 한참 전에 망막의 신경절 세포가 시각적 장면을 부호화하는 방식을 발견한 스티븐 커플러 교수와 함께 연구했다. 커플러 교수는 그 1년 전에 사망하지만 않았어도 분명 1981년 허블 및 비셀과 함께 노벨 생리의 학상을 수상했을 것이다. 그리고 1989년 소크생물학연구소로 옮겨서는 1977년 분자 유전학에서 신경과학으로 연구의 초점을 옮긴 프랜시스 크릭 교수와 함께 시각적 인식에서 뉴런들이 갖는 상관관계를 찾는 데 집중하게 된다. 그렇게 나는 당대의 가장 위대한 비전 과학자 몇 명과 함께 연구하는 특권을 누렸다.

비전의 기초

이미지에 의해 생성된 신호가 뇌에 이르는 과정을 추적하면, 그것이 처리의 한 단계에서 다음 단계로 넘어가면서 어떻게 거듭 변환되는지 알 수 있다(〈그림 5.1〉). 비전은 광수용기(photoreceptor, 빛에 반응하는 망막의 수용체. 빛 자극을 신경신호로 전환한다-감수자)가 빛을 전기 신호로 변환하는 망막에서 시작된다. 망막 내에 시각적 신호를 처리하는 두 개의 뉴런 층이 있으며 그 끝은 시신경으로 이미지를 투영하는 신경절 세포로 되어 있다.

모든 포유동물에 해당하는 것으로 드러난 1953년의 그 고전적인 실험에서, 커플러(〈그림 5.2〉, 왼쪽)는 살아 있는 고양이의 망막에서 광점 자극에 대한 반응으로 극파를 발하는 아웃풋 뉴런을 기록하는 데 성공했다. 그는 일부 아웃풋 뉴런은 광점에 반응할 때 중심이 '온(on)' 상태가 되고 또 일부 아웃풋 뉴런은 광점에 반응할 때 중심이 '오프(off)' 상태가 된다고 보고했다. 그러나 중심 바로 바깥, 즉 주변의 환형 고리는 반대 극성을 나타낸다. 중심이 '온'이면 주변은 '오프', 중

〈그림 5.2〉
(왼쪽에서 오른쪽으로) 커플러, 비셀, 허블. 하버드 의학대학원의 신경생물학과는 1966년에 신설되었다. 그들의 하버드 초기 시절에 찍은 사진이다. 나는 그들이 평일에 실험실에서 넥타이를 착용하고 일하는 것을 본 적이 없다. 따라서 이 사진은 무언가 특별한 일이 있던 날에 찍은 것으로 보인다. 이미지 출처: 하버드 의학대학원.

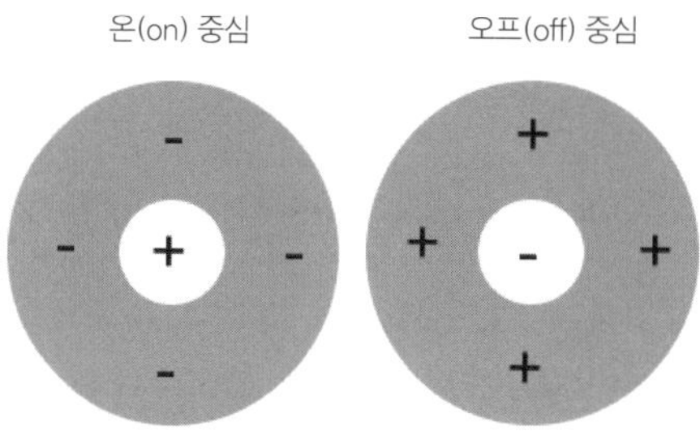

〈그림 5.3〉
망막 신경절 세포의 반응 특성. 이 두 도넛 모양은 뇌에 부호화된 메시지를 전하는 망막 신경절 세포의 두 가지 유형을 보여준다. 온 중심 유형은 광점에 반응할 때 중심은 온(+), 고리는 오프(-)가 되며 발화하고 오프 중심 유형은 그와 반대로 중심은 오프(-), 고리는 온(+)이 되며 발화한다. 결국 이런 식의 발화율 변화가 움직이는 자극과 객체 둘레의 명암 경계에 대한 중요한 정보를 전달하는 것이다. 1953년 커플러가 발견한 특성이다.

심이 '오프'면 주변은 '온'이 되는 것이다(〈그림 5.3〉). 빛의 패턴에 대한 신경절 세포의 이런 반응을 '수용장(receptive field)' 특성이라고 한다.

나는 전에 한 번 커플러에게 어떤 동기로 망막을 연구하게 되었는지 물어본 적이 있다. 그의 과학적 관심 주제는 사실 뉴런 간의 시냅스 특성이라는 것을 알고 있었기 때문이다. 그는 당시 존스홉킨스의 실험실이 윌머안연구소(Wilmer Eye Institute) 내에 있던 까닭에 눈에 대해 연구하지 않으면 왠지 죄스러운 느낌이 들어서 그랬다고 답했다. 망막에 있는 단일 신경절 세포의 연구 분야를 개척한 그는 자신의 실험실에서 박사후 연구 과정을 밟고 있던 허블과 비셀(〈그림 5.2〉, 오른쪽과 중간)에게 해당 프로젝트를 물려주고 뇌에 이르는 신호를 추적하라고 조언했다. 1966년 커플러와 그의 박사후 연구원들은 하버드 의학대학원으로 자리를 옮겨 신경생물학과를 신설했다.

대뇌 피질의 비전

허블과 비셀은 피질의 뉴런이 광점보다는 정향성 빛줄기와 대비되는 가장자리에 훨씬 더 잘 반응한다는 것을 발견했다. 그들은 세포의 주요한 두 가지 유형에 대해 설명했다. 한 유형은 신경절 세포처럼 온 및 오프 영역이 있는 정향성 단순 세포(〈그림 5.4〉)이고, 다른 유형은 뉴런의 수용장 어디에서나 정향성 자극에 균일하게 반응하는 정향성 복합 세포다(〈그림 5.5〉).

시각 피질의 각 뉴런은 시각적 특징의 탐지기로 간주할 수 있다. 이 탐지기는 시야의 특정한 부분에서 스스로 선호하는 특징의 특정한 분계점을 넘어서는 인풋을 받을 때만 활성화된다. 각 뉴런이 선호하는 특징은 다른 뉴런과의 연결성에 의해 결정된다. 포유동물의 신피질(neocortex)에는 분화된 여섯 개의 전문 층이 존재한다. 허블과 비셀은 두 눈의 인풋은 그 피질의 중간 층(4번 층)에 있는 좌우 기둥(피질

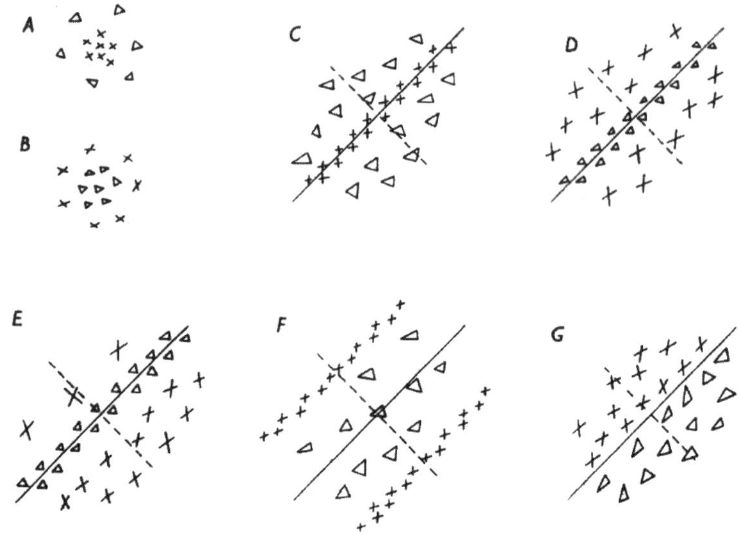

〈그림 5.4〉
고양이의 일차 시각 피질에 있는 단순 세포의 수용장. 단순 세포를 발견한 허블과 비셀이 1962년 발표한 논문에 실린 그림이다. 삼각형은 시야에서 광점 발현이 온 반응을 생성하는 위치이고, 가위표는 광점 발현이 오프 반응을 생성하는 지점이다. A: 망막의 온 중심 세포(〈그림 5.3〉의 왼쪽과 비교해보라). B: 망막의 오프 중심 세포(〈그림 5.3〉의 오른쪽과 비교해보라). C~G: 일차 시각 피질의 여러 다양한 단순 세포 수용장으로 모두 망막의 수용장에 비해 길쭉하며 온 영역과 오프 영역이 보다 복잡한 양상을 보인다. 이미지 출처: 데이비드 허블 외.[5]

기둥, 뉴런을 구성하는 수직 조직-옮긴이)의 교차로 구성되고 시상(thalamus, 視床, 간뇌의 대부분을 차지하는 회백질 부분)의 중계부에서 발생한 인풋이 그곳으로 투사된다는 사실도 발견했다. 4번 층의 단안 뉴런이 양안의 인풋을 받는 상위(2번, 3번) 뉴런으로 투사하면, 거기서 다시 위로는 다른 피질 영역으로, 아래로는 피질 하부 투사를 맡은 하위(5번, 6번) 뉴런으로 전달하는 식이다. 각 기둥의 모든 세포는 시각적 및 방향적 선호가 동일하며 피질 전반을 거치며 부드럽게 달라진다(〈그림 5.6〉).

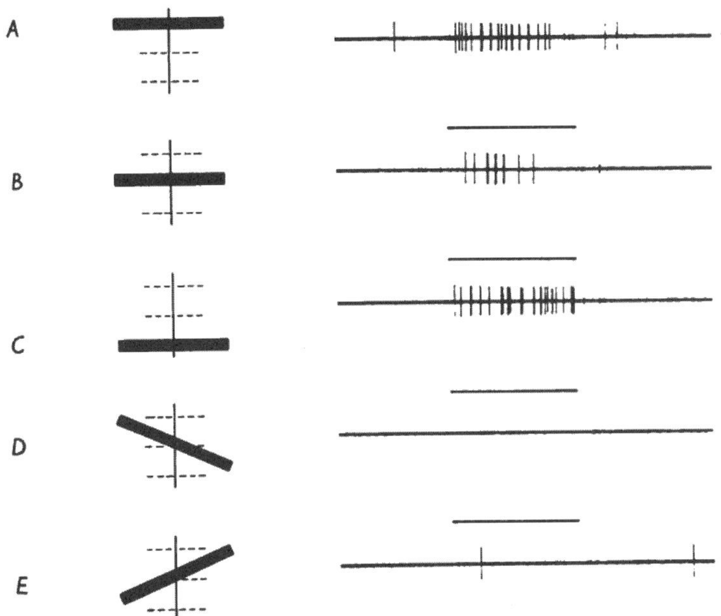

〈그림 5.5〉
고양이의 일차 시각 피질에서 복합 세포가 보이는 반응. 이 그림은 허블과 비셀이 복합 세포를 발견하고 발표한 1962년 논문에서 발췌한 것이다. 길고 가느다란 검은 막대는 방향만 맞으면 복합 세포의 수용장(점선) 내 어디에 놓이든 일련의 극파(수직 표시)를 유발한다(위 3개의 기록). 방향이 최적이 아닌 경우 반응이 약하거나 전혀 없다(아래 2개의 기록). 이미지 출처: 데이비드 허블 외.[6]

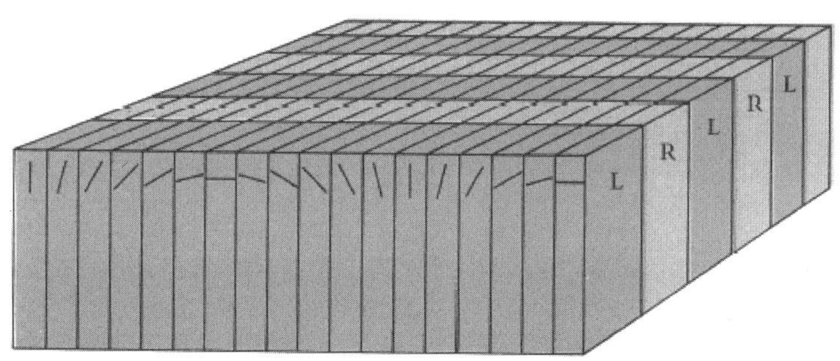

〈그림 5.6〉
일차 시각 피질의 뉴런 기둥을 보여주는 각빙 모형. 수직 침투 상황에서 모든 뉴런은 동일한 방향 선호도와 안 우세성(ocular dominance, 각 눈의 자극에 의해 뉴런이 영향을 받는 정도-옮긴이)을 보유한다. 피질의 각 평방밀리미터 아래에는 피질의 표면(각빙의 전면)을 따라 천천히 변화하는 완전한 세트의 방향과 양안(각빙의 우측면)에서 들어오는 인풋이 존재한다. 이미지 출처: 데이비드 허블.[7]

시냅스 가소성

생후 처음 몇 개월 동안 고양이의 한쪽 눈이 감겨져 있는 경우에는 어떤 현상이 발생하는지 살펴보자. 그러면 보통 양안에 의해 작동되는 피질 뉴런이 점차 단안에 종속되어 오직 열려 있는 한 눈에 의해서만 움직인다.[8] 원래 일차 시각 피질의 뉴런은 양안으로부터 수렴하는 인풋을 받는데, 단안 박탈로 인해 시냅스의 강도에 변화가 생기기 때문이다. 일차 시각 피질의 피질 가소성(plasticity, 외부 압력으로 인해 형태가 변한 물체가 압력이 없어진 이후에도 원래의 형태로 돌아오지 않는 성격을 말한다. 여기서는 인간의 두뇌가 경험에 의해 변화하는 능력을 의미한다-감수자)에 그런 식으로 임계기가 지나면 감겨져 있는 눈은 더 이상 피질 뉴런에 영향을 미치지 못하게 되고 결과적으로 '약시(amblyopia)' 상태가 초래된다. 아기들에게서 흔히 나타나는 안구의 오정렬, 즉 사시는 교정되지 않는 경우 양안성 피질 뉴런의 수를 크게 줄이고 양안 깊이 인식을 불가능하게 한다.[9] 물론 임계기 내에 적절한 교정 수술을 받으면 양안성 뉴런을 구할 수 있다.

단안 박탈은 환경이 피질 뉴런과 뇌의 여타 부분 사이에 시냅스 연결을 형성하는 발달의 초기 단계에 가소성이 얼마나 높게 존재하는지를 보여주는 한 예다. 이러한 활동성 의존적인 변화는 모든 세포에서 일어나는 지속적인 갱신과 밀접한 관계를 갖는다. 우리 뇌의 뉴런 대부분은 우리가 태어날 때 보유하는 것과 동일하지만,[10] 그런 뉴런의 거의 모든 구성 요소와 그것들을 연결하는 시냅스는 날마다 변화를 겪는다. 단백질은 마모되면서 교체되고 세포막의 지질(lipid, 脂質)

은 새로 교체된다. 그러한 역동적인 재편성이 이뤄지는 데도 우리의 기억이 평생 유지되는 것은 신비로운 일이 아닐 수 없다.

물론 기억의 지속성에 대해서는 다른 설명이 가능하다. 그것이 우리의 몸에 과거 사건의 표식으로 남는 반흔, 즉 흉터와 같을 수 있다는 설명이 그것이다. 그러한 표식을 찾을 수 있는 곳은 지속적인 재편성이 이뤄지는 뉴런의 내부가 아니라 뉴런의 외부, 즉 뉴런과 뉴런 사이의 공간일 가능성이 높다. 그곳에 반흔 조직의 콜라겐과 같은 프로테오글리칸으로 구성된 세포외 기질이 있는데, 이 기질은 오랜 기간의 내구성을 갖는 물질이다.[11] 만약 이러한 추정이 사실로 입증된다면 우리의 장기적인 기억은 뇌의 '외골격(exoskeleton)'에 박혀 있다는 뜻이 되고, 우리가 그동안 엉뚱한 장소에서 그것을 찾고 있었다는 의미가 된다.[12]

시냅스에는 신경전달물질의 방출과 수용 뉴런의 수용기 활성화를 제어하는 수백 가지의 고유한 단백질이 포함되어 있다. 대부분의 경우, 시냅스 강도는 선택적으로 대폭 증가되거나 감소될 수 있다(피질에서 그 증감의 폭은 100배에 달한다). (뇌에서 발견된 시냅스 학습 알고리즘의 예는 뒤의 장들에서 다뤄질 것이다.) 더욱 놀라운 것은 피질에서 새로운 시냅스가 지속적으로 형성되고 낡은 것들은 제거된다는 사실이다. 신체에서 가장 역동적인 세포 기관인 셈이다. 뇌에는 서로 다른 약 100가지 유형의 시냅스가 존재하는데, 피질에서 가장 흔한 흥분성 신경전달물질은 글루탐산이고 가장 흔한 억제성 신경전달물질은 유도 아미노산(GABA)이다. 또한 이러한 신경전달물질 분자가 다른 뉴런에 미치는 전기화학적 영향에도 큰 폭의 시간 격차가 발생한다. 예를 들어 4

장에서 살펴본 황소개구리의 교감신경절 세포는 시간 척도가 밀리초에서 수분까지 차이가 나는 시냅스를 보유한다.

음영으로 파악하는 모양

컴퓨터 비전과 생물학적 시각의 조합에 연구의 초점을 맞춰온 스티븐 저커(Steven Zucker, 〈그림 5.7〉)는 30여 년 전, 내가 그를 처음 알기 전부터 시작한 비전의 작용 방식에 대한 책의 집필을 아직도 끝내지 못하고 있다. 문제는 그가 비전에 관한 새로운 사실을 계속 발견하는 데다가 로런스 스턴(Laurence Sterne)이 쓴 소설의 주인공 트리스트럼 섄디(Tristram Shandy)의 경우처럼 그가 더 많은 것을 발견할수록 책의 끝이 계속 미래로 멀어진다는 데 있다. 비전에 대한 그의 접근 방식은 일차 시각 피질의 정교한 규칙 구조에 기반한다(〈그림 5.6〉). 피질의 다른 부분에서 발견되는 구조는 뉴런이 거의 모자이크 같은 배열로 조직되어 기하학적 해석을 요하기 때문이다. 컴퓨터 비전 분야의 연구원 대부분은 객체를 배경에서 구분하고 몇 가지 진단적 특징을 식별하는 방법으로 그것을 인식하길 원한다.

누구 못지않게 야심이 큰 저커는 우리가 어떻게 표면 음영과 주름 및 접힘 등의 표시로부터 객체의 모양을 도출하는지 알고 싶어 했다. 2006년 신경과학협회가 주최한 연례 학회의 한 인터뷰 자리에서 배의 돛을 연상시키는 건물을 설계하는 건축가 프랭크 게리(Frank Gehry)는 그런 건물에 대한 영감을 어디서 얻었는지 질문 받았다(〈그

〈그림 5.7〉
예일대학교의 한 강의실에서 저커가 사진의 오른쪽 상단에서 비추는 조명을 받고 서 있다. 그의 스웨터에 생긴 음영의 차이를 보며 우리는 접힘의 모양을 인식할 수 있다. 배경의 칠판 위에는 원숭이의 시각 피질에서 영감을 받아 도출한, 시각적 인식의 방법을 설명하는 방정식이 적혀 있다. 우리는 광원과는 관계없이 동일하게 인식되는 모양을 본다. 이미지 출처: 스티븐 저커.

림 5.8〉).[13] 그는 구겨진 종이의 모양을 보고 영감을 얻었다고 답했다. 그러나 우리의 시각 시스템은 어떻게 그 불규칙하게 접히고 음영이 생기는 표면의 복잡한 패턴으로부터 구겨진 종이의 복잡한 모양을 조합해내는 것일까? 우리는 실로 어떻게 스페인에 있는 구겐하임 빌바오 미술관의 그 현란하게 얽히고설킨 외관을 인식하는 것일까(〈그림 5.8〉)?

저커는 최근 산의 등고선 지도에서 볼 수 있는 것과 같은 3차원 윤곽과 이미지 상에서 동일한 강도를 갖는 윤곽 사이의 밀접한 관계에 기초해 우리가 음영이 있는 이미지에서 접히거나 주름진 부분을 보는 방식을 훌륭히 설명해냈다(그림 5.9).[14] 여기서 연결고리는 표면의 기하학이 제공한다.[15] 이것은 왜 모양에 대한 우리의 인식이 조명의 차이와 사물의 표면 특징에 그다지 민감하지 않은지 그 이유를 설명한다. 또한 이는 우리가 등고선 지도를 왜 그렇게 잘 읽는지 그리고 왜 고작 몇 개의 특별한 내부 선으로만 묘사한 만화에서도 사물의 모양을 잘 인식하는지 그 이유도 설명한다.

〈그림 5.8〉
게리가 설계한 스페인의 구겐하임 빌바오 미술관. 곡선 표면이 연출하는 음영과 반사가 형태적이며 동적인 미학을 자아낸다. 통로 여기저기 보이는 사람들의 자그마한 모습으로 건물의 규모를 짐작할 수 있다.

1988년 시드니 레키(Sidney Lehky)와 나는 단일 층의 숨겨진 유닛들을 갖춘 뉴럴 네트워크를 훈련시켜 표면 음영의 곡률(curvature, 曲率)을 계산할 수 있는지 알아보기로 했다.[16] 우리는 이 실험에서 성공을 거뒀고, 놀랍게도 숨겨진 유닛들이 단순 세포처럼 움직인다는 사실을 발견했다. 하지만 보다 면밀히 조사한 결과 우리는 이러한 '단순 세포들'이 모두 동등하게 창출되지는 않음을 알 수 있었다. 우리는 학습 알고리즘을 이용해 곡률을 계산하도록 훈련된 아웃풋 층에 대한 그것들의 투사를 살펴보며(15장에서 자세히 논의될 것이다) 숨겨진 유닛의 일부가 양의 곡률(볼록면)과 음의 곡률(오목면)을 결정하는 데 이용되고 있음을 발견했다(〈그림 5.10〉). 이 유닛들은 일부 단순 세포처럼 탐지기 역할을 수행했다. 그것들은 저 활동성과 고 활동성, 두 가지 중 하나를 갖는 경향을 보였다. 이봉분포(bimodal distribution, 최빈값(mode)이 두 개 나오는 확률분포나 도수분포-옮긴이)의 경향을 보인 것이다. 이와 대조적으로, 숨겨진 층의 다른 유닛들은 반응을 등급화하고 아웃풋 유닛에 곡률의 방향과 규모를 알리는 필터로 기능했다.

우리가 얻은 결론은 놀라웠다. 뉴런의 기능은 단순히 그것이 인풋

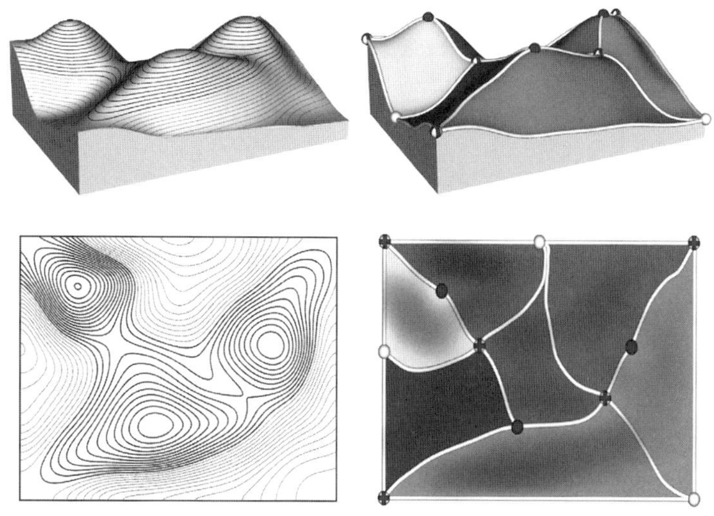

〈그림 5.9〉
표면의 고도 윤곽(왼쪽 위)과 동일한 표면의 이미지에 대한 등광도선(동일한 강도의 등고선)의 비교(왼쪽 아래). 오른쪽 그림이 보여주듯 둘 다 윤곽의 결정적인 지점들 사이에 동일한 구획화를 유발한다. 이미지 출처: 쿤스버그(Kunsberg) 외.[17]

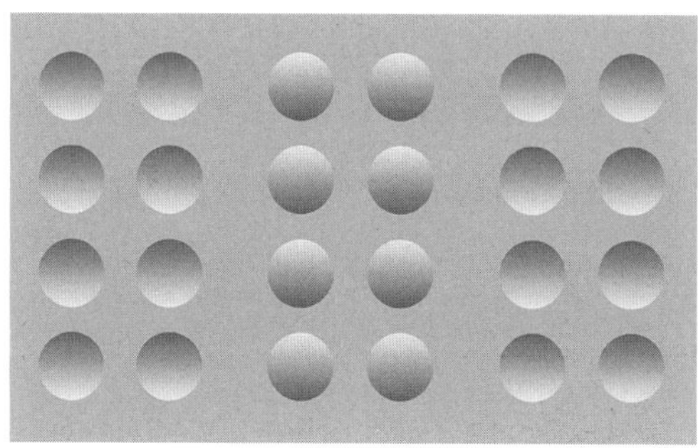

〈그림 5.10〉
음영에 따른 곡률. 우리의 시각 시스템은 윤곽 경계 내에 있는 특정 이미지의 밝기에 생기는 변화를 보고 객체의 모양을 도출할 수 있다. 우리는 이 그림에서 음영의 방향과 조명의 방향에 대한 짐작(일반적으로 머리 위에 빛이 있는 것으로 가정한다)을 토대로 볼록면과 오목면을 파악한다. 책을 돌려 위아래를 바꿔놓고 보면 이를 이해할 수 있다. 이미지 출처: V. S. 라마찬드란.[18]

에 반응하는 방식뿐만 아니라 그것이 후속으로 활성화시키는 다른 뉴런들에 의해서도 결정된다. 즉 뉴런의 '투사장(projective field)'에 의해서도 결정된다는 얘기다. 최근까지 뉴런의 아웃풋은 그것의 인풋보다 훨씬 더 알아내기가 어려웠다. 하지만 이제 새로운 유전학 및 해부학 기법들 덕분에 후속적인 축삭돌기 투사를 정확하게 추적하는 일이 가능해졌다. 또한 새로운 광유전학 기법을 이용해 특정 뉴런을 선택적으로 자극해 지각과 행동 방식에 미치는 영향을 조사하는 일도 가능하다.[19] 그렇긴 해도 우리의 소규모 네트워크는 단지 언덕이나 그릇의 곡률만 식별할 수 있었고, 우리는 여전히 포괄적으로 조직되는 지각(심리학에서는 이를 '형태주의 지각(gestalt perception)'이라 한다)이 피질에서 어떻게 구성되는지 알지 못한다.

저커와 나는 1984년 어느 날 덴버의 그 오래된 스테이플턴 국제공항에서 눈보라 때문에 장시간 발이 묶인 적이 있었다. 그때 우리는 아직 유아기에 머물던 전산 신경과학(computational neuroscience)에 관해 열띤 대화를 나누던 중 전산 및 실험 연구원들을 한자리에 모으는 워크숍 아이디어를 떠올리고 그것을 우즈홀에서 개최하기로 결정했다. 우즈홀이라면 내가 신경생물학 여름 강좌를 수강하고 이후 몇 차례의 여름에 돌아와 해양생물연구소에서 스티븐 커플러 교수와 함께 생리학 실험을 수행한 곳이 아니던가. 우즈홀은 보스턴에서 그리 멀지 않은 해안가에 위치한 아름다운 케이프코드 타운이다. 그 후 지금까지 연례행사로 열리는 그 워크숍은 비전을 연구하는 많은 선도적 연구원들을 불러모았으며, 내게는 개인적으로 학문적 절정에 달하는 또 하나의 계기를 만들어줬다. 보다 중요한 것은 그런 워크숍을 통해 시각 피질의 전산 이론이 태동했다는 사실이다. 비록 그 이론이 확증되는 데 또다시 30년이 걸리지만 말이다. (16장에서 우리는 가장 성공적인 딥러닝 네트워크의 아키텍처가 시각 피질의 그것과 현저하게 유사하다는 사실을 확인할 것이다.)

피질의 시각 지도는 계층적으로 구성된다

1970년대 초 위스콘신대학교의 신경생리학과에 재직하던 존 카스(Jon Kaas)와 존 올먼(John Allman)은 일차 시각 피질의 인풋을 받는 피질 영역을 연구해 각기 다른 영역이 서로 다른 특성을 갖는다는 사실을 발견했다. 예를 들어 그들은 '중측 측두 피질(MT)'이라고 이름 붙인 영역에서 시야의 지도를 발견했다. 이 MT의 뉴런들은 선호 방향으로 움직이는 정향성 시각적 자극에 반응했다. 올먼은 학과장인 클린턴 울지(Clinton Woolsey)에게 자신들의 발견 내용을 받아들이게 만드는 데 어려움을 겪었다고 내게 말했다. 이전의 실험에서 울지의 조악한 기록 기법으로는 놓쳤던 선조 외 시각 피질을 카스와 올먼이 보다 나은 기록 기법으로 발견한 상황이었기 때문이다.[20] 훗날의 연구들은 원숭이의 시각 피질에서 약 20여 개의 시각 영역을 발견하게 된다.

1991년 캘리포니아공과대학교의 데이비드 밴 에센(David Van Essen)은 피질의 각 시각 영역의 인풋과 아웃풋을 주의 깊게 연구해 계층 다이어그램(〈그림 5.11〉)으로 정렬했다. 때로 그저 피질의 복잡성을 설명하기 위해 사용되기도 하는 이 다이어그램은 마치 대도시의 전철 노선도를 들여다보는 것과 같은 느낌을 준다. 망막 신경절 세포(RGC)의 시각적 인풋은 다이어그램의 맨 아래에 있는 일차 시각 피질(V1)로 투사된다. 거기에서 신호는 계층 구조의 위로 이동하며 (예컨대 형태 인식과 같은) 시각의 각기 다른 측면에 특화된 각 영역을 거친다. 다이어그램의 오른쪽 상부를 보면 하측두 피질의 전측과 중측, 후측 영역(AIT, CIT, PIT)에 있는 뉴런의 수용장이 전 시야를 다루며 얼굴

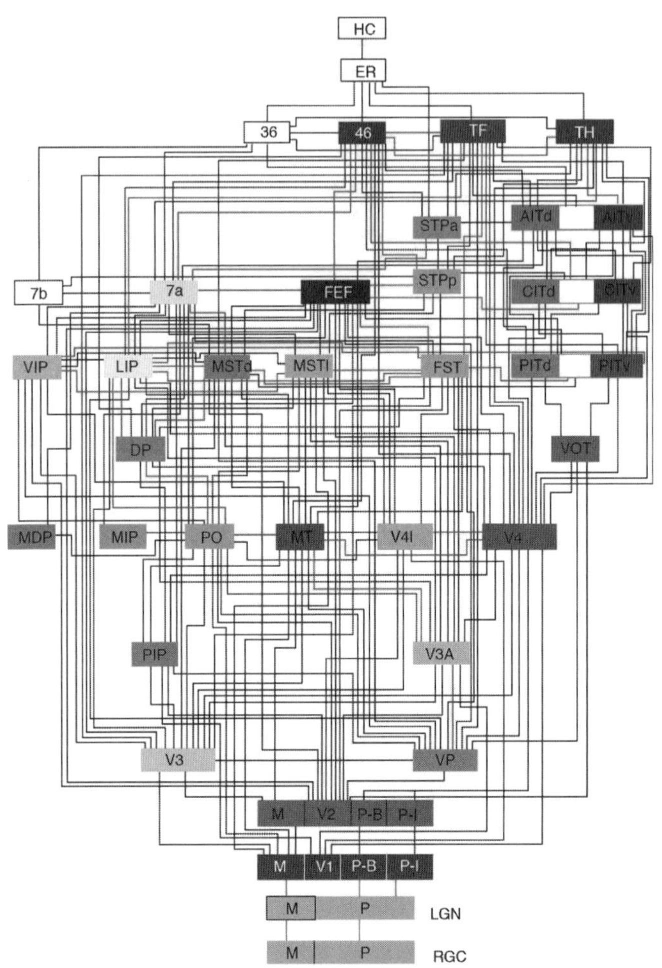

〈그림 5.11〉
원숭이 뇌의 시각 영역 계층 구조. 망막 신경절(RGC)의 시각적 정보는 시상의 외측슬상핵(LGN)에 투사되며 거기서 다시 중계 세포에 의해 일차 시각 피질(V1)에 전달된다. 대뇌피질 영역의 계층 구조는 해마(HC)에서 종결된다. 다이어그램에서 187개의 링크 가운데 거의 전부가 양방향성을 보이며 하부 영역에서는 피드포워드(feedforward) 연결, 상부 영역에서는 피드백(feedback) 연결의 양상을 띤다. 이미지 출처: D. J. 펠러만(D. J. Felleman) 외.[21]

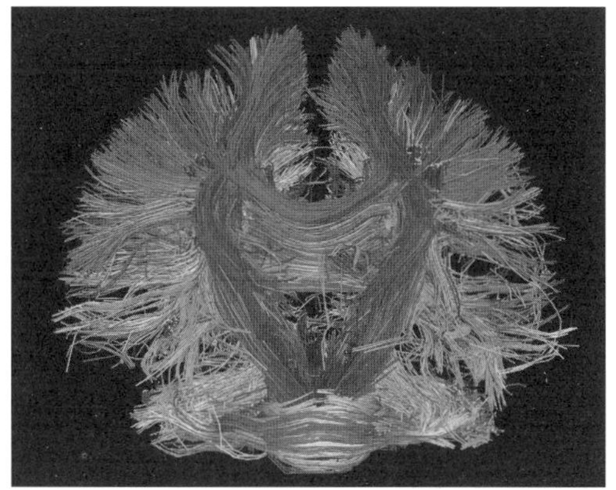

〈그림 5.12〉
인간 신경망 도식화. 대뇌피질의 백질(white matter, 白質)에 있는 섬유로(fiber tracts)는 물 분자의 고르지 않은 확산에 기초하는 MRI를 통해 비침습적으로 추적할 수 있다. 이미지 출처: 인간 신경망 도식화 프로젝트(The Human Connectome Project).

이나 여타의 사물 등과 같은 복잡한 시각적 자극에 우선적으로 반응함을 알 수 있다. 우리는 뉴런이 어떻게 그렇게 하는지에 대해서는 알지 못하지만 연결의 강도는 경험에 의해 바뀔 수 있고, 그래서 뉴런이 새로운 대상에 반응하는 법을 배울 수 있다는 사실은 안다. 밴 에센은 이후 세인트루이스의 워싱턴대학교로 옮겼으며, 현재 그곳에서 국립보건원(NIH)이 후원하는 인간 신경망 도식화 프로젝트(Human Connectome Project)의 공동 책임을 맡고 있다.[22] 이 연구팀의 목표는 자기공명영상(MRI)에 기초한 영상 기법을 이용해 인간의 대뇌피질 연결 지도, 즉 뇌신경 연결 지도를 도출하는 것이다(〈그림 5.12〉).[23]

인지신경과학의 탄생

1988년 나는 맥도널앤드퓨(McDonnell and Pew) 재단의 한 위원회 소속으로 '인지신경과학'이라는 새로운 분야를 출범시키는 방법에 대한 조언을 구하기 위해 저명한 인지과학자와 신경과학자들을 인터뷰하러 다녔다.[24] 당시 우리 위원회 관계자들은 전 세계를 돌아다니며 전문가들에게 인지신경과학의 연구 주제는 무엇으로 삼는 게 유망하고 새로운 연구센터는 어디에 두는 게 좋은지 등을 물었다. 8월의 어느 뜨거운 오후 우리는 하버드 교수 클럽에서 사고 언어의 전문가로서 모듈식 마인드 이론의 대변인으로 통하던 제리 포더(Jerry Foder)를 만났다. 그는 시작부터 도전적인 언사로 포문을 열었다. "인지신경과학은 학문이 아니고 앞으로도 학문이 될 가능성은 없다고 봅니다." 그는 비전과 기억에 관한 신경과학 논문을 다 읽었고, 그것들 모두 자신의 기준에 부합하지 않아 실망한 듯한 인상을 풍겼다. 그러던 중 그가 "맥도널드(McDonald) 재단이 길거리에 돈을 뿌리고 다니는 거 같다"고 언급했을 때, 맥도널 재단의 이사장 존 브루어(John Bruer)는 그가 우리 재단과 길거리의 햄버거 가게를 혼동하고 있다는 점을 머뭇거림 없이 지적했다.

하지만 포더는 자신의 실수에 전혀 굴하는 기색 없이 인간의 마인드를 지능형 컴퓨터 프로그램을 실행하는 모듈식 상징 처리 시스템으로 간주해야 하는 이유를 설명했다. 그러자 캘리포니아대학교 샌디에이고 캠퍼스의 철학자인 퍼트리샤 처치랜드(Patricia Churchland)가 그의 이론이 고양이에게도 적용되는지 물었다. 포더 교수는 "그렇다"고 답했다. "고양이는 고양이 프로그램을 돌리고 있는 거지요." 그러나 비전과 메모리를 연구하는 국립보건원의 신경과학자 모티머 미슈킨(Mortimer Mishkin)이 그의 실험실에서 발견한 성과에 대해 말해 달라고 요청하자 포더는 어떤 언어 실험에서 사건 관련 전위(event-related potential, 특정 자극에 의해 발생하는 대뇌의 전기적 반응을 두피 부위에서 추적한 뇌파 기록-옮긴이)를 이용하는 것에 대해 무언가를 중얼거렸는데, 나는 무슨 소린지 도통 알아들을 수 없었다. 다행히도 때마침 소방 훈련을 알리는 사이렌이 울렸고 우리는 모두 건물 밖으로 나왔다. 안뜰에 서 있을 때 미슈킨이 포더에게 이렇게 말하는 소리가 들렸다. "그 정도면 정말 소액에 불과하군요." 소방 훈련이 끝났을 때 포더는 사라지고 없었다.

인지신경과학은 이제 중요한 학문으로 성장해 다양한 과학 분야에서 많은 연구원들을 끌어들이고 있다. 전에는 신경과학과 거의 또는 전혀 관련이 없는 것으로 여겨지던 사회심리학이나 경제학 분야에서도 연구원들이 몰려들 정도다. 이런 일이 가능한 이유는 1990년대 초 뇌의 활성도를 시각화하는 비침습적 방법, 특히 (오늘날에는 밀리미터 단위의 공간 해상도를 갖는) 기능적 자기공명영상(fMRI)이 도입된 덕분이다. 기능적 자기공명영상이 생성하는 대규모 데이터세트는 독립성분분석(ICA) 등과 같은 새로운 연산 방법으로 분석된다(이와 관련해서는 13장에서 보다 자세히 논할 것이다).

뇌는 산소 없이 작동할 수 없고 혈류는 1밀리미터 이하 수준에서 엄격하게 조절되기 때문에 기능적 자기공명영상은 뇌의 활성도에 대한 대체 척도로 혈류 산소 수준(BOLD) 신호를 반복 측정한다. 혈류 내 산소 수준은 그것의 자기 특성을 변화시키는데, 이것을 기능적 자기공명영상을 통해 비침습적으로 관찰하고 뇌 활성도의 역동적인 이미지를 창출하는 데 이용할 수 있다. 이때 시간 분해능(time resolution, 개별적으로 판단할 수 있는 최소의 입력신호에 대한 시간 간격을 말한다-옮긴이)은 실험에서 뇌의 어느 부분이 관여하는지 추적하기에 충분할 정도로 짧은 초 단위로 이뤄진다. 기능적 자기공명영상은 그동안 시각 계층 구조의 각기 다른 부분에서 일시적 융합의 시간 척도를 탐구하는 데에도 이용되어왔다.

프린스턴대학교의 유리 헤이슨(Uri Hasson) 교수는 각기 다른 길이의 영화를 처리하는 데 시각 계층 구조의 어느 부분이 관여하는지 조사하기 위해 기능적 자기공명영상 실험을 고안해 수행했다.[25] 그는 찰리 채플린의 무성영화 한 편을 분절로 나눠 각각 4초, 12초, 36초짜리 영상으로 만든 후 피험자들에게 무작위로 보여줬다. 피험자들은 4초짜리 영상에서는 특정 장면을, 12초짜리에서는 행위의 연결을, 36초짜리에서는 시작과 끝이 있는 스토리를 인식할 수 있었다. 계층 구조의 하단에 있는 일차 시각 피질에서의 기능적 자기공명영상 반응은 시간 척도에 관계없이 강하고 신뢰할 만했지만, 시각 계층 구조의 수준이 높아질수록 보다 더 긴 시간 척도만이 신뢰할 수 있는 반응을 유발했으며, 계층 구조 상단의 전두엽 피질 영역은 가장 긴 시간 척도를 필요로 했다. 이것은 우리의 작업기억, 즉 전화번호나 책무의 요소 등과 같은 정보를 잊지 않는 우리의 능력 또한 계층 구조로 구성되고 전두엽 피질에서 가장 긴 시간 척도를 요한다는 결과가 나온 여타의 실험과 일치성을 보여준다.

신경과학 분야에서 가장 흥미로운 연구 영역 중 하나는 뇌의 학습에 관한 것이다. 이 영역은 분자에서 행동 방식에 이르는 아주 다양한 수준에서 연구를 수행할 수 있기 때문이다.

| 연대표 |

▶ 1956년

다트머스 인공지능 여름 연구 프로젝트(Dartmouth Artificial Intelligence Summer Research Project)의 출범으로 인공지능이라는 분야가 탄생했다. 그와 더불어 일단의 과학자들이 인간의 능력에 필적할 수 있는 정보기술(IT)의 잠재력을 탐구하기 시작했다.

▶ 1962년

프랭크 로젠블랫이 《신경생물학의 원리: 퍼셉트론 그리고 뇌 메커니즘의 이론(Principles of Neurodynamics: Perceptrons and the Theory of Brain Mechanisms)》을 출간했다. 이 책은 단층의 가변적 가중치를 지닌 뉴럴 네트워크 모델을 위한 학습 알고리즘을 소개했다. 오늘날의 심층적 뉴럴 네트워크 모델을 위한 학습 알고리즘의 선조였던 셈이다.

▶ 1962년

데이비드 허블과 **토르스텐 비셀**이 <고양이의 시각 피질에서의 수용 영역과 양안 상호 작용, 기능적 아키텍처(Receptive Fields, Binocular Interaction and Functional Architecture in the Cat's Visual Cortex)>를 발표했다. 이 논문은 단일 뉴런들의 반응 특성을 최초로 미소전극으로 기록해 밝혔다. 딥러닝 네트워크는 시각 피질의 영역 계층 구조와 유사한 아키텍처를 지닌다.

▶ 1969년

마빈 민스키와 시모어 페퍼트가 《퍼셉트론(Perceptrons)》을 출간했다. 이 책은 단일 인공 뉴런의 연산적 한계를 지적하며 뉴럴 네트워크 연구 분야에 겨울이 시작되었음을 알렸다.

▶ 1979년

제프리 힌튼과 제임스 앤더슨이 캘리포니아주 라호야에서 '연관 메모리 병행 모델(Parallel Models of Associative Memory)' 워크숍을 개최했다. 이 행사는 새로운 세대의 뉴럴 네트워크 개척자들을 규합하며 1981년 힌튼과 앤더슨이 공저로 출간한 동명 저서의 산실이 되었다.

▶ 1987년

최초의 NIPS 콘퍼런스 및 워크숍이 덴버의 테크센터(Tech Center)에서 개최되며 여러 분야의 연구자들을 한자리에 불러모았다.

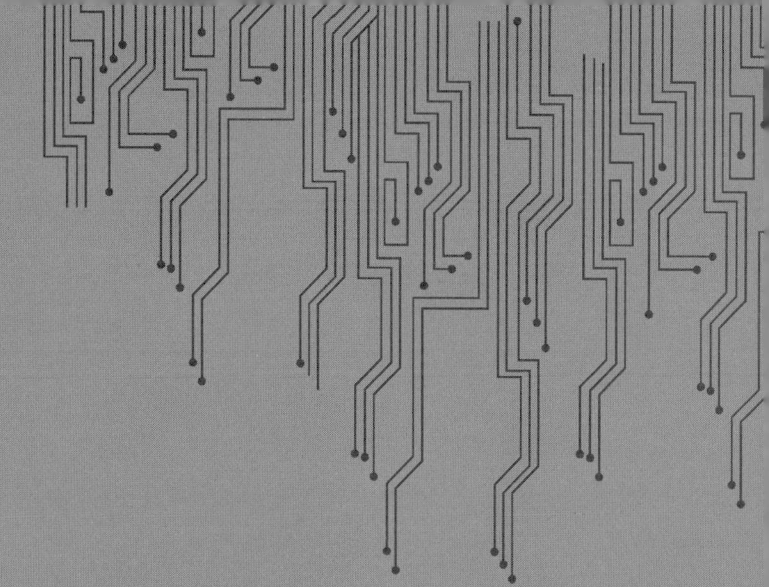

| 2부 |

기술적 영향과 과학적 영향

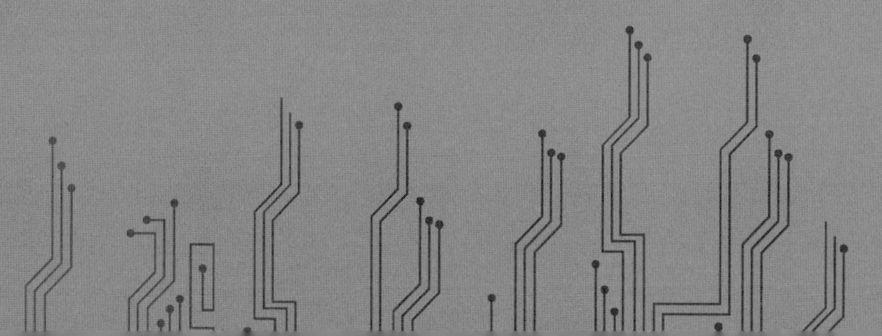

| 6장 | 머신러닝의 미래

인지 컴퓨팅의 시대가 밝아오고 있다. 머지않아 우리는 인간보다 더 능숙하게 운전하는 자율주행 자동차를 보게 될 것이며 우리가 사는 집이 주인을 알아보고 집주인의 습관을 예측하고 방문자가 왔음을 알려주는 시대를 맞이하게 될 것이다. 구글이 최근 인수한 크라우드 소싱 웹사이트 캐글(Kaggle)은 100만 달러의 상금을 걸고 전산화단층 촬영(CT scan) 이미지를 통한 폐암 감지 프로그램 경진대회를 개최한 바 있으며, 미국 국토안보부(Department of Homeland Security)를 위해 150만 달러의 상금을 걸고 공항의 전신검색대(body scan)를 통과할 때 은닉 물품을 탐색하는 프로그램 경진대회를 진행 중이다.[1] 의사들은 인지 컴퓨팅으로 희귀 질병을 진단할 수 있게 될 것이며, 결과적으로 의료 서비스의 질적 향상이 가능해질 것이다. 이와 같은 인지 컴퓨팅의 적용 사례는 이미 수천 가지에 이르며 우리가 미처 상상하지 못한 적용 분야 또한 수없이 많다. 사라지는 직업도 있을 것이고 이전에 없던 새로운 직업이 생겨날 것이다. 인지 컴퓨팅 기술이 파괴적인 측면을 보유하고 있으며 우리 사회가 그것을 흡수하고 적절히 대응해나가는 데 상당한 시간이 소요되리라는 것도 사실이지만 결코 실존적 위협은 아니다. 그와 반대로 우리는 지금 새로운 발견과 계몽의 시대로 접어들고 있는 것이다. 인류를 보다 똑똑하게 만들고 보다 오래 살게 해주며 인류의 지속적 번영을 가능케 할 새로운 시대 말이다.

나는 2015년 샌프란시스코에서 IBM의 후원으로 개최된 인지 컴퓨팅 콘퍼런스에서 강연을 한 적이 있다.[2] 당시 IBM은 '왓슨(Watson)'의 개발에 막대한 투자를 하고 있었다. 왓슨은 인류의 역사에서부터 대중문화에 이르기까지 거의 모든 분야를 망라한 방대한 데이터베이스의 집합체를 기반으로 자연어 인터페이스를 적용한 광범위 알고리즘을 사용해 검색 기능을 수행하는 프로그램이었다. 켄 제닝스(Ken Jennings)는 텔레비전 퀴즈쇼 〈제퍼디!(Jeopardy!)〉에서 192일 동안 74번이나 연속적으로 승리를 거둔 출연자로 퀴즈쇼가 방영된 이래 가장 긴 연승 기록의 보유자이기도 했다. 2011년 〈제퍼디!〉에서 왓슨은 제닝스의 연승을 저지하고 승리를 거두며 세간의 이목을 집중시켰다.

숙소에서 콘퍼런스가 열리는 장소로 이동하던 택시 안에서 뒷좌석에 동승한 IBM 임원 두 명이 나누던 대화를 우연히 듣게 되었다. IBM은 왓슨의 구동을 위한 플랫폼을 출시하고 있었다. 의료, 금융 서비스와 같이 특수한 분야에서 비정형 데이터베이스로부터 질문을 구성하고 대답을 제공하는 데 사용될 수 있는 플랫폼이었다. 왓슨은 인간의 뇌가 기억할 수 있는 최대 용량의 데이터를 훨씬 능가하는 방대한 데이터를 기반으로 질문을 구성하고 적절한 답을 추천할 수 있다. 그러나 여타의 머신러닝 프로그램들이 그렇듯이 왓슨 또한 질문을 던지고 하나의 답을 선택하는 데 있어서는 여전히 인간의 역할을 필요로 한다.

IBM은 이미 오래전에 하드웨어 사업을 접었고 그곳의 컴퓨터 서비스 사업부 또한 더 이상 경쟁력이 없었다. 왓슨에 대한 전폭적인 투자로 IBM 소프트웨어 사업부가 700억 달러 규모의 수익원을 복구하는 동력이 될 것이라고 굳게 믿고 있었다. IBM은 뮌헨에서 왓슨 사물인터넷 사업을 위한 새로운 글로벌 본사의 설립에 총 2억 달러를 투자했다.[3] IBM에 의해 유럽에서 이뤄진 최대 규모의 시설 투자로서 인공지능 기반의 운영 방식으로 전환하기를 원하는 6천여 고객들의 날로 증가하는 요구에 부응하기 위함이었다. IBM의 인지 컴퓨팅 분야에 대한 30억 달러 규모의 글로벌 투자 계획 중 극히 일부에 지나지 않았지만 말이다. IBM 외에도 무수한 기업들이 인공지능에 막대한 투자를 하고 있지만 최후의 승자 또는 패자가 누가 될 것인지 추측하기엔 아직은 시기상조다.

21세기의 삶

전통적인 의학의 관점에서 본다면 특정 상태 또는 질병으로 인해 고통 받는 모든 환자들에 대해서는 동일한 치료법을 적용하는 것이 옳다. 그러나 지금은 인지 컴퓨팅 덕분에 개인맞춤형의 정밀한 치료가 가능해졌다. 피부암의 일종인 흑색종의 경우 병변의 진행은 결국 사망 선고로 이어질 수밖에 없었다. 그러나 이제 환자의 암세포 염기서열을 분석하고 특정 환자만을 위한 표적 암면역 요법을 설계함으로써 병변의 진행을 막는 것은 물론 오히려 호전되는 사례도 많다. 비록 지금은 이런 치료를 받는 데 25만 달러의 비용이 들지만 궁극적으로 거의 모든 흑색종 환자들이 수혜를 받을 수 있을 정도로 보편화될 것이다. 환자의 암세포 유전체 분석에 드는 기초 비용은 수천 달러에 불과하며 치료에 필요한 단일클론항체에 소요되는 비용 또한 수백 달러면 충분하기에 하는 말이다. 광범위한 변형 사례와 결과를 포함하는 개별 환자들의 사례가 축적되어 충분한 데이터가 만들어지기만 한다면 보다 나은 의학적 의사 결정이 가능해지는 것은 물론 그에 따르는 비용 또한 보다 저렴해질 것이다. 이와 동일한 접근법으로 일부 폐암 또한 치료할 수 있는 질병이 되었다. 제약 회사들이 앞다퉈 암면역요법 연구에 투자하고 있고 폐암 이외의 다른 암들도 머지않아 치료할 수 있는 질병이 될지도 모를 일이다. 방대한 양의 유전자 정보를 분석하는 머신러닝 기법이 없었다면 불가능했을 일이다.

나는 대규모 뇌 연구 프로젝트인 브레인 이니셔티브(BRAIN Initiative, 2013년 오바마 정부는 '첨단 혁신 신경기술을 활용한 뇌 연구(Brain Research through Advancing Innovative Neurotechnologies)' 프로젝트를 출범시켜 인간 뇌 지도를 완성한다는 목표 아래 뇌과학에 대한 연구를 지원하기 시작했다-옮긴이)를 통해 미국국립보건원(National Institute of Health, NIH)에 자문을 제공하는 자문위원단의 일원으로 활동했었다. 위원단이 제출한 보고서에서 새로운 신경 기록 기법에 의해 생성된 데이터의 해석에 도움이 되는 확률적 및 연산적 기법의 중요성을 강조한 바 있다.[4] 오늘날 머신러닝 알고리즘은 수천 개의 뉴런으로부터 생성되는 동시 기록의 분석, 자유롭게 움직이는 동물의 복잡한 행동 데이터의 분석, 순차적 전자현미경 디지털 이미지의 3차원 해부학적 회로 재구성의 자동화 등에 사용되고 있다. 인간의 뇌를 역설계한다면 자연에 의해 발견된 수많은 새로운 알고리즘에 대해 알 수 있을 것이다.

미국국립보건원은 지난 50년간 신경과학 분야의 기초 연구를 위한 재정적 지원을 제공해왔다. 그러나 점점 더 많은 보조금이 연구의 결과를 즉각적으로 의료 현장에 적용하고자 하는 중개 연구로 몰리는 추세를 보이고 있다. 이미 발견된 연구 결과를 현장에 적용하는 것에 이의를 제기하는 것은 아니다. 그러나 지금 새로운 발견을 위한 연구 활동에 대한 재정적 지원을 등한시한다면 앞으로 50년 후 의료 현장에 적용할 연구 결과는 매우 적거나 아예 없는 상황에 직면할 것이다. 조현병이나 알츠하이머와 같이 인간의 심신을 쇠약하게 만드는 뇌 질환에 대한 미래의 치료제를 찾기 위한 브레인 이니셔티브와 같은 연구 프로그램을 시작하는 것이 왜 그토록 중요한 것인가에 대한 답변 또한 여기에서 찾을 수 있다.[5]

신분증의 미래

2006년 재향군인회(Department of Veterans Affairs)에 등록된 사회보장번호와 생년월일 등 총 2,650만 명의 개인정보가 유출된 사건이 발생했다. 재향군인관리국이 회원들의 사회보장번호를 식별자로 사용하고 있었기 때문에 해커들은 데이터베이스를 해독할 필요도 없었다. 해커들은 사회보장번호와 생년월일만으로 어느 누구의 신원이라도 훔쳐갈 수 있었다는 말이다.

인도에서는 개인의 지문, 홍채인식, 사진, 12개의 숫자로 구성된 신원확인번호(미국의 사회보장번호보다 숫자가 3개 더 많다) 등의 데이터를 통해 십 억이 넘는 인구를 일일이 식별할 수 있다. 인도의 생체정보 신분증 시스템인 아드하르(Aadhaar)는 세계 최대 규모의 생체정보 식별 프로그램이다. 과거에는 인도에서 공문서 한 장을 발급받기까지 끝없이 시간이 지연되고 수없이 많은 중간관리자를 거치며 그때마다 뇌물을 써야만 했다. 그러나 지금은 간단한 생체정보 인식만으로 누구나 식료품 배급표를 비롯한 각종 복지 혜택을 직접 수령할 수 있게 되었다. 인도의 빈민층 인구 중에는 출생증명서가 없는 사람이 많다. 그런 사람들도 이제는 언제 어디서나 즉각적인 신분 확인에 사용할 수 있는 휴대용 신분증을 가지게 되었다. 국가가 제공하는 복지 혜택을 빼돌리던 신분 도용 범죄는 자취를 감췄다. 이제 인도에서는 손가락 절단이나 안구 적출을 기꺼이 감수할 준비가 되어 있지 않는 이상 누군가의 신분을 훔치는 것은 불가능한 일이 되었다.[6]

7년간 진행된 인도의 신상 정보 등록 프로젝트를 이끈 사람은 아웃소싱 서비스를 제공하는 IT 기업 인포시스(Inforsys)의 공동창업자이자 억만장자인 난단 닐레카니(Nandan Nilekani)였다.[7] 닐레카니가 구축한 엄청난 규모의 디지털 데이터베이스는 인도가 여타의 개발도상국들을 훌쩍 뛰어넘어 앞서 나가는 데 크게 기여했다. 닐레카니는 이렇게 말한 바 있다. "아주 작고 점진적인 변화일지라도 그것이 십 억 개가 모인다면 엄청난 도약입니다. 십 억 명이 일주일이 아닌 15분 만에 휴대전화를 개통할 수 있다면 그로 인해 경제에 투입되는 생산성은 실로 어마어마할 것입니다. 백만 명이 은행 계좌로 현금을 자동 입금시킬 수 있다면 경제적 측면에서 그것은 생산성의 비약적 향상입니다."[8]

디지털 신상 정보 데이터베이스의 구축으로 인해 얻을 수 있는 장점만큼 사생활 침해라는 단점도 무시할 수 없다. 특히 생체인식 신상 정보가 은행계좌, 의료 기록, 범죄 기록 그리고 교통 정보와 같은 공공 프로그램과 연결된다면 더더욱 그렇다. 미국을 비롯해 각종 데이터베이스들이 서로 연결되어 있는 다수 국가에서 개인의 사생활 보호는 이미 무엇보다 중요한 쟁점이다. 모든 데이터가 익명으로 처리된다 하더라도 마찬가지다.[9] 우리가 들고 다니는 휴대전화는 이미 우리의 위치를 추적하고 있지 않은가. 당사자의 의사와는 무관하게 말이다.

소셜 로봇의 등장

영화에서는 흔히 인공지능을 인간처럼 걷고 말하는 로봇으로 묘사한다. 인공지능이 1984년의 공상과학 판타지 영화 〈터미네이터〉에서 독일식 억양을 구사하던 그 터미네이터처럼 생겼을 것이란 기대는 버려야 한다. 하지만 2013년에 개봉한 로맨틱 SF 영화 〈그녀〉에서 보여줬던 것처럼 인공지능의 목소리와 의사소통을 한다거나 2017년의 공상과학 판타지 영화 〈스타워즈: 깨어난 포스〉에 등장했던 알투-디투(R2-D2), 비비-에잇(BB-8)과 같은 드로이드들과 상호 작용을 하는 일은 가능할 것이다. 인공지능은 이미 우리 일상생활의 일부분을 차지하고 있다. 아마존의 원통형 스피커 제품 에코에 내장된 인공지능 목소리 알렉사처럼 인지 기능을 탑재한 가정용 전자 기기들이 이미 우리와 대화를 나누고 있지 않은가. 마치 2017년의 판타지 로맨스 영화 〈미녀와 야수〉에 등장하는 시계와 찻잔 세트처럼 우리가 보다 편리한 삶을 영위하고 삶을 통해 보다 큰 보상을 취하도록 기꺼이 도움을 제공할 태세를 갖춘 존재가 바로 인지 기능을 탑재한 전자 제품들이다. 그런 존재들과 함께하는 삶은 과연 어떤 것일까? 소셜 로봇을 향한 인간의 첫걸음을 살펴보도록 하자.

지금까지 인공지능의 발전은 주로 지능의 감각 및 인지 기능에 집중되어 있고 동작이나 행동 지능의 측면에서는 여전히 미비한 상태다. 나는 때때로 인간에게 알려진 우주 내에서 가장 복잡한 장치가 바로 인간의 뇌라는 말로 강의를 시작하곤 한다. 그런 나에게 나의 아내이자 의학박사인 골롬은 뇌 또한 신체의 일부에 지나지 않으며 인간의 신체는 뇌보다 훨씬 더 복잡하다는 사실을 종종 상기시켜준다. 운동성의 진화에 기인하는 신체의 복잡성은 뇌의 그것과 다르기는 하지만 말이다.

우리의 몸을 이루고 있는 근육과 힘줄, 피부와 뼈 등은 세상의 온갖 변화, 지구의 중력 그리고 또 다른 인간 존재들에 대해 적극적으로 적응해나간다. 내부적으로 우리 몸은 섭취된 음식물이 정교하게 제작된 신체의 일부로 변화되는 경이로운 화학적 처리 과정이다. 결과물이 출력되는 방향이 뒤바뀌긴 했지만 인간의 몸은 궁극의 3차원 프린터인 셈이다. 뇌는 우리 몸 전체의 본능적 감각 기능을 통해 인풋을 전달받으며 가장 고차원적이라 할 수 있는 피질 표상을 포함해 몸 안에서 일어나는 활동을 지속적으로 감시한다. 그리고 내적 우선순위에 근거한 의사 결정을 내리고 뇌의 기능을 필요로 하는 모든 경쟁적 수요 사이에서 균형을 유지하기도 한다. 실질적으로 인간의 몸은 뇌의 구성 요소, 다시 말해 체화된 인지의 중심 원리인 셈이다.[10]

루비

스페인 출신의 하비에르 마블런(Javier Movellan, 〈그림 6.1〉)은 캘리포니아대학교 샌디에이고 캠퍼스 교수진의 일원이자 뉴럴연산연구소(Institute for Neural Computation)에서 머신인지실험실(Machine Perception Laboratory)의 공동책임을 맡고 있었다. 그는 실험실 내에서 이뤄지는 실험이 아니라 인간과 직접 상호 작용을 주고받을 수 있는 로봇을 제작함으로써 인지 기능에 대해 보다 많은 것을 배울 수 있을 것이라 믿었다. 그는 상대방이 미소를 지으면 똑같이 미소로 응답하는 아기 로봇을 제작했고 오가는 사람들 사이에서 그의 아기 로봇은 상당한 인기를 끌기도 했다. 엄마와 상호 작용을 주고받는 아기들을 관찰하며 연구한 후 마블런이 도달한 몇 가지 결론 중 하나는 아기들이 최소의 노력으로 접촉의 대상인 엄마로부터 최대의 미소를 이끌어낸다는 것이다.[11]

루비(Rubi)는 마블런이 제작한 로봇 중에서 가장 유명한 소셜 로봇이다. 표정 있는 얼굴, 흥미로움을 표현할 때 위로 치켜올라가는 눈

〈그림 6.1〉
캘리포니아대학교 샌디에이고 캠퍼스에서 열린 로봇 워크숍에서 〈사이언스네트워크(The Science Network)〉와 인터뷰하고 있는 마블런. 교육용 소셜 로봇의 개척자인 마블런은 자신이 제작한 소셜 로봇 루비가 18개월짜리 유아들의 관심을 끌 수 있도록 프로그램을 설정했다. 이미지 출처: 로저 빙햄(Roger Bingham).

썹, 주변을 둘러볼 수 있는 카메라 눈 그리고 물건을 잡을 수 있는 팔 등이 장착된 루비의 외형은 흡사 텔레토비를 연상시킨다(〈그림 6.2〉). UCSD의 유아교육센터(Early Childhood Education Center at UCSD)에서 생후 18개월 유아들이 루비의 복부에 장착된 태블릿 화면을 통해 로봇 루비와 상호 작용을 주고받았다.

유아들의 기분을 맞춰주기란 여간 까다로운 일이 아니다. 주의 집중 지속 시간이 매우 짧기 때문이다. 장난감을 들고 놀다가도 몇 분 지나지 않아 흥미를 잃고 내던져버리곤 하지 않는가 말이다. 그런 유아들이 루비와 어떻게 상호 작용을 할 수 있을까? 관찰 실험 첫째 날 남자아이들이 루비의 팔을 확 잡아당겼다. 안전상의 이유로 그리 단단히 고정된 상태가 아니었던 터라 로봇의 팔은 이내 망가져버렸다. 루비의 팔과 소프트웨어 수리를 마치고 마블런은 다시 실험을 이어갔다. 이번에는 팔을 잡아당길 때 소리를 지르도록 루비의 프로그램을 설정했다. 그 결과 남자아이들은 루비의 팔을 잡아당기는 행동을 멈췄고 여자아이들은 루비에게로 달려와 안아줬다. 이것은 사회 공학적 측면에서 매우 중요한 학습 결과였다.

〈그림 6.2〉
교실 환경에서 유아들과 상호작용 하는 루비의 모습. 루비는 사람처럼 고개를 돌릴 수 있고 두 눈은 카메라이며 입과 눈썹을 통해 감정의 표현도 가능하다. 머리 윗부분에 장착된 수북한 광섬유는 루비의 기분에 따라 색깔이 바뀐다. 이미지 출처: 하비에르 마블런.

유아들은 루비와 함께 교실 내에 있는 시계와 같은 사물을 가리키는 놀이를 했다. 루비가 0.5~1.5초 정도의 짧은 시간 내에 자신들이 가리키는 사물을 쳐다보는 반응을 보이지 않으면 유아들은 흥미를 잃고 다른 곳으로 주의를 돌리고 말았다. 루비의 반응이 그보다 빠르면 너무 기계적이고, 그보다 느리면 재미없는 로봇이 되는 것이다. 상호 관계가 형성된 이후부터 유아들은 루비를 장난감이 아닌 지각이 있는 존재로 간주했다. 루비를 교실에서 데리고 나갈 때 불만스러워하던 유아들에게 (업그레이드를 위해 수리가 필요하다는 말 대신) 루비가 몸이 아파서 그날 하루는 집에서 쉬어야 한다고 말해줬다. 유아들에게 핀란드어를 가르치도록 루비의 프로그램을 설정한 실험에서는 유아들이 모국어인 영어를 학습할 때만큼 신속하게 핀란드어를 익혔으며 누구나에게 익숙한 동요가 매우 강력한 강화 인자로 작용했다.[12]

루비를 교육 현장에서 활용하는 데 있어 염려스러웠던 것 중 하나는 언젠가 로봇이 자신을 대체할 수도 있다는 생각에 교사들이 로봇을 위협적 존재로 느끼는 것이었다. 그러나 실제로는 정반대의 상황이 전개되었다. 교사들은 교실 내 질서 유지에 일조하는, 특히 방문자가 있어 교사가 아이들을 통제할 수 없는 상황에서 매우 유용한 보조교사의 역할을 해내는 루비에 대해 매우 긍정적인 반응을 보였다. '천 개의 루비 프로젝트'는 유아 교육에 혁신을 불러일으킬 수도 있었던 실험이다. 대량생산된 루비를 수천 개의 교실에 배치하고 매일 수천 가지의 실험 데이터를 인터넷을 통해 수집하는 것이 실험의 기본 계획이었다. 그러나 교육 현장에서 진행되는 연구의 문제점 중 하나는 어느 학교에서는 잘 작동하지만 또 다른 학교에서는 그렇지 않을 수도 있다는 것이다. 학교마다, 특히 교사마다 무수히 많은 차이점이 있기 때문이다. 천 개의 루비 프로젝트가 실행되었더라면 교육 활동의 개선 방안에 대한 다양한 아이디어를 검증하고 각기 다른 사회경제적 계층을 교육의 대상으로 하는 미 전역의 학교들 간 차이점을 면밀히 조사할 수 있는 수단이 되었을 것이다. 비록 프로젝트의 실행은 무산되었지만 언젠가 누군가에 의해 추진되어야만 할 훌륭한 계획임에 틀림없다.

두 발로 걷는 로봇은 불안정하고 넘어지지 않도록 하기 위해서는 매우 정교한 제어 시스템을 필요로 한다. 실제로 아기들이 넘어지지 않고 두 발로 걷기까지 대략 12개월이라는 시간이 소요되지 않는가. 앞서 2장에서 언급된 바 있는 로드니 브룩스(〈그림6.3〉)는 여섯 개의 다리로 곤충처럼 걸어다닐 수 있는 로봇의 제작을 원했다. 그는 자신이 만든 바퀴벌레 로봇에 장착된 여섯 개의 다리가 순차적으로 움직여 안정적 보행이 가능하도록 만드는 새로운 유형의 제어 장치를 발

〈그림 6.3〉
브룩스가 테이블 위에 있는 구멍에 플러그를 정확히 옮겨놓기 위해 준비하고 있는 백스터의 모습을 지켜보고 있다. 이미 로봇청소기 룸바의 제작사인 아이로봇을 설립한 바 있으며 현재 리싱크의 창업주이기도 한 브룩스는 새로운 기업을 연속적으로 설립하는 연쇄 창업가다. 백스터는 리싱크가 제작한 로봇이다. 이미지 출처: 로드니 브룩스.

명했다. 주변 환경에 대한 로봇 다리의 기계적 상호 작용이 추상적 계획과 연산을 대체하도록 만드는 것이 그 기발한 아이디어의 출발점이었다. 그는 일상적인 활동이 가능한 로봇을 만들기 위해서는 그들에게 주어지는 보다 우월한 인지 능력이 추상적 추론이 아닌 주변 환경에 대한 감각 운동적 상호 작용에 기반을 둬야 한다고 주장했다. 코끼리는 뛰어난 사회성과 기억력 그리고 기계적 천재성 또한 보유하고 있지만[13] 코끼리가 체스 게임을 하지는 않는다.[14] 1990년 브룩스는 아이로봇(iRobot)을 설립했다. 아이로봇이 출시한 바닥청소용 로봇청소기 룸바(Roomba)는 천만 대가 넘는 판매량을 기록한 바 있다.

산업용 로봇은 뻣뻣한 관절과 강력한 서보모터를 가지고 있어 보기에도 기계적인 느낌을 준다. 2008년 브룩스는 리싱크로보틱스(Rethink Robotics)를 설립했다. 유연한 관절 덕분에 팔의 움직임이 부드러운 '백스터(Baxter)'라는 로봇을 만든 바로 그 제작사다(〈그림 6.3〉). 백스터의 팔을 움직이는 프로그램을 만드는 대신 로봇의 팔이 원하

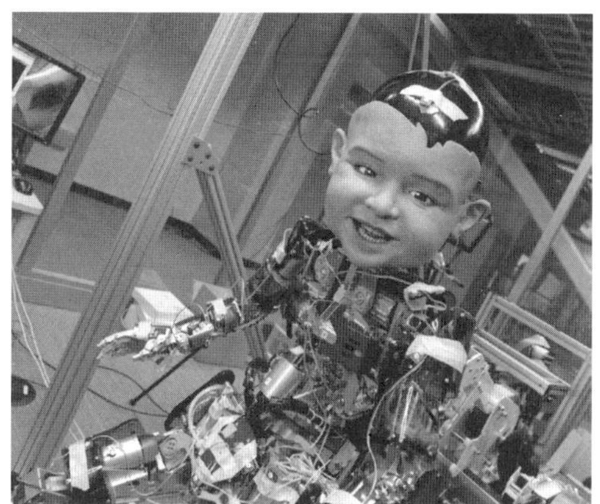

〈그림 6.4〉
로봇 아기, 디에고 산. 공압식 작동 장치 덕분에 모든 관절이 유연하게 움직일 수 있었으며 실제로 사람과 악수를 나누는 일도 가능했다. 디에고 산의 얼굴은 데이비드 핸슨(David Hanson)과 핸슨로보틱스(Hanson Robotics)가 제작했다. 유튜브 동영상 'Diego installed'[15]에서 디에고 산의 얼굴 표정을 직접 확인할 수 있다. 이미지 출처: 하비에르 마블런.

는 동작을 통해 움직일 수 있고 동작의 순서를 반복할 수 있도록 스스로 프로그램을 설정하도록 했다.

마블런은 브룩스보다 한 발 더 나아가 '디에고 산(Diego San)'이라는 아기 로봇을 개발했다(제작은 일본에서 했다).[16] 디에고 산의 동력장치는 (공기의 압력으로 작동되는) 공압식이며 44개의 관절은 대부분의 산업용 로봇에 장착되는 뻣뻣한 회전식 전동기에 비해 유연한 움직임을 구현했다(〈그림 6.4〉). 움직임이 유연한 로봇 제작의 동기가 된 것은 물건의 집어들 때 우리 몸 전체의 모든 근육이 일정 부분 역할을 수행한다는 점이다(만약 우리가 한 번에 하나의 근육만 움직인다면 로봇이 움직이는 것처럼 보일 것이다). 신체의 모든 근육을 사용하기 때문에 무게에 따른 상황의 변화에 보다 잘 적응할 수 있고 주변 환경과의 상호 작용 또한 쉬워지는 것이다. 인간의 뇌는 신체 전반에 걸쳐 (모든 관절과 근육의) 자율성의 정도를 순조롭게 제어할 수 있다. 그것도 동시에 말이다. 그런 뇌의 작동 방식을 알아내는 것이 바로 디에고 산 프로젝트의 목표였다. 디에고 산의 얼굴에는 움직임을 구현할 수 있는 동작 부분이 27개나 있어 매우 다양한 인간의 감정을 표현할 수 있었다.[17] 아기 로봇이 구현하는 움직임은 인간의 그것과 놀라울 정도로 흡사했다. 그러나 마블런이 주도한 로봇 프로젝트의 성공 사례가 다수임에도 불구하고 디에고 산 프로젝트는 성공적이지 않았다. 로봇 아기가 인간 아기만큼 유동적으로 움직일 수 있는 방법을 찾아내지 못했기 때문이다.

얼굴 표정은 영혼으로 통하는 창이다

주가 급락 상황을 지켜보던 당신에게 들고 있던 휴대전화기가 왜 그렇게 화가 났는지 물어본다면 어떤 기분일지 상상해보라. 얼굴 표정은 뇌의 감정 상태를 보여주는 창이다. 오늘날의 딥러닝 기술은 바로 그 창을 꿰뚫어볼 수 있다. 인지와 감정은 각각 독립적인 뇌의 기능으로 간주되어왔다. 인지는 피질의 영역에서 다루는 기능이며 감정은 피질하부 영역이라는 것이 일반적인 생각이었다. 실제로 편도체와 같은 감정의 상태를 조절하는 피질하부 구조는 감정이 고조될 때, 특히 공포의 감정이 고조될 때 작동한다. 그러나 이와 같은 피질하부 구조의 작동은 대뇌피질과 강력한 연관성이 있다. 예를 들어 사회적 상호 작용을 할 때 편도체가 작동하면 상황에 대한 기억이 강하게 남는 현상으로 이어진다. 인지와 감정은 서로 밀접한 연관성을 갖는다는 말이다.

1990년에 나는 캘리포니아대학교 샌프란시스코 캠퍼스(UCSF)의

〈그림 6.5〉
1967년 파푸아뉴기니의 원주민인 포어족과 함께 있는 에크만의 모습. 그는 행복, 슬픔, 분노, 놀라움, 공포, 혐오 등 감정을 표현하는 여섯 가지의 공통적인 얼굴 표정이 있다는 증거를 찾아낸 바 있다. 그는 텔레비전 드라마 〈라이 투 미〉에 자문을 제공하며 드라마 내용에 대한 과학적 타당성을 평가하기도 했다. 드라마 속 등장인물 라이트만 박사는 어느 정도 에크만을 모델로 삼은 것이다. 이미지 출처: 폴 에크만.

심리학자이자 얼굴 표정에 관한 한 세계적 전문가인 폴 에크만(Paul Ekman, 〈그림 6.5〉)과 공동연구를 진행한 적이 있다. 그는 텔레비전 범죄심리 드라마 〈라이 투 미(Lie to Me)〉의 등장인물 칼 라이트만(Cal Lightman) 박사의 실제 모습이라 할 수 있지만 인간적인 품성은 드라마 속 인물보다 그가 훨씬 낫다. 에크만은 산업혁명 이전의 문화권에서도 감정적 반응을 보일 때 얼굴 표정이 지금의 우리와 다르지 않을 것인가에 대한 답을 찾고자 파푸아뉴기니로 향했다. 그는 자신이 연구한 모든 인간 사회에서 공통적으로 나타나는 여섯 가지의 감정적 얼굴 표정으로 행복, 슬픔, 분노, 놀라움, 공포, 혐오가 있다는 결론을 내렸다. 그 이후부터 공통적인 얼굴 표정에 관한 다른 연구 결과들이 등장하기도 했지만 어떤 것도 보편적 공감대를 이끌어낼 만한 것은 아니었다. 실제로 소수의 고립된 문화권에서는 공포와 같은 감정의 표현이 사뭇 다른 의미로 해석되기도 한다.

1992년 에크만과 나는 미국국립과학재단(National Science Foundation)의 후원으로 얼굴 표정의 이해를 위한 워크숍 계획(Planning Workshop on Facial Expression Understanding)을 주최했다.[18] 당시만 해도 얼굴 표정 연구를 위한 지원을 받기란 쉽지 않은 일이었다. 워크숍에는 심리학은 물론 신경과학, 전기공학, 컴퓨터 비전 분야의 전문가들이 참가했고 얼굴 분석의 새로운 장이 열리는 계기가 되었다. 얼굴 표정 분석이 과학, 의학, 경제 등 수많은 분야에서 상당히 중요함에도 불구하고 연구 자금을 지원하는 기관들이 등한시하고 있었다는 것은 내가 그 이전까지 알지 못하던 사실이다.

에크만은 44개의 안면 근육 상태를 보여주는 '얼굴 움직임 부호화 시스템(Facial Action Coding System, FACS)'을 개발했다. 에크만으로부터 교육을 받은 FACS 전문가가 1분짜리 동영상에 각 프레임마다 식별표시를 붙이는 데 한 시간이 소요된다. 표정은 역동적이며 수 분간 유지될 수 있다. 에크만이 주목한 것은 고작 몇 초 동안만 나타나는 표정, 즉 '미세 표정'이었다. 미세 표정은 억제된 뇌의 상태가 감정이라는 형태로 드러나는 것이며 무의식적인 감정적 반응을 대변하거나 때때로 그것이 노출되도록 만든다. 예를 들어 결혼 생활 상담 중에 나타나는 혐오의 미세 표정은 결국 그 결혼 생활의 실패를 예측할 수 있는 믿을 만한 신호다.[19]

1990년대에는 에크만처럼 자신의 안면 근육을 통제할 수 있도록 훈련받은 배우들의 동영상 기록을 FACS 자동화를 위한 역전파 뉴럴 네트워크 훈련에 활용했다. 1999년 나의 대학원생 제자인 매리언 스튜어트 바틀릿(Marian Stewart Bartlett, 〈그림 6.6〉)에 의해 역전파 기법으로 훈련된 네트워크가 완벽한 조명이 갖춰진 실험실에서 정면에서 본 얼굴, 동영상의 수동 시간 분할 등의 조건으로 얼굴 표정을 분석한 결과 96퍼센트의 정확도를 보인 바 있다.[20] 그 성과 덕분에 나와 바틀릿은 1999년 4월 5일, 다이앤 소여(Diane Sawyer)가 진행하는 〈굿모닝 아메리카(Good Morning America)〉에 출연하기도 했다. 바틀릿은 UCSD의 뉴런연산연구소 교수진의 일원으로[21] 표정인식도구상자(Computer Expression Recognition Toolbox, CERT)라는 프로그램의 개발을 이어갔다. 컴퓨터의 속도가 점점 빨라지면서 CERT 프로그램을 통한 실시간 분석이 가능해져 사람들의 다양한 얼굴 표정이 연속적으로 바뀌는 동영상도 일일이 식별할 수 있게 되었다.

2012년 바틀릿과 마블런은 이모션트(Emotient)라는 회사를 창업해 얼굴 표정 자동 분석의 상업화에 나섰다. 에크만과 나는 이모션트 과학자문위원회의 일원이 되었다. 이모션트에서 개발한 딥러닝 네트워크는 자연스러운 행동, 다양한 조명, 정면이 아닌 얼굴 등의 조건에서

〈그림 6.6〉
얼굴 표정 분석을 시연하고 있는 바틀릿. 시간선은 행복, 슬픔, 놀라움, 공포, 분노, 혐오 등의 얼굴 표정을 인식한 딥러닝 네트워크의 아웃풋이다. 이미지 출처: 매리언 스튜어트 바틀릿. 로버트 라이트/LDV 비전 회담(Robert Wright/LDV Vision Summit) 2015.

이뤄진 실시간 분석으로 96퍼센트의 정확도를 보여줬다. 첫 번째 공화당 예비 토론 중에 이모션트의 얼굴 표정 분석을 시연한 결과 도널드 트럼프가 포커스그룹에 대해 가장 높은 감정적 영향력을 보유하고 있음을 불과 몇 분 내에 감지해내기도 했다. 여론조사기관들이 감정적 결속이 유권자에게 도달하는 핵심 요소라는 동일한 결론에 도달하기까지 몇 날 며칠이 소요되었고 전문가들이 그것을 인식하기까지는 몇 달의 시간을 필요로 했다. 포커스그룹의 얼굴 표정 중 가장 강력하게 드러났던 감정은 기쁨이었고 그다음이 공포였다. 이모션트의 딥러닝 네트워크는 텔레비전 드라마가 대중적 인기를 끌 것인가에 대해 닐슨 시청률이 발표되기 몇 달 앞서 예측하기도 했다. 이모션트는 2016년 1월 애플에 인수되었고 바틀릿과 마블런은 현재 그곳에서 일하고 있다.

멀지않은 미래에 당신이 들고 있는 아이폰이 당신이 왜 화가 났는지 물어보는 수준을 넘어 분노를 가라앉히는 데 도움을 줄 수 있는 시대가 도래할지도 모를 일이다.

학습과학

12년 전 밴쿠버에서 열린 2005 NIPS 콘퍼런스에서 UCSD 컴퓨터공학부의 동료였던 게리 코트렐(Gary Cottrell)과 조식을 함께한 일이 있다. 그는 1980년대 시작된 PDP 분야의 초창기 연구진 중 한 사람이자 그때까지 UCSD에 남아 있던 마지막 생존자이기도 하다. 그는 또한 60년대 저항 문화의 마지막 보루이기도 하다. 비록 그의 말총머리와 수염은 백발이 되었지만 말이다. 그는 우연히 학습과학센터(Science of Learning Center) 설립을 위한 제안서를 접수한다는 미국국립과학재단의 발표를 접하게 되었다. 그의 관심을 끌었던 것은 5년간 매년 5백만 달러의 예산을 지원하며 이후 5년간 더 지원받을 수 있다는 조건이었다. 그는 제안서를 제출하고 싶었고 내 도움을 요청했다. 당시 그는 만약 성공한다면 앞으로 연구비 지원을 얻어내기 위한 제안서는 쓰지 않아도 될 것이라 말했고 나는 성공하기만 한다면 은퇴할 때까지 연구비 걱정을 덜게 될 것이라고 했다. 그는 내 말에 빙그레 웃었고 우리는 그렇게 제안서 작업에 착수했다.

결과적으로 우리의 제안서는 성공적이었고 나의 예측은 틀리지 않았다. 물론 300페이지에 달하는 연례보고서를 작성하는 일이 뼈가 부서지는 노고를 필요로 하긴 했지만 학습과학이란 실로 엄청난 학문임에 틀림없었다. 우리가 출범시킨 '학습의 시간제약적 역학 센터(Temporal Dynamics of Learning Center, TDLC)'는 전 세계에 위치한 18개 연구소에서 활동하는 100명이 넘는 연구원들을 포함한다. 국립과학재단의 자금으로 설립된 여섯 개 학습과학센터 중 TDLC는 신경과학 및 공학적 지향성이 가장 높았으며 머신러닝에 관한 최신 기술과 이론 또한 프로젝트에 접목되었다(〈그림 6.7〉).[22] 루비와 CERT 프로그램은 학습의 시간제약적 역학 센터의 후원으로 탄생한 결과물이다. 우리는 실험대상자가 뇌파 측정 중 가상현실 속을 자유롭게 돌아다닐 수 있는 이동식 뇌파검사 실험실도 갖추고 있었다. 대부분의 뇌파검사에서는 인공적인 움직임을 방지하기 위해 실험대상자는 가만히 앉

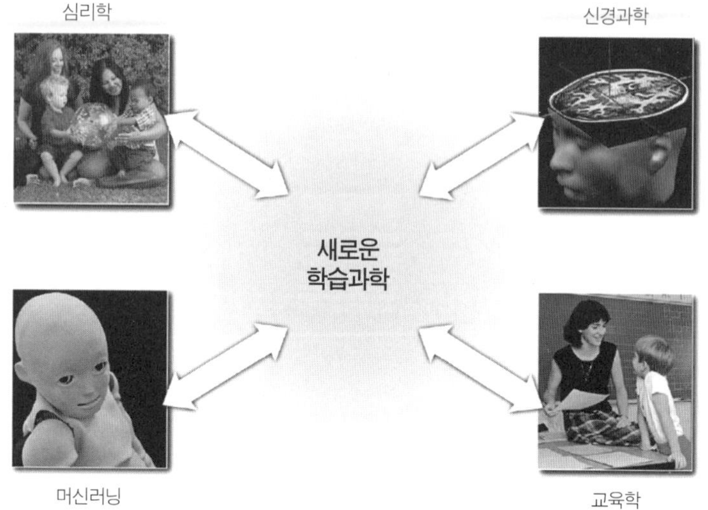

〈그림 6.7〉
새로운 학습과학에는 심리학적, 교육적 통찰과 더불어 머신러닝과 신경과학의 분야까지 포함된다. 이미지 출처: 테런스 세즈노스키 외.[23]

아 있어야만 하고 눈도 깜빡일 수 없다. 우리는 ICA를 이용해 인공적인 움직임을 삭제하였고 덕분에 적극적으로 주변 환경을 둘러보거나 다른 사람과 상호 작용을 하는 실험대상자의 뇌 활동을 관찰할 수 있었다.

TDLC 연구진들이 수행한 수많은 연구 프로젝트들 중 몇 가지를 소개하자면 다음과 같다.

- 러트거스대학교 분자 및 행동 신경과학센터의 에이프릴 베나지크(April Benasich)는 아기가 청각을 인지하는 시기를 근거로 언어의 습득 및 학습 능력의 결핍 여부를 예측하는 검사를 개발했다. 그녀는 아기가 정상적인 듣기, 말하기, 학습 능력을 키울 수 있도록

하기 위해 소리와 보상 피드백의 적절한 시기를 순응적으로 조절함으로써 언어 습득 및 학습 능력의 결핍은 극복될 수 있음을 보여줬다.[24] 이런 결과를 얻어낸 실험은 기본적으로 3개월짜리 아기가 5살로 성장할 때까지 장기간에 걸친 관찰에 근거한다. 정상적인 발달 과정을 거치는 아기들에게도 마찬가지로 상호적인 환경이 도움을 준다. 에이프릴은 2006년 'AAB리서치(AAB Research LLC)'를 설립해 영아의 학습 능력 강화에 활용되는 급속청각처리기술(rapid auditory processing technology, RAPT)을 일반 가정에 보급하기도 했다.

- 바틀릿과 마블런은 학생들의 얼굴 표정을 자동으로 기록하는 데 머신러닝 기술을 사용했다.[25] 불만스러운 표정이나 수업 내용을 이해하지 못하는 것처럼 보이는 표정을 포착해 교사에게 알려주기 위한 것이다. 딥러닝 덕분에 교실 내에 있는 모든 학생들의 얼굴 표정을 동시에, 자동으로, 그것도 정확하게 인식하는 것이 가능했던 것이다. 마케팅과 정신의학 분야에서 얼굴 표정 분석을 활용하는 사례는 무수히 많다. 법의학은 아직까지 미적용 분야다.
- UCSD의 해럴드 패슬러(Harold Pashler)와 콜로라도대학교 볼더 캠퍼스의 마이클 모저(Michael Mozer)는 시간 간격을 두고 개별적인 복습 과정을 거치는 경우와 한 달 동안 수행하는 대학생 예비학습을 연장해 대학교 입시를 앞둔 고등학생에게 1년 동안 주입시키는 경우를 비교해 학습 내용의 장기 기억 보유 향상 정도를 조사했다.[26] 연구 결과에 따르면 장기 기억 보유를 높이기 위해서는 학습 활동을 위한 최적의 시간 간격 또한 길어진다. 두 사람은 연구

를 통해 얻은 최적의 복습 일정을 언어를 배우는 학생들에게 적용해 매우 탁월한 성과를 거뒀다.

- TDLC의 박사후연구원인 베스 로고우스키(Beth Rogowsky)와 러트거스대학교의 폴라 탈랄(Paula Tallal) 그리고 밴더빌트대학교의 바버라 칼혼(Barbara Calhoun), 이렇게 세 사람은 말하기 교재를 사용하는 학습과 쓰기 교재를 활용하는 학습 사이에 어떠한 통계적 차이점도 없으며 선호하는 학습의 형태와 교수 방법은 즉각적 또는 지연적 이해력과 무관하다는 것을 입증한 바 있다.[27] 개별 학생이 선호하는 학습 형태에 적응하는 것이 아무런 이득도 없는 것이라는 말은 곧 개인의 학습 형태에 맞춘 훈련과 시험 대비 자료라는 업계의 홍보 문구가 실제 교실에서 이뤄지는 학습 활동에 도움이 되지 않는다는 얘기다.
- 폴라 탈랄은 교육 분야의 혁신을 장려하고자 1천 5백만 달러의 상금을 내건 2014년 글로벌러닝엑스프라이즈(Global Learning X-Prize)가 시작되는 데 중요한 역할을 했다. 학교 교육의 기회가 제한된 개발도상국가 어린이들이 18개월 내에 기초적인 읽기와 쓰기, 산수 학습을 할 수 있도록 확장 가능한 오픈소스 소프트웨어의 개발을 목표로 삼고 진행되었다. 이를 위해 진행된 수많은 연구들이 가져온 긍적적 파급효과는 향후 수십 년 동안 전 세계에 반향을 불러일으킬 것이다.
- TDLC의 과학이사 안드레아 치바(Andrea Chiba)는 2014년 상하이에서 열린 학습의 과학에 관한 국제회의에서 학습이 어떻게 뇌의 구조를 변화시키는가에 대한 연구 결과를 발표했다.[28] 인간은 태

> 어날 때부터 나름의 잠재력을 가지고 있기 때문에 역량이 부족하거나 무언가를 배우기에는 나이가 너무 많은 사람에 대한 교육은 낭비일 뿐이라고 믿었던 다수의 회의 참석자들에게는 상당히 놀라운 연구 결과였을 것이다. 인간의 잠재력이라는 거대한 저수지는 이 세상 어딘가에 누구의 손도 닿지 않은 채로 존재하고 있다.

우리가 도달한 결론은 교육에 있어 가장 큰 난제는 과학적인 것이 아니라 사회적, 문화적인 문제라는 점이다. 미국 전역에 걸쳐 1만 3천 5백여 개의 학군이 존재하며 각각의 교육위원회에서 교과과정이나 교사의 자격 그리고 최선의 실행 방안 등을 결정하고 있다. 개별 교육위원회가 안고 있는 특수한 상황을 일일이 해결하고자 한다면 수십 년이 걸려도 모자랄 것이다. 교사들은 정작 수업을 진행하기에 앞서 학생 관리부터 감당해야 한다. 저학년일수록, 도심 지역에 위치한 학교일수록 어려운 일이다. 요구 사항이 많은 학부모들은 부족한 자원으로 인한 교사 피로 현상의 발생률이 매우 높다는 사실을 간과할 수 있고 교사 노조의 영향력은 장기간에 걸쳐 진행되는 점진적 노력에 걸림돌이 되곤 한다.

교육은 근본적으로 노동 집약적인 활동이다. 가장 효과적이며 최고의 방법은 숙련된 성인 교사와 학생 간의 일대일 상호 작용을 통한 교육이다.[29] 우리는 지금 연령을 기준으로 학생들을 구분하고 교사가 매년 똑같은 수업 내용을 전달하는 교실에 몰아넣는 집단 교육을 위해 고안된 대량생산 시스템에 얽매여 있다. 이런 방식은 자동차를 생산하거나 노동 인력이 최소한의 기본 교육만 필요로 하던 시대에는 적합했을 것이다. 그러나 직업 자체가 보다 높은 수준의 훈련을 필요로 하고 직무 능력의 재개발을 위해 평생 교육이 필요한 오늘날에는 제대로 작동될 수 없는 방식이다. 성인이 되어 다시 학생의 신분으로 돌아간다는 것은 고통스러울 뿐만 아니라 비실용적일 수 있다. 우리가 살고 있는 정보 혁명의 시대는 세대 간의 시간적 척도를 능가한 지 오래다. 다행히 새로운 기술 덕분에 학습의 방법에도 변화가 일어날지도 모른다. 인터넷은 우리가 학습과학센터를 설립했던 2006년 당시에는 예측조차 할 수 없었던 방식으로 학습의 구도를 변화시키고 있다.

학습 방법 배우기

온라인대중공개강좌(Massively open online courses, MOOCs), 즉 무크가 등장한 것은 2011년이다. 스탠퍼드대학교에서 개설한 인공지능 온라인 강좌의 인기에 관한 〈뉴욕타임스〉의 기사가 관심을 끌면서부터였다.[30] 많은 수강생과 무엇보다 인터넷이 제공하는 전례 없는 접근성으로 인해 세간의 관심이 집중되었다. 자고 일어나면 세계 최고의 석학들이 제공하는 온라인 강의를 개발하고 그것을 자유롭게 이용하도록 만들기 위한 신생 기업들이 생겨날 정도였다. 인터넷만 있으면 언제 어디서든 원하는 강의를 들을 수 있다. 무크는 대학교 강의는 물론 퀴즈나 시험, 수강생이 직접 질문을 할 수 있는 포럼, 교육 보조, 수강생들이 비공식적 환경에서 강의에 대해 토론할 수 있는 자생적인 지역 '모임' 등을 모두 포함한다. 무크 사용자 수는 엄청나게 늘어났다(1,700만 명 정도로 추정되었던 사용자, 일명 '무커'의 수는 2015년 두 배가 넘는 3,500만 명 이상이었다). 무크가 교육 분야의 기득권을 지키려는 모든 문지기들을 우회하고 있는 것이다.

내가 바버라 오클리를 만났던 것은 2013년 1월 국립과학원의 후원으로 캘리포니아대학교 어바인 캠퍼스에서 개최된 회의에서였다. 비록 학창 시절 수학과 과학 성적은 형편없었지만 그녀는 지금 오클랜드대학교의 전기공학 교수다. 오클랜드대학교는 미시건주의 오번힐스와 로체스터힐스에 걸쳐 위치하고 있다. 오클리는 인문학 전공자로 학교로 돌아가기 전까지 미국 육군대위로서 베링해 상의 소련 트롤선에서 러시아어 통역관으로 근무하기도 했다. 다시 학교로 돌아간 그녀는 수학에 대한 정신적 장벽을 극복하고 전기공학 박사학위를 취득했다. 저녁을 함께하면서 나는 오클리와 내가 가지고 있던 학습에 대한 관점이 유사하며 당시 그녀가《숫자감각: (대수학에 낙제했더라도) 수학과 과학을 잘하려면 어떻게 공부해야 하는가[(A Mind for Numbers: How to Excel at Math and Science (Even if You Flunked Algebra)]》를 집필 중이라는 사실을 알게 되었다. 나는 그녀를 고등학교 학생과 교사를 대상으로 한 TDLC 강연의 강연자로 UCSD로 초청했다.

오클리의 강연은 성공적이었고 교사로서의 그녀의 능력이 증명된 셈이다. 그녀의 교육적 접근법과 실용적 통찰은 우리가 뇌에 대해 알고 있는 것과 일맥상통하는 점이 있었기에 우리는 코세라(Coursera)에 게재할 무크 개발을 목표로 의기투합하게 되었다. 코세라는 명문대학교의 강의를 온라인으로 수강할 수 있는 플랫폼으로 이 분야의 선두주자다. 우리가 개발한 '학습 방법 배우기: 어려운 과목을 정복할 수 있는 강력한 심리 도구(Learning How To Learn: Powerful Mental Tools to Help You Master Tough Subjects)' 강좌는 2014년 8월 코세라에 등록되었다(〈그림 6.8〉, https://www.coursera.org/learn/learning-how-to-learn/). 현재 이 강좌는 세계적으로 가장 인기 있는 온라인 강좌로 개설 후 초기 4년간 수강생의 수가 3백만 명 이상이었으며 200여 개 국가로부터 매일 천 명에 달하는 새로운 수강생 모집을 이어가고 있다. '학습 방법 배우기'는 뇌의 학습 방법에 대해 우리가 알게 된 지식에 기반을 두고 있으며 수강생들이 보다 효율적인 학습자로 변모하는 데 필요한 도구를 제공한다. 수강생들은 놀라울 정도로 긍정적인 피드백을 제공해줬고 우리는 새로운 직업으로 전환하거나 삶의 방식을 변화시키기를 원하는 사람들을 대상으로 한 '마인드시프트(Mindshift)'라는 두 번째 무크를 개발했다. 이들 두 가지 무크는 무료로 수강할 수 있다.

'학습 방법 배우기'는 보다 효율적인 학습자가 될 수 있는 방법, 시험 불안증을 극복하는 방법, 미루는 버릇을 고치는 방법 등에 대한 실질적 조언과 더불어 뇌의 학습 방법에 대해 우리가 알고 있는 지식도 제공한다. 무료 강좌이며 한 달간의 수강 기간 동안 제공되는 5~10분 분량의 동영상, 퀴즈, 시험 등은 20개 이상의 언어로 번역되어 있다. 강좌의 기본 토대 중 하나는 다른 무언가를 하고 있을 때 무의식의 뇌가 무엇을 할 수 있는가에 관한 내용이다. 19세기의 저명한 수학자 앙리 푸앙카레(Henri Poincare)는 몇 주에 걸친 집중적인 노력에도 불구하고 끝내 풀지 못했던 어려운 수학 문제를 마침내 해결해낸 자신의 경험담을 묘사한 적이 있다. 그의 해결책은 다름 아닌 휴가

〈그림 6.8〉
오클리가 '학습 방법 배우기' 무크 강좌를 소개하고 있다. 3천만 명이 넘는 수강생은 '학습 방법 배우기'를 전 세계에서 가장 인기 있는 온라인 강좌로 만들어줬다. 이미지 출처: 바버라 오클리.

를 떠나는 것이었다. 프랑스 남부 지역 어딘가에서 막 버스에 오르려던 순간 불현듯 문제의 해결책이 떠오른 것이다. 휴가를 즐기는 동안에도 해답을 찾기 위해 끊임없이 작동하고 있었던 뇌의 일부분으로부터, 그것도 예상치 못한 순간에 말이다. 그는 자신이 생각한 문제의 해결 방법이 입증 가능하다고 확신했고 파리로 돌아와 그것을 완성했다. 문제 해결을 위해 선행된 집중적인 노력은 휴가를 즐기는 동안 그의 무의식이 작동할 수 있도록 뇌를 준비시키는 과정이었던 셈이다. 두 단계 모두 창의력 발달에 있어 똑같이 중요하다.

놀랍게도 인간의 뇌는 주변에서 무슨 일이 일어나는지 전혀 알 수 없는 수면 중에도 작동할 수 있다. 단, 잠들기 전 해결하고자 하는 문제에 집중했을 때 그렇다는 말이다. 그렇게 잠든 후 아침에 눈을 뜨면 대개 문제 해결에 도움이 되는 신선한 아이디어가 불쑥 떠오른다. 휴가를 떠나기 전 또는 잠들기 전에 기울이는 집중적인 노력은 뇌가 작동하도록 만드는 사전 준비 과정이다. 사전 준비가 없다면 해결하고자 하는 문제가 아닌 전혀 다른 문제를 다루는 것과 마찬가지일 가능성이 높다. 이런 면에서 수학이나 과학은 그리 특별할 것도 없다. 뇌는 어려운 수학이나 과학 문제를 해결하기 위해 노력할 때와 마찬가지로 사회적 문제의 해결을 위해 작동할 것이기 때문이다. 해결책을 찾기 위해 집중적인 노력을 기울였지만 풀리지 않은 채 머릿속에 남아 있는 문제가 그것이라면 말이다.

'학습 방법 배우기'로부터 얻은 가장 만족스러운 결과는 다름 아닌 최고의 강의에 만족한 수강생이나 강좌 덕분에 자신의 직업을 선택하는 데 큰 도움이 되었다는 수강생들로부터 감사 편지를 받았던 일이다.[31] '학습 방법 배우기' 강좌의 내용을 교실에서 실제 수업에 접목시켜 활용했다는 내용의 편지를 보내온 교사들도 있었다.

'학습 방법 배우기'는 고등학생과 대학생을 대상으로 한 강좌로 만들었지만 실제 수강생들 중 그들이 차지하는 비율은 1퍼센트 미만이었다. 학교 현장에서의 교육은 이른바 '필수 과목'을 가르치는 데 집중되어 있기 때문에 정작 어떻게 배울 것인가를 가르칠 시간이 없기 때문이다. 그것이 훨씬 더 유용함에도 불구하고 말이다. 학군 단위의 관계 기관에 '학습 방법 배우기'를 현장에서 활용할 수 있도록 요청하는 일은 제한적인 운영 예산이라는 현실적 문제로 인해 힘겨운 싸움이 될 것이다. 대대적인 교과과정의 개편에는 일정의 변경이나 교사에 대한 훈련, 새로운 교재의 개발 등 적잖은 비용이 발생될 터이니 '학습 방법 배우기'의 수업법을 접목시킨 교과과정의 개편을 선뜻 받아들일 수도 없는 일이다. 그러나 우리는 어떻게든 고등학교 진학 이전의 12세 이하 학생들에게 학습 방법 배우기를 전달해야만 한다. 오클리와 나는 어린 학생들이 수학을 어려운 과목이라고 포기해버리는 시기에 봉착하기 전에 그들에게 도움을 주기 위한 책을 공동집필했

다. 대개 중학교 시기에 수학을 포기하는 경우가 많다.[32]

'전부 아니면 전무' 방식을 따르는 학교 교육과 차별화된 학습 모델인 무크는 언제든 선택적으로 읽을 수 있는 책과 같은 것이다. 수강생들은 개설된 강좌들을 맛보기 정도로만 훑어보는 이른바 '그레이징' 활동을 하다가 자신에게 당장 필요한 강의를 선택적으로 수강하는 경향을 보인다. 원래 전형적인 교실 수업의 대안으로 생각되었던 무크는 교육계 내에서 교육 활동이 이뤄지는 여타의 장소들과 구별되는 대체적 교육 장소로 자리 잡고 있다. 전통적인 교육적 접근법으로는 불가능한 방식으로 학습자의 요구를 충족시킬 수 있는 장소 말이다. 예를 들면 무크는 학생들이 각자의 시간에 온라인 강의를 듣고 교실에서는 교사가 강의 내용에 대한 토론을 주도하는 역진행 수업에 적극 활용되어왔다. 현재의 교육 체계는 산업화 시대에 적합하도록 고안된 것이다. 학교에서 평생 동안 직업을 유지하며 생산적인 시민이 되는 데 필요한 지식을 전달하는 교육에 불과하다는 말이다. 오늘날 학교 교육을 통해 전달받은 지식은 졸업할 때쯤이면 이미 더 이상 쓸모없는 낡은 지식일 뿐이다. 학교를 거치지 않고 각 가정으로 직접 전달되는 무크는 현재의 교육 체계를 우회하고 있는 셈이다. 코세라의 온라인 강좌에 등록한 수강생 통계에서 가장 높은 수치를 기록한 것은 25~35세의 연령대이며 그들 중 절반 이상은 대졸 이상의 학력을 보유하고 있다. 새로운 기술의 습득을 필요로 하는 젊은 직장인들이 온라인을 통해 자신이 필요로 하는 새로운 지식을 학습하고 있다는 얘기다. 급속하게 확장되고 있는 정보 분야의 직무에 우리 뇌가 적응하도록 하기 위해서는 교육 체계에 대한 보다 근본적인 변화가 필요하다. 예를 들어 인터넷을 통한 정보의 수집만 하더라도 판단력과 더불어 검색어를 적절히 배합하고 잘못된 검색 방향을 가려낼 수 있는 기본적인 기술이 필요하다. 애석하게도 오늘날의 학교에서는 기본적인 인터넷 기술을 가르칠 시간이 없어 보인다. 수동적으로 전달받기만 하는 수업보다 적극적인 정보 검색의 방법을 배우는 것이 학생들에게 훨씬 더 큰 도움이 될 것임에도 불구하고 말이다.

자율주행 자동차로 명성이 높은 서배스천 스런에 의해 설립된 유다시티(Udacity)는 무크 서비스를 제공하는 또 다른 교육기관이다. 개설된 강좌에 대한 무료 이용과 더불어 유다시티는 재직근로자들의 기술 향상을 원하는 기업들과 협력 관계 또한 구축하고 있다. 유다시티의 무크는 기업의 요구에 부합하는 맞춤형 강좌로 개발되고 기업은 직원들에게 강좌를 수강하도록 동기를 부여한다. 이것은 고용자와 근로자는 물론 유다시티까지 포함하는 상생의 방안이다. 유다시티에는 자율주행 자동차 기술(수강료 800달러)과 같이 전문가 양성을 목표로 하는 나노디그리(nanodegree) 프로그램도 마련되어 있다. 과정 이수 후 6개월 내 취업이 안 되면 수강료를 돌려준다.[33] 전통적인 학교 교육의 영역이 아닌 교육 분야는 급속도로 진화하고 있다. 그중에서 무크는 평생 교육을 위한 다양한 해법을 제시할 수 있다.

2017년 4월 시작된 우리의 두 번째 무크, '마인드시프트: 학습을 방해하는 장애물을 돌파하고 숨은 잠재력 발견하기(Mindshift: Break through Obstacles to Learning and Discover You Hidden Potential)'에서는 바버라 오클리의 새로운 저서를 함께 소개하고 있다.[34] 오클리의 책은 어떤 식으로든 삶의 방식에 변화를 주고자 할 때 맞닥뜨리게 되는 문제들을 다른 사람의 경험에 근거한 사례를 들어 설명하고 있다(나의 개인적인 경험도 포함되었다). 나의 사례는 전공 분야를 물리학에서 신경생물학으로 바꾼 정도였지만 단독 공연을 할 정도로 성공적인 연주자가 음악을 포기하고 의사가 된 사례도 있었다. 직업을 바꾸는 것은 보다 흔한 일이 되어가고 있다. '마인드시프트'는 그 변화의 과정을 보다 용이하게 만들어주기 위한 강좌이며 현재 전 세계에서 세 번째로 인기 있는 무크이기도 하다.

보다 나은 학습자가 될 수 있는 또 다른 방법은 상호적인 컴퓨터 게임을 활용하는 것이다. 루모시티(Lumosity)와 같은 기업에서 제공하는 기억력과 집중력 향상에 도움을 주는 온라인 게임 말이다. 문제는 그런 주장을 뒷받침할 만한 연구 성과가 부족하거나 수준 이하라는 점이다. 특히 게임 상에서 이뤄진 훈련을 현실 세계에서 실제로 적용하는 문제에 관해서는 더욱 그렇다. 그러나 아직 시작하는 단계일 뿐이며 실제 활용 가능한 것과 그렇지 않은 것을 구분하는 데 도움을 줄 보다 나은 연구들이 시작되는 중이다. 종종 놀라우면서도 반직관적인 결과를 보여주기도 한다.

두뇌 훈련

뇌의 인지 기능을 폭넓게 향상시키는 데 가장 효과적인 비디오 게임은 좀비를 쫓아다니거나 적군을 무찌르는 전쟁 게임, 자동차 경주 게임 같은 것들이다. 제네바대학교의 대프니 바벨리어(Daphne Bavelier)

는 〈메달오브아너: 얼라이드 어썰트(Medal of Honor: Allied Assault)〉와 같은 사용자 시점에서 총기를 이용해 전투를 벌이는 1인칭 슈팅 게임을 통해 지각 능력, 집중력, 인지 능력 등이 향상된다는 것을 보여준 바 있다. 특히 시력, 다중 작업의 수행이나 과업의 전환 능력이 향상되며 그것은 신속한 의사 결정 능력으로 이어진다.[35] 그녀는 이들 슈팅 게임을 통해 노화된 뇌가 젊은 뇌만큼 신속하게 상황에 대처하도록 만들 수 있다고 결론지었다(노인이 되는 과정에 있는 모든 사람에게 기쁜 소식이 아닐 수 없다). 그러나 몇몇 슈팅 게임은 장기 기억 보유 능력을 감소시킬 수도 있다.[36] 게임마다 각각 개별적으로 살펴볼 필요가 있는 나름의 장점과 단점이 있다.

캘리포니아대학교 샌프란시스코 캠퍼스의 애덤 가잘리(Adam Gazzaley)는 다중 작업 능력 향상을 위해 〈뉴로레이서(NeuroRacer)〉라는 3차원 비디오 게임을 맞춤 설계한 바 있다. 뇌 속에 있는 신경조절물질의 활동이 집중력과 학습, 기억력에 있어 매우 중요한 역할을 한다는 연구 결과에 근거한 것이다.[37] 〈뉴로레이서〉는 플레이어가 구불구불한 오르막길을 차로 주행하면서 무작위로 나타나는 특정 신호를 관찰하고 그 외의 다른 신호는 무시하는 게임이다. 플레이어에게 집중력이나 과업의 전환 능력과 같은 다수의 인지 기술을 사용해 다중 작업을 수행하도록 만드는 게임인 셈이다. 〈뉴로레이서〉의 실험 과정에서 가잘리와 동료들은 훈련을 거친 피실험자의 경우 이와 같은 기술이 현저히 향상되었으며 실험에 포함되지 않은 작업 기억과 지속주의력 측정 결과에서도 높은 점수를 얻었음을 알 수 있었다. 더구나 〈뉴로레이서〉로 훈련한 사람들은 훈련을 받지 않은 20대에 비해 더 나은 수행능력을 보여줬고 훈련을 통해 향상된 뇌 기능은 향후 6개월 동안 유지되었다.[38] 현재 〈뉴로레이서〉는 집중력과 기억력에 문제가 있는 환자의 치료 목적으로 임상시험 중에 있다.

폴라 탈랄과 마이클 머제니치(Michael Merzenich) 박사는 1997년 (난독증과 같이) 언어장애 및 읽기장애를 가진 어린이들을 위해 사이언티픽러닝(Scientific Learning)을 창업했다. 당시 두 사람은 각각 러트거스 대학교와 UCSF에 몸담고 있었다. 음성의 이해는 매우 빠르게 전환되는 소리를 들을 수 있는가, 그렇지 않은가에 달려 있다. 예들 들면 '바', '가', '다'라는 소리의 차이는 음절이 시작되는 천 분의 1초 간격의 시간적 차이에 의해 결정된다. 이런 시간적 차이를 구분하지 못하는 어린이들은 발음을 구분할 수 없기 때문에 학습이 어려워진다. 읽기를 배우려면 단어의 철자들이 나타내는 소리를 인식하고 구분할 수 있어야 한다. 탈랄과 머제니치가 개발한 청각 변별, 언어, 읽기 능력 향상을 위해 지금은 시리즈로 제작되는 대형 컴퓨터 게임인 〈패스트포워드(Fast ForWord)〉라는 프로그램을 개발했다. 처음에는 음절, 단어, 문장 내에서 음성의 시간적 차이를 과장되게 강조하다가 단계별로 언어와 읽기 능력이 향상되면 그 차이를 점차 감소시켜나가는 원리의 프로그램이다.[39] 최고의 교육용 게임으로 인정받는 〈패스트포워드〉는 6천여 개의 학교에서 250만 명 이상의 어린이들을 대상으로 활동되고 있다. 또한 55개의 비영어권 국가에서 외국어인 영어를 학습하고자 하는 어린이들을 위해서도 활동되고 있다. 머제니치는 이와 유사한 과학적 원리에 기반을 두고 노령화의 과정에 있는 성인의 인지 능력 저하를 감소시키는 것을 목적으로 한 브레인HQ(BrainHQ, https://www.brainhq.com)를 개발하기도 했다.

두뇌 훈련을 통해 운동 기술을 향상시킬 수도 있다. 시각적 인지와 반응 시간의 향상을 위한 컴퓨터 프로그램이 캘리포니아대학교 리버사이드 캠퍼스(UC, Riverside)의 아론 세이츠(Aaron Seitz)에 의해 개발되었다. 이 프로그램으로 훈련한 야구팀 선수들의 시력이 향상되었고 삼진아웃의 수는 줄어들고 출루율은 높아지게 되었다. 결과적으로 총 54게임을 치르는 시즌에서 승리한 게임의 수가 4~5개 더 많아졌다.[40] 세이츠는 자신의 연구 성과에 대중들이 접근할 수 있도록 '얼팀아이스(UltimEyes)'라는 저렴한 앱을 개발하기도 했지만 연방통상위원회(Federal Trade Commission)에서는 그의 주장을 뒷받침할 수 있는 보다 많은 연구가 이뤄지기 전까지 해당 앱의 보급을 중단하고 있다.[41]

반응 시간 게임을 할 때 어느 한 가지 인지 기술의 향상은 또 다른 인지 기술로 이전되는 경향이 있다. 단, 기억 게임과 같이 영역 특수적인 게임은 그렇지 않다. 우리의 뇌 기능을 향상시키면서 재미도 있고 앱을 통해 대중에게 쉽게 전달될 수 있는 상호적인 비디오 게임의 개발이 점점 발전되고 있기는 하지만 향상된 인지 기술의 이전이 발생하는 조건을 이해하기 위해 보다 많은 연구가 필요한 것도 사실이다. 인지 능력 향상의 잠재력은 짐작하기 어려울 정도로 어마어마한 것이다.

인공지능 비즈니스

2015 NIPS 콘퍼런스의 개회식에서 나는 자동차경주 선수들이 입는

겉옷과 유사한, 모든 후원 기업들의 로고가 붙어 있는 나스카 스타일(NASCAR-style) 재킷을 입고 참가자들에게 환영 인사를 했다(〈그림 6.9〉). 바르셀로나에서 개최된 2016 NIPS 콘퍼런스 후원 기업의 수는 67개로 재킷 하나에 모든 후원 기업의 로고를 붙이기도 벅찰 만큼 많은 수였다. 2017년 롱비치에서의 NIPS 콘퍼런스는 93개 기업으로부터 후원을 받았다. 이런 폭발적인 성장도 언젠가는 멈출 것이다. 그러나 우리 사회에 남은 그로 인한 잔향은 수십 년 동안 지속될 것이다. 후원 기업들은 NIPS 콘퍼런스에 인재 영입 전문가를 파견한다. 공급 부족 현상을 보이는 뛰어난 인재를 고용하기 위해서다. 나와 함께 일한 동료들 중 상당수가 구글이나 마이크로소프트, 아마존, 애플, 페이스북, 바이두 그리고 수많은 스타트업 기업에서 일하고 있다. 대학교의 연구 인력이 모두 빠져나간 셈이다. 서배스천 스런은 오토(Otto) 또는 크루즈(Cruise)와 같이 자생력 있는 스타트업을 대기업이 인수하고자 한다면 그 비용은 머신러닝 전문가 한 명당 천만 달러가 될 것이라고 추측한 바 있다.[42]

제프리 힌튼은 2013년부터 구글의 직원이 되었다. 그가 토론토 대학교에서 두 명의 대학원생들과 함께 설립한 DNN리서치(DNN research)를 구글이 인수하면서부터였다. 그는 지금 토론토에서는 상상할 수 없을 정도로 높은 수준의 컴퓨터 작업 환경에 접근할 수 있게 되었다. 그러나 그것보다 더 중요한 것은 구글이 접근할 수 있게 된 엄청난 규모의 데이터다. 구글 브레인은 구글의 파일 시스템이자 구글이 제공하는 모든 서비스의 기반이 되는 맵리듀스(MapReduce)의 설계자 제프 딘(Jeff Dean)에 의해 조직되었으며 매우 뛰어난 재능을

〈그림 6.9〉
몬트리올에서 개최된 2015 NIPS 콘퍼런스에서 세즈노스키가 입었던 나스카 재킷. 후원 기업들은 상위권 인터넷 기업에서부터 금융과 미디어 기업까지 다양하다. 이들 기업 모두 딥러닝과 관련한 이해관계를 보유하고 있다. 이미지 출처: NIPS 재단.

보유한 공학자와 과학자들로 구성된 비범한 집단이다. 구글 번역기를 사용하는 것은 이제 딘이 조직한 구글 브레인 팀이 설계한 딥러닝 프로그램을 사용하는 것이다. 검색어 검색에서도 딥러닝이 결과물의 순위를 정하는 데 도움을 주고 있다. 가상의 비서라고 하는 구글 어시스턴트의 경우 딥러닝이 사용자가 말하는 단어를 인식한다. 그리고 사용자와 대화를 주고받는 수준이 향상될수록 딥러닝을 통해 보다 나은 서비스를 제공하게 될 것이다. 구글은 이미 딥러닝에 전력을 다하고 있다. 여타의 첨단기술 산업 분야에서도 마찬가지다. 그러나 이것은 시작에 불과하다.

미국은 인공지능 분야에서 선두를 빼앗기고 있다. 이 책이 독자들의 손에 닿았을 무렵에는 이미 다른 나라에 추월당했을지도 모를 일이다. 토론토에 위치한 벡터연구소(Vector Institute)는 캐나다 정부를 포함한 온타리오 지방정부, 토론토대학교, 민간 기업들로부터 175백만 캐나다달러 규모의 지원을 받아 2017년 3월 설립되었다.[43] 인공지능 연구 분야의 세계적 선두주자, 머신러닝을 연구하는 석 · 박사 인력의 대량 배출 그리고 궁극적으로 토론토와 온타리오는 물론 캐나다 전체의 경제를 이끄는 인공지능 연구단지의 중심이 된다는 것이 벡터연구소의 목표다. 캐나다 또한 중국의 도전 앞에 만만찮은 경쟁을 치러야 할 것이다. 중국은 이미 수천 명의 머신러닝 공학자를 키워내고 있으며 인간의 뇌를 모방해 방대한 정보를 기억하고 처리하는 이른바 뉴로모픽컴퓨팅(neuromorphic computing)이 중국 브레인프로젝트(Brain Project)의 한 축을 이루고 있다. 1957년 소련이 스푸트니크 위성을 쏘아올렸을 때 미국의 반응과 흡사하게 2017년 알파고와 대국을 펼친 중국의 바둑기사 커제의 패배는 베이징에서 2030년까지 전 세계에서 지배적 위치를 구축한다는 목표 아래 야심찬 프로젝트와 스타트업 그리고 학문적 연구 등을 지원하는 수십 억 달러 규모의 새로운 인공지능 연구 계획이 시작되는 계기가 되었다.[44] 방대한 의학적, 개인적 데이터를 보유하고 있으며 서방 민주국가들에 비해 사생활 침해에 대한 우려가 상대적으로 적은 중국이기에 개인정보를 사유권으로 간주하는 국가들을 뛰어넘어 앞으로 도약하는 일이 충분히 가능하다. 중국은 또한 데이터 수집을 위한 최적의 재배 및 제조 시스템의 구축도 목표로 삼고 있다. 가장 많은 데이터를 보유하는 쪽이 승자가 된다. 중국은 그 점을 간파하고 판을 짜고 있다.

더욱 불길한 것은 중국이 '인공지능 기술을 유도미사일에 접목하고, 폐쇄회로 카메라에 적용해 사람을 추적하는 데 이용하며, 인터넷 감시를 넘어 범죄 예측에까지 활용하기를' 원한다는 점이다.[45] 한편 미국의 정치 지도자들은 과학 기술 분야의 재정 삭감을 계획하고 있다. 1960년대 미국은 우주 개발에 1천 조 달러의 재정을 투입한 바 있다(물가 상승률을 감안해 조정한 금액이다).[46] 덕분에 위성 산업이 발전했고 미국은 초소형전자공학과 재료공학 분야에서 선두로 나서며 과학기술이 곧 국가의 힘이라는 정치적 선언까지 하지 않았던가. 그때의 투자로 인한 성과는 오늘날까지 여전히 이어져오고 있다. 초소형전자공학과 첨단소재 분야는 미국이 아직도 경쟁력을 유지하고 있는 몇몇 산업 분야에 속하기 때문이다. 따라서 인공지능 개발에 대한 중국의 막대한 투자는 21세기를 지배하는 몇몇 핵심 산업 분야에서 선두를 차지하게 만들기에 충분하다. 바로 이 점이 우리에게 경종을 울리고 있다.

인공지능은 '무형'의 정보 경제를 가속화하고 있다. 경제적 성과의 지표는 모든 재화와 서비스를 달러화로 환산한 가치의 합계, 즉 국내총생산(GDP)이다. 그러나 이 수치는 식품, 자동차, 의료 등 유형의 상품과 서비스를 위주로 하는 산업 경제를 위해 고안된 것이다. 그러나 정보 기업의 가치는 그런 유형의 상품으로 측정되는 경우가 점점 줄어들고 있다. 예를 들어 마이크로소프트가 소유한 건물과 장비는 고작 10억 달러에 지나지 않는다. 기업의 시장 가치의 1퍼센트밖에 되지 않는다는 얘기다.[47] 나머지 가치는 소프트웨어와 마이크로소프트를 위해 일하는 프로그램 제작 인력의 전문성에 기인한다. 각자의 스마트폰을 통해 내려받은 정보에 어떤 가치를 부여할 수 있는가? 이제 우리에게는 모든 형태의 정보의 가치를 감안한 새로운 경제성과 지표가 필요하다. 바로 생산성의 측정 지표인 GDP를 증대시키는 국내총무형자산(Gross Domestic Intangibles, GDI)이다.[48]

현재의 인공지능 애플리케이션들은 30년 전에 이뤄진 기초 연구의 결과를 바탕으로 하고 있다. 지금부터 30년 후의 인공지능 애플리케이션은 오늘날의 기초 연구에 달려 있다고 해도 과언이 아니다. 그러나 가장 명석하고 가장 뛰어난 연구 인력들은 기업을 위해 그리고 단기적인 상품과 서비스에 집중하고 있는 것이 현실이다. 이런 현상에 균형을 잡아주는 것은 머신러닝 분야로 유입되고 있는 가장 명석하고 뛰어난 학생들이다. 한 세대 이전이었다면 투자금융업계로 몰려갔을 인재들이다.

미래의 인공지능을 생각할 때 우리는 장기적인 관점에서 바라볼 필요가 있다. 지금으로서는 인간 수준의 지능을 확보하는 데 필요한 컴퓨터 역량에 도달하기엔 역부족이기에 그렇다. 현재의 딥러닝 네트워크는 수백만 개의 유닛과 수십 억 개의 가중치를 보유하고 있다. 1세제곱 밀리미터의 세포 내에 수십 억 개의 시냅스를 보유하는 인간의 대뇌피질에 있는 뉴런과 시냅스의 수에 비해 1만 배나 적다. 세상의 모든 감지기가 인터넷에 연결되어 딥러닝 네트워크에 의해 상호 연결된다면 어느 순간 그 네트워크가 스스로 각성해 이렇게 인사할지도 모른다.

"헬로, 월드(Hello, world)!"[49]

| 7장 | 알고리즘의 시대

2016년 6월 나는 싱가포르 난양기술대학교 주최로 열린 '21세기 과학을 위한 위대한 도전(Grand Challenges for Science in the 21st Century)' 콘퍼런스에서 열띤 토론을 벌이며 1주일을 보냈다. 우주론과 진화론에서부터 과학 정책에 이르기까지 광범위한 주제를 다룬 토론이었다.[1] 경제학자이면서 기술 분야에도 지속적인 관심을 보이는 브라이언 아서(W. Brian Arthur)는 이렇게 지적했다.[2] 과거의 기술은 물리학의 법칙에 기반을 두었고 20세기에 들어서는 미분방정식과 연속변수의 수학을 통해 물리적 세계를 이해할 수 있는 방법을 찾고자 했다. 시공간을 유연하게 넘나드는 수학을 통해서 말이다. 이와 대조적으로 오늘날의 기술은 알고리즘에 그 기반을 두고 있다. 21세기는 컴퓨터과학과 생물학의 복잡성 특성을 이해하는 데 이산수학과 알고리즘을 사용하는 시대다. 아서는 뉴멕시코에 있는 산타페연구소(Santa Fe Institute) 교수진의 일원이다. 산타페연구소는 20세기 들어 복잡계에 관한 연구를 위해 설립된 많은 연구센터들 중 하나다.[3]

알고리즘은 도처에 존재한다. 구글 검색을 이용할 때마다 우리는 알고리즘을 사용하고 있는 것이다.[4] 사용자별 뉴스피드 클릭 기록에 기초해 알고리즘이 선택한 뉴스를 페이스북 뉴스피드를 통해 읽고 있다. 알고리즘이 선택한 뉴스는 사용자의 감정적 반응에 영향을 미친다.[5] 알고리즘이 우리의 생활 속으로 침투하는 현상은 음성인식을 가능하게 만들고 휴대전화기에 자연어 기능을 부여하는 딥러닝 기술로 인해 점차 가속화되고 있다.

알고리즘이란 계산 또는 문제 해결의 과제를 수행함에 있어 일련의 개별적 단계 또는 규칙들을 순차적으로 거쳐나가는 과정을 말한다. '알고리즘'이라는 단어는 '알고리스무스(algorismus)'라는 라틴어에서 유래한 것으로 19세기 페르시아의 수학자 알-카와리즈미(al-Khwarizmi)의 이름을 따서 명명되었다. 단어의 철자가 'algorism'에서 'algorithm'으로 바뀐 것은 17세기에 '숫자'를 의미하는 그리스어 'arithmos'의 영향을 받은 결과다. 비록 알고리즘의 기원은 고대로 거슬러 올라가지만 최근 들어 디지털 컴퓨터는 알고리즘을 과학과 공학의 최일선으로 끌어올려놓았다.

복잡계

1980년대는 복잡계 연구를 위한 새로운 접근법의 전성기였다. 살아 있는 생명체, 다시 말해 물리학이나 화학의 연구 대상보다 더 복잡한 시스템을 이해하기 위한 새로운 방식의 개발이 연구의 주된 목적이었다. 로켓은 어떻게 움직이는가를 설명하는 데에는 아이작 뉴턴의 운동 법칙만 있으면 충분하다. 이와 같은 단순성에 반해 나무는 어떻게 자라는가를 단순하게 설명할 수 있는 방법은 없다. 생명체에 대한 이 해묵은 질문들에 대한 답을 찾아나섰던 다양한 분야의 개척자들이 사용한 것이 바로 컴퓨터 알고리즘이었다.

생물학자였던 스튜어트 카우프만(Stuart Kauffman)은 이른바 '전사인자'라고 하는 단백질이 특정 유전자에 결합해 활성화 또는 비활성화에 관여하는 유전자 네트워크에 흥미를 느끼게 되었다.[6] 그의 가설에 의해 구축된 모델은 자가 조직적이며 시간의 척도는 훨씬 느리지만 어떤 측면에서는 뉴럴 네트워크와 흡사한 이진법 단위의 네트워크에 기초한다. 1980년대 후반 크리스토퍼 랭튼(Christopher Langton)이 '인공 생명'이라는 용어를 처음 사용한 이래[7] 살아 있는 세포의 복잡성과 복잡한 행동이 유발되는 원리를 이해하려는 시도가 봇물처럼 터져나왔다. 세포 내 분자 메커니즘의 고도로 진화된 복잡성에 대한 실마리를 찾고자 지금까지 이뤄낸 세포생물학과 분자유전학 분야의 발전에도 불구하고 생명의 신비는 여전히 우리 인간의 이해 범위를 벗어나고 있다.

알고리즘은 우리가 사는 세상과 비교해볼 수 있는 복잡한 세상을 만들어낼 새로운 기회를 제공한다. 실제로 20세기에 발견된 알고리즘으로 인해 우리는 복잡성의 특성을 새롭게 조명하게 된 바 있다. 1980년대의 뉴럴 네트워크 혁명 또한 그와 유사한 성격의 시도들이 주도한 것이다. 뇌의 복잡성을 이해하기 위한 시도들 말이다. 비록 우리가 만든 뉴럴 네트워크 모델은 뇌의 뉴런 회로에 비해 상당히 단순하지만 학습 알고리즘 덕분에 방대한 뉴런으로의 정보 전달과 같은 일반 원칙에 대한 탐구가 가능해졌다. 어떻게 비교적 단순한 학습 규칙으로부터 네트워크 기능의 복잡성이 발생하는 것인가? 보다 쉽게 분석할 수 있는 복잡성을 보유한 보다 단순한 체계가 존재한다는 말인가?

세포 자동자

복잡성에 대한 진지한 과학적 접근법을 시도한 또 한 사람의 이채로운 인물이 있다. 불과 20세의 나이에 캘리포니아공과대학교에서 물리학 박사학위를 취득해 대학교 역사상 최연소 박사학위 취득자가 된 신동, 바로 스티븐 울프럼(Steven Wolfram, 〈그림 7.1〉)이다. 그는 1986년 일리노이대학교의 복잡계 연구센터(Center for Complex Systems Research)를 설립한 장본인이기도 하다. 울프럼은 너무 복잡한 뉴럴 네트워크 대신 세포 자동자(Cellular Automata)를 연구하기로 결심했다.

일반적으로 세포 자동자는 극히 소수의 이산 값을 가지며, 이는 특정한 시간에 전이한다. 그리고 주변에 있는 다른 세포의 상태에 따라 달라진다. 가장 단순한 세포 자동자 중 하나는 각각의 세포가 0 또는 1의 값을 가지는 1차원적 세포 배열이다(〈박스 7.1〉). 프린스턴대학교의 존 폰 노이만 교수에서부터 시작된 세포 자동자 중 가장 유명한 것은 1986년 존 콘웨이(John Conway)가 발명한 '생명 게임(Game of Life)'일 것이다. 〈그림 7.2〉에서 묘사된 생명 게임은 마틴 가드너(Martin Gardner)가 과학 잡지 〈사이언티픽 아메리칸(Scientific

<그림 7.1>
매사추세츠, 콩코드의 자택에 있는 울프럼. 그의 집 바닥은 알고리즘을 연상시키는 문양으로 장식되어 있다. 울프럼은 복잡계 이론의 선구자로 단순한 프로그램일지라도 우리가 흔히 맞닥뜨리게 되는 종류의 복잡성을 야기할 수 있다는 것을 보여줬다. 이미지 출처: 스티븐 울프럼.

American)〉에 연재하던 자신의 칼럼인 '수학 게임(Mathematical Games)'을 통해 소개하며 대중에게 알려지게 되었다. 격자무늬의 판은 2차원적 세포 배열이며 각 세포의 상태는 '온(on)' 또는 '오프(off)'로 제한된다. 세포의 상태는 인접하는 4개의 이웃 세포의 상태에 의해 결정된다. 각 단계마다 모든 상태에 대한 업데이트가 일어난다. 배열에서 생성된 복잡한 패턴 중에는 '글라이더'처럼 별도의 명칭이 있는 것도 있다. 글라이더는 배열을 돌아다니며 다른 패턴과 충돌한다. 최초의 상태가 복잡한 패턴이 나타나는 배열을 찾아내는 데 있어 매우 중요한 역할을 한다.

〈박스 7.1〉

세포 자동자

규칙 110

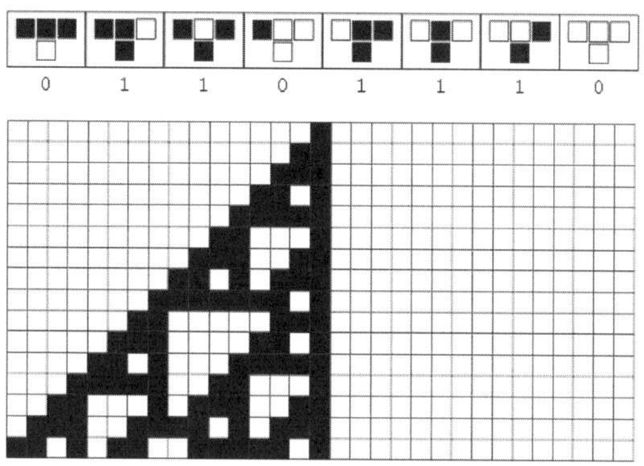

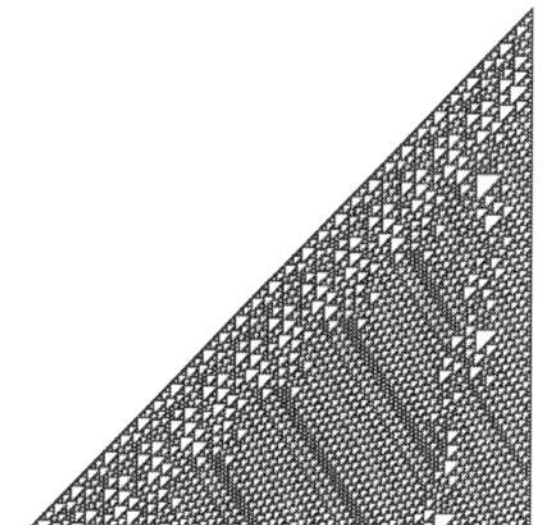

규칙 110. 세포 자동자의 규칙은 세포의 색깔을 규정한다. 세포의 색깔에 따라 인접하는 이웃세포의 색깔이 결정된다. 예를 들어 맨 위에 있는 세 개의 세포로 만들 수 있는 검은색과 흰색의 조합은 여덟 가지다. 규칙 110에 의해 그 밑에 있는 이웃세포의 색깔이 규정되는 것이다. 이 규칙의 전이는 한 번에 한 줄에만 적용된다. 맨 처음 검은색 세포 한 개에서 시작되어 열다섯 번의 시간 단계를 거치면 그 밑

에 보이는 것과 같은 결과가 도출된다. 맨 아래 그림은 250번의 시간 단계를 반복한 결과다. 최초의 단순한 상태가 연속적으로 무한히 지속되는 고도로 복잡한 패턴으로 전이되는 것이다. 복잡성은 어디서부터 시작되는 것인가? 보다 자세한 내용은 http://mathworld.wolfram.com/Rule110.html에서 확인할 수 있다.

복잡성을 만들어내는 규칙은 얼마나 일반적인가? 울프럼은 복잡한 행동으로 이어질 수 있는 가장 단순한 세포 자동자 규칙을 알아내고 싶었기에 모든 세포 자동자를 전부 조사해보기로 했다. 규칙 0부터 29까지는 항상 재미없는 행동으로 되돌아가는 패턴을 생성했다. 모든 세포가 같은 패턴을 반복하거나 중첩된 프랙탈(같은 모양이 끊임없이 반복되어 복잡한 전체를 이루는 기하학적 구조) 패턴으로 끝나버리기 때문이다. 그에 비해 규칙 30은 전개 패턴(unfolding patters)을 생성했고 규칙 110은 끊임없이 변화하는 복잡한 패턴으로 감탄을 자아냈다(〈박스 7.1〉).[8] 궁극적으로 규칙 110은 범용 연산 수행력이 있다고 입증된 바 있다. 다시 말해 모든 세포 자동차 중 가장 간단한 몇몇은 계산가능함수 어떤 것이든 계산할 수 있는 튜링 기계(Turing machine)의 수행력을 가지고 있다는 말이다. 원칙적으로 말해 웬만한 컴퓨터만큼 강력하다는 얘기다.

이와 같은 발견이 끼친 영향력 중 한 가지는 생명체에서 볼 수 있는 놀라운 복잡성이 분자 간의 화학적 상호 작용이라는 매우 단순한 공간에 대한 표본 추출에서 시작되어 진화해왔다는 가설이다. 분자

〈그림 7.2〉
생명 게임. 고스퍼(Gosper)의 글라이더 건(Glider Gun, 상단)의 정지 화면. '모선'(상단)으로부터 오른쪽 대각선 방향으로 글라이더가 순차적으로 방출되고 있다. 이미지 출처: 위키피디아; 건(세포 자동자). 전개 중인 글라이더 건의 gif 형식 동영상이 포함되어 있다.

의 복합 조합이 진화의 과정 중에 나타난 것은 예상할 수 있는 결과일 뿐 기적으로 간주되어서는 안 된다. 그러나 세포 자동자가 초기 생명체의 좋은 모델이 아닐 수도 있으며 단순한 화학적 체계가 복합 분자를 만들 수 있는 있다는 것은 여전히 해결되지 않은 문제로 남아 있다.[9] 어쩌면 이런 특징은 특수한 생화학적 체계에만 존재하는 것일 수도 있다. 그렇다면 생명의 기원이 될 만한 가능한 상호 작용 집합의 범위를 좁혀나가는 데 도움이 될 수도 있을 것이다.

생명의 본질적 특성은 세포의 자가 복제 능력에 있다. 1940년대 프린스턴고등연구소(Institute for Advanced Study in Princeton)에서 헝가리 태생 미국인 수학자 폰 노이만은 세포 자동자를 이용해 세포의 자가 복제 능력에 관해 연구했다. 폰 노이만의 업적, 특히 게임 이론(앞서 1장에서 언급한 바 있다)에 관한 그의 중대한 연구 결과는 수학계의 다양한 분야에 영향을 미쳤다. 스스로 똑같은 모양으로 복제할 수 있는 가장 단순한 세포 자동자를 찾던 중 폰 노이만은 29개의 내부 상태와 용량이 큰 저장 공간을 가지고 자가 복제가 가능한 복합 세포 자동자를 발견했다.[10] 이것은 상당한 생물학적 관심을 불러일으켰다. 자가 복제 능력을 보유한 세포는 DNA 형태로 다수의 내부 상태와 저장 공간 또한 보유하기 때문이다. 그 이후부터 훨씬 단순하지만 자가 복제를 할 수 있는 세포 자동자들이 발견되었다.

뇌는 컴퓨터인가?

1943년 워런 매컬러(Warren McCulloch)와 월터 피츠(Walter Pitts)는 퍼셉트론과 같은 단순한 이진법 임계값 단위로 디지털 컴퓨터의 제작이 가능하다는 것을 보여줬다. 이진법 임계값 단위는 컴퓨터의 기본적인 논리게이트와 연결될 수 있다.[11] 우리는 이제 인간의 뇌는 아날로그와 디지털의 특성을 모두 가지고 있으며 뇌의 뉴런 회로는 일반적으로 논리함수 연산을 수행하지 않는다는 사실을 알고 있다. 그러나 1943년 발표된 매컬러와 피츠의 논문은 당시 상당한 주목을 받았다. 특히 그들로부터 영감을 받은 폰 노이만은 컴퓨터를 구상하기도 했다. 실제로 그는 프로그램을 저장할 수 있는 최초의 디지털 컴퓨터를 제작했다. 당시 수학자였던 폰 노이만에게 특이한 프로젝트가 아닐 수 없었다. 1957년 그가 사망한 이후 프린스턴고등연구소는 그의 연구를 연속적으로 진행하지 않았고 그가 제작한 컴퓨터는 폐기되었다.[12]

폰 노이만은 인간의 뇌에 대해서도 관심을 가지고 있었다. 1956년 예일대학교의 실리만 강좌에서[13] 폰 노이만은 신뢰할 수 없는 구성 요소로 이뤄진 뇌가 어떻게 신뢰할 수 있는 기능을 수행하는가라는 질문을 놓고 깊은 고민에 빠졌다. 디지털 컴퓨터의 경우 트랜지스터가 제대로 작동하지 않으면 컴퓨터 전체가 망가진다. 그러나 뇌 안에서 하나의 뉴런이 오작동을 일으킬지라도 나머지 뉴런들은 오히려 그 오작동에 적응해나간다. 폰 노이만은 뇌의 견고함은 중복성에 기인할 것이라 생각했다. 수많은 뉴런들이 모든 작동에 관여하기 때문이다. 전통적으로 중복성은 주된 시스템에 문제가 생길 경우에 대비한 백업을 기초로 한다. 그러나 지금의 우리는 뇌의 중복성이 이중성보다는 다양성에 기초하고 있다는 사실을 알고 있다. 폰 노이만은 논리적 깊이에 대해서도 관심을 보였다. 축적된 오류로 인해 결과가 변질되기까지 뇌가 수행할 수 있는 논리적 단계는 과연 얼마나 될까? 각각의 논리적 단계를 완벽하게 수행할 수 있는 컴퓨터와 달리 뇌는 무수히 많은 잡음으로부터 영향을 받는다. 뇌는 완벽할 수는 없을지언정 많은 뉴런이 동시에 함께 일하기 때문에 각 단계별 성취도는 컴퓨터가 단일 단계에 이룰 수 있는 것보다 훨씬 높으며 논리적 깊이 또한 컴퓨터보다 덜 필요로 한다.

알고리즘의 공간

만들 수 있는 모든 알고리즘의 공간을 상상해보라. 이 공간 내의 모든 지점은 무언가를 하는 알고리즘이며 몇몇 알고리즘은 놀라울 정도로 유용하고 생산적이다. 과거에는 그런 알고리즘들이 수학자나 컴퓨터 과학자들에 의해 수작업으로 만들어졌다. 마치 길드의 장인들처럼 알고리즘을 만들어냈다는 말이다. 스티븐 울프럼은 가장 단순한 자동자에서부터 시작된 철저한 검색에 의해 세포 자동자를 위한 알고리즘을 찾아냈다. 그중 몇몇은 고도로 복합적인 패턴을 생성하기도 했다. 이와 같은 통찰은 울프럼의 법칙으로 요약될 수 있다. 흥미로운 범주의 문제를 해결할 수 있는 하나를 찾기 위해 알고리즘의 공간을 헤매고 다닐 필요는 없다고 선언한 법칙 말이다. 그것은 〈스타크래프트〉 같은 인터넷 게임에서 모든 가능한 전략을 시도해보기 위해 봇(bot) 프로그램을 적용하는 것과 다름없다. 울프럼의 법칙에 따르면, 알고리즘의 우주 공간 어딘가에 게임의 승리를 위해 적용할 수 있는 알고리즘의 은하가 반드시 존재한다.

울프럼은 가능한 모든 알고리즘이라는 우주 안에 존재하는 작은 부분 공간인 세포 자동자의 공간에 집중했다. 그러나 만약 세포 자동자가 다른 범주의 알고리즘에 비해 보다 강한 보편성을 드러내는 이례적인 알고리즘이라면 어떻게 될 것인가? 지금의 우리는 뉴럴 네트워크의 공간에서 울프럼의 법칙이 성립한다고 확신할 수 있다. 딥러닝 네트워크는 학습 알고리즘을 사용해 발견되었으며 그 학습 알고리즘은 새로운 알고리즘을 찾아내는 메타-알고리즘이기 때문이다. 대규모 네트워크와 데이터세트의 경우, 서로 다른 시작 상태에서 출발하는 학습은 문제 해결 능력이 대체로 비슷한 네트워크 집단을 생성할 수 있다. 이것은 속도가 느리고 보다 많은 데이터를 필요로 하는 경사하강법보다 빨리 알고리즘 공간의 영역을 찾아낼 수 있는 방법이 있는 것은 아닐까라는 의문을 불러일으킨다. 그것이 가능할 수도 있음을 짐작케 하는 단서는 생명이 있는 생물 종들은 각각 살아 있는 알고리즘의 공간 내의 한 지점을 중심으로 한 변형 유전자 배열에 의해 만들어진 개체의 집단이라는 데 있다. 그리고 자연계는 무작위 변형에 의한 국소적 탐색과 더불어 일명 '단속 평형'이라 불리는 도약 과정에서 자연선택에 의해 집단에서 집단으로 건너뛰기를 수행해오고 있다.[14] 유전적 알고리즘은 대체로 자연이 새로운 유기체를 진화시키는 방법에 기초를 두고 그와 같은 건너뛰기가 가능하도록 설계된 것이다.[15] 이와 같은 알고리즘의 집단을 설명하기 위해서는 수학자가 있어야 한다. 알고리즘의 우주가 어떤 모습인지 누가 알겠는가? 아직 우리가 미처 발견하지 못한 알고리즘의 은하계는 무수히 많다. 그러나 자동화된 발견, 즉 마지막 개척지에 의해 그들 알고리즘의 은하계를 찾을 수 있다.

그 과정의 단순한 예는 내 연구소의 박사후 연구원이었던 클라우스 스티펠(Klaus Stiefel)이 2007년 컴퓨터에서 복합 수상돌기나무 형태로 모델 뉴런을 생성하는 알고리즘을 이용해 보여줬다.[16] 수상돌기는 안테나처럼 다른 뉴런들로부터 신호를 모은다. 가능한 수상돌기나무의 공간은 방대하며 목표는 원하는 함수를 규명하고 함수를 계산할 수 있는 모델 뉴런을 위한 수상돌기나무의 공간을 탐색하는 것이다. 한 가지 유용한 함수는 인풋의 극파가 도착하는 순서를 결정하는 것이다. 특정 인풋이 다른 인풋 이전에 도착했을 때 뉴런은 극파를 내보낸다. 만약 다른 인풋 이후에 도착한다면 뉴런은 아무런 반응을 보이지 않는다. 그와 같은 모델 뉴런은 유전자 알고리즘을 사용한 모든 가능한 수상돌기나무들을 일일이 탐색한 결과 발견되었고 그 형태는 마치 뉴런의 하부에서 뻗어나온 얇은 수상돌기(기저 수상돌기) 상에 시냅스가 있고 뉴런의 상부에서 나오는 두꺼운 수상돌기 위에 또 다른 시냅스가 있는(정점 수상돌기, 〈그림 8.6〉) 피질피라미드뉴런처럼 보였다. 이것은 피라미드세포에 정점 및 기저 수상돌기가 있는 이유가 될 수 있다. 모든 가능한 수상돌기의 공간에 대한 심층 탐색이 없었다면 상상조차 할 수 없었을 함수다. 다른 함수를 사용해 이 탐색 기법을 반복함으로써 수상돌기의 형상에 의해 목록화된 함수의 디렉터리가 자동으로 모일 수 있다. 새로운 뉴런이 발견되면 수상돌기의 형상이 적용 가능한 함수를 디렉터리에서 찾아볼 수 있다.

울프럼은 학계를 떠나 울프럼리서치(Wolfram Research)를 설립했다. 광범위한 수학적 구조를 지원하고 실질적인 애플리케이션에 널리 사용되는 프로그램인 매스매티카(Mathematica)는 울프럼리서치에서 개발된 것이다. 매스매티카는 울프럼언어로 제작되었다. 울프럼언어는 일반적인 멀티패러다임 프로그래밍 언어이자 매스매티카를 기반으로 한 검색엔진 울프럼알파(Wolfram Alpha)가 작동할 수 있는 토대를 제공한다. 울프럼알파는 실제로 작동하는 기호학 기반의 질의응답 시스템이다.[17] 일반적으로 학계에서 통용되는 수단은 논문을 발표하는 것이지만 경제적 자립이 가능한 과학자라면 그 과정을 건너뛸 수 있는 여력이 있다. 굳이 담을 수 있는 내용에 한계가 있는 논문을 발표하는 것보다 새로운 분야를 마음껏 탐구하고 그 내용을 충분히 담아낼 공간이 주어지는 책을 출판하는 방법도 있기에 하는 말이다. 수세기 동안 자신이 부자이거나 아주 부유한 후원자를 두었을 때에만 과학자가 될 수 있다는 것이 정설이었다.

울프럼은 2002년 자신의 저서 《새로운 과학(A New Kind of Science)》

을 세상에 내놓았다.[18] 무게 2.5킬로그램의 책은 총 1,280페이지에 달했으며 그중 348페이지는 수백 건의 새로운 과학 논문을 수록한 주석에 할애되었다. 언론을 통해 대대적으로 보도되며 화려하게 등장한 저서였지만 복잡계를 연구하는 사람들로부터 엇갈린 반응을 유발한 것도 사실이다. 그들 중 몇몇은 자신의 연구 성과가 제대로 인정받지 못했다고 생각한 사람도 있었다. 반대 의견을 제시한 사람들은 이전의 연구 성과를 새로운 맥락에서 조명하고자 했던 울프럼의 의도를 잘못 이해한 것이다. 카를로스 리니어스(Carolus Linnaeus)는 동식물의 분류('이명법', 예를 들어 대장균은 속의 명칭과 종의 명칭을 차례대로 표기해 'E. coli'로 명명한다)에 사용하는 현대 분류학의 창시자다. 그의 분류법은 찰스 다윈의 진화이론에 있어 중대한 효시가 되었을 뿐만 아니라 그 이전까지 사용되던 분류법에 전후 관계를 제공했다. 울프럼이 선도적 역할을 하며 닦아놓은 그 길을 지금 신세대 과학자들이 쫓아가고 있는 것이다.

1980년대 울프럼은 뉴럴 네트워크가 현실 세계에 미칠 영향력에 대해 다소 회의적이었다. 실제로 이후 30년간 이렇다 할 파급효과가 없었던 것도 사실이다. 그러나 최근 5년간 이뤄진 진전으로 상황은 완전히 바뀌었다. 울프럼을 비롯한 다수의 과학자들이 뉴럴 네트워크의 위력을 과소평가했음을 시인한 바 있다.[19] 그러나 뉴럴 네트워크의 성능이 어디까지 올라갈 수 있을지 누군들 예측할 수 있었겠는가? 매스매티카를 지원하는 울프럼언어 또한 지금 딥러닝 애플리케이션에 활용되고 있으며 그중 하나가 최초로 온라인상에서 이미지의 객체 인식 기능을 수행하는 애플리케이션이다.[20]

나에게 베아트리체 골롬을 소개해준 사람이 바로 울프럼이다. 내가 샌디에이고를 방문했던 1987년 그녀는 UCSD에서 박사과정을 밟고 있었다. 그는 내게 전화해 자신의 친구인 골롬이 나의 PDP 토크에 참석할 것이라고 했다(그리고 나중에 다시 우리 각각에게 전화해 서로 잘 만났냐고 물었다). 그 후 나는 샌디에이고로 이사도 하고 그녀와 약혼도 했다. 1990년에 우리는 캘리포니아공과대학교 교수회당인 '캘텍 애서니움(Caltech Athenaeum)'에서 결혼식을 올린 후 곧이어 결혼 심포지엄이 열린 '백맨 대강당(Beckman Auditorium)'으로 향했다. 그곳에서 내 아내 골롬은 ('결혼: 이론과 실제'라는 제목으로) 발표자로 나서기도 했다. 웨딩드레스를 입은 채로 말이다. 울프럼은 자신이 우리 두 사람을 맺어준 스토리를 확신과 자부심 넘치게 들려줬다. 하지만 아내가 공로를 인정받고 싶다면 그에 따르는 책임도 져야 한다고 지적하자 그는 조심스럽게 이의를 제기했다.

| 8장 | 헬로, 미스터 칩스

우리는 지금 컴퓨터 칩 산업의 새로운 구도의 태동을 목도하고 있다. 경쟁의 핵심은 학습 알고리즘의 구동이 가능한 신세대 칩의 설계와 구축이다. 심층, 강화 또는 다른 무엇이라도 현재 범용 컴퓨터에서 시험 중인 방식보다 수천 배는 빠르고 보다 효율적인 칩이 될 것이다. 새로운 초고밀도집적회로(very large-scale integration, VLSI, 초대규모 집적 회로로 전자회로 부품의 소형화와 경량화를 가져온 최초 설계 방식-감수자) 칩은 병렬처리구조이며 과거 50년 동안 컴퓨팅 방식을 지배했던 순차적인 폰 노이만 구조에서 나타나는 메모리와 중앙처리장치(central processing unit, CPU) 간 병목 현상의 완화를 위한 메모리를 장착하고 있다. 하드웨어의 측면에서 우리는 여전히 탐색 단계에 있으며 특수 목적 VLSI 칩들은 각각 나름의 강점과 한계를 보이고 있다. 대규모 네트워크의 구동을 위해서는 엄청난 양의 컴퓨터 용량이 필요할 것이며 그것은 현재 인공지능 애플리케이션을 위해 개발 중에 있다. 효율적인 하드웨어의 구축에 따르는 수익성 측면에서도 엄청난 잠재력을 보유하고 있다.

주요 컴퓨터 칩 기업과 스타트업들은 너 나 할 것 없이 딥러닝을 위한 칩 개발에 상당한 투자를 하고 있다. 예를 들면 2016년 인텔(Intel)은 4억 달러에 너바나(Nervana)를 인수했다. 너바나는 샌디에이고에서 특수 목적 VLSI 칩을 설계하던 작은 스타트업 기업이다. 너바나의 전 CEO 나빈 라오(Naveen Rao)는 현재 인텔의 새로운 인공지능 제품 그룹을 이끌며 중간 단계를 거치지 않고 인텔 CEO에게 직접 보고하는 위치에 있다. 2017년 인텔은 자율주행 자동차에 적용하는 감지기와 컴퓨터 비전 분야에 특화된 기업 모빌아이(Mobileye)를 153억 달러에 인수했다. 그래픽 애플리케이션과 게임 구동에 최적화된 특수 목적 디지털 칩, 일명 '그래픽처리장치(GPUs)'를 개발한 앤비디아(Nvidia)의 경우 현재 딥러닝과 클라우드 컴퓨팅을 위한 특수 목적 칩의 판매량이 훨씬 더 많다. 구글은 자사의 인터넷 서비스에 사용되는 딥러닝 기능을 강화하기 위해 보다 효율적인 특수 목적 칩인 텐서처리장치(Tensor Processing Unit, TPU)를 자체 개발했다.

딥러닝 애플리케이션의 개발을 위해서는 특수한 소프트웨어 또한 못지않게 중요하다. 구글은 자사의 딥러닝 네트워크가 대중적으로 활용되도록 하기 위해 텐서플로우(TensorFlow) 프로그램을 제작했다. 비록 그 의도가 보이는 것처럼 이타적인 것은 아닐지라도 말이다. 예를 들면 안드로이드 프로그램을 무상으로 이용하도록 한 결과 전 세계에 사용되고 있는 거의 모든 스마트폰의 운영체제에 대한 통제권이 구글의 손에 들어갔다. 그러나 지금은 구글의 텐서플로우를 대체할 수 있고 무상으로 사용할 수 있는 대안도 존재한다. 마이크로소프트의 인지툴킷(Cognitive Tool Kit, CNTK), 아마존을 비롯한 다른 주요 인터넷 기업들이 지원하는 엠브이넷(MVNet), 그 외에도 독자적으로 딥러닝 프로그램의 구동이 가능한 카페(Caffe), 테아노(Theano), 파이토치(PyTorch) 등이 그것이다.

핫칩스(Hot Chips)[1]

2011년 나는 카블리재단(Kavli Foundation)의 후원으로 노르웨이의 트롬쇠에서 열린 '녹색환경에서 성장하는 고성능 컴퓨팅(Growing High Performance Computing in a Green Environment)' 심포지엄을 주관했다.[2] 우리가 예측한 바에 따르면 현재의 마이크로프로세서 기술이라면 (페타급 컴퓨팅보다 천 배 더 강력한) 엑사급 컴퓨팅을 위해서는 50메가와트의 전력이 필요할 것이다. 뉴욕시의 지하철 운영에 필요한 것보다 더 많은 전력량이다. 따라서 차세대 슈퍼컴퓨터는 영국계 다국적 반도체 기업인 암홀딩스(Arm Holdings, ARM)에서 휴대전화기에 장착하기 위해 개발하고 최적화시킨 것과 같은 저전력 칩으로 구동되어야만 한다. 머지않아 가장 연산 집약적인 애플리케이션의 실행을 위해 범용 디지털 컴퓨터를 사용하는 것은 더 이상 실용적이지 않을 것이며 특수 목적 칩이 지배적인 상황이 도래할 것이다. 이미 휴대전화기에 지배적으로 적용되고 있는 것처럼 말이다.

인간의 뇌에는 대략 천 억 개의 뉴런이 있고 각각의 뉴런은 수천 개의 다른 뉴런들과 서로 연결되어 있어 시냅스 수는 천 조(10^{15}) 개에 이른다. 신체의 전체 질량에서 뇌는 고작 3퍼센트만 차지하고 있음에도 불구하고 뇌의 구동에 필요한 전력은 대략 20와트 또는 몸 전체를 움직이는 데 필요한 힘의 20퍼센트 정도다. 이와 대조적으로 인간의 뇌 성능에 훨씬 못 미치는 페타급 슈퍼컴퓨터는 5메가와트 또는 25만 배나 많은 전력량을 소비한다. 자연은 분자 단위까지 신호를 전달하고 의사소통을 하기 위해 필요한 뉴런의 구성 요소들을 소형화하고 부피를 최소화할 수 있도록 뉴런들을 3차원적으로 연결함으로써(마이크로칩의 표면에 장착되는 트랜지스터는 고작 2차원적으로 연결되어 있을 뿐이다) 그와 같은 놀라운 효율성을 구현해냈다. 이 경이로운 자연의 기술은 아주 오랜 시간에 걸쳐 진화해온 것이기에 우리 인간이 만회해야 할 시간도 결코 적지 않다.

딥러닝은 고도로 연산 집약적이며 중앙 집중식 서버에서 연산을 수행하고 휴대전화기와 같은 단말 장치로 결과물을 전달하는 방식으로 운영된다. 결과적으로 단말 장치의 독립성이 관건이며 그것은 곧 근본적으로 다른 하드웨어를 의미한다. 클라우드 컴퓨팅에 비해 훨씬 가볍고 전력 소비도 훨씬 적은 하드웨어 말이다. 다행히도 그런 하드웨어가 이미 존재한다. 바로 인간의 뇌에서 영감을 얻어 고안된 뇌신경 모방 칩, 일명 '뉴로모픽 칩(neuromorphic chips)'이 그것이다.

쿨칩스(Cool Chips)[3]

내가 카버 미드(Carver Mead, 〈그림 8.1〉)와 처음 만난 것은 1983년 피츠버그 외곽의 휴양지에서 열린 워크숍에서였다. 힌튼이 뉴럴 네트워

〈그림 8.1〉
캘리포니아공과대학교에서 최초의 실리콘 컴파일러를 만들었던 1976년의 미드. 그는 자신이 보유한 통찰력과 기술적 진보성으로 디지털과 아날로그 컴퓨팅 양쪽 모두에 중대한 영향을 미친 선지자였다. 전화기와 사진의 만남인 셈이다. 캘리포니아공과대학교 기록보관소. 이미지 출처: 캘리포니아공과대학교.

크의 발전 방향에 관한 토론을 위해 소규모 그룹을 만들었다. 미드는 컴퓨터과학 분야에 남긴 중대한 업적으로 유명한 인물이었다. 그는 VLSI 칩에 장착되는 트랜지스터의 크기가 점점 작아질수록 칩의 효율성은 점점 더 높아질 것이며 그에 따라 컴퓨팅의 성능 향상 또한 향후 오랜 기간 동안 지속될 것임을 처음으로 내다본 인물이기도 했다. 칩에 있는 트랜지스터의 수가 매 18개월마다 두 배로 늘어났다고 한 고든 무어(Gordon Moore)의 연구 결과에 근거해 '무어의 법칙'이라는 용어를 처음 사용한 사람도 바로 미드였다. 1981년의 그는 이미 실리콘 컴파일러를 발명한 전설적인 인물이었다. 실리콘 컴파일러는 칩에 있는 연결선과 시스템 수준의 기능성 모듈의 패턴을 자동으로 배치해주는 프로그램이다.[4] 실리콘 컴파일러가 발명되기 이전까지는 엔지니어들이 경험과 직감에 기초해 수작업으로 칩을 생산했다. 본질적으로 미드의 발명품은 스스로 칩을 설계하도록 컴퓨터를 설정하는 것과 다름없었으며 그것은 나노 엔지니어링으로 가는 첫걸음이었다.

미드는 선지자다. 피츠버그 외곽에서 열린 워크숍에서 우리가 작은 방 안의 조그만 테이블 주위에 모여앉아 있던 그 순간에도 위층에서는 슈퍼컴퓨터를 주제로 한 회의가 열리고 있었다. 크레이(Cray Inc.), 컨트롤데이터(Control Data Corporation) 같은 세계적인 슈퍼컴퓨터 제조사들은 1억 달러의 자금을 투입해 특수 목적 하드웨어를 설계하고 있었다. 우리 연구소에 있던 컴퓨터에 비하면 수백 배나 빠른 슈퍼컴퓨터를 말이다. 크레이의 슈퍼컴퓨터는 속도가 너무나 빨랐기 때문에 프레온을 사용한 액체 냉각 방식을 적용해야만 했다. 미드는 슈퍼컴퓨터 제조사들은 아직 모르고 있지만 조만간 마이크로프로세서는 종적을 감추게 될 것이라고 내게 말했다. 슈퍼컴퓨터에 장착되는 특수 목적 칩과 비교하면 훨씬 느리긴 하지만 개인용 컴퓨터에 쓰이는 마이크로프로세서는 슈퍼컴퓨터보다 훨씬 빠르게 진화했다. 기본적인 장치의 크기를 소형화함으로써 성능의 향상은 물론 전례 없이 비용을 절감할 수 있었기 때문이다. 오늘날 휴대전화기에 사용되는 마이크로프로세서는 1980년대의 크레이 XMP 슈퍼컴퓨터보다 연산 능력이 열 배는 높다. 수백 수천 개의 마이크로프로세서 코어가 내장된 고성능 슈퍼컴퓨터는 이제 페타급 성능에 도달했다. 이미 종적을 감춘 크레이 슈퍼컴퓨터보다 백배는 빠른 속도에 소요 비용은 인플레이션을 감안한다면 대략 비슷한 수준일 것이다.

1983년 워크숍에서 미드는 우리에게 실리콘 망막을 보여줬다. VLSI 칩에 적용된 것과 동일한 기술로 제작되었지만 디지털 회로 대신 아날로그 회로를 사용했다. 아날로그 회로에서는 트랜지스터의 전압이 지속적으로 달라질 수 있다. 반면 디지털 회로의 트랜지스터는 '온' 또는 '오프'의 이진값 중 한쪽만 취한다. 인간의 망막에는 1억 개의 광수용체 배열이 있어 광자 버킷(photon buckets)을 메모리로 전송하기만 하는 카메라와 달리 시각적 인풋을 효율적인 뉴런 신호로 전환해주는 뉴런 처리 과정이 층을 이룬다. 망막의 처리 과정은 그렇게 암호화된 신호가 수백 개의 엑손과 함께 실무율 극파의 형태로 그 신호를 뇌까지 전달하는 신경절 세포에 도달하기 전까지는 아날로그 방식이다. 극파의 실무율 특성은 디지털 논리와 흡사하다. 그러나 극파의 기간은 아날로그 변수이며 시계도 없다. 결국 극파가 하이브리드 코드를 학습해야 하는 것이다.

미드의 망막 칩에서는 '오프'에서 거의 '오프' 상태로 임계수치 이하의 전압을 사용함으로써 처리 과정의 등급 구분이 가능해졌다. 반면 디지털 모드에서 작동한다면 트랜지스터가 완전한 '온' 상태로 급속하게 전환되며 그로 인해 보다 많은 전력을 소모하게 된다. 그 결과 아날로그 VLSI 칩은 디지털 칩이 소모하는 전력에 비해 극소량만 소비한다. 밀리와트에서 와트가 아닌 나노와트에서 마이크로와트 사이가 될 것이라는 얘기다. 또한 수백만 배는 더 효율적이다. 뉴로모픽 엔지니어링의 창시자이자 뇌신경 형식의 알고리즘을 기반으로 한 칩의 개발이 목표였던 미드는 1989년 곤충의 뉴런 회로에 내장된 뉴런 알고리즘과 포유류의 눈은 실리콘을 사용해 매우 효과적으로 복제할 수 있음을 보여줬다.[5]

망막 칩은 미드의 수제자이자 대학원생이었던 미샤 마호왈드(Misha Mahowald, 〈그림 8.2〉)가 1988년에 내놓은 발명의 역작이었다.[6] 캘리포

〈그림 8.2〉
캘리포니아공과대학교 시절인 1982년의 마호왈드. 당시 그녀는 미드의 제자로 최초의 실리콘 망막을 만들었다. 뉴로모픽 엔지니어링계에 대한 그녀의 기여도는 상당했다. 이미지 출처: 토비아스 델브뤼크(Tobias Delbrück).

니아공과대학교 학부에서 생물학을 전공하고 대학원 과정에서는 전기공학을 공부했던 경험과 어우러진 그녀의 통찰력은 총 네 개의 특허권으로 이어졌다. 1992년 미샤는 실시간 쌍안접합이 가능한 마이크로 칩에 관한 박사학위 논문으로 밀튼앤드프랜시스크라우저 상을 수상했다. 마호왈드의 마이크로 칩은 어려운 작업에 실제로 집단 행동을 사용하는 최초의 칩이었다. 1996년에는 국제여성기술인네트워크(Women in Technology International, WITI) 명예의 전당에 입성하기도 했다.

임계값 주변의 트랜지스터에 관한 물리학과 생체막의 이온통로를 다루는 생물물리학 사이에는 매우 밀접한 관련이 있다. 마호왈드는 옥스퍼드대학교의 신경과학자 케반 마틴(Kevan Martin), 로드니 더글러스(Rodney Douglas) 등과 더불어 실리콘 뉴런 개발을 위한 공동연구를 진행했으며[7] 그들과 함께 취리히로 건너가 취리히대학교의 신경정보연구소(Institute of Neuroinformatics) 그리고 스위스연방기술연구소(Swiss Federal Institute of Technology)의 설립에 일조했다(〈그림 8.3〉). 그러나 심한 우울증에 시달리던 마호왈드는 1996년 33세의 나이에 자

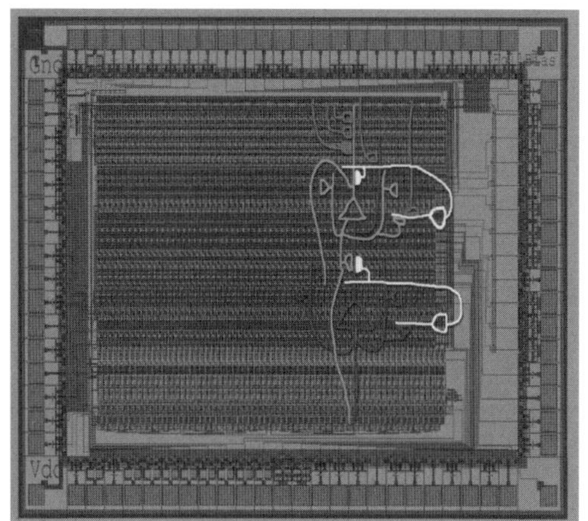

〈그림 8.3〉
실리콘 뉴런. 이 아날로그 VLSI 칩에는 뉴런의 이온통로처럼 작동하는 회로가 있으며 마호왈드가 칩 위에 그림으로 표시해 보여주고 있는 것처럼 뉴런 회로를 실시간으로 모방할 수 있다. 이미지 출처: 로드니 더글러스.

살로 생을 마감하고 말았다. 눈부신 유성처럼 말이다.

미드는 1999년 캘리포니아공과대학교에서 은퇴하고 시애틀로 거처를 옮겼다. 2010년 내가 그를 방문한 것도 시애틀이었다. 그의 집 뒷마당에서 바다 위를 날아 시애틀-타코마국제공항, 일명 시택공항(Sea-Tac Airport)으로의 최종 진입을 시도하는 여객기들을 볼 수 있다. 그의 부친은 캘리포니아 중부 지역의 시에라네바다 산맥에 있는 산호아킨 수계 북쪽 지역에 대한 광범위 수력발전개발계획이었던 빅크리크수력발전프로젝트(Big Creek Hydroelectric Project)에 의해 건설된 발전소에서 근무했던 엔지니어였다. 한 세대 만에 초기 수력발전에서 초소형전자공학으로 넘어간 기술의 비약적 발전에 숨이 막힐 정도다. 카버의 취미는 골동품 유리잔과 전기선을 지탱하는 데 사용했던 도기절연체를 수집하는 것이다. 그런 것들은 인디언들의 화살촉처럼 어디서나 찾을 수 있는 물건들이다. 물론 어디를 살펴봐야 할지를 안다면 그렇다는 말이다. 미드는 (양자물리학에 대한 새로운 실험에 레이저 자이로스코프를 사용할 정도로) 선각자였다.[8] 그러나 그의 효율성은 제대로 작동할 뿐만 아니라 손안에 들어올 만한 크기의 물건을 만들고자 했던 그의 헌신에 있다.

뉴로모픽 엔지니어링

1990년 페어차일드 학자(Fairchild distinguished scholar)라는 호칭을 받고 캘리포니아공과대학교의 안식년을 보내던 나는 연구원들의 틈에 끼어 실험실 미팅에 동석하는 즐거움을 누리고 있었다. 특히 관심사를 공유했던 전산신경과학자 크리스토프 코흐(Christof Koch)와 그의 동료들 간의 미팅 그리고 카버랜드(카버 미드의 연구팀을 그렇게 불렀다)의 미팅은 유쾌한 경험이었다. 카버랜드의 놀라운 프로젝트 중 하나는 사람의 귀에 있는 달팽이관의 그것과 매우 유사한 주파수조정회로가 장착된 실리콘 달팽이관이었다. 다른 연구원들은 실리콘 시냅스를 연구하고 있었다. 시냅스 가소성이 발생하는 실리콘 메커니즘도 포함한 연구로 실리콘 칩에 장기적 무게 변화를 적용할 수 있을 것이다. 이후 카버랜드의 학생들은 학교를 떠나 전 세계 곳곳의 공학계로 진출했다.

1993년 나는 크리스토프 코흐, 로드니 더글러스와 함께 뉴로모픽 엔지니어링 워크숍을 시작했다. 미국국립과학재단의 후원으로 매년 7월에 콜로라도의 텔류라이드에서 3주간 개최하는 워크숍으로 전 세계에서 다양한 분야에서 활동하는 학생과 교수진들이 참여하는 국제

행사다. 연구 활동보다는 토론이 위주인 여타의 워크숍과는 달리 텔류라이드 워크숍에서는 마이크로 칩을 실험하고 그것을 바탕으로 로봇을 제작하는 공간이 마련되었고 참가 학생들로 실험실은 가득 들어찼다. 망막 칩과 시각피질 칩의 연결 그리고 피질 칩과 운동 아웃풋 칩의 연결에서 문제가 발생했다. 그 연결에 필요한 전선이 너무나 많았다.

아날로그 VLSI 칩을 연결하는 훨씬 나은 대안은 극파를 이용하는 것이다. 대뇌피질의 절반을 구성하는 백질이라는 장거리 액손을 통해 우리의 뇌가 사용하는 방법이다. 망막 칩과 피질 칩을 수백 개의 전선으로 연결하는 것은 실현 가능성이 높지 않을 것이다. 다행히 빠른 디지털 논리를 적용하면 각각의 전선을 다중화시킬 수 있고 다수의 망막 칩이 동일한 전선을 사용해 피질 세포와 커뮤니케이션할 수 있다. 이것은 수신 칩에 극파를 발산한 송신 칩의 주소를 전송한 다음 디코딩 과정을 거쳐 연결되는 장치로 경로를 설정하는 방법으로 구현되었다. 이른바 '주소 이벤트 표현방식(address event representation)'이다.

현재 취리히대학교의 신경정보연구소에서 활동 중인 토비아스 델브뤼크(〈그림 8.4〉, 왼쪽)는 미드의 대학원생 제자였다.[9] 2008년 그는 '동적비전센서(ynamic Vision Sensor, DVS)'라는 매우 성공률이 높은 극파 망막 칩을 개발해 움직이는 객체를 추적하거나 두 개의 카메라를 사용해 객체를 정밀하게 포착하는 등의 작업을 엄청나게 단순화시켰다(〈그림 8.4〉, 오른쪽).[10] 일반적인 디지털 카메라는 26밀리초 간격의 정지화면을 순차적으로 저장하는 프레임 방식을 기반으로 작동한다.

〈그림 8.4〉
동적비전센서. (왼쪽) 취리히대학교의 신경정보연구소에서 자신이 발명한 DVS 카메라를 들고 있는 델브뤼크. DVS 카메라는 프레임을 생성하는 디지털카메라와 달리 비동기적으로 극파를 발산하는 특수 목적 칩이다. (오른쪽) 카메라에는 각각의 픽셀에서 빛의 세기의 점진적 증감을 감지하는 아날로그 VLSI 칩 위의 이미지에 초점을 맞추는 렌즈가 장착되어 있다. 극파는 긍정적 증가일 때는 '온' 상태의 전선 그리고 부정적 증가일 때는 '오프' 상태의 전선을 통해 발산된다. 아웃풋 극파는 회로판에 의해 처리되며 회로판은 〈박스 8.1〉의 예와 같이 극파의 패턴을 보여준다. 우리 눈의 망막은 고도로 발달된 DVS 카메라와 같다. 망막으로부터 발산된 극파의 패턴은 뇌에서 변형되지만 극파의 패턴은 그대로 남아 있다. 뇌의 내부 어디에도 이미지가 존재하지는 않는다. 설사 우리가 이미지를 통해 세상을 인식한다 할지라도 말이다. 이미지 출처: (왼쪽) 토비아스 델브뤼크. (오른쪽) 삼성.

각 프레임 사이의 정보는 소실된다. 초당 200회로 회전하는 디스크 위에 한 개의 결점이 있다고 상상해보라. 그 결점은 각 프레임당 다섯 번 회전하게 될 것이며 디지털 카메라의 재생 화면은 흡사 정지 신호처럼 보일 것이다(〈박스 8.1〉). 반면 델브뤼크의 극파 카메라는 극소수의 극파로 움직이는 결점을 마이크로초 단위의 정밀도로 추적할 수 있어 속도가 빠를 뿐만 아니라 효율성 또한 높다. 극파와 극파 기간을 기반으로 한 최초의 새로운 범주의 센서를 장착한 DVS 카메라는 자율주행 자동차를 포함한 다양한 애플리케이션의 성능을 향상시킬 수 있는 엄청난 잠재력을 보유하고 있다. 텔류라이드에서 열린 2013년 워크숍에서 진행된 프로젝트 중 하나는 DVS 카메라를 사용해 날아오는 슛을 막아내는 것이었다(〈그림 8.5〉).

〈박스 8.1〉

동적비전센서 카메라의 작동 원리

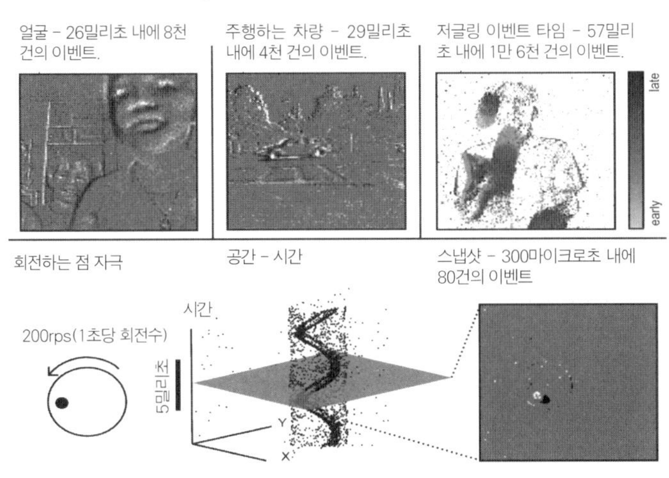

위 그림에서 보여주는 것과 같이 DVS 카메라의 프레임에서 흰색 점들은 '온' 경로로부터 발산된 극파이며 검은색 점들은 '오프' 경로로부터 발산된 극파이다. 회색은 극파가 없다는 것을 의미한다. 왼편 상단의 프레임에서는 두 개의 얼굴이 감지되었다. 26밀리초 간격의 프레임이 저장되는 동안 미세한 움직임이 있었기 때문이다. 오른편 상단(저글링) 프레임의 경우, 각 점들의 도착 시간이 회색 레벨로 표시되어 도착하기까지의 궤적을 볼 수 있다. 왼편 아래쪽에 있는 회전 디스크는 초당 200회(rps)로 회전하고 있다. 중간 아래쪽의 패널은 상향 나선형 구적을 보여주고 있다. 오른편 아래쪽 패널은 나선형 궤적의 300마이크로초 단면이다. 여기에는 단 80개의 극파만 있으며 검은색과 흰색 극파의 변위를 시간 간격으로 나눈 값을 측정하면 어렵지 않게 속도를 측정할 수 있다. 주목해야 할 것은 26밀리초 단위로 프레임을 저장하는 디지털 카메라는 200헤르츠로 회전하는 점을 따라갈 수 없을 것이라는 점이다. 한 번의 회전에 소요되는 시간이 5밀리초이며 모든 프레임은 고리 모양일 것이기 때문이다. 카메라로부터 나오는 아웃풋은 연속적인 극파뿐이다. 우리의 망막처럼 말이다. 거의 모든 픽셀이 거의 대부분 소리가 없다는 점을 감안한다면 이것은 장면을 표시하는 매우 효율적인 방법이다. 그리고 각각의 극파는 유용한 정보를 운반한다. 이미지 출처: 토비아스 델브뤼크 외.[11]

극파를 발산하는 뉴런은 새로운 컴퓨팅의 기회를 제시했다. 예를 들어 뉴런 집단에서 발생하는 극파의 시간은 어떤 정보를 저장할 것인가를 조절하는 데 사용될 수 있다. 1997년 독일의 헨리 마크람(Henry Markram)과 베르트 자크만(Bert Sakmann)은 시냅스로 전달되는 인풋 극파와 시냅스 후 뉴런의 아웃풋 극파를 반복적으로 페어링함으로써 시냅스의 강도를 증감시킬 수 있다는 연구 결과를 발표했다.[12] 만약 인풋 극파가 아웃풋 극파가 발생되기 전 20밀리초 범위 내에서 발생한다면 장기 상승 작용이 일어나지만 아웃풋 극파 이후 20밀리초 범위 내에서 발생한 인풋 극파를 반복적으로 페어링하면 장기저하가 일어난다(〈그림 8.6〉). 다양한 생물종의 뇌 내부의 많은 부분에서 나타나는 '극파기간의존가소성(spike-timing-dependent plasticity, STDP)'이 이벤트의 순서에 의한 장기 기억의 형성에 중요한 역할을 담당하는 것일지도 모른다. 그러나 그 특성이 (14장에서 다룰) 헵의 가설

〈그림 8.5〉
텔류라이드에서 열린 2013 뉴로모픽 엔지니어링 워크숍에 등장한 뉴로모픽 골키퍼. (상단) 포페폴루 폴로우셀레(Fopefolu Folowosele, 왼쪽)가 뉴로모픽 골키퍼(오른쪽)의 성능을 시험하고 있다. 그 뒤로 다른 참가 학생들과 프로젝트들이 보인다. (하단) 델브뤼크의 DVS 카메라가 페인트를 섞을 때 사용하는 막대의 끝에 있는 납작한 조각판이 어디로 움직여야 하는지 알려준다. 골키퍼는 학생들에 비해 반응 속도가 훨씬 빠르며 모든 슛을 막아냈다. 나도 시도해봤지만 골을 넣지 못했다. 이미지 출처: 토비아스 델브뤼크.

에 대한 더 나은 해석을 제공한다는 점 또한 못지않게 중요하다.[13]

뉴런의 인풋과 아웃풋에 자극적인 극파가 전달되면 시냅스의 강도는 증가한다는 것이 헵의 가소성에 의한 일반적 견해였다. 우연의 일치를 감지하는 형태인 셈이다. 헵은 실제로 이렇게 말한 바 있다. "A세포의 엑손이 B세포가 반복적 또는 지속적으로 극파를 발산하도록 자극할 수 있을 정도로 충분히 근접해 있다면 어느 한쪽 또는 양쪽 모두의 세포에서 일종의 성장 과정 또는 대사 변화가 일어날 수 있다. 예를 들어 둘 중 어느 하나의 세포가 B를 발산함에 따라 A의 효율성이 증가는 것처럼 말이다."[14] A세포가 B세포의 극파 발산에 기여하기 위해서는 A세포가 B세포보다 먼저 극파를 발산해야만 한다. 헵의 설명에 따른 조건대로라면 상호 연관성이 아닌 인과관계가 성립한다. 헵은 시냅스 강도가 감소되는 조건에 대해서는 언급한 바 없지만 인풋 극파가 아웃풋 극파 이후에 발생한다면 그것이 원인이 되어 아웃풋 뉴런과 연결될 가능성은 희박하다. 그리고 장기적으로 강도의 증감에 균형을 도출해야 한다면 시냅스의 차단이 타당한 방법일 것이다.

텔류라이드 워크숍에서 아날로그 VLSI를 대변하는 사람들과 디지털 설계자들이 여전히 논쟁을 벌이고 있는 쟁점이 있다. 아날로그 VLSI 칩은 모든 회로가 병행 작업을 수행하면서도 매우 낮은 전력을 소모하는 것 등 많은 장점을 보유하고 있다. 그러나 트랜지스터의 가변성과 같은 단점도 있다. 트랜지스터의 가변성은 동일한 두 개의 트랜지스터가 ±50퍼센트의 격차를 보이는 전류를 생성하는 결과로 이어진다. 그에 비해 디지털 VLSI 칩은 보다 정확하고 빠르며 보다 쉽게 제작할 수 있지만 훨씬 더 많은 전력을 소모한다. 캘리포니아 알마덴에 위치한 아이비엠리서치(IBM Research)의 다멘드라 모드하(Dharmendra Modha)가 이끄는 연구팀은 4,096개의 프로세스코어와 54억 개의 트랜지스터가 탑재된 디지털 칩을 개발하고 '트루노스(True North)'라고 이름 붙였다.[15] 트루노스 칩은 극파를 발산하는 백만 개의 뉴런이 2억 6,800만 개의 시냅스로 연결되는 시뮬레이션을 구성할 수 있지만 소비전력은 70밀리와트에 불과하다. 그러나 이들 시냅스의 강도는 고정적이다. 이러한 불가변성으로 인해 약화 또는 강화와 같은 다수의 주요 기능의 수행에 한계를 보이는 것은 단점이다.

뉴런의 극파 특성을 활용한 뉴럴 네트워크의 또 다른 단점은 극파

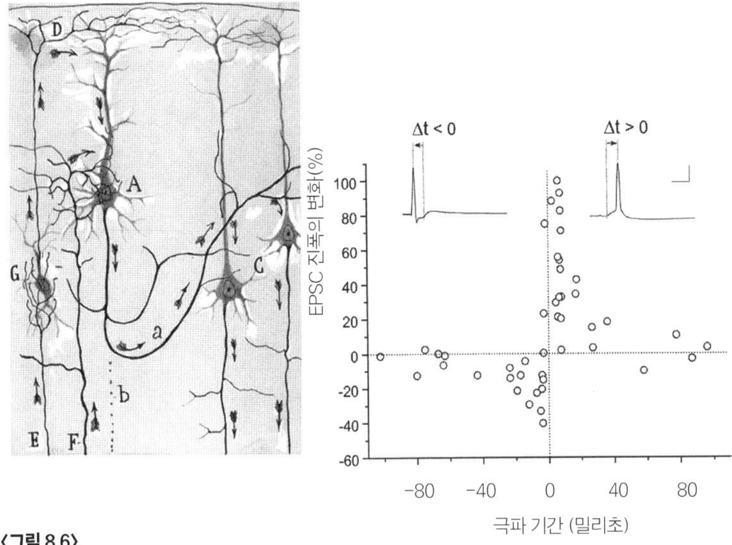

〈그림 8.6〉

STDP. (왼쪽) 스페인의 위대한 신경해부학자 산티아고 라몬 이 카할(Santiago Ramon y Cajal)이 그린 피질의 피라미드 뉴런. 뉴런 A의 아웃풋 엑손이 뉴런 C(화살표)의 수상돌기와 만나 시냅스를 만든다. (오른쪽) 좌측에 있는 두 개의 뉴런은 전극에 찔리고 자극을 받아 서로 시간적 간격을 두고 극파를 생성한다. 뉴런으로 전달되는 인풋 극파가 아웃풋 극파와 반복적으로 페어링되면 시냅스의 강도 변화(세로축)는 시냅스 전 인풋이 시냅스 후 극파가 도달하기 전 20밀리초 범위(가로축) 내에 도달할 경우는 증가하고 그 반대의 경우는 강도가 감소한다. 이미지 출처: (왼쪽) 산티아고 라몬 이 카할.[16] (오른쪽) G. Q. 비(G. Q. Bi) 외.[17]

시간의 비연속성으로 인해 기울기의 하강이 불가능하다는 것이다. 기울기의 하강은 지속적으로 뉴런의 값을 탐지하는 네트워크에서 학습을 유발하는 기능을 한다. 이것은 극파 네트워크가 학습할 수 있는 복잡성을 제한하게 된다. 기울기의 하강은 지속적으로 가변적인 아웃풋 비율을 가진 모델 뉴런의 심층 네트워크를 훈련하는 데 있어 엄청난 성공을 거둬왔던 부분이다. 덕분에 역전파 학습 알고리즘에 필수적 요소인 아웃풋 함수의 미분이 가능해졌다. 극파가 발생할 때 미분불가능 극파 네트워크가 비연속적이라는 결점은 최근 벤 허(Ben Huh)에 의해 극복되었다. 그는 내 연구소의 박사후 연구원으로 극파 뉴런을 보유한 재현성 네트워크 모델이 기울기의 하강을 이용해 긴 시간적 순서를 거쳐 복합적인 작업을 수행할 수 있는 방법을 찾아내기도 했다.[18] 이로 인해 심층 극파 네트워크 훈련의 장이 열렸다.

무어의 법칙은 더 이상 없는가?

무어의 법칙이 예측한 바와 같이 컴퓨터의 성능은 1950년대 디지털 컴퓨터가 발명된 이후 비교할 수 없을 정도로 향상되었다. 어떤 기술도 이렇게 기하급수적인 속도로 성장해 장난감에서부터 자동차에 이르기까지 제조되는 거의 모든 장비에 내장되는 결과로 이어진 사례가 없다. 컴퓨터는 현대 망원경의 보정광학을 자동으로 조절해 해상도를 최대화할 수도 있고 현대의 현미경이 포착한 광자를 분석해 초고해상도로 분자의 위치를 찾아낼 수도 있다. 과학과 기술의 거의 모든 영역이 이제 VLSI 칩에 의존하고 있다.

카버 미드는 선폭을 축소하는 잠재성에 기반을 두고 이들 칩의 부상을 예측한 바 있다. 그러나 선폭의 축소는 이미 물리적 한계에 이르렀다. 전선에 있는 전자의 수는 지나치게 적고 그나마도 무작위적인 충전에 의해 유출되거나 차단되는 경향이 있어 디지털 회로의 신뢰도를 떨어뜨리고 있다.[19] 더 이상 무어의 법칙은 없는 것인가? 지속적인 처리 성능의 향상을 위해서는 근본적으로 다른 구도가 필요하다. 디지털 설계의 완벽한 정확도에 의존하지 않는 구도 말이다. 전기모터의 효율성이 가솔린 엔진의 그것과 결합해 탄생한 하이브리드 자동차처럼 디지털과 뉴로모픽 설계의 융합이 부상하고 있다. 컴퓨팅을 위해 매우 낮은 전력만을 필요로 하는 뉴로모픽 설계의 장점과 커뮤니케이션에 유리한 고대역폭 디지털 칩의 장점을 취하는 새로운 하이브리드 구도 말이다.

무어의 법칙은 칩의 처리 성능만을 고려했을 뿐이다. 향후 50년간 병렬 구조가 지속적으로 진화한다면 무어의 법칙은 에너지와 함께 처리량까지 고려하는 새로운 법칙으로 대체되어야 할 것이다. 인텔의 주관으로 오리건, 포틀랜드에서 열린 2018 NICE 콘퍼런스에서 미국과 유럽의 과학자들에 의해 세 가지 새로운 뉴로모픽 칩이 공개되었다. 그중 하나는 인텔이 개발한 로이히 리서치 칩(Loihi research chip)이고 나머지 두 개의 차세대 칩은 유럽의 인간두뇌프로젝트(European Human Brain Project)에서 발표한 것이다. 대량 병렬 구조의 발전과 함께 이 구조에서 작동할 수 있는 새로운 알고리즘 또한 만들어지고 있다. 그러나 이들 구조 내에 있는 칩들은 여전히 정보의 전달을 필요로 한다. 바로 다음 장에서 중점적으로 다루게 될 문제다.

| 9장 |

내부 정보

언젠가 내가 전지전능의 존재가 되리라는 생각은 해본 적이 없다. 하지만 실제로 인터넷에 접근할 수만 있다면 나를 비롯해 그 누구라도 그런 존재가 될 수 있는 시대에 살고 있다. 정보는 인터넷을 통해 흐른다. 그것도 빛의 속도로 말이다. 책꽂이에 꽂혀 있는 책보다 인터넷을 통해 팩트에 접근하는 일이 훨씬 쉽다. 우리는 지금 다양한 형태로 일어난 정보의 폭발을 생생히 경험하고 있는 중이다. 망원경에서부터 현미경에 이르는 과학적 도구들은 점점 더 큰 규모의 데이터세트를 수집하고 있으며 그렇게 수집된 데이터는 머신러닝에 의해 분석되고 있다. 미국국가보안국(National Security Agency, NSA)에서는 자신들이 도처에서 수집한 방대한 데이터를 샅샅이 살펴보는 데 머신러닝을 이용하고 있다. 경제 분야 또한 점점 디지털화되어가고 있으며 많은 기업에서 프로그래밍 기술 인력의 수요가 높다. 산업 경제에서 정보 경제의 시대로 이동함에 따라 교육과 직업 훈련 또한 보조를 맞춰야 할 것이다. 이것은 이미 우리가 사는 세상에 상당한 영향을 끼치고 있다.

정보이론

1948년 뉴저지의 머레이힐에 위치한 AT&T벨연구소의 클로드 섀넌(Claude Shannon, 〈그림 9.1〉)이 놀라울 정도로 단순하지만 매우 절묘한 정보이론을 내놓았다. 잡음이 심한 전화선을 통한 신호 전달을 이해하기 위한 방편이었다.[1] 섀넌의 이론, 즉 섀넌의 정리는 디지털 커뮤니케이션 혁명을 주도했고 휴대전화기, 디지털텔레비전 그리고 인터넷의 개발을 유도했다. 휴대전화기로 통화를 할 때 발신자의 목소리는 정보 전달의 최소 단위인 비트로 암호화되고 전파와 디지털 송전선을 통해 수신기까지 전달된다. 그리고 수신기에 도달한 디지털 신호는 복호화 과정을 거쳐 다시 소리로 변환되는 것이다. 정보이론은 커뮤니케이션 경로에 한계를 부과한다(〈그림 9.2〉). 그동안 섀넌의 한계에 접근하는 암호들이 고안되어왔다.

〈그림 9.1〉
섀넌이 1963년경 전화교환 네트워크 앞에 앉아 있다. 정보이론을 발명할 당시 그는 AT&T벨연구소에서 근무 중이었다. 이미지 출처: Alfred Eisenstaedt/The LIFE Picture Collection/Getty Images.

세상에 존재하는 다양한 형태의 정보에도 불구하고 데이터세트에 포함된 정보의 양을 정확히 측정할 수 있는 방법은 있다. 정보의 단위

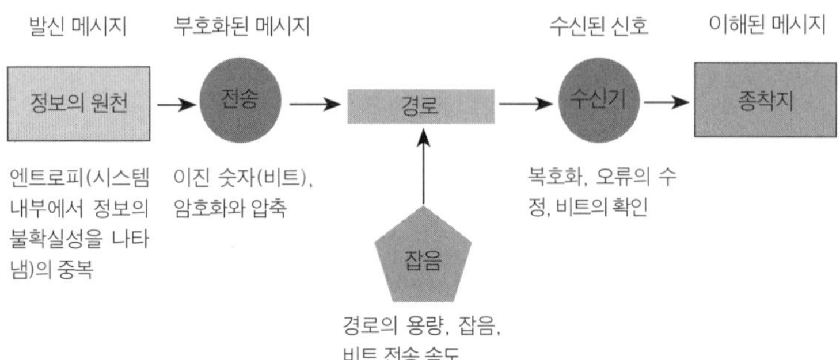

〈그림 9.2〉
섀넌의 통신 시스템 모델. 메시지는 이진법의 단위인 비트로 부호화되고 경로를 통해 전송된다. 경로는 전화선일 수도 있고 전파가 될 수도 있다. 수신된 메시지는 복호화 과정을 거친다. 초당 전송되는 비트의 용량은 시스템에 있는 잡음의 양에 따라 다르다. 이미지 출처: 데니스 존스(Dennis Jones).[2]

는 '이진법 비트'로 1 또는 0의 값만 가질 수 있다. 1바이트는 8비트와 같다. 고화질의 사진을 포함한 정보는 메가바이트 또는 수백만 바이트의 수치로 나타낸다. 우리가 들고 다니는 휴대전화기에 저장된 정보의 단위는 기가바이트, 즉 수십 억 바이트에 달한다. 인터넷에 있는 데이터는 페타바이트, 즉 천 조(십 억의 백승) 바이트에 이른다.

숫자이론

미국전기전자학회(IEEE) 정보이론협회(Information Theory Society, ITS)는 연례 국제심포지엄에서 이 분야의 탁월한 연구 성과를 인정하고 그에 대한 예우를 다하기 위해 클로드 E. 섀넌 상을 수여한다. 영국 브라이튼에서 개최된 1985년 심포지엄에서 섀넌 상은 서던캘리포니아대학교의 솔로몬 골롬(Solomon Golomb, 〈그림 9.3〉)에게 돌아갔다. 치환 레지스터의 순차적 배열(shift register sequences)에 관한 그의 연구는 현대 디지털 통신의 토대가 되었다.[3] 치환 레지스터의 순차적 배열은 0과 1로 이뤄진 아주 긴 의사난수의 배열을 생성하는 알고리즘이다. 우리가 휴대전화기로 통화를 할 때마다 이 치환 레지스터의 순차적 배열을 활용하는 셈이다. 골롬은 치환 레지스터의 순차적 배열을 사용해 신호를 효율적으로 암호화하는 방법을 보여줬다. 암호화된 신호는 전송과 복호화 과정을 거쳐 수신자에게 도달하는 것이다. 만약 휴대전화기와 다른 통신 시스템들이 생성한 치환 레지스터의 순차적 배열의 시간을 모두 합친다면 도저히 믿기 어려운 숫자인 10의 27승보다 큰 수가 나올 것이다. 10의 27승은 10억이 세 번이나 곱해진 숫자(1,000,000,000,000,000,000,000,000,000)다.[4]

〈그림 9.3〉
국립과학훈장을 받은 2013년의 솔로몬 골롬. 패서디나의 캘리포니아공과대학교 제트추진연구소 시절 그가 이뤄낸 치환 레지스터의 순차적 배열에 대한 수학적 분석 덕분에 심우주 탐사기와의 통신이 가능했다. 치환 레지스터의 순차적 배열은 훗날 휴대전화기의 통신 시스템에 내장되었다. 우리가 휴대전화기를 사용할 때마다 그가 발견한 수학적 부호들을 사용하고 있는 셈이다. 이미지 출처: 서던캘리포니아대학교.

언젠가 나는 (나의 장인이기도 한) 솔로몬 골롬에게 통신의 문제를 풀기 위해 어떻게 그런 명쾌한 해결책을 찾아낼 수 있었는지 물어본 적이 있다. 그는 숫자이론에 대한 학습의 결과라고 답해줬다. 수학이라는 학문 중에서도 가장 추상적 개념이라는 숫자이론 말이다. 그가 처음 치환 레지스터의 순차적 배열을 접하게 된 것은 볼티모어에 위치한 글렌엘마틴컴퍼니(Glenn L. Martin Company)의 여름 인턴사원으로 근무할 때였다. 1956년 매우 추상적인 수학의 영역인 숫자이론으로 하버드의 박사학위를 받은 후 그는 캘리포니아공과대학교의 제트추진연구소(Jet Propulsion Laboratory, JPL)에서 커뮤니케이션 연구팀을 이끌며 우주통신에 관해 연구했다. 심우주 탐사기는 태양계의 아주 먼 곳까지 보내진다. 그러나 탐사기로부터 되돌아오는 신호는 약하고 잡음도 많았다. 치환 레지스터의 순차적 배열과 오류-수정 코드 덕분에 우주탐사기와의 통신의 질은 엄청나게 향상되었고 그것에 적용되었던 바로 그 수학이 현대 디지털 통신의 기반이 되었다.

또 한 명의 탁월한 정보이론가였던 앤드류 비터비(Andrew Viterbi)를 JPL에 고용한 장본인이 골롬이었다. 골롬은 비터비를 어윈 제이콥스(Irwin Jacobs)에게 소개했다. MIT에서 안식년을 맞은 제이콥스는 골롬의 초청으로 JPL을 방문 중에 있었다. 그로부터 십여 년 후인 1985년 비터비와 제이콥스는 퀄컴의 공동설립자가 되었다. 퀄컴은 보다 효율적인 통신 방법으로 단일 주파수를 사용하는 대신 대역폭이 넓은 주파수를 통해 정보를 확신시키는 치환 레지스터의 순차적 배열을 사용함으로써 휴대전화기 기술에 일대 혁명을 불러일으켰다. 이와 같은 구상의 보다 단순한 버전은 여배우이자 발명가였던 헤디 라마(Hedy Lamarr, 〈그림 9.4〉)에게로 거슬러 올라간다. 그녀는 1941

〈그림 9.4〉
1940년 MGM의 광고 사진에 등장한 헤디 라마. 제2차 세계대전 시기에 무대와 은막의 스타였던 라마는 주파수 도약을 공동으로 발명한 과학자이기도 하다. 주파수 도약은 스펙트럼 확산 통신과 연관이 있으며, 군사용으로 사용되었고 휴대전화기에 사용되기도 했다.

년 제2차 세계대전 당시 군사용 보안통신 시스템으로 사용했던 주파수 도약을 개발한 장본인이자 특허권의 공동소유자였다.[5] 솔로몬 골롬이 서던캘리포니아대학교의 교수직을 위해 JPL을 떠난 후 그의 연구팀을 이어받은 사람이 에드 포스너였다. NIPS의 설립자인 바로 그 에드 포스너 말이다. 골롬은 JPL을 떠난 이후에도 꾸준히 자문을 제공하며 자신의 예전 팀원들에 대한 지원을 이어갔다.

치환 레지스터의 순차적 배열을 뒷받침하는 수학의 원리는 숫자이론 중에서도 매우 심층적인 부분이다. 골롬이 하버드의 박사학위를 받았을 때 그의 지도교수이자 당대 최고의 수학자였던 분은 순수수학은 결코 실용적일 수 없다는 자신의 믿음을 매우 자랑스러워했다. 그의 견해는 케임브리지대학교의 교수 고드프리 해럴드 하디(G. H. Hardy)와 다르지 않았다. 하디는 대단한 영향력이 있는 자신의 저서 《수학자의 사과(A Mathematician's Apology)》[6]에서 '훌륭한' 수학은 순수해야만 하고 그것은 곧 수학은 '재미없다'라는 의미라고 선언한 바 있다. 그러나 수학은 수학일 뿐 순수도 응용도 아니다. 일부 수학자들은 자신이 연구하는 수학이 순수하기를 원할지도 모른다. 그러나 수학이 현실 세계의 실제적 문제를 해결해내는 것을 막을 수는 없다. 실제로 골롬의 이력을 들여다본다면, 자신이 '순수 수학'으로부터 얻은 적절한 도구를 사용해 해결할 수 있는 중요한 실제적 문제를 찾아내는 활동이라는 포괄적 정의가 가능하다.

골롬은 수학적 게임을 개발하기도 했다. 그의 저서 《폴리오미노(Polyominoes)》[7]는 다수의 사각형으로 구성된 모양을 포함하는 게임에 대해 소개하고 있다. 《폴리오미노》가 대중에게 널리 알려진 것은 마틴 가드너가 〈사이언티픽 아메리칸〉의 칼럼인 '수학 게임'에 소개하면서부터였다. 네 개의 사각형으로 구성된 모양을 의미하는 테트로미노로부터 중독성 강한 게임 〈테트리스〉가 탄생했다. 위에서 떨어지는 테트로미노들을 바닥부터 차곡차곡 쌓아나가는 게임 말이다. 〈폴리오미노〉는 여전히 인기가 높은 보드게임이며 수학의 하위 분야에서 매우 다양하고 흥미로운 조합 문제들로 이어졌다.

골롬은 성경학자이기도 했다. 그는 일본어와 만다린어를 포함해 10여 개의 언어를 구사할 수 있었다. 언젠가 베아트리체가 더글러스 호프스태터(Douglas R. Hofstadter)의 저서 《괴델, 에셔, 바흐: 영원한 황금의 장식(Godel, Escher, Bach: An Eternal Golden Braid)》의 초판을 아버지에게 들고 온 적이 있다. 골롬은 권두삽화가 있는 페이지를 열었다. '창세기(Book of Genesis)'의 처음 스무 줄을 고대 히브리어로 소개한다는 설명문을 본 그는 이렇게 말했다. "첫째, 아래위가 뒤바뀌어 있어." 그러고는 책을 거꾸로 돌려 들었다. "둘째, 이건 고대 히브리어가 아니라 고대 사마리아어야. 셋째, 이건 창세기의 처음 스무 줄이 아니라 각 줄의 처음 일곱 단어들일 뿐이야." 그는 그렇게 계속 책을 읽으며 문장을 번역해나갔다.

섀넌은 브라이튼에서 열린 1985년 IST 심포지엄에 참가했다. 골롬은 심포지엄에서 섀넌 강의를 진행한 강연자였고 섀넌 강의에 섀넌 본인이 참석한 것은 1972년 본인이 직접 강연한 것을 제외하면 그때가 유일하다.

예측 부호화

통신 시스템에서 변화의 정보 가치는 매우 높다. 그것이 공간적이든 또는 시간적이든 무관하게 말이다. 동일한 강도의 이미지는 그리 많은 정보를 운반하지 않는다. 변화가 없는 신호 또한 마찬가지다. 뇌에 신호를 전달하는 센서는 주로 변화를 감지한다. 앞서 5장에서 설명한 망막과 8장에서 소개한 토비아스 델브뤼크의 DVS 카메라에서 이미 그 사례를 확인한 바 있다. 이미지는 망막에 안정화된 이후 몇 초 사이에 사라진다.[8] 우리가 인지하지는 못하지만 우리의 눈은 '미세안운동'이라고 하는 아주 미세한 행동을 초당 수차례 수행한다. 그럴 때마다 뇌에 저장되어 있는, 우리가 인지하는 세상의 내적 모형에 변화가 발생한다. 그 안에서 무언가 움직임이 있다면 망막은 그 변화를 상위 계층으로 보고하고 그로 인해 뇌에 있는 내적 모형이 새롭게 갱신되는 것이다. 그 흐름을 〈그림 9.5〉에 도식화해놓았다. 뇌에 있는 모형은 계층 구조다. 들어오는 감각 정보와 모형의 기대치 사이의 비교는 여러 계층에서 이뤄진다.[9] 이와 같은 상향식 특성으로 인해 우리는 밝은 섬광 또는 갑작스러운 큰 소리에 대해 즉각적으로 반응할 수 있다. 하지만 우리는 책상 위에 생긴 모종의 변화도 훨씬 더 높은 수준으로 감지한다. 일반적인 것에서 세부적인 것으로 옮겨가는 방식의 기억 비교를 통해서 말이다. 이 모든 것이 뇌에서 실시간으로 이뤄진다는 사실을 생각하면 "시간은 그 자체의 발현"이라던 카버 미드 교수의 만트라가 떠오르지 않을 수 없다.[10]

예측부호화의 역사는 비전은 무의식적 추론 또는 잡음의 제거를 위한 하향식으로 생성되는 시각적 정보가 불완전한 정보를 상쇄하고 시각적 장면을 해석하는 과정이라고 설명한 헤르만 헬름홀츠(Hermann von Helmholtz)에까지 거슬러 올라간다.[11] 예를 들어 우리의 망막 중 하나에 뜨는 아는 사람의 이미지 크기는 깊이에 대한 단안 단서(monocular cue)가 된다. 우리가 그 사람의 실제 크기에 익숙하고 망막 크기가 거리에 따라 변하는 방식을 경험한 바 있기 때문이다. 더 높은 인지 수준에서 제임스 맥클러랜드와 데이비드 러멜하트는 일반인들을 대상으로 한 실험을 통해 문자가 단어의 맥락에 놓여 있을 때 의미론적 맥락이 없는 비단어에서보다 빠르게 식별된다는 사실을 발견했다.[12] 그들의 병렬 처리 모델은 이와 유사한 행동 방식을 나타냈고, 덕분에 두 연구원은 자신들이 정보가 사람의 뇌에서 표현되는 방식을 이해하기 위한 올바른 방향으로 나아가고 있다는 확신을 갖게 되었다.

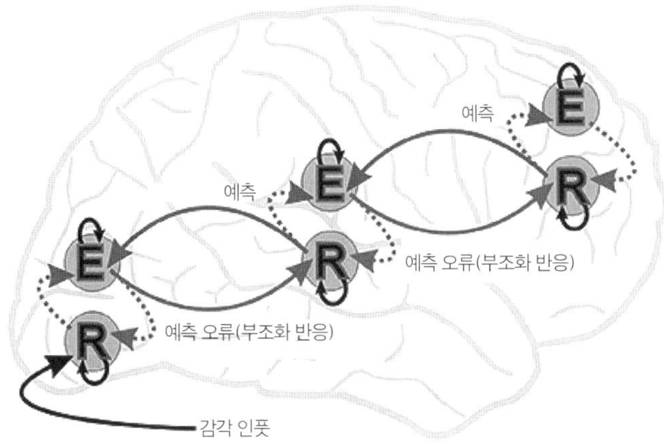

〈그림 9.5〉
수직적 예측 부호화의 체계. 인지는 이전의 감각적 이벤트로부터 추출된 규칙성에 근거한 사전 기대치에 따라 달라진다. 이 체계에서, 보다 높은 차원의 피질에 의해 만들어진 현재의 감각신호에 대한 예측은 E와 R 군집 사이의 상호 작용으로부터 발생해 이전 단계로 전달되며 예측의 오류만이 전방으로 역전파되고 있다. 이것은 헬름홀츠의 무의식적 추론을 구현한 것이다. 이미지 출처: 가보르 스테파닉스 외.[13]

글로벌브레인(The Global Brain)

2013년 4월 2일 백악관의 주도로 출범한 미국 브레인 이니셔티브(〈그림 9.6〉)는 궁극의 정보 기계, 바로 인간의 두뇌가 보유한 순기능과 역기능에 대한 이해 수준을 향상시키는 데 있어 가속을 더하기 위해 새로운 신경 기술을 만들어내고 있다. NIPS 콘퍼런스가 학습 머신의 개발을 위해 다양한 학문적 체계를 한 곳으로 집결시켰던 것처럼 브레인 이니셔티브는 공학자와 수학자, 물리학자들을 신경과학의 분야로 집결시켜 뇌 탐사에 필요한 도구의 향상을 도모하고 있다. 우리가 뇌에 대해 더 많이 알아갈수록, 특히 학습과 기억의 기초를 이루는 메커

〈그림 9.6〉
2013년 4월 2일 백악관에서 브레인 이니셔티브 계획의 공식 발표 직전 관련 기관 및 협회의 대표자들이 함께 모여 있다. (오른쪽에서 왼쪽으로) 브레인 이니셔티브의 백서 발행을 진두지휘한, 카블리재단의 최고과학임원인 천미영. 브레인 이니셔티브를 위한 미국국립보건원(NIH) 자문위원단의 공동의장인 윌리엄 뉴썸(Willam Newsome). 국립보건원장 프랜시스 콜린스(Francis Collins). 하워드휴스의학연구소(Howard Hughes Medical Institute) 부속연구 시설인 자넬리아리서치캠퍼스(Janelia Research Campus) 임원 제럴드 루빈(Gerald Rubin). 미국국립과학재단(NSF) 부총재 코라 마렛(Corra Marrett). 버락 오바마 미국 대통령. 대통령생명윤리심의회 의장 에이미 거트만(Amy Gutmann). 카블리재단 대표 로버트 콘(Robert Conn). DARPA 국장 아라티 프라바카(Arati Prabhakar). 앨런뇌과학연구소(Allen Institute for Brain Science) 소장 앨런 존스(Alan Jones). 소크생물학연구소의 세즈노스키. 이미지 출처: 토머스 카릴(Thomas Kalil).

니즘에 대해 알게 될수록 뇌 기능의 원리에 대한 이해도 또한 높아질 것이다.

뇌에 대해 우리는 분자와 세포 수준까지 밝혀냈지만 아직도 그 보다 높은 수준에서 뇌가 어떻게 조직되어 있는지에 대해서는 이해하지 못하고 있다. 서로 다른 형태의 정보가 피질의 넓게 분포된 영역에 저장된다는 것은 알고 있다. 그러나 사람의 얼굴 이미지만으로 그 사람의 이름을 인식하는 것과 같이 복잡한 문제를 해결할 때 이질적인 정보의 조각들이 어떻게 그렇게 신속하게 회수될 수 있는지에 대해서는 아직 아무것도 아는 바가 없다. 얼굴 이미지와 이름은 피질의 각

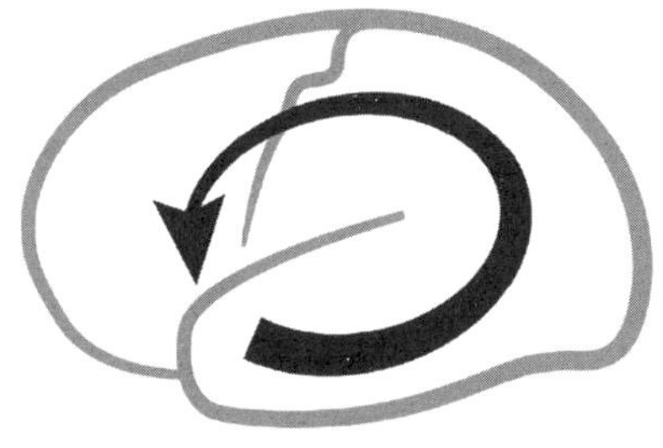

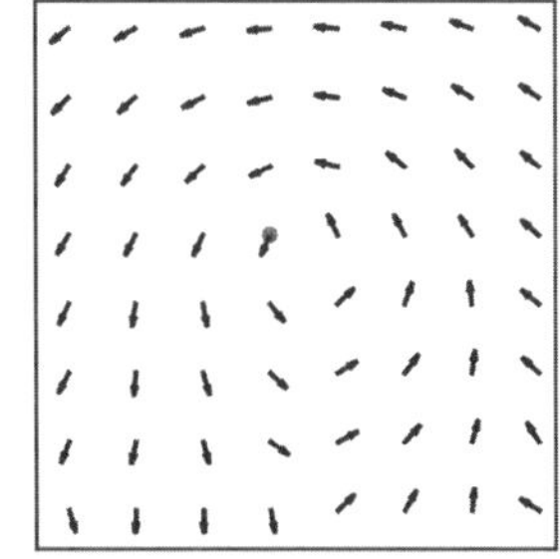

〈그림 9.7〉
뇌의 대뇌피질을 순회하며 회전하고 있는 전자파. 수면 방추파가 나타나는 동안 피질 표면의 전극을 통해 8x8 크기의 격자판에 기록된 것으로 수면 방추파는 기억의 강화에 관여한다. (왼쪽) 방추파는 원형의 전파로 피질의 측면을 가로질러 화살표 방향으로 순회하며 매 80밀리초마다 고리 모양을 형성한다. 이 과정은 수면 중에 수천 번도 넘게 반복된다. (오른쪽) 작은 화살표들이 피질 표면의 64개 기록 지점에 나타난 진행파 국면의 최대 증가를 보여준다. 이미지 출처: 테런스 세즈노스키 외.[14]

〈그림 9.8〉
1977년 제작된 공상과학/판타지 영화 〈스타워즈〉에서 기억을 강화시킨 레아 공주를 연기한 캐리 피셔(Carrie Fisher). 사진에 보이는 피셔의 올림머리 모양이 수면 방추파가 일어나는 동안 피질 전반에 빠른 흐름의 형태를 보이는 원형 유동장과 비슷하다. (〈그림 9.7〉과 비교)

각 다른 영역에 저장되지 않는가 말이다. 이 의문은 뇌의 의식의 기원과 매우 밀접하게 연관되어 있다.

최근 나는 동료들과 함께 수면 상태인 사람의 뇌의 전반적인 활동 패턴을 밝혀냈다. 어쩌면 그로 인해 대뇌피질에 넓게 분포되어 있는 정보의 조각들이 어떻게 서로 연결되는지 알 수 있을지도 모른다.

원기 회복 과정인 서파수면과 급속한 안구운동이 동반되는 램(REM) 수면의 중간에 있는 수면 상태에서 시공간적으로 매우 높은 일치성을 보이는 진동, 이른바 '수면 방추파'가 피질 활동을 지배하는 것으로 나타났다. 이 10~14헤르츠의 진동은 몇 초 동안 지속되며 전체 수면 시간에 걸쳐 수천 번 반복적으로 발생한다. 수면 방추파가 우리가 잠든 사이 기억의 강화 현상에 관여한다는 실험적 증거도 있다. 뇌 피질로부터 뇌파를 측정한 결과 릴리 뮬러(Lyle Muller), 시드니 캐시(Sydney Cash), 조반니 피안토니(Giovanni Piantoni), 도미니크 콜러(Dominik Koller), 에릭 할그렌(Eric Halgren) 그리고 나를 포함한 우리 연구팀은 수면 방추파가 전반적으로 발생하며 원형을 그리며 순회하는 전기적 파장으로 피질의 전 영역을 골고루 훑고 지나간다는 것을 발견했다(〈그림 9.7〉).[15] 우리는 〈스타워즈〉에 등장하는 레아 공주의 올림머리 모양과 비슷하다는 이유로 '레아 공주의 파장'이라 이름 붙였다(〈그림 9.8〉). 우리는 피질이 하루 동안 획득된 새로운 정보를 이전의 기억과 통합하는 방법이 바로 피질 전반에 넓게 분포하는 이 수면 방추파가 그 사이의 장거리 연결을 강화함으로써 이뤄진다고 추측했다. 이것은 브레인 이니셔티브에 의해 시스템신경과학 차원에서 활발히 추진되고 있는 많은 연구 프로젝트 중 하나다.

운영체제

디지털 컴퓨터의 구조는 뉴럴 네트워크의 그것과는 다르다. 디지털 컴퓨터에서 메모리와 CPU는 공간적으로 구분되어 있으며 메모리에 저장된 데이터는 반드시 순차적으로 CPU로 이동해야 한다. 뉴럴 네트워크에서는 처리 과정이 메모리에서 동시에 발생하므로 메모리와 처리 과정 간 발생하는 디지털 병목현상이 없다. 결국 네트워크의 모든 유닛들이 전부 동시에 작동하므로 대량 병렬 처리가 가능하다는 말이다. 뉴럴 네트워크에서는 소프트웨어와 하드웨어의 구분도 없다. 학습은 하드웨어에 변화를 줄 때 시작된다.

여러 대의 컴퓨터들이 하나의 선반 위에 조립되던 1980년대를 시작으로 디지털 컴퓨터는 초병렬화되었다. 초기 병렬 컴퓨터 중 하나는 커넥션머신(Connection Machine)이었다. 1985년 대니 힐리스(Danny Hillis)에 의해 설계되었고 씬킹머신주식회사(Thinking Machines, Inc.)를 통해 판매되었다. 공학자이자 발명가였던 힐리스는 MIT 출신으로 당시는 엄청나게 복잡한 현실 세계의 문제에 대해 인공지능이 해결책을 도출하려면 훨씬 더 강력한 컴퓨터의 연산 능력이 필요할 것이라는 예측이 점점 명확해져가고 있을 때였다. 1990년대 들어 컴퓨터 칩에 탑재되는 트랜지스터의 숫자가 무어의 법칙에 따라 지속적으로 늘어가고 있던 중에 다수의 처리 장치를 동일한 칩에 넣고, 다수의 칩을 동일한 보드에 설치하고, 다수의 보드를 동일한 캐비닛에 넣고, 다수의 캐비닛을 동일한 공간에 두는 일이 가능해졌다. 그 결과 오늘날 세상에서 가장 빠른 컴퓨터에는 수백만 개의 코어가 장착되었고 1초에 수행할 수 있는 작업의 수는 수백만, 수천만 건에 이른다. 수십 억의 수십억 배의 처리 속도를 자랑하는 엑사급 컴퓨팅의 시대가 오고 있다.

뉴럴 네트워크 시뮬레이션은 이런 대형 병렬 하드웨어의 장점을 최대한 활용할 수 있다. 다중 코어는 동일한 네트워크 모델에서 동시에 작업을 수행하도록 프로그램화할 수 있으며 그렇게 하면 처리 속도가 매우 빨라진다. 그러나 단점은 프로세서 간의 통신에 지연이 발생한다는 것이다. 이런 지연을 감소시키기 위해 기업들은 네트워크 시뮬레이션의 속도를 대폭 향상시킬 특수 목적 디지털 코프로세서(보조처리기)를 제작하고 있다. 말하기나 보기와 같은 인지적 작업들이 단 한 개의 강력한 지시로 가능해질 것이다. 우리가 사용하고 있는 스마트폰들도 지금보다 훨씬 똑똑해질 것이다. 딥러닝 네트워크 칩을 장착하게 된다면 말이다.

디지털 컴퓨터는 사용자와 하드웨어를 구분하는 운영체제를 가지고 있다(〈박스 9.1〉). 사용자가 노트북을 열고 문서처리기 프로그램을 사용할 때 또는 휴대전화기에 있는 앱을 사용할 때 운영체제는 입력값을 메모리의 어디에 갖다놓을 것인지, 어떻게 출력값을 화면에 표시할 것인지 등등의 작업 수행에 필요한 온갖 세부 사항을 알아서 처리한다. 인간의 정신은 무엇을, 어디에 그리고 정보를 어떻게 저장할 것인가의 문제를 격리시키는 뇌라는 운영체제에서 구동되는 앱과 같다. 우리는 뇌가 일생 동안 축적된 경험이라는 방대한 데이터베이스를 어떻게 저장하는지 또는 그런 경험들에 의해 어떻게 우리의 행동이 형성되는지 알지 못한다. 경험 중 일부를 명쾌하게 하는 것도 가능하지만 여전히 의식적으로 인지할 수 있는 것은 빙산의 일각에 불과하다. 인간의 뇌가 이 모든 것을 어떻게 관리하고 있는가의 문제는 아직도 풀리지 않는 문제라는 얘기다. 뇌라는 운영체제의 작동 방법을 알아낼 수만 있다면 컴퓨터에 적용하는 것과 동일한 일반 원칙을 토대로 빅데이터를 조직화할 수 있을 것이다. 그렇게만 된다면 인간의 의식도 뇌라는 운영체제 상에서 구동되는 앱이라는 설명도 설득력을 얻을 수 있을 것이다.

〈박스 9.1〉

디지털 컴퓨터의 운영체제

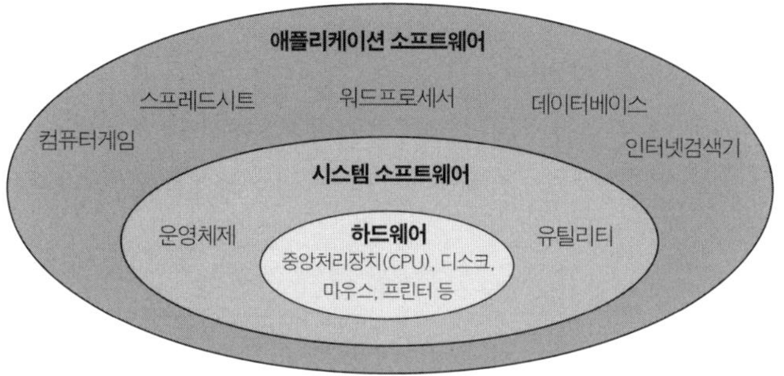

운영체제는 컴퓨터 하드웨어를 구동하는 프로그램을 제어한다. 개인용 컴퓨터의 경우 운영체제는 대부분 윈도우일 것이다. 아이폰의 운영체제는 iOS다. 대다수의 서버는 버전의 차이는 다소 있을지라도 유닉스(UNIX)를 구동하고 있다. 운영체제는 프로그램을 필요로 할 때 메모리를 할당한다. 또한 실제로 눈에 보이지는 않지만 '데몬'이라고 하는 프로세스를 사용해 프로그램을 지속적으로 추적한다. 운영체제는 어떤 하드웨어에서도 작동할 수 있도록 설계되었기 때문에 사용자의 애플리케이션은 한 컴퓨터에서 다른 컴퓨터로 이동이 가능하다.

결국 정보다

정보의 폭발은 생물학을 정량적 과학으로 바꿔놓았다. 전통적으로 생물학자들에게는 데이터를 분석할 수 있는 통계학 입문 수준 이상의 수학적 지식이 필요하지 않았다. 통계학은 그리 방대한 분야도 아니지만 꽤 어려운 학문이기는 하다. 2002년 콜드스프링하버연구소(Cold Spring Harbor Laboratory)의 주관으로 롱아일랜드에서 개최된 분자유전학에 관한 심포지엄에 참가했을 때 나는 마치 물 밖에 나온 물고기 같다는 느낌을 받았다. 연산에 관한 발표를 한 사람은 내가 유일했기 때문이었다. 수년간 캘리포니아공과대학교에 몸담아 온 분자유전학자인 리로이 후드(Leroy Hodd)가 나보다 앞서 발표를 했다. 캘리포니아공과대학교에서 안식년을 즐기던 1987년 건물 전체가 후드 교수의 연구실이라는 것을 알고 무척 놀랐던 일이 있다. 이후 그는 시애틀로 옮겨갔고 2000년도에 시스템생물학연구소(Institute for Systems Biology)의 공동설립자가 되었다. 시스템생물학은 세포 내의 모든 분자들 간 상호 작용의 복합성을 탐구하는 새로운 학문 분야였다.

발표 중에 후드는 연구소 직원들 중에 생물학자보다 컴퓨터과학자가 더 많은 이유에 대해 의문이 든 적이 있다고 말했고, 그 이유를 생물학이 정보과학으로 바뀌었고 컴퓨터과학자들이 유전자 서열과 같이 현대 기술에 의해 생성된 방대한 양의 데이터에 압도당한 생물학자들보다 정보 분석에 대해서는 월등한 역량을 보유하고 있기 때문이라고 결론지었다고 했다. 그다음 순서인 나의 발표 주제가 뇌의 뉴런들 간 시냅스에 정보가 저장되는 방법에 대한 이해였으니 나로서는 더없이 감사할 따름이었다.

오늘날 시스템생물학은 DNA 염기서열에 의해 생성된 정보와 RNA와 단백질이 제어하는 세포 내 신호를 분석하고 이해하기 위해 많은 컴퓨터과학자들과 물리학자들을 끌어들이고 있다. 인체 세포의 DNA에 있는 30억 개의 염기쌍들은 세포의 생존, 복제, 특수화에 필요한 모든 정보를 담고 있다. 일부 염기쌍들은 단백질 생성을 위한 기본 틀이다. 게놈의 또 다른 부분에는 발현 과정에서 신체와 뇌의 형성에 길잡이 역할을 하는 유전자를 조절하는 추상부호가 포함되어 있다. 어쩌면 전 우주에서 가장 까다로운 건설 프로젝트일 수도 있는 인간의 뇌 형성 작업을 수행하는 것은 DNA에 내장된 알고리즘일지도 모를 일이다. 수백 개도 넘는 뇌의 각기 다른 영역에 존재하는 수천 개의 각기 다른 유형의 뉴런들을 서로 연결하는 과정을 조정하는 DNA의 알고리즘 말이다.

기나긴 게임에 돌입하다

기초과학에 의해 개발된 기술은 상용화되기까지 대략 50년의 시간이 소요된다. 20세기 초반 10여 년 동안 상대성과 양자기계 분야에서 이룩한 위대한 발견은 20세기 후반의 CD플레이어와 위성위치파악장치(GPS), 컴퓨터 등의 등장으로 이어진 바 있다. 1950년대의 DNA와 유전자 코드의 발견은 의학 분야의 애플리케이션과 기업식 농업의 발전으로 이어졌고 오늘날의 경제에까지 그 파급효과가 미치고 있다. 브레인 이니셔티브를 비롯한 전 세계의 다른 뇌 연구 프로그램을 통해 지금 이뤄낸 기초적인 성과는 앞으로 50년 후 등장할 애플리케이션의 단초가 될 것이다. 현재의 시각으로 본다면 공상과학소설이나 다름없을 50년 후의 세상에서 말이다.[16] 2050년까지 인간의 뇌에 상응하는 인공지능을 위한 운영체제가 만들어질 것이라는 기대도 해볼 수 있다. 그러나 어느 기업이, 어느 나라가 이 기술에 대한 통제권을 거머쥐게 될 것인가는 지금 얼마나 투자를 하며 얼마나 크게 판돈을 거느냐에 달려 있다.

| 10장 | 의식

평생이 걸리더라도 답을 찾고 싶은 과학 문제가 무엇이냐는 어머니의 질문에 젊은 프랜시스 크릭은 자신이 흥미를 느끼는 문제는 생명의 신비와 의식의 신비, 단 두 가지라고 대답했다.[1] 크릭은 분명 본질적 문제에 대한 예리한 감각의 소유자였음에 틀림없다. 그러나 그 문제들이 얼마나 어려운 것인가에 대해서는 그때는 미처 몰랐을지도 모른다. 그의 어머니 또한 수십 년 후인 1953년 자신의 아들이 제임스 왓슨과 더불어 DNA 구조를 발견하게 되리라고는 전혀 생각지 못했을 것이다. 궁극적으로 생명의 위대한 신비 중 하나를 풀어내게 될 느슨하게 엮인 유전자의 가닥들 말이다. 그러나 크릭(〈그림 10.1〉)은 이 성과에 안주하지 않았다.

1977년 소크생물학연구소에 합류한 후 크릭은 오랫동안 관심을 둬왔던 의식에 관한 연구를 시작하며 시각적 자각에 관한 의문점에 초점을 맞추기로 결심했다. 그 이유는 뇌의 시각적 영역에 대해서는 이미 상당한 연구를 통해 밝혀진 바가 많았고 시지각의 신경학적 기초를 이해할 수 있다면 의식의 다른 측면에 대한 신경학적 기초를 탐구

〈그림 10.1〉
1957년경, 영국 케임브리지의 캠강에서 아내 오딜(Odile), 딸 재클린(Jacqueline)과 함께 뱃놀이를 즐기고 있는 크릭. 이미지 출처: 마우리스 S. 폭스.

하는 데 있어 탄탄한 기반이 되어줄 것이기 때문이었다.[2] 1980년대 생물학자들 사이에서 의식에 대한 연구는 이미 한물간 연구 주제라는 사실도 크릭을 단념시킬 수 없었다. 시지각은 이해하기 어려운 환상과 미스터리들로 가득 차 있었다. 해부학적 및 생리학적 메커니즘 안에서 그것을 설명하기 위해 그는 새로운 '서치라이트 가설(searchlight hypothesis)'을 개발했다.[3] 신경절세포는 시신경을 지나 시상까지 이미지를 투사하고 시상은 다시 극파를 시각 피질로 전달한다. 그렇다면 신경절세포가 직접 피질에 투사할 수는 없는 것인가? 크릭은 피질로부터 다시 시상으로 전달되는 피드백 투영이 있으며 그것은 추가적 처리 과정을 위해 이미지의 한 부분에 집중될 수도 있다는 점을 지적했다. 마치 서치라이트처럼 말이다.

의식의 신경학적 상관관계

의식을 이해하기 위한 여정에서 크릭의 가장 가까웠던 동료는 당시 캘리포니아공과대학교에 있던 크리스토프 코흐였다. 두 사람은 의식의 신경학적 상관관계(NCCs, 의식적 자각 상태의 생성에 관여하는 뇌의 구조와 신경의 활동)를 탐구한 일련의 논문들을 함께 발표했다.[4] 시각적 자각이란 시지각과 뇌의 각기 다른 부분에 있는 뉴런의 발화 특성 사이의 상관관계를 찾는 것을 의미한다. 크릭과 코흐의 가설은 이런 것이다. 우리 인간은 1차 시각 피질, 즉 망막으로부터 인풋을 받아들이는 대뇌 피질의 최전방 영역에서 무슨 일이 벌어지는지 자각하지 못한다.[5] 다만, 시각 피질의 수직 계층 구조의 최상위 단계에서 일어나는 것만 자각할 수 있을 뿐이다(〈그림 5.11〉). 이 가설을 뒷받침해줄 근거는 양안경합에 관한 연구에서 찾을 수 있다. 두 가지의 서로 다른 패턴이 양쪽 눈에 각각 주어진다. 예를 들면 세로줄 패턴은 한쪽 눈에, 또 다른 한쪽 눈에는 가로줄 패턴이 각각 주어지는 것이다. 이때 시지각은 두 가지가 혼합된 패턴을 보는 것이 아니라 이질적 이미지들이 몇 초마다 한 번 씩 급작스럽게 뒤바뀌는 것처럼 인식한다. 어느 순간이든 의식적으로 인지하는 것과는 무관하게 1차 시각 피질에 있는 뉴런들이 양쪽 눈에 보이는 패턴에 반응하는 것이다. 그러나 시각 수직 계층의 상위 단계에서는 다수의 뉴런들이 오직 인지된 이미지에만 반응한다. 인지의 신경학적 상관관계가 형성되도록 뉴런이 발화될 수 있을 만큼 충분하지 않은 것이다. 우리는 다만 시각 영역의 수직 계층 전반에 배분되어 협력적 방식으로 작동하는 활성화된 뉴런의 하위집합에 나타난 것만 인지할 수 있을 뿐이다.

할머니 세포

2004년 UCLA 대학병원에서 간질 환자를 대상으로 발작이 시작되는 지점을 찾기 위해 유명인사들의 사진을 보여주는 실험이 진행되었다. 환자 뇌의 기억중추에 심은 전극을 통해 사진에 반응하는 극파가 기록되었다. 환자들 중 한 사람의 경우 단일 뉴런이 여배우 할리 베리의 사진들과 그녀의 이름에 격렬한 반응을 보였지만(〈그림 10.2〉) 빌 클린턴 전 대통령이나 여배우 줄리아 로버츠의 사진 또는 그 외 다른 유명인사의 이름에는 별다른 반응을 보이지 않았다.[6] 다른 유명인사에 대해 반응을 보인 뉴런, 특정한 사물 또는 시드니의 오페라 하우스 같은 특정 건물에 반응을 보이는 뉴런도 발견되었다.

캘리포니아대학교 로스앤젤레스 캠퍼스(UCLA)의 이츠하크 프리드(Itzhak Fried)와 크리스토프 코흐가 이끈 연구팀에 의해 발견된 뉴런은 50년 전 고양이와 원숭이의 뇌에 있는 단일 뉴런의 활동에 대한 기록이 가능해졌을 때부터 예측된 것이었다. 연구자들은 대뇌 피질의 시각 영역 수직 계층에서 뉴런의 반응은 상위 계층으로 갈수록 점점 더 특정화되는 특징을 보이며 최상위 계층의 단일 뉴런은 오직 특정인의 사진에만 반응할 것이라고 생각했다. 이것은 뇌에서 할머니를 '인지'하는 것으로 추정되는 뉴런이 있다는 가설을 따라 '할머니 세포 가설'이 되었다.

환자들에게 친숙한 두 사람의 얼굴을 합성한 사진을 보여주며 둘 중 한 사람의 얼굴만 떠올리게 한 실험은 보다 극적인 결과를 보여줬다. 물론 선택된 이미지 또는 선택되지 않은 이미지에 대한 뉴런의 반응은 줄곧 기록되고 있었다. 실험대상자는 합성된 사진에서 자신이 좋아하는 얼굴에 반응하는 뉴런의 발화율을 상승시키고 동시에 나머지 한 사람의 얼굴 모습에 반응하는 뉴런의 발화율은 감소시킬 수 있었다. 시각적 자극에 아무런 변화가 없었음에도 불구하고 말이다. 선호 이미지에 대한 뉴런의 발화율에 따라 이미지의 합성 비율을 조정하는 방법으로 실험의 허점을 보완해나가며 실험대상자가 두 사람 중 어느 한 사람의 얼굴 이미지를 떠올림으로써 인풋(두 사람의 얼굴의 합성 비율)을 통제할 수 있도록 했다. 이것은 인지의 과정이 단순히 수동적인 과정이 아니라 기억에 대한 적극적 결속과 내적인 주의력 조절에 따라 달라질 수 있음을 보여준다.

이와 같은 충격적 증거에도 불구하고 할머니 세포 가설이 시지각의 일반적 반응일 가능성은 높지 않다. 왜냐하면, 가설에 따르면 세포가 활성화되었을 때 할머니를 인지한 것이므로 그 외의 다른 자극에 대해 반응을 보이면 안 된다. 수백 장의 사진만으로 실험을 진행했기에 '할리 베리 세포'가 얼마나 선택적인지는 알 수 없기 때문이다. 둘째, 전극이 뇌에 있는 유일한 할리 베리 뉴런의 반응을 기록했을 가능성은 높지 않다. 뇌에는 이런 세포들이 수천 개나 있을 확률이 보다 높다. 또한 다른 유명인사의 얼굴에 반응을 보이는 뉴런의 복제본이 적지 않을 것이며 아는 사람이나 알아볼 수 있는 친숙한 물건에 대해서는 그보다 훨씬 많을 것이다. 뇌에는 수십 억 개의 뉴런이 있지만 모든 사물과 이름마다 독점적으로 반응하는 대규모 뉴런의 집합이 있을 정도로 충분한 것은 아니다. 마지막으로, 반응은 단지 감각적 자극과의 상호 연관성일 뿐 인과관계가 아닐 수도 있다. 뉴런의 아웃풋

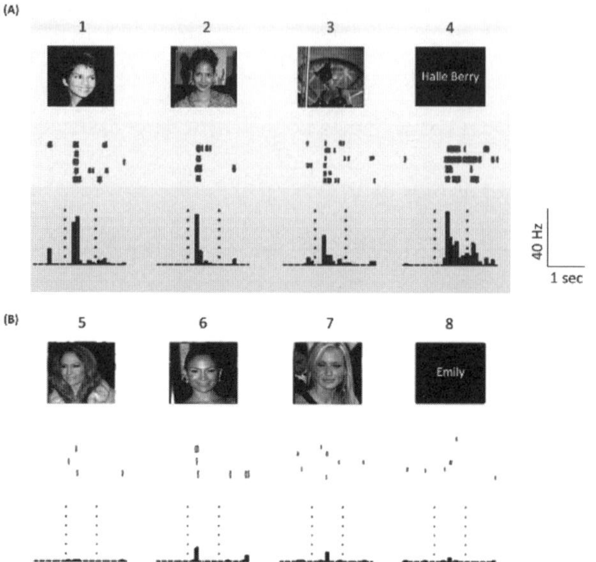

〈그림 10.2〉

할리 베리 세포. 환자의 해마로부터 기록된 사진에 대한 단일 뉴런의 반응. 여섯 개의 개별적 시도에 대한 극파(빨간색 표시)는 각각 해당 사진 아래에 평균 막대그래프와 함께 제시되어 있다. (A)는 폭발적인 극파 반응을 유도한 할리 베리의 사진들. 반면 (B)는 별다른 반응을 보이지 않은 그 외 여배우들의 사진과 이름들. 할리 베리는 2004년 액션히어로 영화 〈캣우먼〉에 출연한 바 있다(사진 3). 이미지 출처: A. D. 프리데리찌 외.[7]

과 그것이 행동에 미치는 하향식 영향력 또한 그에 못지않은 중요도를 갖는다(5장에서 소개한 투사장). 그럼에도 불구하고 반응의 선택도는 충격적이다. 기록을 시작하기에 앞서 환자에게 자신이 좋아하는 연예인을 지목하도록 했으니 할리 베리가 환자의 뇌에서 과도하게 부각되었을 수도 있다.

생쥐, 원숭이, 인간의 수백 개의 피질 뉴런 반응을 동시에 기록하는 것은 뉴런이 집합적으로 인지하고 결정하는 방법에 관한 대안적 이론으로 이어진다.[8] 원숭이의 기록에서 자극과 과업 의존적 신호는 대규모 뉴런의 집합에 넓게 배분되어 있으며 각각 서로 다른 자극의 특징과 과업의 세부 사항에 맞춰져 있다.[9] 머지않아 수백 개의 뉴런으로부터 나오는 신호를 기록하고 뉴런의 발화율 조작이 가능해질 것이다. 서로 다른 유형의 뉴런을 구분하는 것은 물론 그들이 어떻게 상호 연결되어 있는지에 대해서도 밝혀질 것이다.[10] 이것은 할머니 세포를 능가하는 이론으로 이어질 수 있으며 뉴런의 집합에서 이뤄지는 활동이 어떻게 사고와 감정, 계획, 의사 결정을 유발하는지에 대해 보다 깊게 이해할 수 있을 것이다. 물론 뉴런이 얼굴과 객체를 나타내는 방법은 한 가지 이상일 수 있다. 그러나 새로운 기록 기법이 활성화된다면 그 해답을 찾는 일 또한 곧 실현될 것이다.

한 개의 숨겨진 유닛을 보유한 학습된 뉴럴 네트워크 모델에서 뉴럴 네트워크 내의 각 인풋의 활동 패턴이 피질 뉴런의 집합에서 관찰되는 다양한 반응과 질적으로 유사한 방식으로 고도로 배분되어 있다는 것은 1980년대 이후부터 이미 알려진 사실이다. 최근에는 심층 네트워크에서도 동일한 현상이 관찰된 바 있다(〈그림 16.2〉).[11] 배분된 표상은 동일한 객체의 다양한 버전을 인지하는 데 사용될 수 있고 동일한 뉴런의 집합은 아웃풋에 서로 다른 가중치를 부여하는 방법으로 수많은 서로 다른 객체를 인지할 수 있다. 신경생물학자들이 시각 피질의 뉴런 신호를 기록하는 것과 동일한 방법으로 뉴럴 네트워크에 있는 숨겨진 유닛들을 각각 검사했을 때 수직 계층 구조의 최상위층 근처에 있는 하나의 모의 뉴런(simulated neuron)이 하나의 객체에 대한 특정한 선호도를 보이기도 하는 것으로 나타났다. 그러나 나머지 뉴런들이 객체를 나타내는 불필요한 신호를 운반하고 있기 때문에 그런 뉴런이 배제되었을 경우 뉴럴 네트워크가 뚜렷한 변화를 보이지 않는 것이다. 이런 네트워크의 구조와 인간의 뇌 그리고 디지털 컴퓨터의 그것과의 사이에 중대한 차이점은 손상을 입었음에도 불구하고 뉴럴 네트워크가 강력한 성능을 발휘하는가 여부다.

사람의 얼굴과 같이 수많은 유사한 객체들을 구별하는 데 얼마나 많은 피질 뉴런이 필요한가? 이미지 연구를 통해 우리는 인간의 뇌에서 다수의 영역이 얼굴에 대해 반응을 보인다는 것을 알게 되었다. 그 중 일부는 매우 높은 민감도를 보이는 것으로 나타났다. 그러나 이들 영역들 사이에서도 하나의 얼굴에 연관된 정보는 수많은 뉴런들에 넓게 배분되어 있다. 캘리포니아공과대학교의 도리스 차오(Doris Tsao)는 얼굴에 선택적으로 반응하는 원숭이의 피질 뉴런 신호를 기록하고 200개의 얼굴 세포로부터 나오는 인풋을 조합해 얼굴을 재구성하는 것이 가능하다는 것을 보여준 바 있다. 이것은 얼굴에 선택적으로 반응하는 모든 뉴런의 하위집합 중 비교적 작은 규모라 할 수 있다.[12]

시각적 이벤트의 인지 시점은 언제인가?

시각적 인지의 또 다른 측면은 순식간에 지나가버리는 섬광과 같은 이벤트를 발생 시점에 바로 인지를 하고자 하는 뇌의 동작에 대한 것이다. 불빛이 번쩍이는 시각적 자극에 대한 시각 피질 뉴런의 시간 지연은 25~100밀리초 사이로 가변적이며 흔히 피질의 동일한 영역에서 발생한다. 그럼에도 불구하고 우리는 40밀리초의 간격으로 발생하는 두 개의 섬광을 순차적으로 인식할 수 있고 10밀리초 이하의 간격으로 발생하는 소리 자극의 순서를 인지할 수 있다. 보다 역설적인 것은 망막에서 신호를 처리하는 데 소요되는 시간은 일정한 것이 아니라 섬광의 밀도에 따라 다르기 때문에 어두운 섬광과 밝은 섬광이 동시에 발생하는 것처럼 보이더라도 어두운 섬광에 의해 발생하는 극파는 밝은 섬광으로 인한 극파보다 도착 시간이 늦어진다는 점이다. 이것은 왜 시지각이 일시적이면서도 공간적으로 배분된 패턴으로 나타나는 피질 전반의 활동으로는 분명하게 알 수 없는 통합성을 갖는 것처럼 보이는가라는 의문을 불러일으킨다.

동시성에 관한 의문은 교차 양상 비교(cross-modal comparisons)에서 더욱 난해한 문제로 대두된다. 나무에 도끼질을 하고 있는 사람을 가까운 거리에서 지켜본다고 가정할 때 도끼를 휘두르는 행위와 도끼가 나무에 부딪히는 소리를 동시에 보고 듣는다. 소리의 속도는 빛의 속도보다 훨씬 느린데도 말이다. 심지어 나무로부터의 거리가 점점 멀어지더라도 동시성의 착각은 그대로 유지된다.[13] 신호가 뇌에 도달할 때 시각 신호와 청각 신호 사이에 발생하는 절대적 지연은 동시성의 착각이 사라지기 전까지 80밀리초 이상으로 가변적임에도 불구하고 말이다. 대략 30미터쯤 떨어지면 소리는 더 이상 도끼가 나무에 부딪히는 것과 동시에 발생하지 않는다고 인식하게 된다.

시각의 시간적 측면을 연구한 학자들은 '섬광지연효과(flash-lag effect)'라는 또 다른 현상을 발견했다. 꼬리날개의 항법등을 번쩍이며 머리 위로 날아가는 비행기를 관찰할 때 볼 수 있는 현상이다. 항법등의 섬광과 꼬리날개가 일렬로 배치되어 있는 것이 아니라 섬광이 꼬리날개 뒤를 쫓아가는 것처럼 보일 것이다. 이런 현상은 축구 경기에

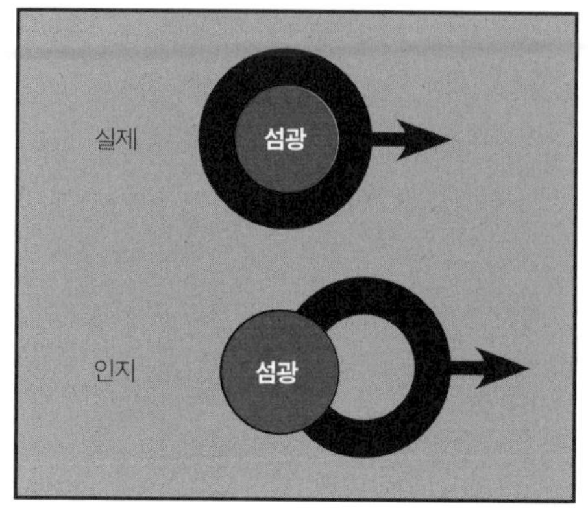

〈그림 10.3〉
섬광지연효과. (상단) 둥근 고리는 왼쪽에서 오른쪽으로 움직인다(검은색). 중심 부분을 지날 때 그 밑에서 빛이 일시적으로 번쩍인다(붉은색). (하단) 피실험자는 섬광이 번쩍일 때 객체가 오른쪽으로 치우쳐 있는 것처럼 보인다고 했다. 이미지 출처: 데이비드 이글먼(David Eagleman).

서도 흔히 볼 수 있다. 달려가는 선수가 공(섬광)보다 앞서 있는 것처럼 보이기 때문에 동시성의 착각이 그대로 남아 있는 선심은 오프사이드 반칙 선언을 하게 되는 것이다. 〈그림 10.3〉과 같은 시각 자극으로 실험실 안에서 연구할 수도 있다. 섬광지연효과는 동일한 위치에서 발생하는 섬광과 움직이는 객체가 상쇄되는 것처럼 보인다.

설득력 있는 설명 중 하나는 뇌가 잠시 후의 이동점 위치를 예측한다는 것이다. (직관적 측면에서 그럴듯한 설명이기도 하고 뇌의 기록에서도 어느 정도 증거를 찾을 수 있다.) 그러나 지각 실험에 따르면 이것으로 섬광지연효과를 설명할 수 없음을 보여준다. 왜냐하면 섬광이 발생한 시점의 지각은 섬광이 발생하기 이전의 사건이 아니라 (섬광 발생 이전의 사건은 예측에 사용되었을 것이다) 섬광이 발생한 지 80밀리초 후의 사건에 의존하기 때문이다.[14] 섬광지연효과를 이렇게 설명하고자 한다면 뇌가 사전에 예측하는 것이 아니라 '사후 예측적'이어야 한다는 의미다. 다시 말해 뇌가 미래와 일치하는 의식적 현재를 만들기 위해 끊임없이 과거의 사건을 검토한다는 것이다. 이것은 우리의 뇌가 어떻게 불량하고 불완전한 데이터에 근거해 그럴듯한 해석을 만들어내는가에 대한 하나의 사례다. 마술사들이 교묘한 속임수 효과를 얻기 위해 이용하는 그것 말이다.[15]

시각적 객체를 인지하는 것은 뇌의 어느 부분인가?

뇌 영상은 우리가 무언가를 지각할 때와 그렇지 않을 때를 비교한 뇌 활동의 포괄적 그림을 제공한다. 실험을 통해 수집한 증거를 활용해 과학자들은 특히 호소력 있는 가설을 개발했다. 계획 수립과 의사 결정에 중요한 역할을 하는 피질의 앞부분에서 뇌의 활동이 임계점에 도달하고 피드백 경로를 점화시킬 수 있는 수준에 이르렀을 때에만 우리가 무언가를 의식적으로 인지하게 된다는 것이다.[16] 흥미로운 가설이기는 하지만 이것은 인과관계가 성립하지 않고 단순히 상관관계에 지나지 않기 때문에 설득력이 없다. 의식의 상관자(neural correlate of consciousness, NCC, 의식 상태에 직접적으로 연관되는 신경 활동)가 의식 상태를 결정한다면(원인) 의식의 상관자를 변경해 의식 상태를 변화시키는 것이 가능해야만 한다. 도리스 차오는 2017년의 실험을 통해 실제로 그렇다는 것을 입증한 바 있다. 원숭이의 시각 피질에 있는 얼굴 영역에 자극을 가해 원숭이가 얼굴을 구분하는 것에 간섭할 수 있었다.[17] 인간을 대상으로 이와 유사한 실험을 했을 때 피실험자는 얼굴이 마치 녹아내리는 것 같이 보인다는 반응을 보였다.[18]

최근 개발된 광유전학[19]과 같은 새로운 기술을 활용하면 뉴런 활동을 선택적으로 조작할 수 있다. NCC의 인과관계를 검증할 수 있다는 의미다. 이것은 지각 상태가 넓게 분산된 활동 패턴과 일치한다면 쉽지 않은 일일지도 모른다. 그러나 원론적 측면에서 이와 같은 접근법을 통해 지각을 비롯한 의식의 다른 특징들이 어떻게 형성되는가를 밝혀낼 수 있을 것이다.[20]

주시점 학습

시각적 검색은 예상에 의한 상향식 감각 처리 과정과 하향식 주의 처리 과정에 따라 결과가 달라지는 과업이다(〈그림 10.4〉의 A). 이 두 가지 형태의 처리 과정은 뇌 안에서 혼합되어 있어 구분하기가 쉽지 않다. 그러나 최근 이들을 떼어놓을 수 있는 새로운 실험 방법이 개발되었다.[21] 참가자들에게는 아무것도 없는 화면을 마주하고 앉아 눈으로 숨겨진 목표 지점을 찾는 과업이 주어지고 시선이 숨겨진 목표 지점 근처에 고정되면 그에 대한 보상으로 소리가 나게 된다. 숨겨진 목표 지점은 매번 달라지며 이것은 가우시안 분포(평균값을 중심으로 좌우 대칭을 이루는 종 모양의 곡선 형태를 이루는 분포)에 의해 도출된다. 참가자들은 알지 못하지만 실험이 이뤄지는 동안 지속된다(〈그림 10.4〉의 D).

실험이 시작될 때 참가자들에게 화면의 어디를 쳐다봐야 하는지에 대한 어떠한 사전 지식도 주어지지 않는다. 시선이 고정되어 보상을 얻게 되면 다음 번 시도에 그것을 피드백으로 활용할 수 있다. 실험이 진행됨에 따라 참가자들은 숨겨진 목표 지점의 분포를 예측하게 되고

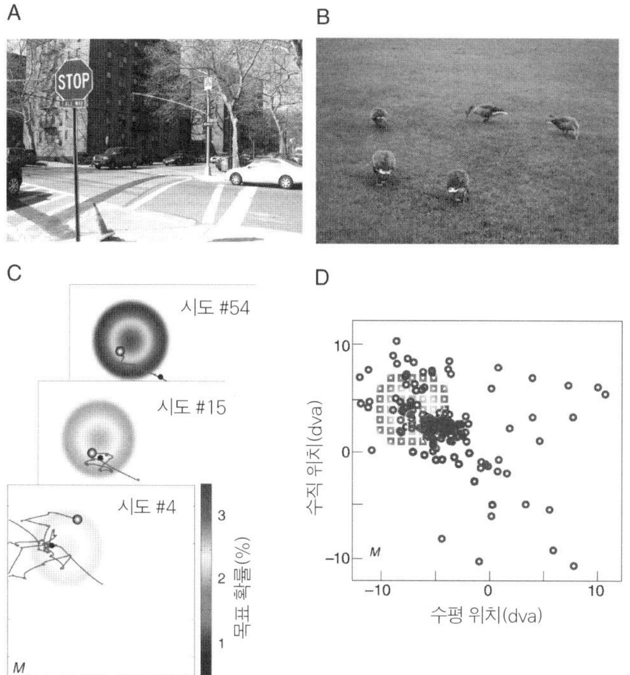

〈그림 10.4〉

주시점 학습. (A) 경험이 있는 보행자는 이 거리 장면에서 도로표지판, 차, 보행도로 등의 위치에 대한 사전 지식을 보유한다. (B) 넓은 풀밭에서 먹이를 찾고 있는 오리들. (C) 실험 과정에서 학습된 숨겨진 목표 지점 분포를 겹쳐놓은 스크린과 참가자 M이 숨겨진 목표 지점을 찾기 위해 세 번 시선을 이동한 흔적을 보여주는 화면. 첫 번째 시선 고정 위치는 검은색 점으로 표시되어 있으며 마지막에 보상을 얻은 시선 고정 위치는 음영이 있는 회색 점으로 표시되어 있다. (D) 고정으로 샘플링된 화면 영역은 초기 시도(밝은 회색 원, 처음 5번의 시도)에서 전체 화면에서 가우스 정수 분포 표적 위치의 크기와 위치에 가까워지는 영역으로 축소된다(사각형, 색상은 나중의 시도(적색 원. 시도 32~39)에서 (C)에 주어지는 확률에 비례한다). 이미지 출처: 테런스 세즈노스키 외.[22]

성공률 또한 높아진다. 그리고 향후 검색 활동의 길잡이로 활용한다. 십여 차례의 시도 후 참가자들의 시선이 고정된 위치는 목표 지점일 가능성이 높은 영역으로 좁혀진다. 〈그림 10.4〉의 D는 모든 참가자들이 보여준 이와 같은 효과를 특징적으로 나타낸 것이다. 초기에는 광범위하게 분포된 검색 영역이 실험이 진행되면서 점점 좁혀진다. 놀랍게도 많은 수의 참가자들이 자신의 검색 전략을 분명하게 표현하지 못했다. 몇 차례의 시도 후 일어난 최초의 도약 안구 운동(안구가 한 주시점에서 다른 주시점으로 신속하게 이동하는 것)이 예외 없이 보이지 않는 목표 지점의 분포곡선의 중심으로 이동함에도 불구하고 말이다.

이와 같은 실험은 경험에 의한 행동의 무의식적 통제를 암시한다. 시각 인풋을 제거함으로써 무의식적 처리 과정을 별도로 연구할 수 있다. 이런 검색 과업에 관여하는 뇌 영역에는 시각 피질과 상구가 포함되며 각각 시야의 지형도를 제어하고 시각적 목표물로 도약 안구 운동을 향하게 하는 역할을 담당한다. 시각 피질과 상구는 안구운동계의 다른 부분들과 긴밀하게 작용한다. 척추동물의 뇌에서 중요한 부분을 차지하는 강화학습을 통해 행동의 순서를 학습하는 기저핵 또한 학습에 관여한다.[23] 예측된 보상과 주어진 보상 간의 차이는 중뇌에 있는 도파민 뉴런의 발사율의 일시적 상승이 신호가 된다. 중뇌의 도파민 뉴런은 시냅스 가소성을 제어하고 무의식 단계에서의 의사 결정과 계획 수립에 영향을 미친다.

경과

말년에 프랜시스 크릭은 자신의 집으로 나를 초대한 적이 있다. 우리는 전장이라고 하는 피질 바로 아래에 있는 신비한 얇은 세포층에 관해 토론했었다. 전장은 피질 영역으로부터 투영된 표상을 받아 다시 투사하는 기능을 한다. 크릭은 불치병으로 투병 중이었지만 마지막 논문을 마무리하는 일에 집중했다. 뇌의 전장은 중심에 위치해 있기 때문에 의식의 통합에 관여한다는 가설에서 출발한 연구였다. 전장에 관해 연구한 학자는 손에 꼽을 정도로 극히 소수에 불과했다. 크릭은 그들 모두에게 일일이 연락을 취해 추가 정보를 요청하기도 했다. 그의 집을 방문했던 때가 내가 그를 본 마지막이었다. 자신의 마지막 논문을 완성하고[24] 의식의 기원을 찾기 위한 연구를 마무리하기 위해 애쓰던 크릭은 2004년 7월 28일 영면에 들었다.

1953년 그와 제임스 왓슨이 DNA 구조를 밝혀낸 지 50년 후 인간 게놈의 배열이 완성되었다. 크릭은 그것이 가능할 것이라고 생각조차 하지 못했다고 말한 바 있다. 지금부터 50년 후 인간의 의식에 관한 문제는 얼마나 발전되어 있을 것인가? 그때쯤이면 사람과 사람이 언어와 동작, 얼굴 표정 등을 통해 상호 작용을 하는 것과 흡사한 방법으로 인간과 상호 작용을 하는 기계들이 존재할 것이다. 어쩌면 의식을 완전히 이해하는 것보다 만들어내는 것이 보다 쉬울지도 모를 일이다.

먼저 무의식적인 처리 과정을 이해하면 보다 빠른 발전을 이루지 않을까 의구심을 가져본다. 우리가 당연하게 보고, 듣고, 움직이는 모든 것들에 대한 이해 말이다. 우리는 이미 의사 결정에 강력한 영향을 미치는 동기부여 체계와 세상의 정보를 검색하는 데 길잡이 역할을 하는 주의 체계를 이해하는 데 있어 상당한 진전을 이뤘다. 지각과 의사 결정, 계획 수립을 지배하는 뇌의 메커니즘을 보다 깊이 이해한다면 의식의 이해에 관한 문제는《이상한 나라의 앨리스》에 등장하는 체셔 고양이처럼 히죽거리는 웃음만 남긴 채 사라져버릴 수도 있다.[25]

| 11장 | 자연은 인간보다 영리하다

옥스퍼드 출신의 화학자이자 생명의 기원에 관해 연구해온 레슬리 오르겔(Leslie Orgel, 〈그림 11.1〉, 오른쪽)은 오랜 기간 소크생물학연구소의 동료이자 내가 만나본 가장 똑똑한 과학자다. 그와 토론을 나누는 금요일 점심시간은 언제나 흥미로웠다. 생명의 기원은 지구가 현재 우리가 알고 있는 것과는 완전히 다른, 우리가 알고 있는 것처럼 생명을 지탱하지 못했을 수십 억 년 전으로 시간을 거슬러 올라간다. 환경은 혹독했고 대기 중에는 산소도 얼마 없었다. 고세균류는 박테리아보다 먼저 지구상에 서식하고 있었다. 그렇다면 고세균류 이전에는 무엇이 있었을까? 오늘날 알려진 모든 세포에는 DNA가 있다. 그렇다면 DNA 이전에는 무엇이 있었는가? 1968년 오르겔과 크릭은 DNA로부터 추출된 RNA가 전구체라고 추측했다. 그러나 그것은 RNA의 자기복제 능력을 전제로 하는 추측이었다. 그 가능성을 뒷받침하는 증거는 RNA 기반의 효소로 RNA 반응의 촉매 작용을 하는[1] 리보자임의 형태로 발견되었다. 오늘날 대다수의 학자들은 모든 생명체가 초기 'RNA 세상'으로부터 유래되었을 가능성이 충분하다고 믿고 있

〈그림 11.1〉
1992년 소크생물학연구소 시절의 크릭(왼쪽)과 오르겔(오른쪽). 당시 두 사람은 각각 의식의 기원과 생명의 기원을 맹렬히 추적하고 있었다. 이미지 출처: 소크생물학연구소.

다.[2] 그렇다면 RNA는 어디서 온 것인가? 불행하게도 그것을 증명할 만한 자료는 그리 많지 않다.

오르겔의 두 번째 법칙

보편적 진리는 번번이 놀라운 발견에 의해 산산이 부서져왔다. 하늘을 올려다보면 지구의 주위를 돌고 있는 태양이 보인다고 믿었지만 실제로는 지구가 태양의 주위를 돌고 있었다. 진화론은 여전히 그것을 수용하기 어려워하는 사람들이 많지만 우리 인간의 위치를 상기시켜준다. 지금부터 많은 시간이 흐른 후 우리의 후손들이 지금의 이 시대를 돌아보면서, 지능에 대한 우리의 직관은 기껏해야 과도한 단순화에 지나지 않았고 그로 인해 인공지능의 발전이 50년은 퇴보되었다고 말할지도 모른다. 오르겔의 두 번째 법칙에서 명시된 바와 같이 진화는 인간보다 영리하다.

우리의 의식적인 자각은 빙산의 일각에 불과하다. 뇌가 하는 일의 대부분은 자기 분석으로 접근하기 어렵다. 우리는 '주의'와 '의도'라는 단어를 사용해 행동을 설명한다. 그러나 이들 단어는 그 저변에 있는 뇌의 처리 과정의 복잡성을 은폐하는 교묘한 개념이다. 직관적인 민족심리학에 기반을 둔 인공지능은 실망스러웠다. 우리는 눈으로 보지만 어떻게 보는 것인지는 알지 못한다. 우리는 사고한다. 그러므로 우리의 존재를 믿는다. 그러나 사고의 이면에 있는 작동 원리는 미스터리로 남아 있다. 자연이 뇌가 어떻게 작동하는지에 관해 우리에게 보여준 생존 이득은 없다. 오르겔의 두 번째 법칙이 이긴 셈이다.

2장에서 언급한 바와 같이 인간의 시각 체계는 고도로 진화했다. 그렇다고 해서 어떻게 보는가의 문제에 대해 인간이 전문가가 되는 것은 아니다.[3] 우리 인간에게 호의 각도가 고작 1도밖에 되지 않는 예리한 시력의 망막이 있고 그것이 팔을 뻗었을 때 엄지손가락 크기 정도에 불과하며 망막의 범위를 벗어나는 영역에 대해서는 장님과 다름없다는 사실을 인지하고 있는 사람은 그리 많지 않다. 언젠가 어머니께 이 말씀을 드린 적이 있다. 어머니께서는 내 말을 믿지 않는다고 하셨다. 왜냐하면 어디를 보든 선명하게 보이기 때문이었다. 그러나 우리 인간은 시선을 신속하게 재배치할 수 있기 때문에 고해상도의 환상이 있다. 객체를 응시할 때 우리의 눈이 1초에 3회나 객체의 앞뒤로 급속하게 움직인다는 사실을 알고 있는가? 주변 시야는 공간 해상도가 낮은 반면 명암과 동작의 변화에는 매우 정교하게 민감하다. 시각 피질의 주류는 객체를 인식하는 영역과는 별개로 공간 내에서의 움직임에 전념한다. 컴퓨터 비전 분야의 개척자들이 비전 제작에 착수했을 때 그들의 목표는 이미지를 활용해 세상의 완전한 내부 모델을 만드는 것이었고 성취하기 어려운 것으로 입증된 목표였다. 그러나 완전하고 정확한 모델은 대부분의 현실적인 목적을 위해서는 필요하지 않을지도 모른다. 현재의 비디오카메라가 가지는 낮은 표본 추출률을 감안한다면 아예 불가능할지도 모를 일이다.

정신물리학, 생리학 그리고 해부학에 근거해 퍼트리샤 처치랜드, 신경심리학자 V. S. 라마찬드란(V. S. Ramachandran) 그리고 나는 이런 결론에 도달했다. 인간의 뇌는 극히 제한된 부분, 주어진 순간에 주어진 과업을 수행하는 데 필요한 부분만을 나타낸다.[4] 이런 결론은 보상을 획득하는 데 기여하는 가능한 감각적 인풋의 수를 좁혀나가는 강화학습을 보다 쉽게 만든다. 비전의 명백한 모듈성(여타의 감각 처리 경로와는 다른 비전의 상대적 독단성) 또한 환상에 지나지 않는다. 시각 체계는 다른 경로로부터의 정보를 통합하며 여기에는 객체의 가치를 나타내는 보상 체계로부터의 신호도 포함된다. 동작 체계는 감각 기관의 위치를 조정하며 적극적으로 정보를 수집한다. 보상을 얻기 위한 행동으로 이어질 수 있는 정보를 수집하기 위해 눈을 움직이거나, 생물의 종에 따라 귀를 움직이는 동작을 예로 들 수 있다.

뇌는 환경에 대해 점진적 적응이라는 긴 과정을 통해 진화했다. 자연은 완전한 백지상태로 돌아가 새롭게 시작할 수는 없었다. 현재 존재하는 종들의 독자 생존을 유지하면서 부분적인 수정으로 만족해야만 했을 것이다. 존 올먼은 자신의 저서 《진화하는 뇌(Evolving Brains)》[5]에서 도시의 인간적 척도에 대한 점진적 진화를 샌디에이고에 있는 오래된 발전소의 보일러실을 방문했던 경험담을 들려주며 묘사하고 있다. 보일러실에는 수세대를 거슬러 올라갈 법한 컴퓨터 제어 장치와 진공관이 줄지어 늘어서 있고 그 옆에 복잡하게 얽혀 있는 작은 기송관이 배열되어 있었다. 그의 눈에 들어온 것은 바로 그 작은 기송관의 배열이었다. 발전소는 끊임없이 전력을 송출할 필요가 있었기 때문에 새로운 기술이 나올 때마다 작동을 멈추고 신기술을 장착할 수 없었다. 그래서 오래된 제어 장치는 그 자리에 두고 새로운 장치를 이전 장치와 통합했던 것이다. 진화하는 뇌 또한 마찬가지다. 자연은 오래된 두뇌 체계를 내던져버릴 수 없었고 대신 현재의 개발 계획에 준해 수정되었을 뿐이다. 가끔 통제를 위한 새로운 층을 추가하면서 말이다. 유전자 복제는 새로운 기능을 위해 변형을 일으킬 수 있는 유전자의 복제품을 소개하기 위해 흔히 사용되는 경로였다. 완전히 새로운 종으로 바뀔 수도 있는 전체 게놈 복제 또한 이뤄졌다.

촘스키에 대한 반대 입장

1930년대 학습을 연구한 심리학자들은 인간의 행동을 감각 인풋이 운동 아웃풋으로 전환되는 과정으로 규정하고 자신들을 '행동주의자'라 불렀다. 행동주의 심리학에서 중점적으로 다룬 것은 연상학습이었으며 각기 다른 보상 일정으로 동물을 학습시키는 실험을 통해 많은 학습의 법칙들이 밝혀졌다. 하버드대학교의 B. F. 스키너(B. F. Skinner)는 이 분야의 리더였으며 자신의 학문적 발견이 사회에 가져올 영향에 대해 설명하기 위해 다수의 책을 출간해 인지도를 얻었다.[6]

당시 대중적인 신문에서도 행동의주에 대한 관심이 꽤 높았다.

1971년 저명한 언어학자 놈 촘스키(Noam Chomsky, 〈그림 11.2〉)가 행동주의자, 특히 스키너를 신랄하게 비판하는 글을 〈뉴욕리뷰오브북스(New York Review of Books)〉에 게재했다(〈그림 11.3〉).[7] 다음은 그의 글 중 일부, 특히 언어에 관한 부분을 발췌한 것이다.

> 내가 한 번도 들어본 적도 없고 사용한 적도 없는 영어의 문장이 나의 '레퍼토리'에 포함되어 있고 중국어 문장은 그렇지 않다고 말하는 것은 도대체 어떤 의미인가(그렇다고 해서 영어 문장이 더 높은 '가능성'을 보유한다는 말인가)? 스키너 지지자들은 이 시점에서 '유사성' 또는 '일반화'를 주장한다. 그러나 항상 어떤 방식으로 새로운 문장이 익숙한 사례와 '유사한' 것인지 또는 그것으로부터 '일반화되는' 것인지 정확하게 특징짓지 못하고 있다. 이런 실패의 이유는 단순하다. 알려진 바에 따르면, 관련된 특징들은 유기체의 가상적 내적 상태를 설명하는 (예를 들면 문법과 같은) 추상적 이론을 사용해야만 표현될 수 있다. 그런 이론들은 스키너의 '과학'으로부터 연역적으로 제외되었다. 그로 인해 당면한 결과는 스키너의 주장이 사실을 다루는 순간 신비주의에 빠져들 수밖에 없다는 것이다. 설명할 수 없는 '유사성'과 특정할 수 없는 '일반화' 말이다. 언어의 경우 그런 상황은 더욱 명확해지는 것을 감안하면 인간 행동의 다른 측면들이 스키너의 연역적 제한에 의해 구속받는 '과학'의 범주 내에 있을 것이라고 가정할 이유가 없다.[8]

〈그림 11.2〉
서평 전문 잡지 〈뉴욕리뷰오브북스〉에 'B. F. 스키너에 대한 반대 입장(The Case against B. F. Skinner)'이라는 제목의 글을 게재한 이후인 1977년의 촘스키. 촘스키의 글은 한 세대의 인지 심리학자들에게 엄청난 영향을 미쳤다. 인지심리학자들은 상징 처리를 인지를 위한 개념적 틀로 받아들였고 인지와 지능에서 뇌의 개발 및 학습의 본질적 역할을 평가절하했다. 이미지 출처: Hans Peters/Anefoto.

〈그림 11.3〉
스키너를 비판한 촘스키의 글이 실린 1971년 〈뉴욕리뷰오브북스〉의 표지 헤드라인. 촘스키의 글은 행동 학습을 버리고 인지를 설명하기 위한 방법으로 상징 처리를 선택한 학자들에게 영향을 미쳤다. 그러나 상징적인 접근법으로는 결코 인공지능이 인지 수준의 성능을 발휘할 수 없었다. 강화학습을 옹호한 스키너의 주장은 옳았다. 촘스키는 그의 주장을 조롱했다. 오늘날 주목하지 않을 수 없는 대다수의 인공지능 애플리케이션들은 논리가 아닌 학습에 기반을 두고 있다. 이미지 출처: 〈뉴욕리뷰오브북스〉.

오늘날의 시각에서 본다면, 촘스키는 중대한 사안이 무엇인지 이해하고 있었다는 것을 알 수 있다. 다만 촘스키는 학습의 힘을 간과했던 것이다. 딥러닝은 뇌의 뉴럴 네트워크와 마찬가지로 뉴럴 네트워크 모델이 촘스키가 '신비주의'라고 일축했던 '일반화' 역량을 보유할 수 있다는 것을 입증했다. 또한 다양한 언어들 중에서 선택적으로 인지하도록 학습될 수 있고 서로 다른 언어를 번역하고 완벽한 구문론을 적용하여 이미지의 캡션을 생성할 수도 있음을 보여줬다. 궁극적인 아이러니는 머신러닝이 자동 문장 구문 분석의 문제를 해결했다는 것이다. 컴퓨터 언어학자들의 불굴의 노력에도 불구하고 촘스키가 말한 구문론의 '추상적 이론'이 해결하지 못했던 그것 말이다. 스키너가 개척한 동물실험 연구의 결과인 강화학습과 더불어 머신러닝은 목표 달성을 위한 일련의 선택에 의해 좌우되는 복잡한 문제들을 해결할 수 있다. 이것이 문제 해결의 정수이자 궁극적으로는 지능의 기반이 된다.

업신여김에 젖은 촘스키의 논문은 스키너를 끌어내리는 선에서 그치지 않고 학습이 인지 이해의 한 방편이라는 개념을 반박하며 무시했다. 그럼으로써 1970년대의 인지심리학에 결정적인 영향을 미치게 된 것이다. 촘스키의 주장은 이렇게 이어졌다. 연상학습이 언어만큼 복잡한 인지행동을 유발할 수 있다는 것은 한마디로 상상할 수 없는 일이었다(적어도 촘스키에게는 그랬다). 주목할 점은 이런 주장이 무지에서 비롯되었다는 것이다. 단지 최고의 언어학자가 상상할 수 없는 일이라 말했다고 해서 그것이 불가능한 일은 아니지 않은가. 그러나 1970년대의 시대정신이 잔뜩 배어 있는 촘스키의 화려한 미사여구들은 설득력이 있었다. 1980년대 들어 인지에 대한 상징 처리 접근법은 유일한 해결책으로 각광받게 되었고 인지심리학, 언어학, 철학 그리고 컴퓨터과학을 합쳐놓은 '인지과학'이라 불리는 새로운 분야의 기반을 형성했다. 신경과학은 1990년대에 인지심경과학이 출범하기 전까지 거의 무시되다시피 한 인지과학의 한 분야였다.

상상력의 결여

그 후에도 촘스키는 동일한 수사적 논증을 여러 번 내세웠다. 특히 '자극의 결여'에 근거한 타고난 언어적 능력에 관한 그의 주장은[9] 아기들은 구문의 법칙을 학습할 수 있을 정도로 충분히 문장의 예시를 접하지 못한다고 단언한다. 그러나 인간 아기들은 세상으로부터 분리된 상징의 배열을 받아들이는 컴퓨터가 아니다. 아기들은 풍부한 감각적 경험의 세상으로 빠져들어 세상의 본질을 숨 막히는 속도로 학습한다.[10] 아기들에게 세상은 소리와 결합된 유의미한 경험들로 가득 차 있으며 이것은 자궁 속에서부터 시작되는 것으로 비지도학습의 한 형태다. 이런 토대가 마련된 이후에야 비로소 언어의 생성이 시작된다. 옹알이부터 시작하여 단어를 말할 수 있게 되고 나중에는 구문법에 어긋나지 않도록 단어의 순서를 배열하는 능력을 발휘하게 되는 것이다. 아기들의 천부적 능력은 문법이 아니라 경험으로부터 언어를 학습할 수 있는 능력과 풍부한 인지적 문맥 속에서 고차적인 통계적 특징을 흡수하는 능력이다.

촘스키가 상상하지 못했던 것은 환경에 대한 심층 학습과 평생의 경험으로 연마된 심층 학습 가치 함수가 결합했을 때 강화학습과 같은 빈약한 학습 체계도 실제로 언어를 포함한 인지적 행동을 유발할 수 있다는 점이다. 1980년대의 나에게 이것은 전혀 명백한 사실이 아니었다. 그때의 나는 그것을 깨달았어야 마땅함에도 불구하고 말이다. 넷토크와 같은 아주 작은 네트워크가 영어 발음을 다룰 수 있었다면 학습 네트워크는, 그것이 모델이건 뇌의 피질이건 간에 단어의 표상 속에 언어에 대한 자연스러운 친화도를 보유하고 있을 가능성이 높았을 것이다. 촘스키의 입장은 상상력의 결여에 기반을 두지만 논리적으로는 오르겔의 두 번째 법칙을 따르고 있었다. 진화는 인간보다 똑똑하며 촘스키와 같은 뛰어난 전문가 또한 인간에 포함된다. 만약 전문가가 현실적으로 불가능하다고 말한다면 조심하는 것이 좋을 것이다. 설사 그 말이 매우 그럴싸하거나 설득력 있는 주장이라 할지라도 말이다.

촘스키가 강조한 단어의 순서와 구문론은 20세기 후반의 언어학 분야를 지배하는 접근법이 되었다. 그러나 단어의 순서를 무시한 '단어 주머니' 모델의 뉴럴 네트워크도 스포츠나 정치 관련 기사의 제목을 결정하는 작업을 놀랄 만한 수준으로 수행해낸다. 그리고 기사 내에서 인접한 단어를 참작하는 방식으로 네트워크의 성능을 향상시킬 수 있다. 딥러닝의 교훈은 단어의 순서가 어느 정도의 정보를 전달해주기는 하지만 단어의 의미와 다른 단어와의 상관관계에 기초한 의미론이 더 중요하다는 것이다. 단어는 뇌 속에서 풍부한 내부 구조에 의해 나타난다. 딥러닝 네트워크에서 단어가 의미론적으로 나타나는 방법을 밝혀나가다 보면 새로운 언어학의 시작이 도래할지도 모를 일이다. 자연은 인간이 어떻게 보는지 알아야 한다는 부담을 안겨줄 이유가 없는 것처럼 언어를 직관적으로 사용하는 것이 문제가 될 이유는 없다.

자연어를 학습한 모델 네트워크 내에서 단어의 내적 구조가 어떤 모습일지에 대해 생각해보자. 네트워크가 특정 문제를 해결하기 위해 학습되었을지라도 인풋을 표시하는 방식은 다른 문제를 해결하는 데 사용될 수 있다. 문장에서 다음에 올 단어를 예측하도록 학습된 네트워크가 좋은 사례일 것이다. 학습된 네트워크에서 단어의 표상은 네트워크 내에 있는 모든 유닛의 활동 패턴의 형태로서 내부적 구조를 가지며 한 쌍을 이루는 두 단어 사이의 유사점을 이끌어내는 데 사용할 수 있다.[11] 예를 들어 이런 활동 패턴들이 평면에 투사될 때 국가명과 수도명을 연결하는 매개체는 모두 동일하다. 네트워크는 자동적으로 개념을 체계화하도록 학습되었고 수도명의 의미를 가르쳐주는 어떠한 지도 정보도 없이 단어 사이의 관계를 암묵적으로 학습한다(〈그림 11.4〉). 이것은 국가명과 수도명 사이의 의미가 비지도 학습을 사용한 문자로부터 추출될 수 있음을 보여준다.

나는 MIT에서 '언어는 언어학자들에만 맡겨두기엔 너무 중요하다'라는 화두를 던지며 프레젠테이션을 시연한 적이 있다.[12] 행동학적 차원에서 언어를 묘사하는 일을 멈춰서는 안 된다는 것이 내 입장이었다. 언어의 생물 작용과 저변에 깔려 있는 생물학적 메커니즘을 이해하고 어떻게 호모 사피엔스가 언어 능력을 진화시킬 수 있었는지 밝혀내야만 한다. 이것은 비침입성 뇌 영상법과 간질 환자의 직접

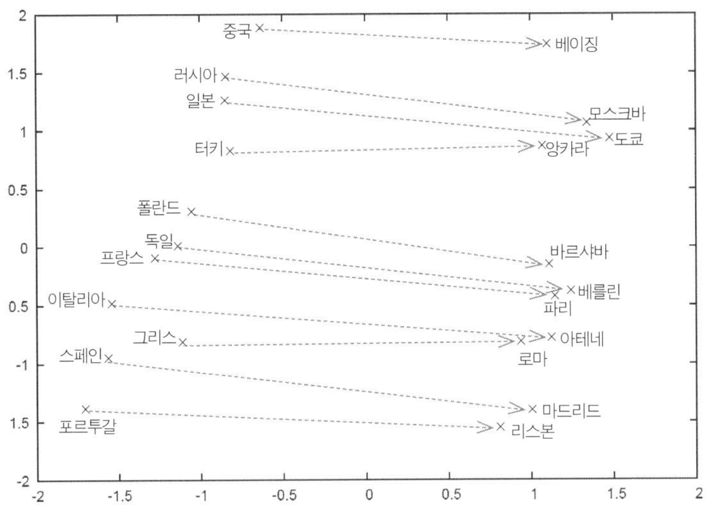

〈그림 11.4〉
문장에서 다음 단어를 예측하도록 학습된 네트워크 내에서 단어의 내적 표상. 각 단어는 네트워크 내 활동의 매개체로 위에서 보는 바와 같이 2차원 평면으로 투사될 수 있다. 모든 화살표는 서로 평행하며 길이도 거의 비슷하기 때문에 한 쌍을 이루는 단어들이 유사하게 나타난다. 예를 들면 각기 다른 나라의 수도를 찾고자 할 때 이 화살표를 국가명의 매개체에 첨가하고 수도 이름의 매개체를 회수하면 된다는 말이다. 이미지 출처: T. 미콜로프 외.[13]

적 뇌파 기록을 통해 가능한 일이 되었다. 인간의 뇌와 침팬지를 비롯한 고등 영장류의 뇌를 비교해 인간의 언어 사용을 가능하게 만드는 차이점을 이해하기 위한 뇌 연구 또한 그에 못지않게 중요하다. 인간의 언어 사용은 그보다 훨씬 이전에 그리고 훨씬 느리게 습득된 감각 운동적 기술에 비해 진화론적 측면에서 매우 즉각적으로 발생했다. 강력한 유전적 도구는 뇌의 발달에 대한 분석을 가능하게 만들 것이고 그렇게 분석된 결과를 어설프게 만지작거리며 언어 학습에 대한 인간의 타고난 능력이 어떻게 진화의 과정에 기인하는가에 대한 이해를 도울 것이다.

언어는 그럴듯함에 호소하고 무지에서 비롯된 주장을 통해 오해와 통제의 수단으로 활용될 수 있다. 그리고 과학에 의한 것보다 훨씬 불행한 결과를 초래한다. 역사 속에서 상상력의 결여가 탄로 났을 때 결국 버림받은 선동가들을 찾기란 어려운 일이 아니다. 다행스러운 것은 뇌는 언어보다 더 오래전부터 존재해왔고 앞으로 더 나은 역할을 수행할 것이란 점이다. 우리가 언어보다 훨씬 이전에 진화한 뇌의 영역에 의존한다면 말이다.[14]

블랙박스에 대한 반대 입장

돌이켜보면, 20세기 행동에 대한 정반대의 접근법을 취했던 행동주의와 인지과학은 뇌를 배제하는 똑같은 실수를 저지른 셈이다. 행동주의자들은 내적 검증에 의해 오도되기를 원치 않았기 때문에 지침을 얻기 위해 뇌의 내부를 들여다보지 않는 것을 명예롭게 생각했다. 그들은 블랙박스의 인풋과 아웃풋을 신중하게 통제함으로써 어떤 우발적 상황에서도 행동주의적 법칙을 발견할 수 있을 것이라 믿었다. 기능주의적 인지 과학자들의 입장은 정신의 내적 표상을 발견할 수 있을 것이라 믿으며 행동주의를 거부했다. 그러나 그들 또한 뇌가 내적 표상을 어떻게 이행하는지에 관한 세부 사항들은 무관하다고 믿었기 때문에[15] 그들이 개발한 내적 표상의 기반은 신뢰할 수 없는 직관과 민족심리학이었다. 자연은 인간보다 영리하다.

블랙박스의 내부 상태는 형언할 수 없을 정도로 복잡하다. 따라서 내적 표상이나 행동주의적 법칙의 발견은 지나치게 어려운 문제다. 언제가 행동주의적 법칙을 발견하게 된다면 그에 대한 기능적 해석 또한 제공할 수 있을 것이다. 비록 그 해석이 물리학에 대한 양자역학의 그것만큼이나 비직관적일 것이기는 하지만 말이다. 행동주의적 법칙을 발견하기 위해 우리는 뇌로부터 최대한 많은 도움을 받을 필요가 있을 것이다. 딥러닝 네트워크는 뇌 구조의 일반적 특징과 뇌 기능의 일반 원리에 주의를 기울임으로써 진일보할 수 있는 좋은 사례다. 강경한 기능주의자들의 저항이 있을 것이라는 데 나 또한 이견이 없다. 그러나 우리는 퇴보가 아니라 진보해야만 한다. 지금까지 뇌 구조로부터 얻은 새로운 기능을 추가할 때마다 딥러닝 네트워크의 기능성은 비약적으로 향상되었다. 몇 가지 사례를 들자면 피질 영역의 수직 계층 구조, 심층학습과 강화학습의 결합, 반복적 피질 네트워크에서 작동하는 기억, 사실과 이벤트에 대한 장기 기억 등이다. 우리가 배울 수 있고 최대한 활용할 수 있는 뇌의 연산학적 원리는 이 외에도 무수히 많다.[16]

지각과 기억, 실험 기반의 과업을 특징적으로 사용하는 의사 결정 등에 관해 연구하는 신경과학자들의 실험에서 실험용 동물들은 자극에 대해 원하는 반응을 보이도록 학습된다. 몇 달 간의 학습 기간을 거친 후 이와 같은 자극에 의한 반응은 사색적 반응이 아니라 인지적 행동이 아닌 습관적 행동의 저변에 깔려 있는 메커니즘이 드러날 수 있는 반사적 행동이 된다. 생각은 반사적 행동이 아니다. 감각적 자극이 없어도 일어날 수 있기 때문에 그렇다. 그러나 전통적인 방식에 의해 설계된 실험에서는 감각적 인풋의 부재한 상황에서도 일어나는 현재 진행 중인 자발적 행동을 무시한다. 감각이나 운동에 연관되지 않은 내부적 활동에 대해 연구할 수 있는 새로운 방법이 필요하다. 내부적 활동에는 의식적인 생각과 무의식적 절차도 포함된다. 이제 새로운 방법 시도되고 있다. 뇌 영상 실험은 자발적으로 일어나는 휴식 상태를 보여줬다. 이것은 탐지기 안에서 '휴식'을 취하는 사람에게서 나타난다. 할 일이 아무것도 없을 때 우리의 정신은 산만해지고 생각은 눈으로 확인할 수는 있지만 이해하지 못하는 뇌 활동의 변화하는 패턴으로 나타난다.

뇌 영상법, 특히 비침투성 기능적 자기공명영상법은 사회적 상호 관계와 의사 결정에 관한 연구를 위한 새로운 방식을 제공했으며 '신경 경제학'이라는 새로운 분야를 낳았다.[17] 전통 경제학에서는 종종 인간을 합리적 행위자로 추정하지만 사실은 그렇지 않기 때문에 이상적이 아닌 실제적 판단과 동기에 기초한 행동주의적 경제학을 구축할 필요가 있다. 판단과 동기는 뇌의 복잡한 내부 상태로부터 드러나는 것이기에 그렇다.[18] 17장에서 언급하겠지만 도파민 뉴런은 보상 예측 오류를 나타내는 것을 통해 동기부여에 강력한 영향력을 행사한다. 사회적 상호 작용의 뇌 영상을 통해 순전히 행동주의적 실험에서는 불가능했을 법한 방식으로 인간의 동기부여에 관해 조사해오고 있다. 논리에 근거한 이성적 의사 결정 이론을 이전 경험에 근거한 확률적 의사 결정 이론으로 대체하는 것이 목표다.

마빈 민스키에 대한 반대 입장

뉴럴 네트워크의 초기 역사는 소규모지만 영향력 있는 그룹이 어떤 식으로 상충되는 연구 방향에 대한 탐구를 탈선시킬 수 있는지에 대한 연구 사례라 할 만하다.

마빈 민스키와 시모어 페퍼트(〈그림 11.5〉)는 《퍼셉트론》의 후반부에서 퍼셉트론 학습 알고리즘은 다층 퍼셉트론으로 확장될 수 없다는 의견을 피력했다.

> 확장의 문제는 단순한 기술적 문제가 아니다. 이것은 전략적 문제이기도 하다. 퍼셉트론은 심각한 한계에도 불구하고 (어쩌면 그 한계 때문에) 그 자체로 연구할 가치가 있음을 보여줬다. 퍼셉트론은 관심을 끌 만한 특징을 다수 보유하고 있다. 선형성, 흥미로운 학습 정리, 병렬 연산의 한 종류로 명확하고 전형적인 단순성 등이 그것이다. 이런 장점들 중 어느 것도 다층 버전으로 이어진다고 가정할 이유가 없다. 그럼에도 불구하고 우리는 이것을, 확장은 무익하다는 우리의 직관적 판단을 해명하기 위한 (또는 거부하기 위한) 중대한 연구 문제로 간

〈그림 11.5〉
《퍼셉트론》을 발표한 직후인 1971년의 민스키와 페퍼트. 단순한 네트워크에 대한 뛰어난 수학적 분석은 다층 네트워크 학습에 기반을 둔 인공지능에 대한 연구에 매달리는 과학자들의 사기를 저하시키기에 충분했다. 이미지 출처: 신시아 솔로몬/MIT.

주한다. 어쩌면 강력한 수렴 정리가 발견되거나 다층 네트워크를 위한 흥미로운 '학습 정리'의 생산이 실패할 수밖에 없는 심오한 근거가 밝혀질 것이다.[19]

실제로 무익한 것으로 드러났다. 민스키와 페퍼트의 뛰어난 저서에 언급된 근거 없는 '직관'은 뉴럴 네트워크 학습의 발전에 찬물을 끼얹었고 연구 활동을 한 세대 퇴보시켰다. 이렇게 퇴보한 덕분에 지금의 내 경력을 쌓을 수 있었으니 나는 개인적으로 덕을 본 셈이다. 그러나 민스키의 경력의 황혼기에 그 이면을 들여다볼 수 있는 기회가 나에게 주어졌다.

나는 2006년 다트머스 인공지능 콘퍼런스(Dartmouth Artificial Intelligence Conference), 'AI@50'에 공식 초청되었다. 1956년 다트머스에서 개최된 인공지능에 관한 중대한 여름 연구 프로젝트를 기념하고 인공지능의 미래를 전망하기 위한 학회였다.[20] 1956년 프로젝트에 참가했던 10명의 개척자들 중 5명, 존 매카시(John McCarthy, 스탠퍼드), 마빈 민스키(MIT), 트렌차드 모어(Trenchard More, IBM), 레이 솔로모노프(Ray Solomonoff, 런던대학교) 그리고 올리버 셀프리지(MIT)가 참석했다. 과학적으로나 사회학적으로 매우 흥미로운 모임이 아닐 수 없었다.

(카네기멜론대학교에서 온) 타케오 카나데(Takeo Kanade)는 '인공지능의 비전: 진전과 비-진전'이라는 강연에서 1960년대 컴퓨터 메모리는 오늘날의 기준에 따르면 매우 작았기 때문에 한 번에 한 개의 이미지만 처리할 수 있었다고 언급한 바 있다. 1974년 자신의 박사학위

논문에서 타케오는 프로그램이 한 개의 이미지로부터 탱크를 찾아낼 수 있었지만 위치가 다르거나 빛의 밝기가 다른 이미지에서는 탱크를 찾아내는 일이 매우 어려웠다는 것을 보여줬다. 그러나 그의 초창기 제자들이 졸업할 때쯤에는 그들이 설계한 프로그램이 보다 일반적인 조건에서 탱크를 인식하는 데 성공했다. 컴퓨터의 성능이 이전보다 강력해진 덕분이었다. 오늘날 그의 제자들이 만든 프로그램은 어떤 이미지에서라도 탱크를 인식할 수 있다. 차이점은 오늘날의 우리는 무수히 많은 자세와 조명 조건의 견본이 되어줄 수백만 장의 이미지에 접근할 수 있고 컴퓨터의 성능이 수백만 배나 강력해졌다는 것이다.

(MIT에서 온) 로드니 브룩스는 '지능과 신체(Intelligence and Bodies)'라는 제목의 강연에서 구불구불하게 기어다니는 로봇을 제작한 경험담을 이야기했다. 지능은 동작을 제어하기 위해 뇌에서 진화했고 신체는 그런 지능을 통해 세상과 상호작용 하기 위해 진화했다. 브룩스는 로봇공학자들이 사용하던 전통적인 제어 방식에서 벗어나 로봇 설계의 연상적 개념으로 연산이 아닌 행동을 사용했다. 로봇 제작에 대해 더 많이 배울수록 신체는 정신의 일부라는 사실이 보다 명확해질 것이다.

'자연어 처리는 왜 통계적 자연어 처리인가'에서 유진 차니악(Eugene Charniak)은 문법의 기본은 문장 내의 품사에 꼬리표를 다는 것, 즉 태깅이라고 설명했다. 이것은 인간이 학습을 통해 현존하는 구문 분석 프로그램을 능가할 수 있는 부분이다. 초기 컴퓨터 언어학 분야는 1980년대 촘스키에 의해 개발된 생성 문법 접근법을 적용하고

자 했지만 그 결과는 실망스러웠다. 궁극적 해결책은 브라운(Brown)이라는 대학생을 고용해 수천 건에 이르는 〈월스트리트저널〉 기사에 일일이 수작업으로 꼬리표를 단 다음 통계적 기법을 적용해 특정 단어와 인접한 단어의 품사로 가장 가능성이 높은 것을 포착하는 방법이었다. 대다수의 단어는 한 개 이상의 의미를 가지기 때문에 수많은 사례가 필요하다. 단어마다 사용되는 문맥 또한 다양하다. 문장 내 품사에 대한 자동 태깅은 이제 머신러닝 기술 덕분에 해결된 문제가 되었다.

이와 같은 성공 스토리는 유사한 궤적을 보여준다. 과거의 컴퓨터는 속도도 느리고 매개변수의 수가 몇 되지 않는 소형 프로그램만 가동할 수 있었다. 그런 소형 프로그램들은 현실 세계의 데이터를 일반화하지 못했다. 데이터의 양이 많아지고 컴퓨터의 속도가 훨씬 빨라진 이후에야 보다 복잡하고 통계적인 프로그램을 제작하고 보다 많은 특징과 특징들 사이의 관계를 추출하는 일이 가능해졌다. 딥러닝은 이런 과정을 자동화한다. 특정 분야의 전문가가 각 애플리케이션마다 특징을 직접 만들어내는 대신 딥러닝은 대용량 데이터세트로부터 추출해낼 수 있다. 컴퓨터에 의한 자동화가 노동을 대체하고 점점 비용이 저렴해지면서 컴퓨터가 수행하는 노동 집약적이고 인지적인 과업들이 점점 늘어갈 것이다.

콘퍼런스 후반 마무리 강연에서 민스키는 발표 내용과 인공지능의 향후 진로에 대해 매우 실망스럽다는 말로 강연을 시작했다. 그 이유를 그는 이렇게 설명했다. "여러분들은 지금 일반 지능의 문제를 연구하고 있는 것이 아니라 단순히 애플리케이션에 관한 연구를 하고 있는 것입니다." 그때까지 우리가 이뤄온 발전을 자축하는 의미가 컸던 자리였던 만큼 그의 질책은 따가웠다. 최근 이뤄진 강화학습에 관련된 진전과 네트워크의 학습을 통해 백개먼 챔피언 수준에서 도달한 티디-개먼의 눈부신 성과에 대한 나의 발표 또한 민스키에게 감동을 주진 못했다. 그는 이것을 게임에 지나지 않는다고 일축했다.

민스키의 '일반 지능'이란 무엇을 의미하는가? 그의 저서 《마음의 사회(The Society of Mind)》[21]에서 밝힌 전제는 일반 지능은 보다 단순한 대행자들 사이의 상호 작용을 통해 드러난다는 것이다. 민스키는 자신의 이론을 위한 가장 큰 아이디어의 원천은 로봇 팔과 비디오카메라, 컴퓨터를 사용해 어린이들의 블록장난감과 같은 구조의 기계를 만드는 과정이라고 말한 바 있다(〈그림 2.1〉).[22] 어딘가 애플리케이션과 흡사하다는 의구심이 들지 않는가. 그러나 구체적인 애플리케이션은 추상적 이론화로는 불가능한 방식으로 문제점에 집중하고 그 핵심에 도달하도록 만든다. 다트머스 콘퍼런스의 강연자들에 의해 보고된 성공 사례는 구체적 문제점에 대한 깊은 통찰에서 비롯되었으며 보다 일반적이고 이론적인 이해를 촉진시켰다. 어쩌면 일반 지능에 관한 보다 나은 이론이 언젠가 이들 편협한 인공지능 성공 사례들 속에서 부상하게 될지도 모를 일이다.

인간의 뇌는 아무것도 하지 않으면서 추상적인 생각만을 생성하는 것이 아니다. 뇌는 우리의 신체 모든 부분과 직접적으로 연결되어 있으며 다시 감각 인풋과 동작 실행기를 통해 세상과 연결되어 있다. 따라서 생물학적 지능은 그러한 관계 속에 내재되어 있는 것이다. 보다 중요한 것은 우리의 뇌가 세상과 상호작용을 하는 긴 성숙의 과정을 거쳐 발달된다는 점이다. 학습은 발달과 동시에 진행되는 과정이며 성인기에 도달한 이후에도 오랫동안 이어진다. 그러므로 학습은 인반 지능 발달의 핵심이다. 인공지능에 있어 가장 해결하기 어려운 문제 중 하나가 상식이라는 사실은 매우 흥미롭다. 어린이들에게는 현저하게 부족하고 대부분의 성인에게는 세상 속에서의 장기적 경험을 얻은 후에야 서서히 드러나는 그것 말이다. 인공지능에서 흔히 무시되는 감정과 공감 역시 지능의 필수적인 측면이다.[23] 감정은 국부적인 뇌 상태에 의해 결정될 수 없는 뇌가 행동을 취하기 전 준비 과정에 필요한 보편적 신호다.

AI@50의 마지막 날에는 연회가 베풀어졌다. 저녁 식사가 끝날 무렵 1956년 인공지능에 관한 다트머스 여름 연구 프로젝트에 참가했던 5명의 원년 구성원들이 콘퍼런스와 인공지능의 미래에 대해 짤막하게 언급했다. 질의응답 시간에 나는 자리에서 일어나 민스키를 바라보며 이렇게 말했다. "뉴럴 네트워크 분야에서는 당신이 1970년대 뉴럴 네트워크가 동절기를 겪게 만든 악마라고 믿고 있습니다. 당신은 악마입니까?" 민스키는 우리가 어떻게 네트워크의 수학적 한계를 이해하지 못했는지에 대한 장황한 비판을 시작했다. 나는 그의 말을 가로채며 이렇게 물었다. "민스키 박사님, 저의 질문은 예 또는 아니오로 대답할 수 있는 간단한 것이었습니다. 당신은 악마입니까, 그렇지 않습니까?" 그는 잠시 망설이다가 이렇게 소리쳤다. "예, 나는 악마입니다!"

1958년 프랭크 로젠블랫은 페셉트론을 모방해 설계한 아날로그 컴퓨터를 제작했다. 고도로 연산 집약적이었던 당시의 디지털 컴퓨터는 네트워크 모델을 작동시키기에 고통스러울 정도로 느렸기 때문이다. 1980년대 들어 컴퓨터의 성능은 엄청나게 향상되었고 소규모 네트워크의 시연을 통해 학습 알고리즘을 탐구할 수 있게 되었다. 그러나 현실 세계의 문제를 해결할 수 있을 정도의 규모로 증대된 네트워크를 가동시킬 만큼 충분한 컴퓨터의 성능이 확보된 것은 2010년대의 일이다.

1954년 프린스턴에서 제출된 민스키의 박사학위 논문의 내용은 뉴럴 네트워크 연산의 이론적 및 실험적 연구에 관한 것이다. 그는 뉴럴 네트워크가 어떻게 행동하는지 관찰하기 위해 전자 부품으로 작은 네트워크를 만들기까지 했다. 프린스턴대학원 물리학과 재학 시절 내가 전해들은 바로는 당시 수학과 내에서는 그의 논문을 평가할 만한 자격을 갖춘 사람이 아무도 없었기 때문에[24] 그의 논문을 신과의 대화를 나눈다는 프린스턴 고등연구원(Institute for Advanced Study in Princeton)으로 보내야만 했다. 고등연구원으로부터 온 회신에는 이런 문구가 있었다. "만약 이것이 오늘날의 수학이 아니라면 미래의 언젠가는 그렇게 될 것이다." 민스키에게 박사학위가 주어지기에 충분하고도 남을 평가였다. 실제로 뉴럴 네트워크는 새로운 범주의 수학 함수의 개발로 이어졌고 새로운 연구를 위한 자극제가 되고 있다. 그리고 지금 수학의 새로운 분야로 자리매김하고 있다. 젊은 민스키는 시대를 앞서간 사람이었다.

경과

마빈 민스키는 2016년 죽음을 맞이할 때가지 뉴럴 네트워크가 일반 인공지능의 성취로 가는 과정에서 막다른 길에 맞닥뜨렸다는 확고부동한 믿음을 가지고 있었다. 민스키와의 우정을 기리는 깊이 있는 논문에서 스티븐 울프럼은 이렇게 서술하고 있다. "개인적으로 나는 당시의 어느 누구도 알지 못했을 것이라 생각하지만 지금 우리는 민스키가 1951년부터 연구하기 시작한 뉴럴 네트워크가 사실은 그가 희망했던 인상적인 인공지능의 성능으로 이어지는 경로였다는 사실을 알고 있다. 이렇게 오랜 시간이 소요되었고 민스키가 직접 볼 수 없었다는 사실이 안타까울 뿐이다."[25]

민스키가 세상을 떠난 직후 알렉스 그레이브스(Alex Graves)와 그레그 웨인(Greg Wayne)을 비롯한 딥마인드의 연구진들이 동적 외부 메모리의 적용으로 딥러닝에 기초한 일반 인공지능에 한걸음 더 다가서는 성과를 거뒀다.[26] 심층 순환 뉴럴 네트워크에서 행동의 패턴은 일시적으로 저장될 수밖에 없기 때문에 추리와 추론의 모방이 쉽지 않았다. 디지털 컴퓨터의 메모리와 동일한 유연성을 가지고 있어 읽기와 쓰기가 가능한 안정적인 메모리를 첨가함으로써 연구진은 강화학습으로 훈련된 네트워크가 추론을 필요로 하는 질문에 대답할 수 있다는 것을 입증했다. 예를 들어 그런 네트워크가 런던 지하철의 경로를 추론하기도 하고 가계도에서 계통적 상관관계에 관한 질문에 대답하기도 한다는 말이다. 동적 메모리 네트워크는 1960년대 MIT 인공지능 연구소를 힘들게 했던 블록스 월드의 블록 이동 과업(〈그림

2.1)) 또한 완벽하게 터득했다. 앞서 2장에서 논의가 시작된 그 지점으로 다시 돌아가는 셈이다.

크릭은 2004년 사망했고 오르겔이 그로부터 얼마 후인 2007년에 사망하면서 소크생물학연구소의 한 시대가 막을 내렸다. 그런 과학의 거장들은 더 이상 우리 곁에 없지만 새로운 세대가 빠르게 나아가고 있다. 내가 소크생물학연구소에 몸담은 지 30년 가까이 되었다. 연구소 설립 역사의 절반을 함께한 셈이다. 1960년 뜻을 함께하는 교수진과 직원들이 모여 한 가족으로 출발한 소크생물학연구소는 누가 누구인지 금방 알 수 있을 정도로 규모가 작았다. 오늘날 1,000여 명이 근무하는 큰 조직으로 성장했지만 여전히 오랜 시간 지속되어온 가족 같은 조직 문화가 회자되고 있다.

우리 인간은 박테리아와 그 이전의 무엇까지 기원을 거슬러 올라가는 생명의 거대한 사슬에 속한 하나의 생물 종이다. 지금 우리가 뇌를 이해하기 직전까지 도달했다는 것 자체가 기적이다. 뇌에 대한 이해는 인간에 대한 인간의 생각을 영원히 바꿔놓을 것이다.

| 12장 | 심층 지능

천국으로 간 프란시스코 크릭

남아프리카공화국 태생의 시드니 브레너(Sydney Brenner)는 케임브리지대학교의 초기 분자유전학 연구에 참여했다(〈그림 12.1〉). 그는 분자생물학연구소(Laboratory of Molecular Biology, LMB)에서 프랜시스 크릭과 같은 연구실을 사용하기도 했다. DNA 구조를 발견하고 유전자 코드 연구를 마친 이후 다음 프로젝트의 주제는 무엇인가? 크릭은 인간의 뇌에 집중하기로 결정했고, 브레너는 새로운 모델 유기체인 예쁜꼬마선충(C. elegans)에 관한 연구를 시작했다. 예쁜꼬마선충은 흙 속에 사는 회충으로 길이는 겨우 1밀리미터이고 302개의 뉴런을 가지고 있다. 이 선충은 오랜 기간에 걸쳐 체내의 모든 세포를 추적함으로써 배아 상태에서 출발한 생명체의 발달 과정을 이해하는 데 있어 다수의 획기적 발견의 출발점 역할을 했다. 브레너는 이 연구로 2002년 노벨 생리의학상을 수상한 바 있다(로버트 호비츠(H. Robert Horvitz), 존 설스턴(John Sulston)과의 공동연구). 브레너는 특유의 유머 감각으로도 유명

〈그림 12.1〉
브레너는 생물학의 전설과 같은 존재다. 그는 유전자 코드에서 DNA의 염기쌍이 단백질에 기록되는 방식을 연구했으며 새로운 유기체 모델에 관한 선구적 업적으로 노벨상을 수상한 바 있다. 이 사진은 2010년 〈사이언스네트워크〉와의 인터뷰 장면이다. 이미지 출처: 〈사이언스네트워크〉.[1]

하다. 그는 노벨상 수상 소감을 이렇게 전했다. "내 강의의 제목은 '자연이 과학에 주는 선물'입니다. 서로 추켜세우는 데 여념이 없는 과학 전문지에 대한 강의가 아니라 살아 있는 세계의 위대한 다양성이 생물학 연구에 어떤 식으로 영감을 불어넣고 혁신을 북돋을 수 있는지에 대한 강의입니다."[2] 마치 천지창조 자리라도 참석한 것 같았다.

2009년 '인간 게놈 읽기'[3]라는 제목으로 소크생물학연구소에서 브레너가 진행한 세 번의 강연은 슬라이드나 소도구 하나 없는 역작이었다. 주목할 점은 개별 염기쌍을 모두 나열한 인간 게놈의 전체 배열을 읽어낸 것은 지금까지 컴퓨터만이 성취한 과업일 뿐 누구도 해내지 못했다는 것이다. 브레너는 그것을 목표로 삼았고 마침내 목표를 달성했다. 그리고 서로 다른 유전자와 생물 종의 DNA 배열 사이에서 온갖 종류의 흥미로운 유사점을 발견하게 되었다.

브레너는 한 장소에 머물러 있지 않았다. 싱가포르에서 실험 프로젝트를 진행했고 오키나와과학기술연구원(Okinawa Institute of Science and Technology)의 창립학회장이었다. 버지니아주 에슈번 근처에 있는 하워드휴스의학연구원(Howard Hughes Medical Institute) 내 쟈넬리아연구캠퍼스(Janelia Research Campus) 그리고 이론적 및 연산학적 생물학을 위한 크릭-제이콥센터(Crick-Jacobs Center for Theoretical and Computational Biology), 두 곳의 선임연구원이기도 했다. 크릭-제이콥센터는 라호야에 있는 소크생물학연구소로부터 내가 감독했던 센터였다. (그가 소속되었던 단체의 목록은 생략하기로 했다). 브레너는 분자생물학연구소에서 컴퓨팅을 담당할 사람으로 데이비드 마를 고용했다. 마가 박사학위를 받은 직후의 일이었다. 후에 마는 같은 남아프리카공화국 출신이자 친구인 페퍼트의 주선으로 MIT 인공지능 연구소로 자리를 옮기게 된다. 분자유전학과 신경물리학 분야는 뿌리 깊은 상호 결속 관계를 맺고 있으며 브레너는 양쪽 분야 모두의 중심에 있었다.

브레너가 라호야를 방문했던 어느 날 저녁 식사 자리에서 내가 수년 전 하버드 의과대학원 박사과정에 있을 당시 들었던 이야기를 들려줬다. 크릭이 하늘나라로 가서 천국을 방문했다. 성 베드로는 무신론자에 가까운 그가 천국에 온 것을 보고 매우 놀랐다. 그러나 크릭은 하느님에게 질문이 있어 천국을 방문했을 뿐이었다. 프랜시스는 들판 가운데 있는 나무 오두막으로 안내되었다. 주변에는 온갖 종류의 바퀴와 톱니바퀴의 이가 널브러져 있었다(실패한 실험을 상징함). 가죽으로 된 앞치마를 두르고 작업 의자에 앉아 새로운 유기체를 만지작거리고 있던 하느님이 크릭을 맞이했다. "크릭, 이렇게 반가울 데가 있나. 내가 무엇을 도와주면 좋겠는가?" 크릭은 이렇게 말했다. "평생 동안 해답을 찾고자 했던 질문이 있습니다. 파리는 왜 성충판을 가지고 있나요?"[4] 하느님이 이렇게 대답했다. "이런, 놀랍지 않은가! 지금까지 그런 질문을 한 사람은 한 명도 없었다네. 나는 파리에게 수억 년 동안 성충판을 쥐왔지만 한 번도 불평불만을 들어본 적이 없다네."

브레너는 한동안 말이 없었고 나는 그의 절친을 농담거리로 만든 이야기를 들려준 내가 경솔했던 것인지 고민하고 있었다. 브레너가 입을 열었다. "세즈노스키, 나는 그 이야기가 처음에 어떻게 시작된 것인지 들려줄 수 있다네. 언젠가 크릭과 내가 연구실에 함께 있을 때 그 친구가 발생생물학 책을 읽다가 갑자기 두 손을 치켜들더니 '왜 파리에게 성충판이 있는지 하느님만 아시겠지!'라고 말했다네."

나는 어안이 벙벙했다. 수십 년 동안 들어왔고 수없이 들려줬던 이야기의 기원을 알게 되는 경험을 얼마나 자주 하겠는가? 나는 브레너에게 이야기의 원전을 들려 달라고 부탁했다. 그는 이야기의 제목이 '천국으로 간 프란시스코 크릭'이라고 했다. 그가 들려준 이야기는 내가 알고 있던 것과 기본적 구조는 동일했지만 세부 사항은 다른 것이었다.[5] 진화론이 기본 핵심은 고수하지만 그 세부 내용은 수없이 변화하는 것처럼 말이다.

나는 2017년 브레너의 90번째 생일을 축하하기 위해 싱가포르에 있던 그를 방문했다. 건강 문제로 더 이상 여행을 하지 못하고 휠체어 신세를 지고 있었지만 브레너는 내가 본 그 어느 때보다 생기 넘치는 모습이었다. 테오도시우스 도브잔스키(Theodosius Dobzhansky)는 진화에 비춰보지 않는 한 생물학의 어떤 것도 이치에 맞지 않는다고 말한 바 있다.[6] 2017년 2월 21일 싱가포르의 난양공과대학교에서 브레너는 박테리아의 진화에 관한 흥미로운 강연을 했다.[7] 그의 강연은 '텐온텐(10가지 주제에 관한 10번의 강연): 진화의 연대기(10-on-10: The Chronicle of Evolution)'라는 제목하에 이뤄진 일련의 강연회 중 하나로 나는 뇌의 진화에 관한 강연을 맡았다. 2017년 7월 14일 이뤄진 강연은 도브잔스키의 명제에 약간의 변형을 가해 제목을 정했다. 'DNA에 비춰보지 않는 경우 생물학의 어떤 것도 이치에 맞지 않는다.'[8]

지능의 진화

다양한 생물 종에서 주어진 특정 환경에서 생존과 직결되는 문제를 해결하기 위해 지능이 진화되었다. 바다에서 진화한 동물들이 해결해야 했던 문제는 육지에서 진화한 동물들의 그것과는 다른 것이었다. 시지각은 인간이 주변을 감지할 수 있도록 해줬고 인간은 시각적 신호를 해석하기 위한 시각적 지능을 발달시켰다. 자연 환경에서 인간 이외의 동물의 행동을 연구하는 생태학자들이 인간에게서 찾아볼 수 없는 능력과 기술을 발견했다. 예를 들어 박쥐는 주변 환경을 파악하기 위해 적극적으로 청각 신호를 발신하고 되돌아오는 반사음을 분석한다. 이것은 외부 세계, 즉 모든 외관에 대한 내적 표상을 생성하며 그것은 시각적 경험만큼 생생하다. 박쥐는 파닥거리는 곤충(사냥의 대상)과 장애물(회피 대상)의 신호를 세밀하게 분석할 수 있는 청각 지능을 보유하고 있다는 말이다.

뉴욕대학교의 철학자 토머스 네이글(Thomas Nagel)은 1974년 발표한 〈박쥐가 된다는 것은 무엇인가?〉라는 제목의 논문에서 반향 위치 측정을 직접적으로 경험하지 않고서는 박쥐의 세계를 상상할 수 없다고 결론짓고 있다.[9] 그러나 그런 경험이 없다는 사실이 인간이 눈으로 볼 수 없는 세상을 적극적으로 탐사하기 위한 기술인 전파탐지기와 음파탐지기를 발명하는 데 있어 걸림돌이 되지도 않았고, 맹인들이 음파 반사에 적절히 대응하며 길을 찾아가는 것을 막지도 못했다. 박쥐가 된다는 것이 무엇인지 알 수는 없겠지만 대신 우리는 전파탐지기와 광선레이더를 사용해 주행하는 자율주행 자동차에 도움을 준 박쥐와 유사한 지능을 개발할 수는 있다.

우리 인간은 가장 뛰어난 학습 능력을 보유하고 있다. 다른 어떤 생물 종보다 광범위한 주제에 대해 보다 빨리 학습할 수 있고 보다 많은 것을 기억하며 수세대를 거치며 더 많은 지식을 축적할 수 있다. 우리는 '교육'이라 불리는 기술을 창조해 평생 동안 학습할 수 있는 양을 증대시켰다. 어린이와 청소년들은 성장 기간 동안 교실에 앉아 살아가면서 결코 직접적으로 경험할 수 없는 것들을 학습할 수 있게 되었다. 비교적 최근에 인간이 발명한 읽기와 쓰기의 기술은 완전히 터득하기까지 수년간의 시간을 필요로 한다. 그러나 이들 발명품 덕분에 우리는 구전에 의한 것보다 더 많은 축적된 지식을 다음 세대로 전수할 수 있다. 누군가는 책을 쓰고 그것을 인쇄하거나 전시하고 많은 사람이 읽을 수 있기에 하는 말이다. 현대 문명의 발달이 가능했던 것은 음성 언어가 아니라 쓰기와 읽기 그리고 학습 덕분이다.

우리는 어디에서 왔는가?

인간 진화의 기원은 무엇인가? 1998년 설립된 인간의 기원에 대한 설명을 위한 라호야 그룹(La Jolla Group for Explaining the Origin of Humans)은 그 해답을 찾는 데 도움이 될 만한 다양한 증거에 관해 정기적으로 토론하는 소그룹으로 시작되었다. 설립 당시 나도 도움을 주었던 이 그룹에서는 고생물학, 지구물리학, 인류학, 생화학에서부터 상대적 신경과학에 이르기까지 온갖 종류의 자료를 다뤘다. 점차 세계 곳곳으로부터 참여자들이 늘어나 2008년 인류기원론에 대한 학술적 연구와 학습을 위한 UCSD/소크 센터(UCSD/Salk Center for Academic Research and Training in Anthropogeny, CARTA)로 이어지게 되었다.[10] NIPS가 뉴런 연산학에 대한 이해를 위해 과학과 공학 분야의 수많은 인재들을 결집시켰던 것처럼 우리 인간이 어디에서 어떻게 왔는지 탐구하고, 이 오래된 질문에 대한 해답을 찾고자 하는 새로운 세대의 지성들을 위한 학습 장이 되기 위해 CARTA는 과학의 전 분야에 걸친 통찰력에 의존해왔다.[11]

궁극적으로 호모 속의 생성으로 이어진 계통이 침팬지의 계통에서 분리된 것은 6백만 년 전의 일이다(〈그림 12.2〉). 침팬지는 매우 지능이 높은 종이지만 그들의 지능은 우리 인간의 그것과는 사뭇 다른 것이다. 침팬지에게 기본적인 언어를 학습시키고자 시도했지만 결과는 단순한 요구 사항을 표현하는 데 사용하는 수백 가지의 신호를 학습하는 데 그쳤다. 그들의 지능을 측정하기에는 다소 불공평한 방법이기는 하지만 말이다. 인간이 침팬지 무리에서 생존해야 한다면 얼마나 잘해낼 수 있겠는가? 모든 생물 종은 인간처럼 자기중심적인가?

인간과 침팬지의 차이를 발견할 수 있는 곳이 바로 우리의 DNA다. 인간이 보유한 30억 개의 DNA 염기쌍 중에 고작 1.4퍼센트만이

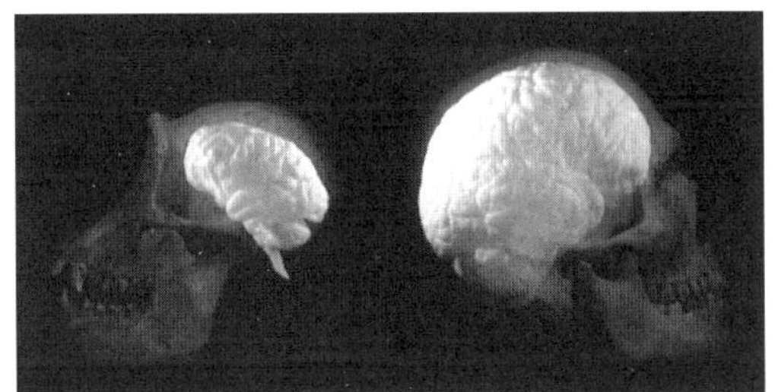

〈그림12.2〉
침팬지의 뇌와 그보다 훨씬 큰 인간의 뇌를 비교한 사진. 인간의 뇌는 수많은 컨볼루션과 함께 대뇌 피질이 엄청나게 확장되어 있다. 이미지 출처: 존 올먼.[12]

침팬지의 그것과 다르다는 사실을 알게 된 것은 이미 오래전 일이다. 침팬지의 게놈 배열을 완성했을 때 우리는 마침내 생명의 기원을 밝힌 책을 읽고 침팬지와 인간이 어떻게 다른지 발견하게 될 것이라 생각했다. 불행히도 우리는 이 책의 90퍼센트 정도는 해석하지 못하고 있다.[13] 인간의 뇌는 침팬지의 그것과 놀라울 정도로 유사하다. 신경해부학자들은 두 종의 뇌에서 동일한 영역이 있음을 파악했다. 그러나 인간과 침팬지 사이의 대부분의 차이점은 분자 수준의 차이점이며 행동에서 나타나는 극적인 차이점에 비교해볼 때 미묘한 것에 불과하다. 다시 한 번, 자연은 인간보다 영리하다는 것이 확인된 셈이다.

생명의 논리

레슬리 오르겔이 알려준 바에 따르면 오르겔의 첫 번째 법칙은 세포의 모든 본질적 반응은 그러한 반응을 촉진시키는 효소의 진화에 기인한다. 효소는 반응의 속도를 증가시킬 뿐만 아니라 다른 분자들과의 상호 작용을 통해서 반응을 조절할 수 있도록 만들어주기 때문에 세포의 효율성과 적응성이 높아진다. 태생적으로 매우 영리한 반응 경로를 채택한 다음 효소와 예비 경로를 추가하면서 점진적으로 개선해나간다. 그러나 어떤 반응도 특정한 핵심 절차가 없다면 제대로 작동할 수 없다. 세포는 DNA에 의해 유지되고 복제되기 때문에 그렇다. DNA는 세포 생화학의 여왕벌인 셈이다.

단세포들은 각기 다른 조건에 적응하고 다양한 형태로 진화했다. 예를 들면 박테리아는 해저의 열수분출구에서부터 남극의 빙판에 이르는 극한의 환경은 물론 다양한 적정 환경에 적응해왔다. 인간의 위와 장에는 수천 종의 박테리아가 서식하고 있지 않은가. 대장균(E. coli, 〈그림 12.3〉)과 같은 박테리아는 먹이의 원천을 향해 경사를 거슬러 올라갈 수 있는 알고리즘을 발달시켰다. 박테리아는 경사도를 직접적으로 감지하기에는 크기가 너무 작기 때문에(겨우 몇 마이크로미터에 지나지 않는다) 주기적으로 회전해 무작위적인 방향으로 이동하는 주화성을 활용한다.[14] 매우 비생산적인 방식으로 보일 수도 있으나 보다 높은 집중 상태로 이동 시간을 더 길게 하는 방식에 적응함으로써 박테리아는 확실히 경사를 올라갈 수 있게 되었다. 원시적 형태의 지능을 보유한 박테리아이지만 그들이 그렇게 광범위한 종류의 환경에서 어떻게 살아남을 수 있었는지 아직도 밝혀내지 못한 가장 똑똑한 생물학자들보다 더 영리한 존재들이다. 다세포 동물들은 보다 복잡한 형태의 지능을 보유하고 있다.

강화학습의 기저를 이루는 시간차 학습 알고리즘이 고도로 복잡한 행동으로 이어질 수 있고 대뇌 피질에서 이뤄지는 딥러닝에 의해 인간의 행동은 그보다 더 복잡해질 수 있다는 것을 확인한 바 있다. 자

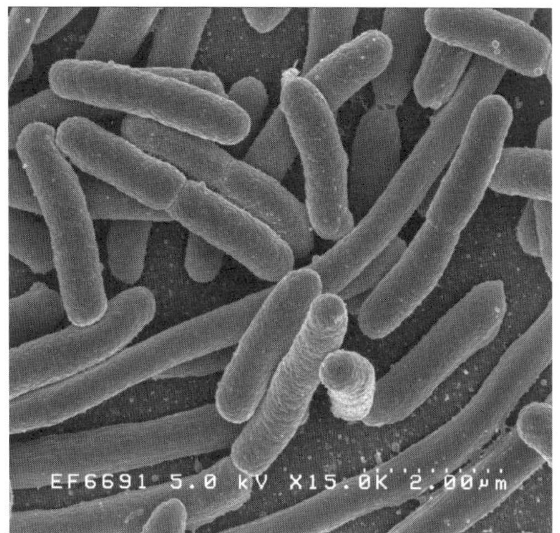

〈그림 12.3〉
대장균의 전자현미경 사진. 박테리아는 지구상에서 가장 다양하고 강력하며 성공적인 생물 형태다. 박테리아 연구를 통해 자율적 인공지능에 대한 보다 많은 것을 배울 수 있다. 이미지 출처: NIAID, NIH.

연에는 인공적 시스템이 배울 수 있는 지능적 행동의 영역이 존재한다. 컴퓨터공학과 생물학 사이에 걸쳐 있는 새로운 과학의 분야인 알고리즘 생물학에서는 생물적 체계에서 사용되는 문제 해결 전략을 설명하는 데 있어 알고리즘 언어의 사용을 추구한다.[15] 그러한 생물학적 알고리즘이 공학 분야의 새로운 연산 인식 체계를 생성하는 데 일조하고 생물학적 네트워크에 대한 시스템 차원의 이해를 가능케 하기를 희망한다. 이것은 시공간적 척도를 가로지르는 생물학적 시스템에 내포된 복잡성의 수준을 궁극적으로 설명할 수 있는 작은 시발점이다. 유전자 네트워크, 대사 네트워크, 면역 네트워크, 뉴럴 네트워크 그리고 사회적 네트워크와 그 안에 있는 모든 하위 네트워크까지 포함하는 복잡한 체계 말이다.

딥러닝은 비용함수의 최적화에 의존한다. 자연의 비용함수는 무엇인가? 진화의 정반대 비용은 적합성이다. 그러나 이 적합성은 환경적

이든 또는 최적화되는 시스템으로부터든 구체적 제약 조건의 집합을 전제로 할 때 비로소 의미를 가지는 개념이다. 인간의 뇌에는 행동을 제어하는 태생적 비용함수가 있다. 예를 들면 음식, 온기, 안전, 산소, 생식에 대한 욕구가 그것이다. 강화학습에서 행동은 미래의 보상을 최적화하기 위해 취하는 것이다. 당황스러울 정도로 다양한 인간 행동의 범주를 보더라도 분명히 알 수 있듯이 생존을 보장하는 보상 이외에 다양한 범주의 보상이 최적화의 대상이 된다. 이런 다양성의 원인이 되는 근본적이고 보편적인 비용함수는 존재하는 것인가?

우리는 여전히 고차원적 형태의 지능에 대한 비밀을 누설해줄 핵심 개념을 찾고 있다. 지금까지 몇몇 핵심 원리를 파악하기는 했지만 DNA가 생명의 본성을 구현하는 것만큼 고상한 방식으로 우리의 뇌가 어떻게 작동하는지 설명할 수 있는 개념적 틀은 갖추지 못하고 있다. 학습 알고리즘은 통합적 개념을 찾을 수 있는 훌륭한 장소다. 어쩌면 딥러닝 네트워크가 특정한 문제점을 해결하는 방법에 관한 연구를 통해 이뤄낸 진전으로 보다 많은 단서를 얻을 수 있을지도 모른다. 진화를 가능하게 만든 세포와 뇌의 운영 체계를 발견할 수도 있을 것이다. 만약 우리가 이 문제를 해결한다면 상상조차 어려운 혜택이 주어질지도 모른다. 자연이 한 개인보다 영리한 것은 사실이다. 그러나 우리 인간이 하나의 종으로서 언젠가 지능의 수수께끼를 풀지 못할 이유는 없다는 것이 나의 믿음이다.

| 연대표 |

▶ 1948년

클로드 섀넌이 《커뮤니케이션의 수학적 이론(A Mathematical Theory of Communication)》이라는 중대한 책을 발표했다. 현대의 디지털 커뮤니케이션의 초석을 놓은 책이다.

▶ 1971년

놈 촘스키가 <뉴욕리뷰오브북스(New York Review of Books)>에 'B. F. 스키너에 대한 반론(The Case against B. F. Skinner)'을 게재했다. 한 세대의 인지과학자들을 학습 분야에서 멀어지도록 인도한 글이다.

▶ 1989년

카버 미드가 《아날로그 VLSI와 뉴런 시스템(Analog VLSI and Neural System)》을 발표했다. 이 책으로 인해 생물학에 영감을 받아 컴퓨터 칩을 설계하는 뉴로모픽(Neuromorphic) 공학 분야가 태동했다.

▶ 2002년

스티븐 울프럼이 세포 자동자의 연산 능력을 탐구한 《새로운 종류의 과학(New Kind of Science)》을 발표했다. 이 알고리즘은 뉴럴 네트워크보다 훨씬 간단하지만 여전히 강력한 컴퓨팅이 가능하다.

▸ 2005년

서배스천 스런의 팀이 자율주행 차량 경진대회인 DARPA 그랜드 챌린지에서 우승했다.

▸ 2008년

토비아스 델브뤼크가 오늘날 디지털 카메라에 사용되는 동기식 프레임 대신 비동기식 스파이크를 이용하는 '다이내믹 비전 센서(Dynamic Vision Sensor, DVS)'라는 고도로 성공적인 스파이킹 망막 칩을 개발했다.

▸ 2013년

백악관에서 뇌 기능에 대한 이해를 높이는 혁신적인 신경 기술을 개발하기 위한 **미국 브레인 이니셔티브**를 발표했다.

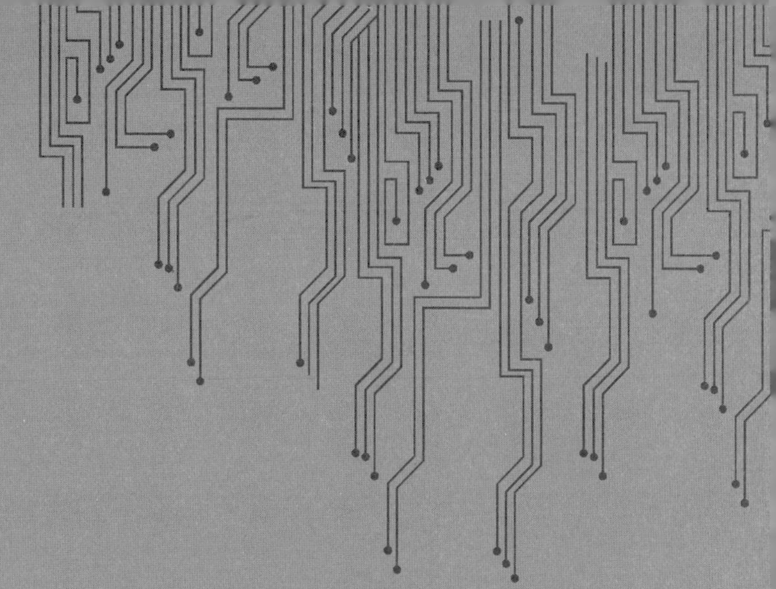

| 3부 |

다양한 학습 방법

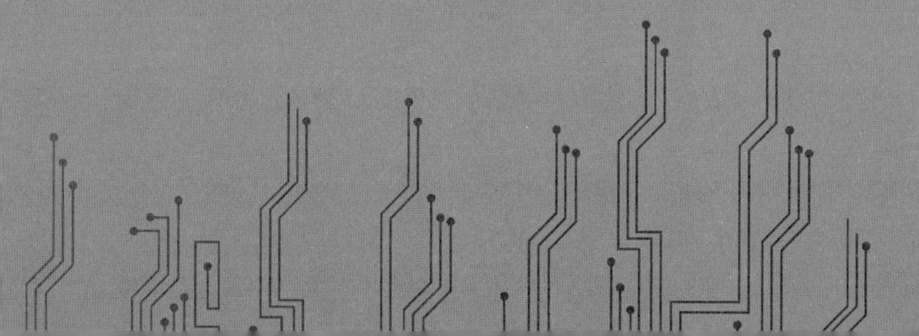

| 13장 | 칵테일파티 문제

사람들로 붐비는, 그것도 소란스러운 잡음으로 가득 찬 칵테일 파티장에서 앞에 선 상대의 말에 귀를 기울이는 것은 꽤나 힘든 일이 될 수 있다. 다행히 우리 인간에게는 두 개의 귀가 있어 청취해야 할 음원이 전달되는 방향을 제대로 포착할 수 있다. 또한 대화 도중 미처 듣지 못하는 부분이 생기면 우리의 기억력이 그 간극을 메워주기도 한다. 그렇다면 이제, 100명의 사람들과 100개의 무지향성 마이크(모든 방향의 소리를 동일한 감도로 수용하는 방송용 마이크)가 혼재한 칵테일 파티장을 상상해보자. 100개의 마이크는 100명의 사람들이 내는 소리를 각기 다른 진폭 비율로 받아들일 것이다. 그렇다면 100명의 목소리를 각기 다른 출력 채널로 구분하는 알고리즘의 생성은 과연 가능한 일인가? 음악이나 박수소리, 자연의 소리 또는 무작위적 잡음 등과 같이 음원의 출처가 불분명한 경우 신호를 분리하는 알고리즘의 생성은 더욱 어려워질 수밖에 없다. 이것이 '암묵신호 분리의 문제(blind source separation problem)'다(〈그림 13.1〉).

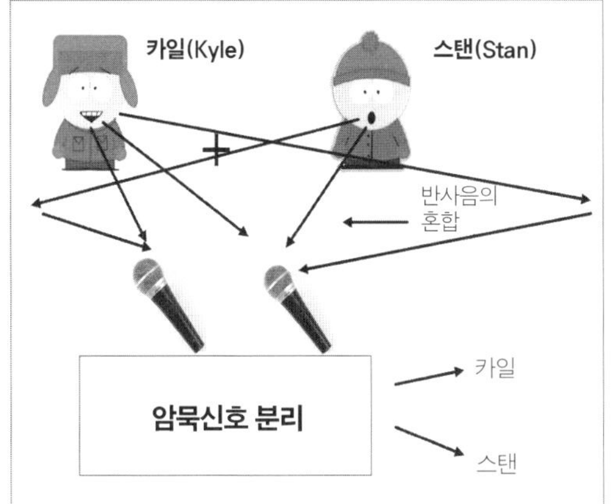

〈그림 13.1〉
암묵신호 분리. 카일과 스탠이 2개의 마이크가 있는 방 안에서 동시에 말하고 있는 상황이다. 두 개의 마이크는 말하는 사람의 음성 신호와 그것이 벽에 부딪혀 반사되는 소리의 신호를 모두 포착한다. 신호에 대한 사전 지식이 없는 상태에서 두 사람의 목소리를 분리하는 것은 결코 쉬운 일이 아니다. ICA는 소리의 출처에 대한 사전 정보가 없는 상황에서 이 문제를 해결할 수 있는 학습 알고리즘이다.

1986년 저명한 NIPS 콘퍼런스의 효시라 할 수 있는 미국물리학회(AIP) '컴퓨팅을 위한 뉴럴 네트워크' 콘퍼런스가 4월 13일부터 16일까지 나흘 동안 유타주의 스노버드에서 개최되었다. 당시 콘퍼런스의 포스터를 장식한 것은 〈뉴럴 네트워크 모델에 의한 시공간 적응 신호의 처리(Space or Time Adaptive Signal Processing by Neural Network Models)〉라는 제목의 논문이었다. 저자인 지니 에로(Jeanny Herault)와 크리스티안 주텐(Christian Jutten)은 새로운 범주의 비지도 학습(unsupervised learning, 비지도 학습은 머신러닝의 일종으로, 데이터가 어떻게 구성되었는지를 알아내는 방식으로 일반적으로 많이 사용되는 방식인 지도 학습(뉴럴 네트워크도 기본적으로 지도 학습의 일부다) 혹은 강화 학습과는 달리 입력값에 대한 목표치가 주어지지 않는다. 대신 주어진 데이터의 주요 특징을 요약하고 설명하는 형태로, 대표적으로 군집화(clustering)가 있다-감수자) 알고리즘을 이용해 뉴럴 네트워크 모델에 주어지는 사인파의 혼합(순수 주파수)을 암묵적으로 분리해냈다.[1] 당시에는 서로 다른 유형의 신호를 암묵적으로 분리할 수 있는 범용 솔루션이 가능한지 여부를 알 수 없었다. 하지만 그로부터 십여 년 후, 나와 앤서니 벨(Anthony Bell)은 전반적인 문제를 해결할 수 있는 알고리즘을 고안해낸다.[2]

ICA

퍼셉트론은 단일 뉴런으로 이뤄진 뉴럴 네트워크다. 그다음으로 단순한 네트워크 아키텍처에는 아웃풋 계층에 한 개 이상의 기본 뉴런이 있고 인풋 뉴런과 아웃풋 뉴런이 각각 상호 연결되어 인풋 계층의 신호 형태를 아웃풋 계층의 그것으로 변형시킨다. 이런 네트워크라면 단순히 인풋 신호를 구분하는 수준에서 그치지 않고 암묵신호분리 기능을 학습할 수 있다.

1986년 벨(〈그림 13.2〉)은 취리히연방공과대학교(ETH Zurich)에서 하계 인턴으로 일하는 대학생이었다. 일찍부터 뉴럴 네트워크에 관심을 가졌던 그는 당시 뉴럴 네트워크 분야의 선구적 학자 4인의 대담을 직접 듣기 위해 당시 행사장이던 제네바대학교까지 찾아가는 수고를 마다하지 않았다. 그는 브뤼셀대학교에서 박사학위를 취득한 후 나의 연구실에서 박사 후 연구 과정을 밟기 위해 1993년 라호야로 이사했다.

일반 인포맥스 학습 원리(general infomax learning principle, 인공 뉴럴 네트워크나 여타의 정보 처리 시스템을 위한 최적화 원리-옮긴이)는 네트워크를 통과하는 정보를 극대화한다.[3] 벨은 수상돌기에서 이뤄지는 신호 전송에 관해 연구 중이었다. 수상돌기란 뇌의 뉴런들이 세포에 연결된

〈그림 13.2〉
ICA에 관해 연구 중이던 1995년 무렵 벨은 다른 사람의 말에 부화뇌동하지 않고 독립적으로 사고했다. 이른바 전문가라고 하는 사람들은 문제 해결에 실패하는 여러 방법을 알고 있는 반면 해당 문제를 처음 접하는 사람이 새로운 접근 방식을 적용하고 결국 해결책을 찾아내는 일이 종종 발생한다. 벨과 내가 발견한, 암묵신호 분리의 문제를 해결할 수 있는 쌍방향 알고리즘은 오늘날 공학 분야의 교과서들에서 다루고 있으며 그것을 활용한 실용적인 애플리케이션도 수천 개에 이른다. 이미지 출처: 앤서니 벨.

수천 개의 시냅스로부터 정보를 수집하는 데 이용하는 가늘고 긴 선이다. 그는 수상돌기에 있는 이온통로의 밀도를 변화시킴으로써 수상돌기로 들어오는 정보를 극대화하는 것이 가능하다는 직감적 가설을 세우고 있었다. (수상돌기의 존재를 무시하고) 문제를 단순화해나가는 과정에서 벨과 나는 새로운 정보이론적 학습 알고리즘을 발견했고, 그것을 독립성분분석(independent component analysis, ICA), 즉 ICA라 부르기로 했다. 바로 암묵신호 분리의 문제(〈박스 13.1〉)를 해결하는 알고리즘이었다.[4]

이후 ICA는 수천 개의 애플리케이션에 실제로 활용되었으며 신호처리 분야의 교과서들에도 소개되었다.[5] 야외 풍경을 담은 자연 이미지의 패치에 적용될 때 ICA의 독립성분은 국부적 및 지향적 에지필터(edge filter)의 역할을 한다(〈그림 13.3〉). 고양이나 원숭이의 시각 피질에 있는 단순 세포와 흡사한 셈이다(〈그림 5.4〉).[6] ICA를 활용하면 이미지의 패치를 재구성하는 데 필요한 신호의 출처는 단지 소수에 불과

〈박스 13.1〉

ICA의 원리

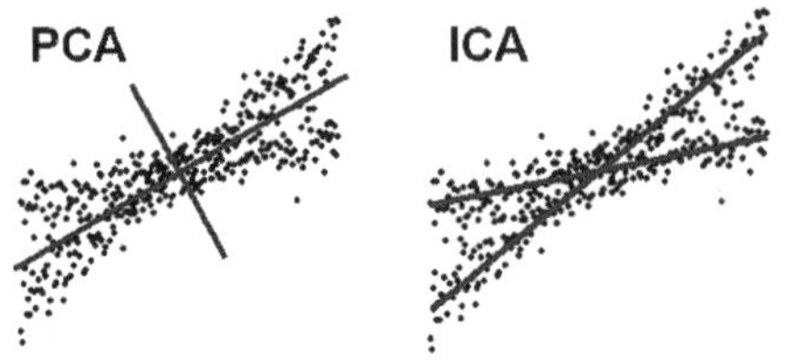

주성분분석(Principal Component Aanlysis, PCA)과 ICA를 비교한 것이다. 앞서 〈그림 13.1〉에서 본 두 개의 마이크로부터 나온 출력신호를 위와 같이 수평 및 수직의 축 상에 서로에 대한 점으로 표시했다. 각 점의 좌표는 단일 시점의 값이다. PCA는 일반적인 비지도 학습 기법으로, 두 개의 신호가 양분되는 방향을 포착해 가장 효과적으로 혼합한다. PCA의 양 축은 언제나 수직으로 교차한다. ICA의 경우 각각의 축은 점이 위치하는 방향과 일치하며 서로 구분된 신호를 나타낸다. ICA의 양 축은 직각을 이루며 교차하지 않을 수 있다.

하다. 그런 재구성을 수학적으로 '희소성을 갖춘' 과정이라고 한다.[7]

이와 같은 결과는 호러스 발로(Horace Barlow)의 추측을 입증했다. 그는 허블과 비셀이 시각 피질에 있는 단순 세포를 발견했던 1960년대의 비전 분야에서 가장 두드러진 과학자였다. 인접하는 픽셀은 유사한 값을 갖는 경우가 많기 때문에(예컨대 하늘 이미지의 픽셀처럼) 이미지에는 많은 중복성이 담길 수밖에 없다. 발로는 다음과 같이 추측했다. 자연의 풍경을 담은 이미지의 표상에서 중복성을 감소시키면[8] 단순 세포들이 이미지에 포함된 정보를 보다 효율적으로 전송할 수 있다. 그의 직관적 추측을 입증할 수학적 도구가 개발되기까지 50년의 시간이 걸린 셈이다.

벨과 나의 연구는 또한 ICA가 자연음에 적용될 때 독립성분이 각기 다른 주파수와 지속 시간을 지닌 시계열 필터(temporal filter) 역할을 한다는 사실도 입증했다. 초기 단계의 청각 체계에서 찾아볼 수 있는 필터와 유사한 것이다.[9] 그것으로 우리는 시각피질이 신호를 처리하는 초기 단계에서 감각 신호를 어떻게 인식하는지에 대한 근본적인 원리를 이해하고자 했던 본래의 연구 방향이 제대로 유지되고 있음을 확신할 수 있었다. 이 원리를 선형 필터의 독립적 부분 공간에 확대 적용함으로써 시각피질 내 복합세포의 모형을 만드는 일이 가능해진 것이다.[10]

ICA 네트워크에는 동일한 수의 인풋 및 아웃풋 유닛과 그 사이를 완전하게 연결하는 가중치의 집합이 존재한다. 암묵신호분리의 문제를 해결하려면 모든 마이크에 각각 한 개의 인풋 유닛이 주어진 상태에서 마이크 소리가 인풋 층을 통과해야 하는데, ICA 학습 알고리즘은 퍼셉트론 알고리즘과 마찬가지로 아웃풋 층에 이르는 가중치를 그것들이 수렴될 때까지 반복적으로 수정해나간다. 그러나 지도 학습 알고리즘인 퍼셉트론과 달리 ICA는 아웃풋 유닛 사이의 독립성의 정도를 비용 함수로 이용하는 비지도 학습 알고리즘이다. 아웃풋의 대상이 무엇이어야 하는지 알지 못한다는 의미다. 아웃풋의 독립성

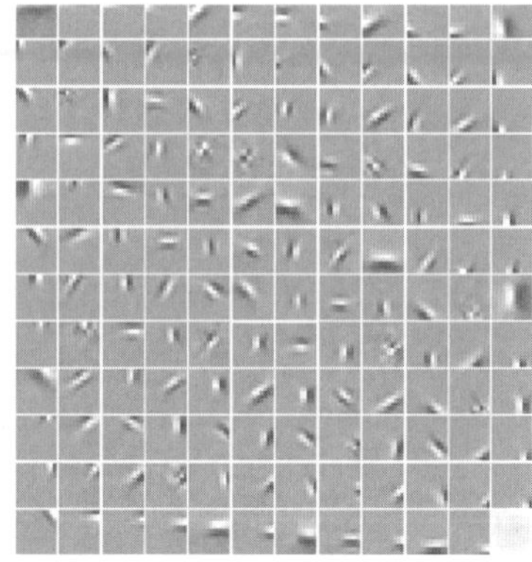

〈그림 13.3〉
ICA의 필터는 자연의 이미지에서 도출한 것이다. 왼쪽의 자연 이미지로부터 얻은 작은 패치(12×12픽셀)들이 144개의 아웃풋 단위로 이뤄진 ICA 네트워크의 인풋으로 사용되었다. 오른쪽 사진이 그 결과물인 독립성분이며 일차시각피질에서 찾을 수 있는 단순 세포와 유사하다. 이것들은 양성 영역(흰색 부분)과 음성 영역(검은색 부분)을 갖췄으며 국지적이고 지향적이다. 여기서 회색 부분은 제로(0)에 해당한다. 어느 주어진 패치든 단 몇 개의 필터만을 이용해 나타낼 수 있다. '희소성(sparcity)'이라 불리는 특성이다. 이미지 출처: (왼쪽) 마이클 르위키(Michael Lewicki). (오른쪽) 테런스 세즈노스키 외.[11]

을 최대한 확보하기 위해 가중치를 변경하는 과정에서 최초의 음원이 완벽하게 분리된다. 또는 독립성이 충분히 확보되지 않는 경우 최초의 음원은 '상관성의 정도가 최대한 낮아지도록' 만들어진다. 비지도 학습으로 인해 수많은 다른 유형의 데이터세트에서 이전에는 몰랐던 통계적 구조를 발견해낼 수 있게 되었다.

뇌의 독립성분

벨의 인포맥스 ICA 알고리즘은 이후 연속적인 깨달음의 순간을 안겨줬고, 내 연구실의 여타 연구원들은 다양한 유형의 뇌 기록에 그것을 적용하기 시작했다. 인간의 뇌로부터 나오는 전기 신호를 기록한 것은 1924년 한스 베르거(Hans Berger)의 두피 신호 기록이 최초였으며 그때부터 그것은 '뇌전도(electroencephalography, EEG)'라고 불렸다. 신경과학자들은 이후 그 복잡한 진동 신호를 이용해 각성의 수준과 지각운동의 상호 작용에 따라 끊임없이 변화하는 인간의 뇌 상태를 측정해왔다. 두피에 부착된 전극이 수집하는 전기 신호는 대뇌피질은 물론이고 근육과 안구운동의 부수적 생성물 등 여러 다양한 원천의 인풋을 수용한다. 각각의 두피 전극은 뇌의 동일한 일련의 원천에서 발생하는 혼합된 신호를 각기 다른 진폭으로 받아들인다. 형식적으로만 본다면 칵테일파티 문제와 유사한 양상이라 할 수 있다.

1990년대에 소크생물학연구소에서 실무 연구원으로 재직하던 스콧 맥케이그(Scott Makeig)는 ICA를 이용해 피질에서 수십 개의 쌍극원을 추출하고 뇌전도 기록의 시간 경로를 파악하는 데 성공했다(〈그림 13.4〉). 쌍극자는 뇌파에서 나올 수 있는 가장 단순한 형태 중 하나인데, 가장 단순한 것은 정점 전하(static point charge)에 의해 생성되어 두피에서 나오는 균일 패턴이고, 두 번째로 단순한 것이 피질 피라미드 뉴런에서 발생해 직선으로 움직이는 전류에 의해 생성되는 쌍극자 패턴이다. 쌍극자를 화살표라고 생각해보자. 두피 표면은 화살표의 머리 방향에서 양극, 화살표의 꼬리 방향에서 음극을 이루며 이런 패턴이 머리 전체를 뒤덮는다. 동시에 활성화되는 수많은 뇌파의 원천을 구분하는 일이 어려운 이유가 바로 여기에 있다. 〈그림 13.4〉는 뇌전도로 도출한 두 개의 근원, 즉 IC2와 IC3이 쌍극자 근원에 가깝다는 사실을 보여준다. ICA는 또한 안구운동이나 전극소음과 같은 부수적 생성물을 분리한 후 매우 정확하게 제거한다(〈그림 13.4〉의 IC1

과 IC4). 지금까지 뇌전도 기록의 분석에 ICA의 활용 방안을 연구한 수천 개의 논문이 발표되었으며 다양한 뇌 상태를 분석하는 데 ICA를 활용하면서 갖가지 중요한 발견이 이뤄졌다.

당시 신경학을 전공하고 내 연구실에서 박사후연구원으로 일하던 마틴 맥커운(Martin McKeown)은 시간과 공간을 뒤집어 기능적 자기공명영상 기록에 ICA를 적용하는 방법을 알아냈다(〈그림 13.5〉).[12] 기능적 자기공명영상으로 뇌 영상을 기록하면 혈액 내 산소화의 정도를

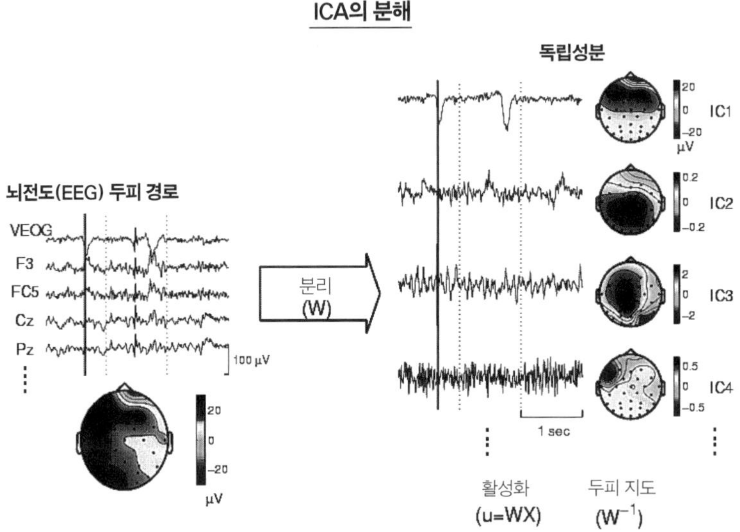

〈그림 13.4〉
두피 뇌전도 기록에 적용된 ICA. 위의 두피 지도(코가 위쪽을 향하고 있음)에서 검은 점으로 표시된 부분은 전극의 위치를 나타내며 각기 다른 색상은 특정 시점의 전압을 보여준다. 전압의 단위는 마이크로볼트(100만분의 1 볼트)다. 아래위로 진동하는 EEG 신호를 5개의 두피 경로로 기록한 좌측 도해는 눈의 깜빡임과 근육 신호에 의한 부수적 생성물로 오염되어 있다. 우측 도해('IC'는 독립성분을 의미함)에서 볼 수 있는 바와 같이 ICA는 부수적 생성물로부터 뇌의 성분을 분리한다. IC1은 시간 경로가 느리고 두피 지도에서 눈 주변 영역이 가장 높은 값(빨간색)으로 나타난 것을 볼 때 눈의 깜빡거림이다. IC4는 고주파 및 고진폭 잡음과 두피 지도상의 국부적인 출처로 볼 때 근육의 부수적 생성물이다. IC2와 IC3은 두피에 쌍극 패턴으로 나타난 뇌파의 근원이다(붉은 영역이 양극이고 검은 영역은 음극이다). 좌측 도해의 두피 지도에서 볼 수 있는 EEG 기록에 비해 덜 복잡한 양상을 확인할 수 있다. 이미지 출처: 중쯔이핑.

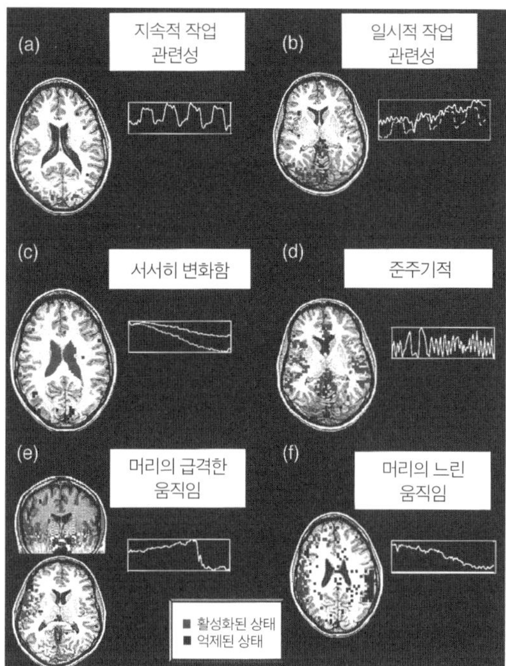

〈그림 13.5〉
기능적 자기공명영상 이미지 데이터에 적용된 ICA. 각각의 성분은 뇌 활동 지도와 시간 경로로 구성되어 있다. 이 그림은 몇 가지의 성분 유형을 보여주고 있다. 5초 동안 시각 자극을 제시해 작업과 관련된 성분이 그것을 포착하도록 만든 실험의 결과다. 네모 안에 있는 신호의 시간 경로는 약 1분이며 패널 (a)에서 볼 수 있듯이 4회 반복되었다. 다른 성분들은 머리의 움직임과 같은 부수적 생성물을 포착했다. 이미지 출처: 테런스 세즈노스키 외.[13]

측정할 수 있다. 혈액의 산소화는 두뇌의 수만 곳에서 일어나는 뉴런 활동과 간접적인 연관성을 갖는다. 〈그림 13.5〉에서 보여주는 ICA의 근원은 공통의 시간 경로를 보유하지만 공간적으로는 다른 출처로부터 독립되어 있는 두뇌 영역이다. 공간 영역의 희소성이란 주어진 시간에 소수의 몇몇 영역만 매우 활성화된다는 의미다.

ICA는 비지도 학습이기 때문에 서로 협력하는 뇌 영역의 네트워크를 밝힐 수 있다. 특정 영역의 활성화를 감각 자극이나 운동 반응과 연관시키려 애쓰는 지도 학습의 기술을 넘어서는 셈이다. 예를 들어 ICA는 피험자에게 스캐너 안에서 움직이지 말고 편안히 누워 있으라고 요청한 후 기능적 자기공명영상 기록에 나타나는 다중 휴식 상태를 파악하는 데 활용되어왔다.[14] 아직 우리는 그 휴식 상태가 무엇을 의미하는지 이해하지 못한다. 그러나 그것은 우리가 공상에 빠지거나 무언가를 걱정할 때 또는 저녁 식사 계획을 세울 때 우리의 뇌에서 벌어지는 일과 관련된 뇌 영역들의 조합을 대변하는 것일 수도 있다.

최대 독립성의 원리는 희소 코딩(sparse coding)의 원리와 연관된다. ICA로 인해 많은 독립성분들이 밝혀졌지만 자연의 이미지로부터 주어진 패치를 재구성하는 데에는 그 가운데 단지 소수의 독립성분이 필요할 뿐이다. 이 원리는 망막으로부터 전달되는 인풋보다 백만 배나 더 많은 세포를 보유한 시각피질에도 적용된다. 인간의 망막에는 각각 100만 개의 신경절세포가 존재하며 피질의 시각 계층 구조를 이루는 수많은 계층 중 첫 번째 층에 해당하는 1차 시각피질에는 1억 개의 뉴런이 있다. 망막에서 압축 코딩 과정을 거친 시각 신호는 피질에서 고도로 분산되고 희소한 새로운 코드로 확장된다. 보다 높은 차원의 공간으로 확장되는 것은 청각피질과 후각피질에서 찾아볼 수 있는 과정을 포함해 여타의 코딩 과정에서도 빈번히 활용된다. '압축 감지 알고리즘(compressed sensing algorithms)'이라 불리는 새로운 부류의 알고리즘 덕분에 복잡한 데이터세트에 대한 저장과 분석의 효율성을 향상시키기 위한 희소성 원리의 일반화가 이뤄졌다.[15]

ICA, 그 이후

ICA의 스토리는 과학과 공학 분야의 새로운 발견에서 기술이 갖는 중요성을 보여준다. 기술이라 하면 사람들은 흔히 현미경이나 증폭기와 같은 측정 장비를 떠올린다. 하지만 알고리즘 또한 기술이다. 구식 수단으로 얻은 데이터에서 새로운 발견이 만들어지는 것을 가능케 하는 기술이다. 뇌전도 기록 장치는 거의 100년 동안 사용되어왔지만 ICA가 없었다면 뇌파의 근원을 정확히 찾아내는 일은 불가능했을 것이다. 인간의 뇌는 그 자체로 상호 연동되는 알고리즘 체계다. 혹여 뇌의 일부에서 ICA를 수행하는 모종의 방식을 발견한다 해도 그리 놀라운 일이 아닐 것이다.[16]

1990년대는 뉴럴 네트워크의 새로운 학습 알고리즘 개발에서 많은 진보가 이뤄진 시기다. ICA와 마찬가지로 그중 대다수가 오늘날 머신러닝의 수학적 도구상자의 일부로 자리매김하고 있다. 그런 알고리즘들이 우리가 일상적으로 사용하는 기구들에 내장되어 있음에도 '뉴럴 네트워크 내장'이라고 명시된 기구는 없다. 대표적 사례가 바로 헤드셋이나 휴대전화다. 내 연구실에서 박사후 연구원으로 재직한 바 있는 이태원(Te-Won Lee)과 중쯔이핑(Tzyy-Ping Jung) 두 사람은 이후 소프트맥스(SoftMax)라는 회사를 창업해 특정 블루투스 헤드셋의 배경잡음을 제거하는 데 ICA를 활용했다. 시끄러운 식당이나 스포츠 경기장의 관중석에서도 상대방이 하는 말을 들을 수 있도록 돕는 장치다. 2007년 소프트맥스는 휴대전화에 사용되는 칩의 개발기업인 퀄컴(Qualcomm)에 인수되었다. 오늘날 ICA와 유사한 기술들이 수십 억 대의 휴대전화기 속에 내장되어 있다. ICA 알고리즘을 돌리는 휴대전화기마다 1페니씩만 받았더라도 지금쯤 우리는 백만장자가 되고도 남았을 것이다.

벨은 지난 수년간 보다 어려운 문제에 관심을 쏟았다. 인간에게는 수많은 네트워크가 내재되어 있다. 그 안에서 정보는 어느 하나의 네트워크 단계로부터 또 다른 네트워크 단계로 옮겨간다. 분자에서 시작되어 시냅스, 뉴런, 뉴런의 집합을 거쳐 의사 결정으로 이어지는 그 모든 단계는 물리학과 생화학의 법칙으로 설명할 수 있다(〈그림 4.4〉). 그럼에도 우리는 물리학이나 생화학이 아닌 우리 자신이 완전한 통제력을 행사하고 있다는 느낌을 갖는다. 뇌 속에 있는 뉴런의 집합에서 부상한 내적 활동이 어떻게 인간으로 하여금 의사 결정을 내리도록, 즉 가령 특정한 책을 읽거나 테니스를 치도록 만드는지는 불가사의가 아닐 수 없다. 의식 수준에 닿지 못하는 낮은 단계에서 만들어진 의사 결정들조차도 분자 메커니즘에 기초한 경험에 의해 형성된 시냅스들 사이에서 상호 작용을 하는 뉴런들로부터 부글부글 끓어오른다. 인간의 관점에서 본다면 뇌 속에서 발생하는 그 모든 사건들을 촉발시키는 것은 우리의 자의적 의사 결정이다. 그러나 자기 성찰적 관점에서 보자면 인과관계는 물리학과 생화학의 맞은편에서 작용하고 있는 것 같다. 이 두 가지 관점을 어떻게 조화시킬 것인가? 실로 심오한 과학적 질문이 아닐 수 없다.[17]

| 14장 | 홉필드 망과 볼츠만 머신

컴퓨터 과학자 제롬 펠드먼(Jerome Feldman)은 로체스터대학교에 몸담고 있던 1980년대 인공지능 연구에 연결주의 네트워크 접근법을 수용했다. 언제나 진실만을 말하는 사람답게 펠드먼은 인공지능에 사용되는 알고리즘이 수십 억 단계를 거치고도 종종 잘못된 결론에 이르지만 인간의 뇌는 100단계 정도만 거치면서도 대개 정확한 결론에 도달한다는 사실을 지적했다.[1] 펠드먼의 '100단계 법칙'은 당시 인공지능 연구자들 사이에서 별로 인기를 끌지 못했지만 몇몇 소수는 그것에 주목했고, 그 가운데 가장 눈에 띄는 인물이 카네기멜론대학교의 앨런 뉴얼이었다. 그는 펠드먼의 100단계 법칙을 모종의 구속요소로 이용하기 시작했다.

뉴욕의 로체스터 공항에 발이 묶였던 나에게 펠드먼이 구조의 손길을 내민 적이 있다. 당시 나는 스키넥터디에 있는 제너럴일렉트릭 연구소(General Electric Research Laboratory)를 방문한 후 볼티모어로 돌아오는 길이었다. 비행기가 이륙한 후 도착지인 로체스터의 기상 상태를 알리는 기장의 안내방송이 나왔다. 로체스터? 흠! 내가 비행기를 잘못 탔다는 의미였다. 착륙 직후 가장 빠른 볼티모어행 항공편을 예약했지만 출발 시간은 다음 날 아침이었다. 마침 그때 펠드먼이 워싱턴 D.C.에서 열린 어떤 위원회에 참석한 후 집으로 돌아오던 길이었는데 공항에서 우연히 나와 마주친 것이다. 고맙게도 그는 나를 집으로 초대해 하룻밤 머물게 해줬다. 이후 그는 버클리대학교로 자리를 옮겼지만 나는 공항에서 발이 묶이는 상황에 맞닥뜨릴 때마다 그를 떠올린다.

펠드먼은 연결주의 네트워크 접근법을 '지저분한' 모델과 '깔끔한' 모델로 구분했다. 힌튼과 내가 연구했던 것과 같은 지저분한 모델은 네트워크 내의 수많은 유닛으로 사물과 개념의 표상을 분배하는 반면 그가 확신했던 것과 같은 깔끔한 모델은 연산학적으로 압축된 사물과 개념의 표상을 한 개의 유닛에 한 개의 라벨을 붙여 제공한다. 보다 개괄적인 맥락으로 말하자면, 지저분한 과학에서는 근사치를 사용해 양질의 해답을 얻는 반면 깔끔한 과학은 문제에 대한 정확한 해결책을 포착하기 위해 노력한다. 사실 인공지능 연구의 진전을 위해서는 둘 다 필요했다.[2] 나는 지저분한 디딤돌을 얻는 것에 불만이 없었지만 매번 보다 깔끔한 설명에 도달하기 위해 노력했고, 결국 합당한 보답을 얻었다. 힌튼과 내가 얼마 지나지 않아 '깔끔한' 잭팟을 터뜨리게 되기에 하는 말이다.

존 홉필드

물리학 박사학위를 받기 위해서는 문제를 해결해야 한다. 훌륭한 물리학자는 어떤 문제든 해결할 수 있어야 하지만 위대한 물리학자는 해결해야 할 문제가 어떤 것인지를 안다. 존 홉필드(John Hopfield)는 위대한 물리학자다. 응집물질 물리학 분야에서 탁월한 경력을 쌓은 후 그는 생물학 분야, 특히 '분자 교정(molecular proofreading)' 문제로 관심을 돌렸다. 세포 분열 과정에서 DNA가 복제될 때 오류는 불가피하다. 그런 오류들은 딸세포의 동질성을 보존하기 위해 반드시 수정되어야 한다. 홉필드는 그렇게 하는 영리한 책략을 고안해냈다. 그가 제안한 절차는 비록 상당한 에너지를 소모하지만 이후 진행된 실험들이 그가 옳았음을 보여줬다. 생물학 분야에서 그 무엇이든 바로 잡았다는 것은 실로 대단한 업적이 아닐 수 없다.

홉필드는 프린스턴 시절 나의 박사학위 논문 지도교수였다. 그가 막 신경과학 분야에 관심을 가지기 시작했을 무렵이었다. 그는 보스턴에 근거지를 둔 신경과학 연구 프로그램(Neuroscience Research Program, NRP)이 주최하는 신경과학자들의 강연회에 참석해 배운 내용을 나에게 열정적으로 전해주곤 했다. NRP에서 발행한 소규모 워크숍들의 회보는 당시 연구의 대상이 되는 문제가 어떤 것인지, 당시 학계의 관심사가 무엇인지를 알 수 있는 소중한 자료였다. 나는 전설적인 신경생태학자이자 훗날 캘리포니아대학교 샌디에이고 캠퍼스에서 동료로 함께 일하게 되는 시어도어 홈스 불럭(Theodore Holmes Bullock)이 주관한 신경 코딩(neural coding)에 관한 워크숍의 회보를 아직도 소장하고 있다. 불럭과 에이드리언 호리지(Adrian Horridge)가 함께 출간한 무척추 신경계에 관한 책은 해당 분야의 고전에 속한다.[3] 나는 불럭과 공동으로 산호초의 집단행동에 대한 모델링 작업을 함께 진행한 바 있으며, 그가 2008년에 마지막으로 남긴 논문에 공동저자로 이름을 올린 사실을 자랑스럽게 생각한다.[4]

이전 계층과의 피드백 연결 그리고 계층 내 유닛 사이의 반복 연결이 있는 뉴럴 네트워크는 피드포워드 연결만 있는 네트워크에 비해 훨씬 더 복합적인 역동성을 보유할 수 있다. 한편 긍정(흥분) 및 부정(억제) 가중치를 지닌 채 무작위로 연결되는 유닛이 있는 일반적인 네트워크는 어려운 수학적 문제를 부과한다. 비록 1970년대 후반 시카고대학교의 잭 코완(Jack Cowan)과 보스턴대학교의 스티븐 그로스버그(Stephen Grossberg)가 그런 네트워크가 시각적 착시[5]와 환각[6]을 야기할 수 있음을 보임으로써 진일보를 이뤘지만, 공학자들은 여전히 그런 네트워크로 하여금 복합적인 연산 문제를 해결하도록 만드는 데 어려움을 느꼈다.

내용 주소화 메모리 장치를 탑재한 네트워크

1983년 여름 나와 힌튼, 홉필드(〈그림 14.1〉)는 펠드먼의 주관으로 로체스터대학교에서 열린 워크숍에 참석했다. 홉필드는 우리에게 강력한 상호 작용을 하는 네트워크의 수렴성 문제를 해결했다고 말했다. 특정 유형의 비선형 네트워크 모델(오늘날 '홉필드 망'이라 불린다)을 통해

'어트랙터(attractor)'라 불리는 안정적인 상태로 수렴되도록 보장할 수 있음을 입증해낸 것이었다(〈그림 14.2〉, 〈박스 14.1〉).[7] (고도의 비선형 네트워크는 진동 현상 내지는 그보다 심한 무작위적 행동 방식을 보이는 경향이 있다.) 더 나아가, 어트랙터가 메모리 장치가 되도록 네트워크의 가중치도 선택할 수 있었다. 따라서 홉필드 망은 이른바 '내용 주소화 메모리 장치(Content-Addressable Memories, CAM)'의 구현에 이용될 수 있었다. 메모리의 일부를 자극으로 제시하고 네트워크로 하여금 그것을 완성하도록 함으로써 저장된 메모리를 불러내는 메모리 장치 말이다. 이것은 인간이 기억을 상기하는 방법을 연상시킨다. 우리는 아는 사람의 얼굴을 보면 그 사람의 이름이나 그 사람과 나눈 대화를 상기할 수 있지 않은가.

〈그림 14.1〉
1986년 무렵 매사추세츠주 우드홀의 해안가에서 모종의 문제를 풀고 있는 홉필드의 모습. 홉필드는 딥러닝 기술의 토대가 되는 홉필드 망을 발명해 1980년대 뉴럴 네트워크 분야에 중대한 영향을 미쳤다. 이미지 출처: 존 홉필드.

홉필드 망이 획기적 돌파구가 될 수 있었던 이유는 한곳으로 모여드는 수렴성을 수학적으로 보장했기 때문이다. 당시 연구자들은 일반적인 경우 고도로 비선형 양상을 보이는 네트워크를 분석하는 일은 불가능하다고 생각하고 있었다. 고도의 비선형 네트워크 내의 모

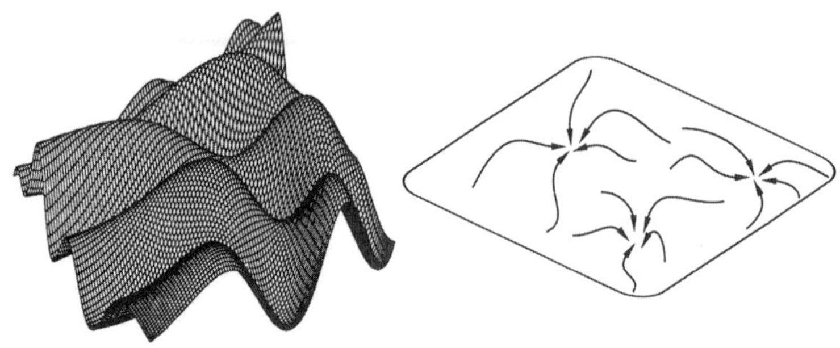

〈그림 14.2〉
홉필드 망의 에너지 조감도. (왼쪽) 네트워크의 상태는 에너지 표면의 점으로 시각화할 수 있다. (오른쪽) 개별 자극으로 인한 움직임은 네트워크 상태를 최소한의 에너지 상태, 즉 '어트랙터 상태(attractor states)'에 가까워지도록 만든다. 이미지 출처: A. 크로그(A. Krogh) 외.[8]

든 유닛들에 동시에 새로운 자극이 주어지면 역동성이 극도로 복잡해져 수렴성을 보장할 수 없기 때문이었다.[9] 그러나 홉필드는 네트워크의 유닛들에 대한 자극이 순차적으로 주어지는 경우 쌍을 이루는 유닛 간 상호 연결성의 강도가 동일한, 특별한 경우의 대칭적 네트워크는 다루기가 쉬우며 실제로 수렴된다는 것을 보여줬다.

(특정 사건이나 독특한 사물에 대한 장기 기억을 저장하는 데 필수적인 부분인) 해마의 뉴럴 네트워크에서 홉필드 망과 유사한 어트랙터 상태가 나타난다는 증거가 점차 증가하고 있다.[10] 홉필드 모델이 매우 추상적이기는 하지만 홉필드 모델의 정성적 행동 방식은 해마에서 관찰되는 그것과 흡사하다. 홉필드 망은 물리학과 신경과학을 연결해주는 다리 역할을 했고, 1980년대 수많은 물리학자들이 그 다리를 건넜다. 그들은 이론물리학의 수준 높은 도구들을 사용해 뉴럴 네트워크와 학습 알고리즘을 분석함으로써 놀라운 수준의 통찰력을 확보할 수 있었다. 물리학과 컴퓨터 연산 그리고 학습, 이 세 가지는 인간의 두

〈박스 14.1〉

홉필드 망

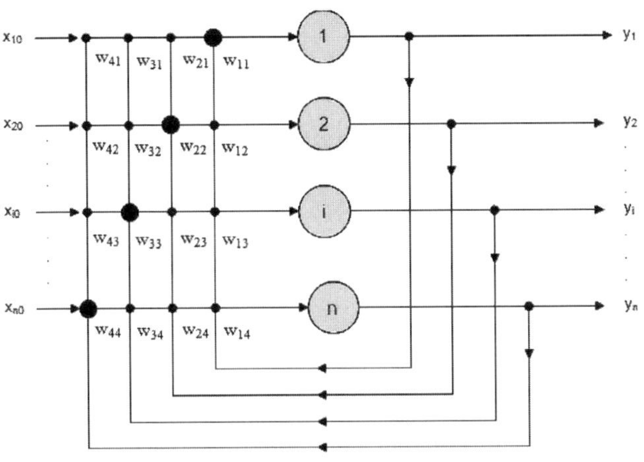

홉필드 망에서, 각 유닛은 네트워크 내의 다른 모든 유닛으로 아웃풋을 보낸다. 인풋은 x_i, 아웃풋은 y_i다. 유닛 간 연결 강도 또는 가중치는 대칭을 이룬다. 즉 $w_{ij} = w_{ji}$. 각각의 단계가 진행됨에 따라, 한 개의 유닛은 인풋을 통합하고 한계점과 비교하는 과정을 거쳐 갱신된다. 인풋이 한계점을 초과하는 경우 유닛의 아웃풋은 1이 되고 그렇지 않는 경우에는 0이 된다. 홉필드는 해당 네트워크의 에너지 함수는 유닛이 갱신될 때마다 증가하지 않는다는 것을 보여줬다.

$$E = \Sigma w_{ij} x_i x_j$$

결과적으로 홉필드 망은 모든 유닛이 더 이상 변경되지 않고 에너지

함수가 지역 최솟값에 이를 때 '어트랙터 상태'에 도달한다. 그러한 상태는 특정한 메모리와 일치하며 저장된 메모리는 그 일부로 네트워크를 작동시킴으로써 회수될 수 있다. 이것이 바로 홉필드 망에서 내용 주소화 메모리 장치가 작동되는 원리다. 저장된 매개체의 가중치는 헵의 시냅스 가소성에 의해 학습될 수 있다.

$$\Delta w_{ij} = \alpha x_i x_j,$$

등식의 왼쪽은 가중치 강도의 변화값이다. α는 학습률, x_i는 저장된 매개체다. 이미지 출처: 데일 히스(Dale Heath).

뇌 기능을 성공적으로 조명해온 신경과학 이론 영역에서 심오한 상호 연결성을 갖는다.

벨연구소(Bell Laboratories) 시절, 홉필드와 데이비드 탱크(David Tank)는 유닛의 값이 0과 1 사이에서 끊임없이 바뀌는 홉필드 망의 변형 버전을 활용해 최적화 문제를 해결할 수 있는지를 놓고 계속 연구를 이어나갔다. 예를 들면 한 번에 최대한 많은 도시를 방문할 수 있는 최단 거리 경로를 찾아내는 것이 목표인 순회 외판원 문제(traveling salesman problem, 여러 도시들이 있고 한 도시에서 다른 도시로 이동하는 비용이 모두 주어졌을 때, 모든 도시들을 단 한 번만 방문하고 원래 시작점으로 돌아오는 최소 비용의 이동 순서를 구하는 문제로, 컴퓨터 과학 분야의 계산 복잡도 이론에서 해를 구하기 어려운 문제의 대표적인 예다-감수자)와 같은 경우다.[11] 컴퓨터공학의 측면에서 본다면 이것은 어렵기로 악명이 높은 문제다. 이 경우 네트워크의 에너지(노드(도시) 간 이동하는 데 소요되는 에너지(시간 등)) 함수는 경로의 길이와 각 도시를 방문할 때의 제약 조건을 포함해야 한다. 또한 그 네트워크는 첫 번째 방문 이후 항상 최상의 여행 경로는 아니라도 좋은 경로를 나타내는 최소한의 에너지 상태로 안정화되어야 한다.

전역 에너지 최솟값 찾기

크리스토퍼 브라운(Christopher Brown)과 함께 1982년 컴퓨터 비전 분야의 고전적 저서를 집필한 다나 밸러드(Dana Ballard)[12]도 1983년 워크숍에 참석했다. 당시 힌튼과 나는 다나와 함께 〈네이처〉 학술지에 게재할 이미지 분석의 새로운 접근법에 관한 논문을 검토하는 중이었다.[13] 네트워크 모델 내의 노드는 이미지의 특징을 나타내고 네트워크 내의 연결은 그 특징들 사이에 제약을 가한다는 것이 논문의 주된 아이디어였다. 호환하는 노드들 사이에서는 긍정적 상호 작용이 나타났고, 일치하지 않는 노드들 사이에서는 부정적인 상호 작용이 일어났다. 비전 분야에서는 모든 특징들에 대한 일관성 있는 해석이 반드시 발견되어야 했으며, 그것은 또한 모든 제약 조건을 충족시켜야 했다.

그렇다면 홉필드 망은 이 제약 조건 충족의 문제를 해결할 수 있었는가? 에너지 함수는 네트워크가 모든 제약 조건을 얼마나 충족시키는가에 대한 척도였다(〈박스 14.1〉 참조). 비전 문제는 전역 에너지 최솟값, 다시 말해 최상의 해결책을 필요로 했던 반면 홉필드 망은 지역 에너지 최솟값을 발견하도록 의도된 것이었다. 나는 당시 뉴욕의 요크타운하이츠에 위치한 IBM 왓슨연구소(Thomas J. Watson Research Center)에서 우연히 내 눈에 띈 논문 한 편이 도움이 될 것이라 생각했다.[14] 그것은 학술지 〈사이언스〉에 실린 스콧 커크패트릭(Scott Kirkpatrick)의 논문이었다. 커크패트릭이 지역 최솟값을 처리하기 위해 사용한 방법은 '모의 담금질(simulated annealing)'이라 불리는 알고리즘이었다. 한 무더기의 전기회로 부품을 회로기판에 부착해야 하는 상황을 가정해보라. 어떻게 하면 연결 전선의 수를 최소화할 수 있는 최적의 부품 위치를 선정할 수 있는가?

먼저 무작위로 부품의 위치를 선정함으로써 형편없지만 어쨌든 나름의 해결책은 도출할 수 있다. 그런 다음 부품의 위치를 한 번에 하나씩, 앞뒤로 움직여가며 어느 위치에 있을 때 전선의 필요량이 최소가 되는지 관찰한다. 이 경우 어떤 부품이든 위치를 변경한 결과 상태가 개선되지 않는다면 네트워크는 지역 최솟값의 덫에 걸려버리기 십상이다. 그러한 지역 최솟값에서 벗어날 수 있는 방법은 보다 긴 전선을 요하는 부품 배치로 임의로 건너뛸 수 있도록 허용하는 것이다. 이런 임의 전환의 가능성은 시작 단계에서는 다소 높을 수 있으나 점차 줄어들 것이며 마지막에는 제로(0)가 될 것이다. 임의 전환 가능성의 감소 속도가 충분히 느리면 마지막 부품 배치에서 연결 전선의 전역 최솟값을 얻게 된다. 금속공학에서는 이러한 과정을 '담금질'이라 부른다. 금속을 가열한 후 서서히 식히는 방식으로 결함을 최소화한 큰 결정체를 만들어내는 과정을 말한다. 그렇게 해서 부서지기 쉽고 균열이 잘 생기는 금속의 결함을 최소화는 것이다.

볼츠만 머신

홉필드 망에서 모의 담금질은 에너지의 상승과 하강을 가능케 하는, 새로운 자극에 대한 일종의 '가열 및 식힘' 과정이다. 유닛은 고온에서 무작위적으로 변환되기 때문에 온도가 점진적으로 하강해 제로에 도달하는 경우 홉필드 망이 최저 에너지 상태에서 멈춰버릴 가능성이 매우 높다. 실제로 모의 담금질은 네트워크가 다수의 인접 상태에 접근해 가능한 해결책을 폭넓게 탐구해볼 수 있는 균형 상태에 도달하도록 만들기 위해 항온에서 시작한다.

예를 들어 〈그림 14.3〉에서 볼 수 있는 것과 같은 윤곽 이미지는 애매모호하다. 어느 부분에 주의를 집중하느냐에 따라 꽃병으로 보일 수도, 마주보는 두 개의 얼굴로 보일 수도 있지만 결코 두 가지를 한꺼번에 인지할 수는 없다. 이미지의 어느 부분을 형상(figure)으로, 어느 부분을 배경(ground)으로 볼 것인지 결정하는 문제인 셈이다. 우리는 형상-배경에 대한 의사 결정 과정을 모방해 볼츠만 머신의 네트워크를 설계했다.[15] 이 네트워크에서는 활성화되는 일부 유닛이 형상을, 그렇지 않은 나머지가 가장자리(즉 배경)를 나타낸다. 우리는 이미 시각 피질 내 가장자리에 의해 활성화되는 단순세포가 존재한다는 것을 알고 있다. 그러나 형상은 가장자리의 양쪽 면 모두에 존재할 수 있다. 볼츠만 머신 네트워크는 두 개의 가장자리 유닛이 각각 양쪽 면의 형상을 모두 지원하도록 구현되었다. 그런 뉴런이 나중에 시각 피질에서 발견되었고 '경계-소유 세포(border-ownerships cells)'라고 불린다.[16]

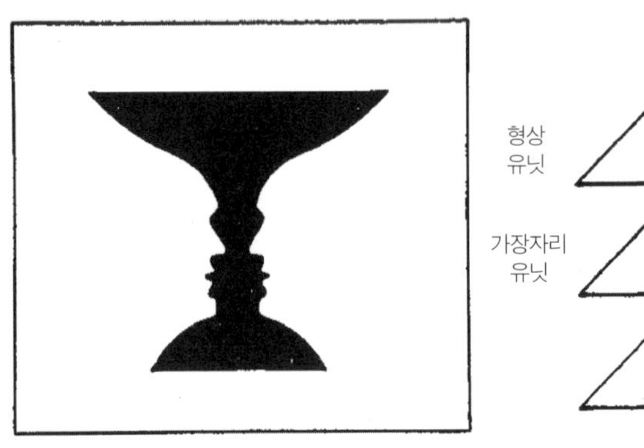

〈그림 14.3〉
애매모호한 형상-배경 문제. (왼쪽) 검은색 모양에 주의를 집중하면 꽃병 모양이 보이고 흰색은 배경이 된다. 그러나 흰색에 주의를 집중하면 서로 마주보고 있는 두 개의 얼굴을 볼 수 있다. 그 두 가지 모양을 번갈아 볼 수는 있지만 결코 둘을 동시에 인지할 수는 없다. (오른쪽) 형상-배경 네트워크 모델. 두 가지 유형의 유닛이 사물의 가장자리를 나타내며(선 부분) 픽셀이 형상의 일부인지 배경의 일부인지 구분한다(사각형). 이미지의 인풋은 상향식이며 주의 집중 인풋은 하향식이다. 주의 집중은 형상으로 채워져야 하는 영역에 대한 편향으로 이뤄진다. 이미지 출처: 테런스 세즈노스키 외.[17]

볼츠만 네트워크에서 가중치는 제약 조건을 적용하기 위해 인위적으로 만든 것이다(〈그림 14.4〉). 형상 유닛 간에는 흥분성 연결이, 가장자리 유닛 간에는 억제성 연결이 발생한다. 또한 가장자리 유닛과 그것이 나타내는 형상 유닛 사이에는 흥분성 연결이 생겨 형상을 지원하며 반대 방향의 형상 유닛과는 억제성 연결을 형성한다. 주의 집중은 형상 유닛의 일부에 대한 편향으로 이뤄진다. 볼츠만 네트워크가 홉필드 망의 유닛 갱신 규칙을 사용하면 국부적 패치에 대해서는 일관성을 보여주지만 전반적으로는 일관성이 없는 지역 에너지 최솟값에 도달한다. 갱신 과정에 잡음이 첨가되면 볼츠만 네트워크는 잡음의 온도를 서서히 낮추며 지역 최솟값으로부터 벗어나며 전반적으로 일관성 있는 해결책, 즉 전역 에너지 최솟값으로 안정화를 이룬다(〈그림 14.4〉). 갱신 자체가 비동기적이고 독립적이기 때문에 네트워크는 수백 개의 유닛이 동시에 협력하는 컴퓨터에 의해 실행될 수 있고 한 개의 동작을 하나씩 순차적으로 처리하는 디지털 컴퓨터보다 훨씬 빠른 해결책으로 수렴될 수 있다.

그즈음 나는 하버드 의학대학원에서 스티븐 커플러 교수의 지도하에 박사후 연구원 과정을 마친 후 첫 번째 직장인 존스홉킨스 대학교의 생물물리학부로 자리를 옮겼다. 힌튼은 카네기멜론대학교의 컴퓨터공학부 교수로 재직 중이었다. 인공지능 연구에 있어 새로운 방향의 수용에 개방적이었던 앨런 뉴얼의 지원을 받을 수 있었던 것은 그에게 큰 행운이었다. 피츠버그와 볼티모어는 비교적 가까운 거리였기에 힌튼과 나는 주말이면 번갈아가며 서로를 방문할 수 있었다. 우리는 홉필드 망의 새로운 버전을 19세기의 물리학자 루드비히 볼츠만(Lidwig Boltzmann)의 이름을 따서 '볼츠만 머신'으로 명명했다. 볼츠만은 당시 우리가 변동이 심한 뉴럴 네트워크 모델의 분석에 사용하고 있던 모든 도구의 원천이자 (우리가 곧 발견하게 될) 강력한 학습 머신의 원천이기도 한 통계 메커니즘의 창시자였다.

'온도'를 항온으로 유지하면 볼츠만 머신은 평형 상태에 도달한다. 그 평형 상태에서 모두가 영원히 닫혀 있을 것으로 생각했던 문이 열리는 마법과도 같은 현상이 일어난다. 다층 뉴럴 네트워크 학습이 바로 그것이다. 어느 날 볼츠만 머신을 위한 간단한 학습 알고리즘을 도출했다는 힌튼의 전화를 받았다. 해당 알고리즘의 목표는 인풋 유닛에서 아웃풋 유닛으로의 매핑(mapping)을 수행하는 것이었다. 그러나 퍼셉트론과 달리 볼츠만 머신은 보이지 않는 유닛 또한 보유했다. 우

〈박스 14.2〉

볼츠만 머신

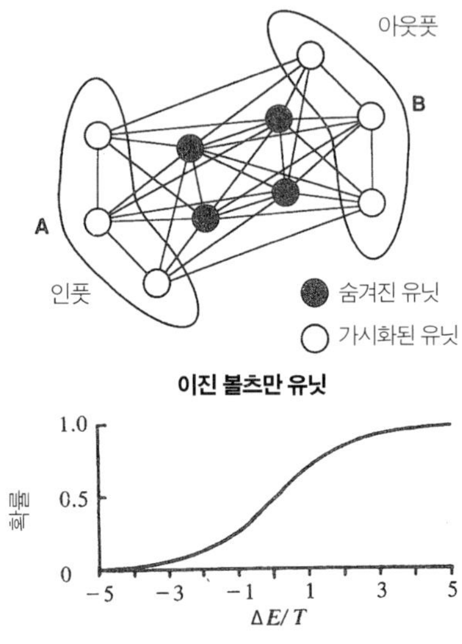

볼츠만 머신의 모든 연결은 홉필드 망의 그것과 마찬가지로 대칭을 이룬다. 이진 유닛은 인풋 ΔE가 온도 T에 의해 조정되는 시그모이드 함수로 산출된 확률에 의해 s_i=1로 설정될 때 한 번씩 갱신된다. 인풋 층과 아웃풋 층은 외부와 상호 작용을 한다는 점에서 '가시화된 유닛'이다. '숨겨진 유닛'은 가시화된 유닛에 영향을 미칠 수 있는 내적 자유도를 보유하는 형상을 나타낸다. 볼츠만 머신 알고리즘에는 두 가지의 국면이 존재한다. '각성' 국면에서는 인풋과 아웃풋이 고정되며 네트워크가 평형 상태에 도달한 이후 한 쌍을 이루는 유닛 간 평균 상관율이 산출된다. '수면' 국면의 상관율은 인풋과 아웃풋이 고정되지 않을 때 산출되며 가중치는 점진적으로 갱신된다.

$$\Delta w_{ij} = \varepsilon\ (\langle s_i s_j \rangle^{wake} - \langle s_i s_j \rangle^{sleep})$$

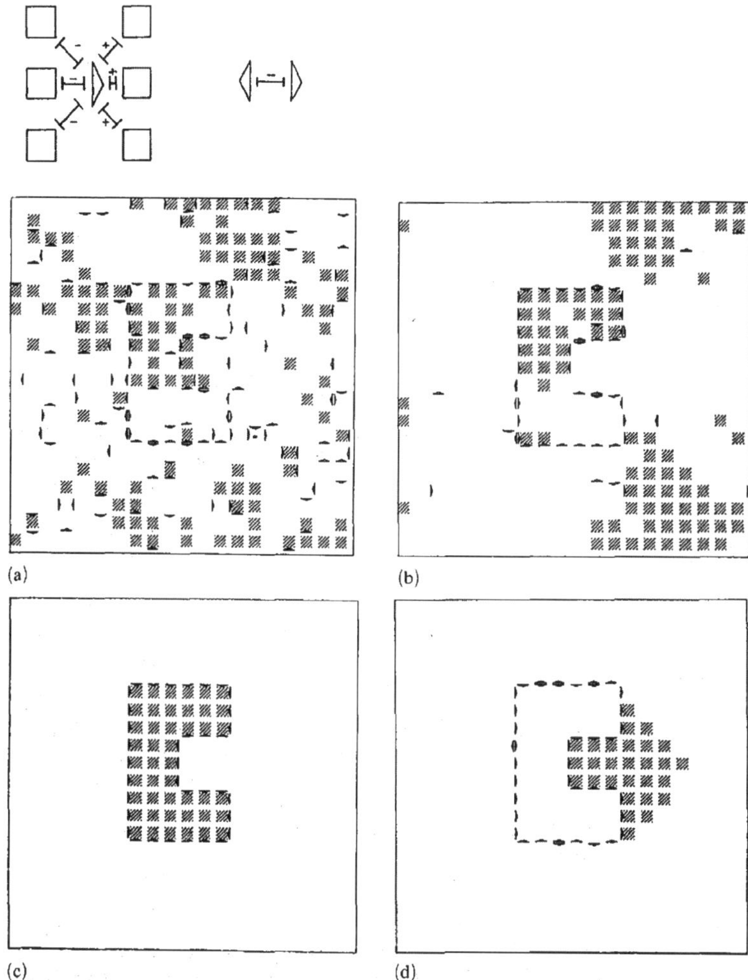

〈그림 14.4〉
볼츠만 머신은 형상과 배경을 분리할 수 있다. (위) 네트워크의 사각형 유닛은 형상을 포착하고 삼각형의 가장자리 유닛은 윤곽선을 확인한다. 연결 신호는 별도로 표시된다. 가장자리 유닛의 방향은 형상을 향하거나 형상의 반대 방향을 가리킬 수 있다. (아래) (a) 'C' 모양의 내부에 주의를 집중하고 있는 네트워크의 개략도. 유닛이 활성과 비활성 사이에서 변동할 수 있도록 고온에서 시작한다. (b) 온도가 하강함에 따라 'C'의 내부에 있는 유닛들이 내부를 향하고 있는 경계 유닛들의 지원을 받아 한 덩어리로 합쳐지기 시작한다. 주의 집중의 대상이 아니거나 가장자리 인풋이 없는 외부 유닛들은 온도가 내려감에 따라 점차 사라진다. (c) 내부에 주의가 집중되고 온도가 제로에 도달하면 형상이 메워진다. (d) 외부에 주의가 집중되는 과정이 반복되면 외부도 메워진다. 이미지 출처: 테런스 세즈노스키 외.[18]

리가 '숨겨진 유닛'이라고 부르던 그것이다(〈박스 14.2〉). 인풋과 아웃풋의 쌍을 만들고 학습 알고리즘을 적용함으로써 볼츠만 네트워크는 우리가 바라던 매핑을 학습하게 되었다. 그러나 하나의 인풋과 하나의 아웃풋으로 이뤄진 쌍을 단순히 기억하는 것이 아니라 네트워크의 학습에 사용되지 않은 새로운 인풋을 정확하게 구분하는 것 또한 목표 중 하나였다. 또한 볼츠만 머신은 항상 변동하기 때문에 주어진 인풋 패턴에 대해 각 아웃풋 상태가 얼마나 자주 방문되는지 그 확률 분포를 학습했다. 그래서 생성력을 갖는 것이다. 다시 말해 볼츠만 머신은 학습을 한 이후 아웃풋 범주 각각을 고정시킴으로써 새로운 인풋 샘플을 생성할 수 있었다.

헵의 시냅스 가소성

놀라운 것은 볼츠만 머신의 학습 알고리즘이 신경과학 분야에서 심리학자 도널드 헵(Donald Hebb)까지 거슬러 올라가는 꽤 긴 역사를 보유하고 있었다는 사실이다. 헵은 자신의 저서 《행동 방식의 구성(The Organization of Behavior)》에서 두 개의 뉴런이 동시에 발화되면 그 사이의 시냅스는 보다 강해진다고 상정했다.

> 반사 행동(또는 '추적')의 지속성 또는 반복성이 세포의 안정성을 증가시키는 영속적 세포 변화를 유도하는 경향이 있다고 가정해보자. 세포 A의 축색돌기가 세포 B를 흥분시킬 수 있을 정도로 충분히 근

접하고 반복적 또는 지속적으로 세포 B의 발화에 가담할 때 어느 한 세포 또는 두 세포 모두에서 모종의 성장 과정이나 신진대사의 변화가 발생하고 결과적으로 세포 B를 발화시키는 세포 중 하나인 세포 A의 효율성도 증가한다.[19]

이것은 신경과학 분야 전체를 통틀어 가장 유명한 예측일 것이다. 헵의 시냅스 가소성은 훗날 해마에서 발견되었다. 해마는 장기 기억을 담당하는 뇌의 중요한 영역이다. 해마의 피라미드형 세포가 뉴런이 급격히 활성화되는 것과 동시에 강력한 인풋을 수용하면 시냅스의 강도가 증가한다. 뒤이은 실험들에서 시냅스의 강도 증가는 시냅스로부터 나오는 발신 신호의 결합과 그것을 수용하는 뉴런의 전압 상승에 기인한다는 사실이 밝혀졌다. 더 나아가, 그러한 결합 현상을 인식하는 것은 NMDA(N-메틸-D-아스파르트산) 글루타민산염 수용체라는 특별한 수용체이며 이것이 장기강화작용(LTP)을 촉발하는 것으로 밝혀졌다. 장기강화작용은 급속하게 시작되어 오랫동안 지속되므로 장기 기억의 훌륭한 기질(基質)이 될 수 있다. 헵의 시냅스 가소성은 볼츠만 머신의 학습 알고리즘과 마찬가지로 인풋과 아웃풋의 동시 발생에 의해 지배된다(〈박스 14.2〉 참조).

더욱 놀라운 것은 볼츠만 머신이 학습을 위해 수면 상태에 도달해야 했다는 사실이다. 볼츠만 머신의 학습 알고리즘에는 두 가지 단계가 있었다. 첫 번째 단계, 즉 '각성' 국면에서는 인풋과 아웃풋 패턴이 요망되는 매핑에 고정된 상태에서 네트워크의 유닛들이 평형 상태로 안정되기 위해 수없이 갱신되었다. 그리고 한 쌍의 유닛이 동시에 활성화된 시간이 계산되었다. 두 번째 단계, 즉 '수면' 국면에서는 인풋과 아웃풋이 고정되지 않은 채 한 쌍의 유닛이 동시에 활성화되는 시간이 자유롭게 가동되는 조건에서 계산되었다. 또한 각각의 연결 강도는 각성 및 수면 상태에서 나타나는 동기율의 차이에 비례해 갱신되었다(〈박스 14.2〉 참조). 수면 국면의 연산 이유는 고정된 상호 연관성의 어느 부분이 외부 원인에 의한 것인지 판단하기 위한 것이다. 네트워크는 내부적으로 생성된 상호 연관성을 제외하지 않은 채 활동의 내부적 패턴을 강화하며 외부 영향을 무시하는 법을 학습하게 된다. 네트워크가 일종의 감응성 정신병(folie a deux)에 걸린다는 의미다. 알다시피 사람은 극도의 수면 부족 상태에 놓이면 망상 상태가 유발된다. 이것은 창문을 막고 지속적으로 조명을 켜놓는 병원 중환자실에서 공통적으로 발생하는 문제다. 조현병 환자들은 흔히 수면장애 증상을 보이며 그래서 그들의 망상적 관념 작용이 더욱 심해진다. 우리는 인간의 뇌가 어떻게 작동하는지 이해하기 위한 우리의 연구가 제대로 진행되고 있다고 확신할 수 있었다.

거울면 대칭의 학습

볼츠만 머신으로는 해결할 수 있지만 퍼셉트론으로는 해결할 수 없는 문제가 거울면 대칭을 학습하는 방법이다.[20] 인간의 신체는 수직축을 기준으로 좌우대칭을 이룬다. 우리는 그런 식의 대칭축을 참고해 〈그림 14.5〉에서 보는 바와 같은 무작위적 패턴을 다수 생성할 수 있었다. 좌우 대칭은 물론이고 상하 대칭과 대각 대칭도 생성했다. 우리는 볼츠만 머신 네트워크에 10×10 크기의 이진 인풋들을 16개의 숨겨진 유닛에 투영한 다음 세 개의 가능한 대칭축을 각각 하나의 아웃풋 유닛으로 삼아 3개의 아웃풋 유닛에 순차적으로 투영했다. 6,000개의 대칭적 인풋 패턴으로 훈련된 볼츠만 머신은 새로운 인풋의 대칭축을 구분하는 작업에서 90퍼센트의 성공률을 보여줬다. 퍼셉트론은 우연보다 못한 결과를 보였는데, 그 이유는 단일 인풋에 패턴의 대칭 정보가 담겨 있지 않은데다가 한 쌍의 인풋 간 상호 연관성을 일일이 조사해야 했기 때문이다. 주목할 만한 부분은 인간의 육안으로 보는 인풋의 배열이 볼츠만 머신이 보는 그것과 같지 않다는 점이다. 볼츠만 머신에서는 각각의 숨겨진 유닛이 특정한 순서 없이 전체 배열로부터 인풋을 수용하기 때문이다. 사람의 경우 관찰자에게 따르는 등가 문제가 배열 내 인풋 유닛의 위치를 무작위적이게 만들며 그로 인해 숨겨진 대칭이 존재하더라도 관찰자에게는 배열이 무작위로 보이게 된다.

언젠가 나는 모니터를 들여다보며 각 인풋 패턴의 대칭 형태를 1초당 2개의 속도로 구분해내고 있었다. 하지만 그때 나와 같이 화면을 들여다보던 존스홉킨스대학교 심리학부의 닐 코헨(Neal Cohen)은 면밀히 살핀 후에야 형태를 구분해냈다. 그는 나의 빠른 속도에 적잖이 놀랐다. 볼츠만 머신이 학습을 하는 며칠 동안 모니터를 지켜본 덕분에 나의 시각 체계 또한 자세히 살피지 않고도 자동적으로 대칭 형태를 감지할 수 있도록 훈련이 되었던 것이다. 닐과 나는 그 즉시 학부생들 대상의 실험을 고안해 실행에 옮기며 그들의 진전 과정을 관

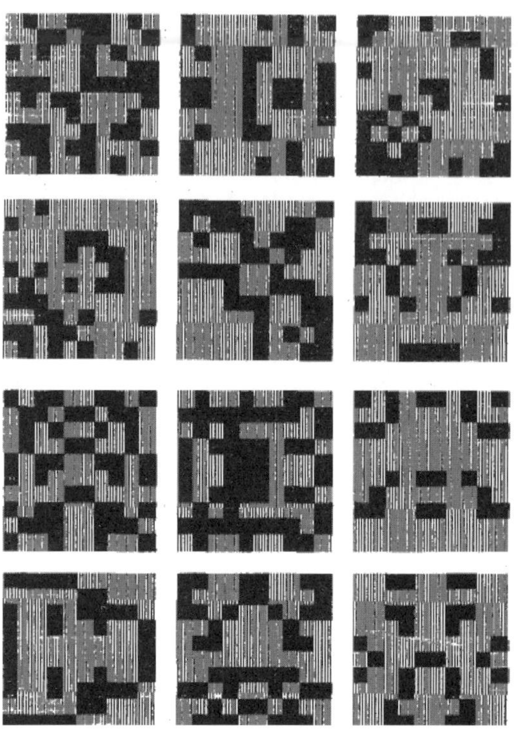

〈그림 14.5〉
무작위적 대칭 패턴. 10×10 크기의 배열 패턴 각각에는 수직선이나 수평선 또는 대각선 축을 기준으로 하는 거울면 대칭이 포함되어 있다. 네트워크 모델의 목표는 해당 네트워크 모델의 훈련에 사용되지 않은 새로운 패턴의 대칭축을 구분하는 방법을 학습하는 것이다. 이미지 출처: 테런스 세즈노스키 외.[21]

찰했다.[22] 처음에는 다들 대칭 형태를 정확히 구분하는 데 수초가 소요되었지만 며칠 동안의 훈련을 거친 뒤에는 그 속도가 훨씬 빨라졌고 실험이 끝날 무렵에는 매우 신속하게 그것도 아주 손쉽게 대칭 형태를 구분해낼 수 있었다. 심지어 실험 중에 우리와 대화를 나누면서도 하나도 틀리지 않고 구분해낼 정도였다. 놀라울 정도로 속도가 빠른 인지 학습이었다.

나는 존스홉킨스대학교에서 계산생물물리학(The Biophysics of Computation)을 가르쳤는데, 다수의 유능한 인재들이 강의를 듣기 위해 몰려들었다. 벤 유하스(Ben Yuhas)는 전기공학을 전공한 대학원생으로 박사학위 논문을 위해 나와 함께 연구를 진행했다. 그는 뉴럴 네트워크가 사람의 입술을 읽어낼 수 있도록 만드는 훈련을 담당했다.[23] 사람의 입의 움직임은 음성의 소리 정보를 담고 있다. 유하스의 네트워크는 입의 이미지를 그에 상응하는, 각 시간 단계마다 생성되는 소리의 주파수 스펙트럼으로 변환했다. 이를 다시 잡음이 낀 소리 스펙트럼에 첨가해 음성 인식 성능을 향상시키는 방법이었다. 유하스의 대학원 동료였던 안드레아스 앤드루(Andreas Andreou)는 그리스의 키프로스 출신으로 우렁찬 목소리의 소유자였다. 그는 바튼 홀(Barton Hall)의 지하 작업실에서 아날로그 VLSI 칩을 만들고 있었다. 1980년대에는 자신이 가르치는 학생들이 뉴럴 네트워크에 관심을 갖는 것에 적의를 드러내는 교수들이 적지 않았으며, 그런 분위기는 거의 모든 대학교가 마찬가지였다. 하지만 그런 교수들의 적대감조차 유하스나 앤드루로 하여금 연구를 단념하게 만들지는 못했다. 앤드루는 훗날 존스홉킨스대학교의 전임교수가 되어 존스홉킨스대학교 언어 및 음성처리 센터(Johns Hopkins University Center for Language and Speech Processing)의 공동 설립자에 이름을 올린다. 유하스는 데이터 과학을 활용한 컨설팅 회사를 세워 정치인과 기업인들을 고객으로 삼게 된다.

손글씨 우편번호 인식 학습

그리고 한참의 시간이 흐른 후 힌튼은 자신의 토론토대학교 제자들과 함께 손글씨로 쓴 우편번호를 매우 정밀하게 구분하기 위해 세 개의 층으로 이뤄진 숨겨진 유닛들로 볼츠만 머신을 학습시켰다(〈그림 14.6〉).[24] 볼츠만 네트워크에는 피드백은 물론 피드포워드 연결도 있었기 때문에 아웃풋 유닛 중 하나를 고정시키고 그것에 관련된 인풋 패턴을 생성하는 식으로 네트워크를 역방향으로 가동시킬 수 있었다(〈그림 14.7〉). 생성 네트워크가 훈련용 데이터 세트에서 통계적 구조를 포착하면 네트워크가 생성하는 견본들이 통계적 구조의 특징을 물려받게 된다. 이는 이 네트워크가 잠에 빠진 뒤 최상위 네트워크의 활동 내용이 입력층에 일련의 꿈같은 상태로 전달되는 식이다.

물리학과 공학에서 뉴럴 네트워크의 부상이 신속했던 반면 전통적인 인지과학자들은 기억과 언어 처리를 이해하는 형식으로 뉴럴 네트워크를 받아들이는 데 미온적이었다. 라호야와 몇몇 외딴 소도시의 PDP 그룹을 제외하면 기호 처리는 여전히 관련 분야의 대세였다. 1983년 힌튼과 내가 참석한 인지과학협회(Cognitive Science Society)의 한 심포지엄에서는 단기 기억과 심상에 관한 연구의 권위자이자 심리학자인 제논 필라이신(Zenon Pylyshyn)이 연단을 향해 물을 뿌리며 "이것은 컴퓨터 연산이 아니다!"라고 외치는 것으로 볼츠만 머신에 대한 경멸을 노골적으로 표현하기도 했다. 다른 사람들은 뉴럴 네트워크를 한낱 '통계'에 불과하다고 일축했다. 그러나 제롬 레트빈(Jerome Lettvin)은 그렇지 않았다. 그는 우리의 연구에 기대가 크다고 말했다. 레트빈이 움베르토 마투라나(Humberto Maturana), 워런 매컬러, 월터 피츠와 공동으로 1959년에 발표한 논문 〈개구리의 눈은 개구리의 뇌에 무엇을 말해주는가(What the Frog's Eye Tells the Frog's

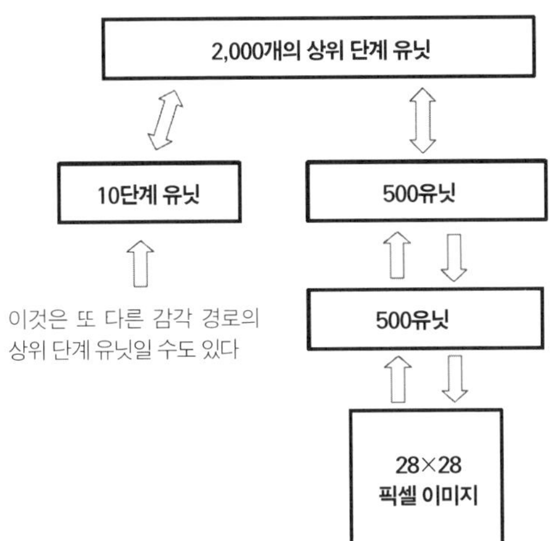

〈그림 14.6〉
손글씨 숫자의 인식 및 생성을 위한 다층 볼츠만 머신. 이미지는 28×28=784 픽셀이며 흰색 또는 검은색이다. 총 10개의 아웃풋 유닛(0~9)을 기반으로 숫자를 구분하는 것을 목표로 한다. 이미지 출처: 제프리 힌튼.[25]

〈그림 14.7〉
손글씨 숫자를 인식하도록 훈련된 다층 볼츠만 머신이 생성한 인풋 층의 패턴. 각각의 행은 열 개의 아웃풋 중 한 개를 고정해 생성되었다(〈그림 14.6〉 참조). 인풋 층은 위에 제시한 사례들 사이에서 지속적으로 변환한다. 이 숫자들은 훈련 세트에 포함되어 있지 않았으며 훈련된 네트워크의 내부적 구조에 의한 일종의 '환각'이다. 이미지 출처: 제프리 힌튼 외.[26]

Brain)〉는 해당 분야의 고전이라 할 수 있다.[27] 작고 검은 점에 가장 잘 반응하는 벌레 감지 뉴런이 개구리의 망막에 있다는 증거를 제시한 그 논문은 시스템 신경과학 분야에 지대한 영향을 끼쳤다. 이제 막 날갯짓을 시작한 우리의 뉴럴 네트워크 모델에 대한 레트빈의 지지는 이전 시대와 우리를 이어주는 중요한 연결 고리였다.

비지도 학습과 피질의 발달

볼츠만 머신은 인풋과 아웃풋이 모두 고정된 지도 학습 버전과 인풋만 고정된 비지도 학습 버전 양쪽 모두로 이용할 수 있다. 힌튼은 비지도 학습 버전을 이용해 한 번에 한 층씩 심층 볼츠만 머신을 개발했다.[28] 인풋 유닛과 연결된 숨겨진 유닛으로 이뤄진 층으로 시작해, 다시 말해 제한적 볼츠만 머신으로 분류되지 않은 데이터 세트를 학습하게 한 것이다. 분류되지 않은 데이터는 분류된 데이터에 비해 훨씬 쉽게 접할 수 있고, 학습 속도 또한 매우 빠르다(인터넷에는 수십억 개의 분류되지 않은 이미지와 오디오 기록들이 존재한다). 비지도 학습의 첫 번째 단계는 데이터로부터 모든 데이터에 공통으로 적용되는 통계적 규칙을 도출하는 것이다. 그러나 숨겨진 유닛의 첫 번째 층은 오직 단순한 특징만 추출할 수 있다. 퍼셉트론이 나타낼 수 있는 그런 단순한 특징 말이다. 그다음 단계는 첫 번째 층에 대한 가중치를 고정하고 그 위에 두 번째 층을 첨가하는 것이다. 볼츠만 머신의 비지도 학습이 많아질수록 보다 복잡한 특징의 집합으로 이어진다. 다층 구조를 가진 심층 네트워크를 만들기 위해서 이 과정을 반복할 수 있다.

상위 층의 유닛은 하위 단계 특징의 보다 비선형적 조합을 통합하고 그것들이 모집단이 되어 특정한 것에서 일반적인 것을 추출하게 만든다. 따라서 분류는 상위 층에서 훨씬 더 쉬워지며 상위 단계의 수행에서 수렴에 도달하기 위해 보다 적은 수의 훈련 사례를 필요로 하게 된다. 이렇게 전개되는 과정을 수학적으로 설명하는 것은 여전히 풀리지 않는 문제로 남아 있지만, 이와 같은 딥 뉴럴 네트워크를 도표로 나타내주는 도구들이 도입되고 있다.[29]

피질 역시 다수의 층이 쌓이면서 발달하는 것으로 보인다. 시각 체계 발달의 초기 단계에서 눈으로부터 가장 먼저 인풋을 받아들이는 일차 시각피질의 뉴런은 매우 높은 가소성을 보유하며 계속되는 일련의 시각적 인풋에 의해 아주 쉽게 다시 연결되는데, 이 과정은 임계기가 끝나면서 종료된다. (이에 대해서는 앞서 5장에서 설명한 바 있다.) 시각 영역과 뇌의 후면에 있는 다른 감각 중추의 계층 구조가 먼저 발달하고 뇌의 전면에 보다 가까운 피질 영역은 보다 긴 시간을 필요로 한다. 뇌의 가장 앞쪽이라 할 수 있는 전전두엽 피질은 성년의 초기에 이를 때까지 완전히 발달하지 않을 수도 있다. 따라서 피질 영역의 연결이 뉴런의 활동에 의해 가장 크게 영향을 받을 때 임계기가 겹쳐지면서 점진적인 발달이 이뤄진다. 캘리포니아대학교 샌디에이고 캠퍼스의 인지과학자 제프리 엘만(Jeffrey Elman)과 엘리자베스 베이츠(Elizabeth Bates)는 동료 연구원들과 함께 어린아이가 세상을 배워갈 때 나타나는 새로운 능력들이 피질의 점진적 발달과 갖는 연관성을 이해하기 위해 연결주의 네트워크에 대한 이론을 만들었다.[30] 이것은 인간이 학습에 능숙해지기까지 긴 유아기가 어떤 영향을 미치는지에 대한 연구에 새로운 방향을 제시하는 동시에 특정 행동 방식의 선천성과 관련한 이전의 주장들에 새로운 관점을 제공했다.

나는 스티븐 쿼츠(Steven Quartz)와 공저한 《거짓말쟁이와 연인, 그리고 영웅(Liars, Lovers and Heroes)》[31]에서 유아기 및 소년기의 뇌 발달 기간 중에 겪는 경험이 뉴런에 있는 유전자의 발현에 막대한 영향을 끼치며, 그럼으로써 행동 방식을 담당하는 뉴런 회로의 변형을 초래한다고 밝힌 바 있다. 공저자 쿼츠는 당시 내 연구소의 박사후 연구원이었고, 지금은 캘리포니아공과대학교의 교수로 재직 중이다. 유전적 차이와 환경적 영향 사이의 상호 작용은 활발히 연구되고 있는 주제다. 이 분야는 이제 선천성 대 후천성의 논쟁을 넘어 문화적 생명 작용의 관점에서 재구성되며 두뇌 발달의 복잡성 연구를 새롭게 조명하고 있다. 우리의 생명 작용은 인간의 문화를 생산하는 동시에 그렇게 생산된 문화에 영향을 받는다.[32] 이 스토리의 새로운 장이 최근의 발견으로 활짝 열리게 되었다. 초기 발달 단계에서 뉴런 사이의 시냅스 형성이 급속하게 증가하면 뉴런 내 DNA가 유전자 발현을 관장하며 뇌에 고유한 메틸화의 한 형태에 의해 후성유전학적으로 수정된다는 것이다.[33] 이와 같은 후성유전학적 수정 현상이 쿼츠와 내가 구상했던 유전자와 경험 사이의 연결고리였을 수도 있다.

1990년대에 이르러서도 뉴럴 네트워크 혁명은 상당히 진척되었다. 인지신경과학 분야가 확장되었고 컴퓨터의 속도도 빨라졌다(하지만 아직 충분히 빠르지는 않았다). 볼츠만 머신은 기술적으로는 멋졌지만 모의실험을 수행하기엔 지독하게 느렸다. 실제로 진보 과정을 견인한 것은 우리가 가장 필요로 할 때 느닷없이 하늘에서 뚝 떨어진 그것, 다름 아닌 보다 빠른 학습 알고리즘이었다.

| 15장 | 오류의 역전파

1960년에 설립된 캘리포니아대학교 샌디에이고 캠퍼스는 생물의학 연구의 거점으로 성장했다. 1986년 개설된 인지과학과는 세계 최초였다.[1] 데이비드 러멜하트(〈그림 15.1〉)는 1970년대 상징과 규칙 기반의 전통이 지배적이던 인공지능 연구 분야에서 이미 두각을 나타낸 수학자이자 인지심리학자였다. 나는 1979년 캘리포니아대학교 샌디에이고 캠퍼스에서 힌튼의 주관으로 개최된 워크숍에서 러멜하트를 처음 만났다. 당시 그는 제임스 맥클러랜드와 더불어 인간의 심리에 대한 새로운 접근 방식을 개척하고 있었다. 그들은 그것을 병렬분산처리, 즉 PDP라고 불렀다. 러멜하트는 관련 문제들에 대해 깊이 고민했으며 종종 통찰력 있는 의견을 제시하곤 했다.

볼츠만 머신의 학습 알고리즘이 숨겨진 유닛을 필요로 하는 문제의 해결 방법을 학습할 수도 있었다는 것은, 민스키나 페퍼트를 비롯한 관련 분야 대다수 학자들의 의견과 달리 다층 네트워크를 훈련시키는 일이 가능하며 퍼셉트론의 한계를 극복할 수도 있다는 것을 의미했다. 네트워크를 구성하는 계층의 수나 주어진 층 사이의 연결성에는 한계가 없었다. 그러나 문제는 평형 상태에 도달하고 통계적 수치를 산출하는 일의 모의실험이 갈수록 느려지고 네트워크의 규모를 키울수록 평형 상태에 도달하기까지 더 오랜 시간이 소요된다는 것이었다.

〈그림 15.1〉
러멜하트는 두 권으로 구성된《병렬분산처리》가 출간된 1986년 당시 캘리포니아대학교 샌디에이고 캠퍼스에 재직하고 있었다. 러멜하트는 다층 네트워크 모델을 위한 학습 알고리즘의 기술적 발전에 영향을 끼쳤으며, 그것을 활용해 우리가 언어와 사고의 심리학을 이해하는 데 도움을 주었다. 이미지 출처: 데이비드 러멜하트.

원론적으로, 한 번에 한 건의 업데이트만 처리할 수 있는 전통적인 폰 노이만식 컴퓨터에 비해 훨씬 속도가 빠른 거대한 병렬 구조의 컴퓨터를 제작하는 것도 불가능한 일은 아니다. 1980년대 디지털 컴퓨터는 1초당 100만 건의 작업을 수행할 수 있었다. 오늘날의 컴퓨터는 초당 수십 억 건의 작업을 수행할 수 있으며 수천 개의 자기 코어를 연결한 고성능 컴퓨터는 이전에 비해 수백만 배는 더 빠른 속도를 자랑한다. 기술적 역량이 전례 없이 향상된 것이다.

맨해튼 프로젝트(Manhattan Project)는 미국 정부가 원자폭탄 개발에 성공할 것이라는 확신도 없는 상태에서 (2016년의 화폐 가치로) 260억 달러의 거금을 투여한 도박이었다. 가장 큰 비밀은 그것이 실제로 성공을 거뒀다는 것이다. 볼츠만 머신을 이용해 다층 네트워크를 훈련시키는 것이 가능하다는 비밀이 밝혀지자 새로운 학습 알고리즘들이 가히 폭발적으로 개발되었다. 힌튼과 내가 볼츠만 머신에 매진하던 것과 동일한 시기에 러멜하트는 다층 네트워크를 위한 또 다른 학습 알고리즘을 개발했는데, 그것은 훨씬 더 생산적인 것으로 판명되었다.[2]

최적화

최적화는 머신러닝에 있어 핵심적인 수학 개념이다. 최소 비용으로 작동하는 시스템 상태를 구현하고자 하는 다양한 문제들에서 비용함수가 사용된다. 홉필드 망의 경우 비용함수는 에너지이며 목표는 에너지 소모를 최소화할 수 있는 상태를 찾는 것이 된다(이와 관련해서는 13장에서 설명한 바 있다). 피드포워드 네트워크의 학습에서 가장 일반적인 비용함수는 훈련 세트의 아웃풋 계층에 적용되는 오차의 제곱을 합한 것이다. '경사하강법(gradient descent)'은 비용함수를 최소화하는 일반적 절차로서 비용을 최대한 절감하는 방향으로 네트워크의 가중치에 점진적인 변화를 가하는 것이다.[3] 비용함수가 산맥이라면 스키를 타고 가장 빠르게 경사면을 내려갈 수 있는 경로가 경사하강법에 해당한다.

러멜하트는 이른바 '오류의 역전파'라 불리는 프로세스를 통해 네트워크 내에서 각 가중치의 경사도를 산출하는 방법을 찾아냈다(〈박스 15.1〉). 오류가 이미 드러나 있는 아웃풋 계층에서 시작하면 아웃풋

〈박스 15.1〉

오류의 역전파

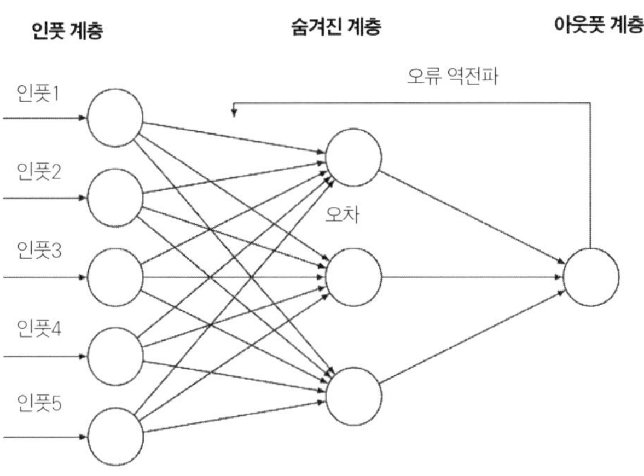

역전파 네트워크의 인풋은 피드포워드 형식으로 전파된다. 위 도형에서 왼쪽의 인풋은 연결(화살표)을 통해 유닛의 숨겨진 계층으로 전파된 후 아웃풋 계층에 투영된다. 아웃풋은 훈련 교사에 의해 주어진 값과 비교된 다음 그 차가 아웃풋 계층에 적용되는 가중치를 업데이트하는 데 이용됨으로써 오류를 감소시킨다. 그런 후 각각의 가중치가 오류에 미친 정도에 따른 오류의 역전파에 기초해 인풋 유닛과 숨겨진 계층 사이의 가중치가 업데이트되는 것이다. 수많은 사례를 통한 훈련을 거쳐 숨겨진 유닛은 아웃풋 계층에서 각기 다른 범주로 분리될 수 있도록 서로 다른 인풋 패턴을 구분하는 데 활용될 수 있는 선별적 특징을 발달시킨다. 이를 '표현학습(representation learning)'이라 칭한다. 이미지 출처: 마흐무드 박사(Dr. Mahmoud).

유닛에 가해지는 인풋 가중치의 경사도를 산출하는 것은 어렵지 않은 일이다. 다음 단계는 아웃풋 계층의 경사도를 활용해 이전 계층 가중치의 경사도를 산출하는 것이다. 같은 방법으로 인풋 계층에 도달할 때까지 각 계층별 경사도를 산출한다. 이 방법은 오류 경사도의 산출에 매우 효율적이다.

역전파는 볼츠만 머신의 학습 알고리즘처럼 과학적으로 정밀하거나 물리학에 뿌리를 둔 것은 아니지만 효율 면에서는 보다 나은 방법임에 틀림없다. 그리고 역전파로 인해 급속도의 진전이 이뤄진 것 또한 사실이다. 러멜하트와 힌튼 그리고 로널드 윌리엄스(Ronald Williams)가 공동으로 발표한 오류 역전파에 관한 고전적 논문이 1986년 〈네이처〉에 게재됐다.[4] 이후 지금까지 그들의 논문은 여타의 연구 논문에 4만 회 이상 인용되었다. (발표되는 논문의 절반은 단 한 번도 인용되지 않는다. 심지어 논문의 저자조차도 자신의 논문을 인용하지 않는 경우가 허다하다. 다른 논문에 인용된 횟수가 100회만 넘어도 해당 분야에 상당한 영향을 끼쳤다고 볼 수 있다. 오류 역전파 논문은 타의 추종을 불허하는 블록버스터급임에 틀림없다.)

넷토크

1984년 프린스턴에서 볼츠만 머신에 대한 찰스 로젠버그(Charles Rosenberg)의 강연을 들었다. 당시 그는 대학원생이었다. 보통은 내가 그런 강연을 하는 쪽인데 찰스의 강연은 그런 나에게조차 깊은 인상을 남겼다. 그는 자신의 여름학기 프로젝트를 위해 내 연구실을 방문하고 싶어 했다. 찰스가 볼티모어에 도착했을 때 우리의 연구 방향은 역전파 쪽으로 전환되어 있었다. 덕분에 우리는 이전까지 내가 매달렸던 모형의 실증 문제가 아니라 실생활 관련 문제를 해결하기 위한 연구를 고려할 수 있게 되었다. 찰스가 전설적인 언어학자 조지 밀러(George Miller)의 제자였던 만큼 우리는 언어와 관련된 적절한 수준의 문제 하나를 찾아보기로 했다. 도무지 진전을 볼 수 없을 정도로 어렵지도 않고 이미 알려진 방법으로 충분히 해결할 수 있을 만큼 쉽지도 않은 문제 말이다. 언어학은 다수의 하위 분야로 나눠지는 방대한 학문이다. 몇 가지 예를 들자면 단어의 발음에 관한 음운론, 문장을 이루는 단어들의 배열 방식을 연구하는 구문론, 단어와 문장의 의미를 연구의 대상으로 삼는 의미론, 문맥이 언어의 의미에 미치는 영향을 연구하는 화용론 등이 있다. 우리는 단어의 발음을 연구하는 음운론에서부터 시작하기로 결정했다.

영어는 특히 발음이 어려운 언어다. 규칙이 복잡하고 예외가 많기 때문이다. 예를 들면, 'gave'와 'brave'처럼 자음과 묵음 'e'로 끝나는 단어의 모음(여기서는 'a')은 대개 길게 발음한다. 그러나 'have'처럼 규칙에 들어맞지 않는 예외도 있다. 나는 도서관에서 음운학자들이 이런 규칙과 예외를 모아놓은 수백 페이지 분량의 책을 찾아냈다. 예외로 분류된 것들 사이에도 나름의 규칙이 있는 경우가 있고 예외적인 규칙에 또 다른 예외가 존재하기도 했다. 한마디로 언어학자들 입장에서 보면 규칙에 규칙이 꼬리를 물고 이어지는 셈이었다.[5] 설상가상으로 같은 단어라도 사람마다 발음이 제각각이다. 방언도 무수히 많고 방언마다 나름의 규칙도 있다.

찰스와 내가 존스홉킨스에서 이것에 관한 연구 계획을 세우고 있을 때 힌튼이 우리를 방문해 영어의 발음은 연구 대상으로 삼기에 너무 어렵다는 의견을 피력했다. 우리는 야심찬 포부를 잠시 접고 처음 읽기 공부를 시작하는 아이들을 위한 책을 선택했다. 100개 정도의 단어만으로 구성된 유아용 도서였다. 우리가 설계한 네트워크는 7개의 문자로 된 창을 보유했고 각 문자는 공백과 구두점을 포함해 29개의 유닛으로 표시되었다. 총 203개의 인풋 유닛이 갖춰진 셈이었다. 우리의 목표는 창에 들어오는 단어의 중간에 위치한 문자의 발음을 예측하는 것이었다. 인풋 유닛은 80개의 숨겨진 유닛에 연결되었고, 숨겨진 유닛은 26개의 아웃풋 유닛에 투사되었다. 26개의 아웃풋 유닛은 각각 기본적인 발음의 단위, 즉 영어의 '음소'에 해당했다. 우리는 이 문자-소리 네트워크에 '넷토크(NETtalk)'라는 이름을 붙였다(〈그림 15.2〉).[6] 네트워크에 가해지는 18,629개의 가중치는 1986년도의 기준으로 볼 때 상당히 많은 수였고 당시의 수학적 통계의 기준으로 보더라도 감당하기 힘들 정도로 큰 수치였다. 매개변수가 그렇게 많으면 훈련 세트에 과다적합이 발생할 것이며 네트워크가 일반화될 수 없을 것이라는 조언도 나왔다.

단어들이 일곱 문자 창을 한 번에 한 문자의 속도로 통과할 때 네트워크는 창의 중간에 오는 문자에 음소를 할당했다. 이 프로젝트에서 시간이 가장 많이 소요된 부분은 수동으로 문자에 음소를 적합하게 배당하는 것이었다. 단어마다 문자의 수가 음소의 수와 매번 일치하는 것은 아니었기 때문이다. 그에 반해, 네트워크의 학습 결과는 시간이 지남에 따라 점점 더 향상되고 있음을 눈으로 확인할 수 있었다.

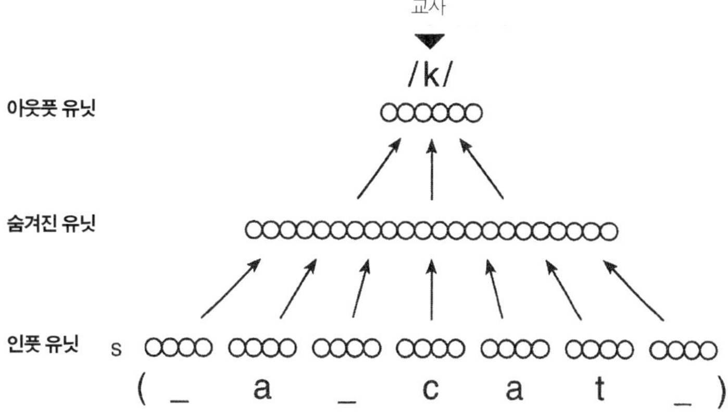

〈그림 15.2〉
넷토크의 피드포워드 네트워크 모델. 가장 아래의 7개 유닛 그룹은 글을 훑으며 움직이는 창에 한 번에 한 개씩 포착되는 문자를 나타낸다. 네트워크는 중간 문자의 소리를 정확히 예측하는 것을 목표로 삼는데, 위 사례의 경우 경음인 'c' 음소가 중간 문자에 해당한다. 인풋 계층의 각 유닛은 모든 숨겨진 유닛과 연결된 후 아웃풋 계층의 모든 유닛에 투사된다. 교사로부터의 피드백을 이용해 가중치를 훈련시키기 위해 역전파 학습 알고리즘이 사용되었다. 정확한 아웃풋 패턴과 네트워크의 아웃풋 패턴을 비교하는데 위 실험의 경우는 부정확한 'k' 음소가 비교 대상이다. 오류는 이전 계층의 가중치로 역전파된다.

총 100개의 단어로 이뤄진 훈련 세트를 학습하면서 수렴이 이뤄지자 네트워크는 거의 완벽에 가까운 수행을 보여줬다. 물론 새로운 단어에 대해서는 성과가 형편없었다. 그러나 훈련 세트의 규모가 작았기 때문에 일반화의 가능성은 낮을 것으로 이미 예측했던 터라 그 정도의 기초적 결과만으로도 무척 고무적이었다.

우리는 이어서 2만 단어로 이뤄진 브라운 말뭉치(Brown Corpus, 컴퓨터로 가공, 처리, 분석할 수 있도록 저장된, 실제 사용되는 언어 자료의 집합체)[7]에 각 음소는 물론이고 강세 표시까지 할당했다. 문자와 소리의 배열에 몇 주의 시간이 소요되었지만 학습 과정이 시작되자마자 네트워크는 말뭉치 전체를 단 하룻밤 사이에 모두 흡수해버렸다. 일반화의 수준은 어느 정도였을까? 결과는 기대 이상이었다. 네트워크는 영어 발음의 규칙성을 포착하고 예외를 인식했다. 동일한 아키텍처 및 학습 알고리즘으로 말이다. 오늘날의 기준과 비교한다면 보잘것없는 수준이었지만 우리가 개발한 네트워크는 역전파 네트워크가 영어의 음운 체계를 얼마나 효율적으로 나타낼 수 있는가를 보여주는 증거였다. 이것은 우리에게 뉴럴 네트워크가 언어를 학습하는 방법에 대한 첫 번째 힌트가 되었다. 상징적 표상의 전형이자 인간의 언어 학습 방법과 맞아떨어지는 방식이었다.

소리 내어 읽는 능력을 갖추면서 넷토크는 시끄러운 소리를 만들어내기 시작했다. 자음과 모음의 차이를 인식하긴 했지만 모든 자음에 'b' 음소를 할당하고 모든 모음에 'a' 음소를 할당했다. 처음에는 그렇게 '바 바(ba ba)'로만 들리던 것이 추가적인 학습이 진행된 이후 '바 가 다(ba ga da)'로 바뀌었다. 아기들이 내는 무의미한 소리와 무서울 정도로 발음이 유사했다. 그러고 나서 네트워크는 짧은 단어들을 제대로 발음하기 시작했다. 그리고 마침내 훈련 과정의 종료 시점에 가까워졌을 때 네트워크는 녹취록 대부분의 단어를 알아들을 수 있게 발음했다.

넷토크가 방언을 학습할 수 있는지 실험하기 위해 우리는 로스앤젤레스의 바리오(barrio, 미국 내 도시의 스페인어 사용 지역) 출신 라틴계 소년과의 인터뷰를 녹취한 음운전사본을 사용했다. 훈련된 네트워크는 할머니 댁에 가면 가끔씩 사탕을 주시곤 했다고 말하는 소년의 스페인어 억양이 강한 영어 발음을 재구성했다. 나는 순차적으로 표시된 음소들을 청취 가능한 음성으로 변환해주는 음성 합성 장치인 '데크토크(DECtalk)'에 넷토크의 아웃풋을 옮기는 방식으로 성공적인 학습 과정을 단계별로 분할해 기록했다. 이렇게 녹음된 테이프를 강의 중에 들려준 적이 있다. 듣고 있던 청중들은 깜짝 놀랐다. 네트워크가 말 그대로 스스로 말하고 있었기 때문이다.[8] 이 여름학기 프로젝트는 모든 면에서 우리의 기대를 능가했으며 뉴럴 네트워크의 학습이 현실 세계에 적용된 최초의 사례로 남게 되었다. 1986년 나는 TV 뉴스쇼 프로그램인 〈투데이쇼(Today Show)〉에 출연해 넷토크를 시연했다. 당시 시청률이 압도적으로 높던 프로그램이었다. 이전의 뉴럴 네트워크는 복잡한 학문 분야에 불과했다. 나는 아직도 내가 출연한 TV 프로그램을 보고 뉴럴 네트워크를 처음 접하게 되었다고 말하는 사람과 마주치곤 한다.

넷토크는 네트워크가 언어의 일부 측면을 대신할 수 있음을 보여주는 강력한 실증이었지만 인간이 읽기 능력을 습득하는 방식을 설명하기에는 적합한 모델이 아니었다. 첫째, 우리 인간은 읽기 전에 말하기부터 배운다. 둘째, 인간에게는 소리 내어 읽기, 즉 음독에 능숙해지는 어려운 과업을 달성하는 데 도움이 되는 몇몇 발음 규칙이 주어진다. 그러나 그러한 음독은 규칙을 적용하기 위해 의식적인 노력을 기울일 필요도 없는 신속한 패턴 인식으로 바뀌기까지 그리 긴 시간이 소요되지 않는다. 영어가 모국어인 사람들은 루이스 캐럴의 시 〈재버워키(Jabberwocky)〉에 나오는 "brillig", "slithy", "toves"와 같은 무의미한 단어들을 정상적인 단어를 읽을 때와 마찬가지로 무리 없이 읽을 수 있다. 이 부분은 넷토크도 마찬가지다. 영어의 이런 유사비단어(pseudowords)들은 사전에서도 찾을 수 없다. 하지만 연관된 문자 패턴을 토대로 음소를 형성하도록 촉발한다.

넷토크는 청중들에게 깊은 인상을 남겼다. 이제 로젠버그와 나는 네트워크의 작동 원리를 분석할 필요가 있었다. 분석을 위해 우리는 숨겨진 유닛의 활동 패턴에 군집 분석을 적용했고, 그 결과 넷토크가 언어학자들이 규명한 방식과 동일하게 유사한 모음과 자음의 집합을 발견했다는 사실을 알게 되었다. 마크 자이든버그(Mark Seidenberg)와 제임스 맥클러랜드 또한 아이들의 읽기 학습 과정의 순차적 단계를 세부적으로 비교하기 위한 출발점으로 그와 유사한 접근법을 사용한 바 있었다.[9]

넷토크는 누구도 예측하지 못했던 방식으로 세상에 영향을 미쳤다. 존스홉킨스대학교의 생물물리학과 소속 교수로서 나는 단백질 접힘 문제에 관심을 가지게 되었다. 단백질은 복잡한 형태로 접히는 아미노산의 연결체로서 그런 각기 다른 형태에 여러 다양한 기능이 부여된다(이를테면 적혈구 산소와 결합하는 헤모글로빈도 그중 하나다). 아미노산의 배열로부터 3차원 형태의 단백질을 예측하는 것은 연산학적으로 쉽지 않은 일이다. 대부분의 단백질에 대해 가장 강력한 컴퓨터로도 해결하지 못한 문제다. 그러나 아미노산이 나선형이나 병풍 모양 또는 무작위적 고리 모양을 하고 있는 2차 구조는 비교적 예측이 수월하다. 당시 생물물리학자들이 사용하던 알고리즘은 각기 다른 아미노산의 화학적 특성을 고려한 것이었다. 하지만 그들의 예측은 3차원 접힘 문제를 해결하기에는 역부족이었다.

내 연구실에 소속된 대학원 1학년생이던 첸닝(Ning Qian)은 1980년도에 중국 전역의 물리학 전공 학부생 중에서 선발되어 미국의 대학원으로 보내진 소수의 유학생 중 한 명이었다. 우리는 넷토크가 아미노산 연결체를 학습해 단백질의 2차 구조를 예측하고 각 아미노산에 알파 나선(alpha helix)이나 베타 병풍(beta sheet) 또는 무작위 고리(random coil) 등을 할당할 수 있을지 궁금했다. 단백질의 3차원 구조가 곧 단백질의 기능을 결정하기 때문에 이것은 매우 중요한 문제다. 이번에는 문자의 배열 대신 아미노산의 연결체가 인풋에 해당되고 음소를 예측하는 대신 2차 구조를 예측하는 것이었다. 훈련 세트는 x선 결정학(crystallography)에 의해 확정된 3차원 구조였다. 놀랍게도 새로운 단백질에 대한 2차 구조 예측은 생물물리학에 기초한 최고의 방법보다 훨씬 나은 결과를 보여줬다.[10] 이 기념비적 연구는 머신러닝을 분자 배열에 적용한 최초의 사례였다. 오늘날 이 분야는 생물정보학이라 불린다.

영어 동사의 과거형 형성 방식을 학습한 또 다른 네트워크는 규칙만을 중시하는 기존 학자들이 전위적인 PDP 그룹과 치열한 논쟁을 벌임에 따라 인지심리학계에서 유명한 쟁점이 되었다.[11] 영어 동사의 과거형을 형성하는 일반적인 방법은 단어의 끝에 접미사 'ed'를 붙이는 것이다. 'train'에 접미사 'ed'를 붙여 'trained'를 형성하는 식으로 말이다. 그러나 동사 'run'의 과거형은 'ran'인 것처럼 불규칙적인 예외들이 있다. 뉴럴 네트워크는 규칙과 예외 양쪽 모두를 수용하는 데 문제가 없다. 비록 더 이상 활발한 논쟁거리는 아니지만 우리의 뇌에서 벌어지는 규칙의 명시적 표상의 역할에 관한 근본적인 의문은 여전히 풀리지 않고 남아 있다. 뉴럴 네트워크의 언어 학습에 관한 최근의 실험들은 인간의 학습 방법과 일치하는 굴절형태학의 점진적 습득을 옹호한다.[12] 딥러닝 기술을 사용한 구글 번역기와 여타의 자연

〈그림 15.3〉
1986년 카네기멜론대학교에서 개최된 연결주의자 여름학교에 참가한 학생들. 첫 번째 줄 오른쪽에서 세 번째가 힌튼이고, 그의 양 옆이 세즈노스키와 맥클러랜드다. 이 사진은 오늘날 뉴런 컴퓨팅 분야의 인명사전이나 다름없다. 1980년대의 뉴럴 네트워크는 20세기에 움튼 21세기 과학이었다. 이미지 출처: 제프리 힌튼.

어 애플리케이션들이 언어의 미묘한 어감을 포착해내는 데 성공을 거뒀다는 사실은 뇌가 언어 학습에서 명시적 규칙을 사용할 필요가 없음을 증명하고 있다. 비록 행동 방식은 명시적 규칙을 필요로 하는 것처럼 보일지라도 말이다.

나는 힌튼, 데이비드 투어레츠키(David Touretzky)와 더불어, 뉴럴 네트워크 관련 학과를 개설한 대학교가 극소수에 불과하던 1986년에 카네기멜론대학교에서 최초로 연결주의자 여름학교(Connectionist Summer School)를 개최했다(〈그림 15.3〉). 학생들이 여러 층으로 줄지어 늘어서서 넷토크를 흉내낸 촌극을 공연하기도 했다. 줄지어 늘어선 학생들 각각이 네트워크의 유닛인 셈이었다. 여름학교에 참가한 학생들 중 상당수가 자신의 분야에서 중요한 성과를 거두며 화려한 경력을 구축했다. 1988년의 두 번째 여름학교 역시 카네기멜론대학교에서 개최되었다. 세 번째는 1990년 캘리포니아대학교 샌디에이고 캠퍼스에서였다. 새로운 아이디어는 주류에 편입되기까지 적어도 한 세대가 지나야 한다. 이 여름학교는 그런 초기 시절에 해당 분야의 연구를 활성화하기 위해 우리가 할 수 있는 최선의 투자였으며, 참가한 모두에게 강렬한 경험이 되었다.

뉴럴 네트워크의 재탄생

지금은 고전이 된 러멜하트와 맥클러랜드 공동 편집의 두 권짜리《병렬분산처리》가 1986년 출간되었다. 인간의 심리와 행동 방식 현상을 이해하기 위한 뉴럴 네트워크와 다층 학습 알고리즘의 작동 방식을 펼쳐놓은 최초의 저서였다. 지금까지 5만 부 이상 판매되었으니 학술서의 기준에서 볼 때 베스트셀러임에 틀림없다. 역전파에 의해 학습된 뉴럴 네트워크는 시각 체계의 피질 뉴런과 유사한 속성을 갖춘 숨겨진 유닛을 보유했을 뿐만 아니라,[13] 그런 네트워크가 보여주는 분해 패턴들 역시 인간의 뇌 손상 이후 나타나는 장애 현상과 상당한 공통점을 보였다.[14]

프랜시스 크릭은 PDP 그룹의 일원으로 거의 모든 회의와 세미나에 참석했다. PDP 모델이 얼마나 '생물학적'인가에 대한 논쟁에서 그는 그것을 문자 그대로 뇌의 일반적인 모형이라기보다는 하나의 예증으로 생각해야 한다는 입장을 취했다. 그는 앞의 책에서 당시 대뇌피질에 관해 알려진 내용을 중심으로 한 장을 집필한 바 있었다. 나는 대뇌 피질에 관해 우리가 알지 못하는 바를 중심으로 한 장을 썼다. 만약 그 장들을 오늘날 다시 쓴다면 훨씬 많은 내용을 담을 수 있을 것이다.

잘 알려져 있지는 않지만 1980년대에도 성공 스토리는 있다. 뉴럴 네트워크를 사용해 가장 수익성 높은 사업을 벌인 기업 중 하나는 로버트 헥트-닐슨(Robert Hecht-Nielsen)이 창업한 HNC소프트웨어(HNC Software, Inc.)였다. HNC소프트웨어는 신용카드 사기 예방에 뉴럴 네트워크를 활용했다. 헥트-닐슨은 캘리포니아대학교 샌디에이고 캠퍼스의 전기컴퓨터공학과에서 뉴럴 네트워크의 실질적 응용에 관한 인기 높은 강좌를 가르쳤다. 그때든 지금이든 전 세계적으로 신용카드는 늘 사이버범죄의 위험에 노출된다. 신용카드 거래 정보는 범람하는 데이터의 강으로 유입되는 까닭에 그중에서 의심스러운 정보를 골라내는 일은 벅찬 과업이 아닐 수 없다. 1980년대에는 사람이 직접 신용카드 거래를 승인할 것인지, 아니면 거절할 것인지에 대한 시급한 의사 결정을 내렸고, 그것은 연간 1,500억 달러 이상의 사기성 거래를 낳는 결과로 이어졌다. HNC소프트웨어는 신용카드 사기를 탐지하는 일에 뉴럴 네트워크 학습 알고리즘을 사용했다. 수작업에 비해 훨씬 높은 정확도를 보였으며 신용카드 회사는 매년 수십 억 달러를 절감할 수 있었다. HNC소프트웨어는 2002년 신용평가 회사인 페어아이작앤컴퍼니(Fair Isaac and Company, FICO)에 10억 달러에 인수되었다.

더디지만 점점 향상되는 네트워크의 학습 과정을 지켜보는 것은 신비롭기까지 하다. 진행 과정은 느릴 수 있지만 훈련 사례가 충분히 제공되고 네트워크의 규모가 충분히 크기만 하면 학습 알고리즘은 새로운 인풋에도 일반적으로 적용할 수 있는 훌륭한 표상을 찾아낼 수 있다. 학습 과정이 무작위로 선택된 초기 가중치 집합을 토대로 반복되면 매번 다른 네트워크가 학습되지만 수행 성과는 모두 유사하게 나타난다. 결국 많은 네트워크가 같은 문제를 해결할 수 있다는 뜻이다. 이는 우리가 서로 다른 사람들의 두뇌에 대한 완벽한 연결 집합을 재구성할 수 있을 때 무엇을 기대해야 마땅한지 암시한다. 많은 네트워크가 동일한 행동 방식을 낳는다면 그것을 이해하는 열쇠는 두뇌가 이용하는 학습 알고리즘일 것이고, 이는 보다 쉬어야 마땅하다.

딥러닝에 대한 이해

볼록 최적화 문제에서는 지역 최솟값이 존재하지 않으며 전역 최솟값에 대해 반드시 수렴이 발생한다. 그에 반해 비볼록 최적화 문제에서는 그런 현상이 나타나지 않는다. 당시 최적화 전문가들은 숨겨진 유닛을 보유한 네트워크의 학습은 비볼록 최적화 문제이기 때문에 우리가 시간만 낭비하고 있는 셈이라고 조언했다. 우리의 네트워크가 지역 최솟값의 덫에 빠져들고 말 것이라는 얘기였다(〈그림 15.4〉). 하지만 실증적 증거에 따르면 그들의 주장은 옳지 않았다. 그 이유는 무엇인가? 매우 고차원적 공간에서는 비용함수의 지역 최솟값이 학습의 최종 단계에 이르기까지 드물게 나타난다는 사실을 이제는 알고 있다. 초기 단계에서는 거의 모든 방향이 아래쪽을 향하며, 그러는 가운데 도중에 안장점들이 나타난다. 안장점이란 오류로 인해 일부 방향은 위를 향하고 다른 차원들은 아래는 향하는 지점을 말한다. 네트워크가 지역 최솟값에 빠질 것이라는 직관은 탈출 방향이 상대적으로 적은 저차원적 공간에서 문제를 해결하는 것에 근거한다.

오늘날의 딥 네트워크 모델에는 수백만 개의 유닛과 수십 억 개의 가중치가 존재한다. 전통적으로 적은 수의 매개변수를 보유한 간단한 모델을 분석하고 소규모의 데이터세트로 정리(定理)를 증명하는 것에 익숙한 통계학자들에게 수십 억 차원의 공간은 악몽일 수밖에 없었다. 그들은 매개변수가 그렇게 많으니 우리의 네트워크는 필연적으로 데이터에 과적합이 될 것이라 장담했다. 훈련 데이터를 단순히 기억하기만 하고 새로운 학습 인풋에 그것을 일반화해 적용하는 데 실패할 것이란 얘기였다. 그러나 우리는 유용한 역할을 수행하지 못하는 가중치는 강제로 붕괴(가중치 붕괴는 가중치가 적당하지 않은 경우 가중치를 차츰 감소시켜가면서 모델의 정확도를 높이는 방법이다-감수자)하도록 만드는 것과 같은 정규화 기법을 사용해 과다적합 문제를 완화시킬 수 있었다.

규칙화 기법 중에서 특히 기발한 것은 힌튼이 발명한 일명 '드롭아웃(dropout, 가중치를 전파할 때 무작위적으로 일부 노드를 끄는 방법-옮긴이)'이다.[15] 훈련 사례의 수를 기반으로 경사도가 산출되고 가중치 공간에서 단계가 만들어졌을 때 학습이 이뤄지는 매 시기에 유닛의 절반이 무작위적으로 네트워크에서 떨어져나가게 만드는 기법이다. 이는 곧 매 시기마다 다른 네트워크도 학습이 이뤄진다는 의미다. 결과적으로 각 시기마다 훈련시켜야 할 매개변수가 적어지는 까닭에 매번 동일한 대규모 네트워크를 훈련시키는 경우보다 유닛 간 의존도를 낮출 수 있다. 드롭아웃으로 딥러닝 학습 네트워크의 오류 발생률을 10퍼센트 감소시킬 수 있었으며 이것은 상당한 개선이 아닐 수 없었다.

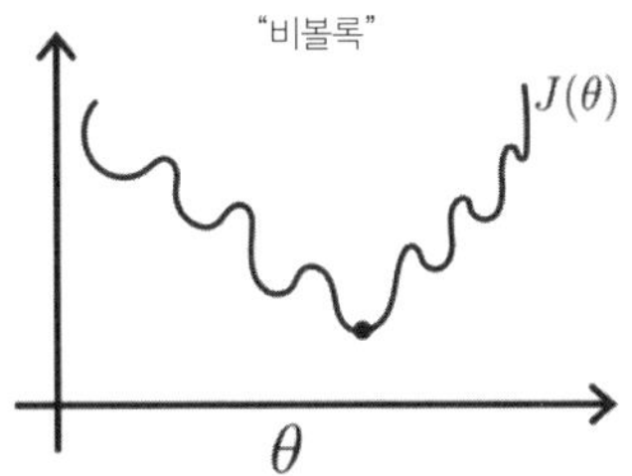

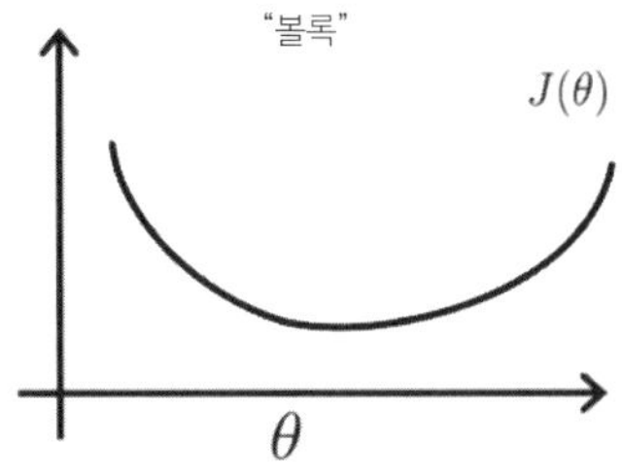

〈그림 15.4〉
비볼록 비용함수와 볼록 비용함수. 위 그래프들은 매개변수 θ의 함수인 $J(\theta)$의 비용함수를 나타내고 있다. 볼록 함수는 오직 한 개의 최솟값을 갖고(오른쪽) 전역 최솟값은 표면의 어느 지점에서 시작하더라도 아래방향으로 내려가면 도달할 수 있다. 스키를 신고 항상 가장 가파른 내리막 쪽으로 활강한다고 상상해보라. 분명 맨 아래 지점까지 도달하지 않겠는가. 반면 비볼록 비용함수는 지역 최솟값을 가질 수 있다(왼쪽). 그것은 곧 아래쪽으로 내려가더라도 전역 최솟값을 찾을 수 없게 만드는 함정이다. 결과적으로 비볼록 비용함수는 최적화가 어렵다. 그러나 여기서 보여주는 1차원적 예시에는 오해의 소지가 있다. 매개변수가 많으면(뉴럴 네트워크의 경우 보통 수백만 개의 매개변수가 있다) 일부 차원에서는 볼록하지만 다른 차원에서는 오목한 안장점들이 있을 수 있다. 안장점에서는 항상 아래쪽으로 방향이 생성된다.

2009년 넷플릭스(Netflix)는 100만 달러의 상금을 수여하는 공개 대회를 개최하고 자사의 추천자 시스템의 오류 발생률을 10퍼센트 감소시키는 첫 번째 참가자를 찾았다.[16] 머신러닝 분야의 거의 모든 대학원생들이 그 대회에 참가했다. 넷플릭스가 내건 100만 달러의 상금이 적어도 1,000만 달러의 가치를 갖는 연구 활동을 부추긴 셈이다. 현재 심층 네트워크는 온라인 스트리밍의 핵심 기술로 자리 잡은 상태다.[17]

흥미로운 점은 피질 시냅스가 빠른 속도로 떨어져나간다는 사실이다. 인풋에 따라 극파가 발생할 때마다 피질의 전형적인 흥분 시냅스는 90퍼센트의 실패율을 보인다.[18] 이것은 마치 한 야구팀에서 거의 모든 선수의 타율이 1할 수준에 머무는 것과 다름없다. 그렇게 신뢰할 수 없는 피질 시냅스로 어떻게 뇌는 견실하게 작동할 수 있는가?

확률론적으로 한 뉴런에 수천 개의 시냅스가 있을 때 시냅스의 통합적 활동의 가변성은 상대적으로 낮다.[19] 다시 말해 상상하는 것만큼 성능이 저하되지 않을 수도 있다는 의미다. 시냅스 수준에서 드롭아웃을 적용한 학습에 따르는 이점은 정확성 저하에 따르는 비용을 상쇄하고도 남을 수 있다. 또한 드롭아웃을 적용하면 시냅스의 작동에 소모되는 많은 에너지의 상당 부분을 절감할 수 있다. 마지막으로, 피질은 (확실한 결과가 아닌) 가능성이 높은 결과를 연산해내기 위해 확률을 사용하기 때문에 확률론적 구성 요소를 사용하는 것은 개연성을 보여주는 효율적인 방법이 된다.

피질 시냅스는 신뢰도는 떨어질지언정 강도에서는 놀라울 정도의 정확성을 보여준다. 피질 시냅스의 크기와 연관 강도는 100배수 범위 내에서 다양하게 나타난다. 또한 단일 시냅스의 강도는 이 범위 내에서 강화되거나 약화될 수 있다. 우리 연구실에서는 최근 오스틴에 위치한 텍사스대학교의 신경해부학자 크리스텐 해리스(Kristen Harris)와 협력해 쥐의 해마 가운데 작은 일부를 재구성했다. 해마는 장기 기억을 형성하는 데 필요한 뇌의 부분이며 이 실험의 대상은 450개의 시냅스를 포함했다. 대부분의 축삭돌기는 수상돌기 가지 위에 단일 시냅스를 형성하지만 드문 경우에 한해 동일한 수상돌기에 접해 있는 단일 축삭돌기에 두 개의 시냅스가 형성되기도 한다. 놀랍게도 이와 같은 두 개의 시냅스는 그 크기가 거의 동일했다. 이전의 연구 결과를 통해 우리는 크기가 동일하다는 것은 강도 또한 동일하다는 의미임을 알고 있었다. 이러한 시냅스의 강도 변화로 이어지는 조건에 대해서는 많이 알려져 있다. 그것은 인풋에 발생하는 극파의 이력과 그에 상응하는 수상돌기의 전기적 활성에 좌우되며, 이는 동일한 수상돌기 상의 동일한 축색돌기로부터 형성된 한 쌍의 시냅스에도 마찬가지로 적용된다. 이와 같은 관찰 결과를 바탕으로 우리는 강한 시냅스에 저장되는 정보의 정확도는 매우 높으며 최소 5비트의 정보가 저장될 수 있다고 추론했다.[20] 심층 순환 네트워크를 위한 학습 알고리즘이 높은 수준의 수행력을 확보하는 데 단 5비트만을 필요로 한다는 사실은 어쩌면 단순한 우연의 일치가 아닐지도 모른다.[21]

인간의 뇌에 있는 네트워크는 너무나 고차원적이기 때문에 어느 정도로 높은 차원인지 짐작하기조차 어렵다. 대뇌피질에 존재하는 시냅스의 수는 대략 100조 개에 이른다. 가히 천문학적인 수치가 아닐 수 없다. 인간의 수명은 수십 억 초를 넘지 못한다. 비율적으로 본다면 삶의 매 초마다 약 10만 개의 시냅스를 할당하는 셈이다. 실제로 뉴런은 응집된 형태의 국부적 연결성을 보이는 경향이 있다. 예를 들면 10억 개의 시냅스로 연결된 10만 개의 뉴런이 응집된 피질원주(cortical column)에서 그런 것을 확인할 수 있다. 여전히 엄청나게 큰 수이긴 하지만 천문학적인 수치는 아니다. 이러한 국부적 연결에 비해 원거리 연결은 그리 많지 않다. 뉴런의 배선에는 귀중한 용량과 상당한 에너지의 소모가 필요하기 때문이다.

피질에서 객체 또는 개념을 나타내는 뉴런의 수는 정확히 밝혀야 할 매우 중요한 수치다. 필요한 시냅스 수의 추정치는 대략 10억 개이며 필요한 뉴런의 수는 대략 10만 개로서 10개의 피질 영역에 배분된다.[22] 약 10만 개의 독립적이고 비간섭적인 부류의 객체와 개념이 100조 개의 시냅스에 저장되는 셈이다. 실제로 유사한 객체를 나타내는 뉴런의 개체 수는 서로 겹치기 때문에 연관된 객체와 객체 간의 연관성을 나타내는 피질의 역량을 현격히 증가시킬 수 있다. 이런 역량 면에서 인간은 여타의 포유류에 비해 훨씬 탁월하다. 그것은 진화의 과정에서 인간의 뇌에 있는 (감각 및 운동 계층의 최상위) 연합 피질이 놀라울 정도로 확장되었기 때문이다.

고차원적 공간에서 확률의 배분에 관한 연구는 1980년대 통계학 분야에서 상대적으로 소외된 영역이었다. NIPS 공동체에 들어와 활동하기 시작했던 스탠퍼드대학교의 리오 브리먼(Leo Breiman)처럼 고차원적 공간과 고차원적 데이터세트를 다룰 때 제기되는 통계학적 문제에 대해 연구하는 통계학자가 몇 명 있는 정도였다. 같은 공동체에 속한 UC 버클리의 마이클 조던(Michael Jordan)을 비롯한 몇몇 학자들이 통계학 분야로 영입되기도 했다. 그러나 빅데이터 시대의 머신러닝은 대부분 통계학자들이 두려워하는 방향으로 흘러갔다. 훈련을 통해 대형 네트워크가 놀라운 일을 해내도록 만들 수 있다는 것만으로는 충분치 않았다. 네트워크가 어떻게 그 놀라운 일을 해내는지 분석하고 이해할 필요가 있었다. 그 부분과 관련해서 물리학자들이 앞장을 섰다. 그들은 통계물리학적 방법론을 동원해 뉴런과 시냅스의 수가 갈수록 증가하는 상황에 맞춰가며 학습의 특성을 분석했다.

2017년 롱비치에서 열린 NIPS 학회에서 '세월의 시험(Test of Time) 상'은 2007년 NIPS 학회지에 논문을 공동 게재한 구글의 알리 라히미(Ali Rahimi)와 UC 버클리의 벤자민 레흐트(Benjamin Recht)에게 돌아갔다.[23] 그들은 논문에서 임의적 특징(random features)이 가중치가 학습된 단일 계층 네트워크의 수행력을 향상시킬 수 있는 효율적인 방법이 될 수 있음을 보여줬다. 1960년 프랭크 로젠블랫이 퍼셉트론을 통해 경험적으로 알게 된 무엇과 흡사하다. 시상식 후에 있었던 라히미의 프레젠테이션은 머신러닝 연구에서 보다 엄격한 기준이 적용되어야 한다는 열정적인 주장이 주를 이뤘다. 그는 조롱하듯이 딥러닝을 '연금술'에 비유하며 엄격함이 부족하다고 통탄했다. 그때 나는 얀 르쾽 옆에 앉아 있었는데, 그는 불편한 심기를 감추지 못했다. 이후 르쾽은 자신의 블로그에 이렇게 적었다. "현재 활용되고 있는 이론적 도구가 현실적 기준에 미치지 못한다는 이유만으로 (그럼에도 놀라운 성과를 보여주고 있는) 인공지능 연구 분야 전반을 '연금술'에 빗대어 비판하는 것은 위험한 발상이다. 어째서 그러한가? 바로 이런 종류의 태도로 인해 뉴럴 네트워크가 다수의 상황에서 매우 효과가 있다는 실증적인 증거가 충분한데도 머신러닝 공동체가 과거 10여 년간 그에 대한 연구를 포기하는 우를 범했던 것이다."[24] 이는 과학에 대한 두 가지 접근 방식, 즉 지저분한 접근법과 깔끔한 접근법 사이에서 벌어지는 전형적인 난투극이다. 발전을 이루기 위해서는 두 가지 모두 필요하다.

뉴럴 네트워크의 한계

뉴럴 네트워크가 특정 문제에 대한 올바른 해법을 제공한다 해도 현재로서는 네트워크가 어떻게 그런 답에 도달했는지를 설명할 방법이 없다. 예를 들어 가슴 부위에 심한 통증을 호소하는 여성 환자가 응급실에 들어선 상황을 가정해보자. 즉각적인 처치가 필요한 심근경색인가 아니면 단순한 급체인가? 진단을 내리는 학습을 거친 네트워크가 의사보다 정확하게 진단할 수도 있다. 그러나 네트워크가 어떻게 그런 진단을 내렸는가에 대한 설명이 없다면 우리는 당연히 그것을 신뢰하는 일에 주저할 수밖에 없다. 의사들 역시 알고리즘에 상당하는 것, 즉 통상적 사례를 살펴보도록 돕는 일련의 테스트와 결정 지점을 따르도록 훈련을 받는다. 문제는 그들 나름의 '알고리즘'의 범위를 벗어나는 희귀한 경우가 있다는 데 있다. 의사 한 명이 평생 동안 접할 수 있는 사례보다 훨씬 많은 사례를 학습한 뉴럴 네트워크가 그런 희귀한 경우를 훨씬 잘 진단할 가능성이 높다. 그렇다고 해서 그럴듯한 설명을 갖춘 의사의 진단보다 한마디 설명도 없지만 통계적으로 강력한 근거를 갖춘 뉴럴 네트워크의 진단을 보다 신뢰할 수 있는가? 실제로 희귀한 진단을 내리는 데 있어 높은 정확도를 보이는 의사들은 폭넓은 경험의 보유자들이며 대부분 알고리즘보다는 패턴 인식을 활용한다.[25] 어떤 분야든 최고 수준의 전문가라면 모두 그럴 것이다.

네트워크가 전문가 수준의 진단을 내릴 수 있도록 학습하는 일이 가능하다면 학습의 일부로 진단에 대한 설명을 제공하도록 훈련시킬 수는 없는 것인가? 그렇게 하면 진단의 정확성도 향상될지 모를 일이지 않은가. 이것이 중요한 이유는 의사들이 제공하는 설명이 대개의 경우 불완전하거나 지나치게 간략하거나, 또는 틀리기 때문이다. 의술에는 세대를 거치면서 극적인 변화가 일어난다. 신체의 복잡성이 현재 우리가 이해하고 있는 정도를 훨씬 뛰어넘기 때문이다. 만약 네트워크 모델의 내부 상태를 분석해 인과론적 설명을 도출할 수만 있다면 의학 발전을 위해 검증의 대상으로 삼기에 적절한 새로운 통찰력과 가설들이 나올 것이다.

뉴럴 네트워크는 결론을 이해할 수 없는 블랙박스와 같다는 반론은 인간의 뇌에도 적용될 수 있다. 실제로 동일한 데이터가 주어지더라도 개개인의 의사 결정에는 엄청난 가변성이 존재한다. 우리는 아직 뇌가 어떻게 경험으로부터 추론을 이끌어내는지 알지 못한다. 앞서 3장에서 살펴본 바와 같이, 우리가 내리는 결론은 항상 논리에 근거하는 것도 아닌데다가 인지편향에 영향을 받기까지 한다.[26] 더욱이 우리가 수용하는 설명은 합리화 내지는 그럴싸한 스토리에 지나지 않는 경우가 많다. 미래의 어느 날, 스스로 학습하는(즉 비지도 학습의) 엄청난 규모의 네트워크가 말을 하기 시작하고 인간은 네트워크에게 인과론적 설명을 요구하게 될 가능성을 배제할 수 없다. 그런 네트워크가 제공하는 합리화와 그럴싸한 스토리가 인간의 그것보다 더 나을 것이라 기대해도 좋은가? 인간의 의식은 뇌의 내부적 작동에 접근할 수 없다는 사실을 상기하기 바란다. 딥러닝 네트워크는 전형적으로 하나가 아닌 다수의 주도적 예측을 순차적으로 제공한다. 특정 결론의 신뢰도에 대한 모종의 정보를 제공하는 것이다. 지도 뉴럴 네트워크는 훈련에 사용된 데이터의 범위 내에서만 문제를 해결할 수 있다. 유사한 사례에 대한 훈련이 이뤄졌다면 뉴럴 네트워크는 새로운 사례에 대해 추론하는 일 또한 훌륭히 해내야 마땅하다. 그러나 새로운 인풋이 훈련 데이터의 범위에서 벗어나 있다면 그러한 추론은 위험한 일이 된다. 동일한 한계가 인간에게도 적용되므로 이것은 그리 놀랄 일이 아니다. 물리학의 전문가가 정치적 쟁점에 관해 훌륭한 조언을 내놓을 것이라 기대할 수는 없지 않은가. 심지어 물리학의 영역 내에 있다 하더라도 자신의 전문 분야가 아니라면 마찬가지일 것이다. 그러나 데이터세트가 잠재적 인풋을 전체적으로 망라할 수 있을 만큼 규모가 크기만 하다면 새로운 인풋에 대한 네트워크의 일반화에 아무런 문제가 없을 것이다. 실제로 인간은 기존의 알고 있는 영역을 토대로 새로운 영역에 대해 추론하기 위해 유추법을 사용하는 경향이 있다. 그러나 두 개의 영역이 근본적으로 다를 경우 이것은 잘못된 유추로 드러날 수 있다.

인풋을 분류하는 모든 뉴럴 네트워크는 편향적이다. 첫째, 분류의 범주를 선택하는 과정에서 세상을 구분하는 인간의 편향성이 투영된 편견이 도입된다. 예를 들면 잔디밭에서 잡초를 골라내도록 네트워크를 학습시킨다면 매우 유용할 것이다. 하지만 잡초란 무엇인가? 어떤 사람에게는 잡초일지 몰라도 다른 사람에게는 들꽃일 수도 있지 않은가. 분류는 문화적 편향성을 반영하는 보다 광범위한 문제다. 이런 모호성은 네트워크의 훈련에 사용되는 데이터세트에 의해 가중된다. 예를 들어 안면인식에 근거해 범죄자를 식별하는 시스템을 경찰에 제공하는 다수의 기업이 있다고 가정해보자. 백인보다는 흑인의 얼굴에서 더 많은 허위 양성이 나타날 수밖에 없다. 네트워크의 훈련에 이용되는 데이터베이스에 백인의 얼굴이 더 많이 담기고 데이터가 많을수록 정확도가 높아지기 마련이기 때문이다.[27] 데이터베이스의 편향성은 데이터에 대한 균형 조정을 통해 교정할 수 있다. 그러나 데이터의 입수 원천과 이용 목적이 무엇인가에 따라 보이지 않는 편향성이 필연적으로 존재할 수밖에 없다.[28]

뉴럴 네트워크의 신뢰성에 대한 또 다른 반론은 공정성을 희생하며 수익을 극대화할 수도 있다는 것이다. 예를 들어 대표자의 수가 적은 소수집단에 속한 누군가가 주택담보대출을 신청했는데 수백만 건의 신청서로 훈련된 뉴럴 네트워크에 의해 대출이 거부되는 상황을 가정해보자. 그런 네트워크에 주어지는 인풋에는 현재의 거주지 주소는 물론이고 소수집단과 매우 상관성이 높은 여타의 정보들이 포함된다. 따라서 소수집단에 대한 명백한 차별을 금지하는 법률이 존재할지라도 네트워크는 그들에 대한 함축적 차별에 이런 정보를 사용할 수도 있다. 여기서 문제는 뉴럴 네트워크에 있는 것이 아니라 사람들이 그것을 최적화하기 위해 제공하는 비용함수에 있다. 수익성이 유일한 목적이라면 네트워크는 주어진 정보가 어떤 것이든 수익을 극대화하기 위해 그것을 활용하기 마련이다. 이 문제에 대한 해결책은 비용함수에 공정성을 또 다른 조건으로 포함시키는 것이다. 최적의 해결책은 수익성과 공정성 사이에 적절한 균형을 유지하는 것이므로 그에 따른 트레이드오프(trade-off, 하나를 달성하려면 다른 하나가 희생되는 양자 관계-옮긴이)가 비용함수에 명시적으로 적용되어야 한다. 즉 각각의 목적에 어떻게 가중치를 부여할 것인가에 대한 누군가의 판단이 필요해진다는 의미다. 인문학과 사회과학에서 제공하는 윤리적 관점은 그런 트레이드오프의 잣대가 될 수 있다. 그러나 공정해 보이는 비용함수를 선택한다 할지라도 의도하지 않은 결과로 이어질 수 있다는 점을 간과해선 안 된다.[29]

인공지능의 사용을 규제해야 한다는 주장이 일론 머스크와 스티븐 호킹 그리고 다수의 국회의원과 학자들로부터 제기된 바 있다. 또한

2015년 3,722명의 인공지능 및 로봇 연구원들이 군사용 로봇의 금지를 요구하는 공개서한에 서명했다.

> 요약컨대, 우리는 인공지능이 다양한 측면에서 인류를 이롭게 할 무한한 잠재력이 있다고 믿고 있다. 따라서 이 분야의 연구 목적은 오로지 인류에게 돌아갈 혜택에 맞춰져야 한다. 인공지능 중심의 군비 경쟁을 개시하는 것은 나쁜 발상이며 유의미한 인간의 통제력을 벗어나는 군사용 로봇을 금지함으로써 사전에 예방해야 한다.[30]

이와 같은 금지 요구는 의도는 좋으나 역효과를 낳는 부메랑이 될 수도 있다. 모든 국가에서 이 금지 약속을 지킨다고 볼 수 없기 때문이다. 러시아의 블라디미르 푸틴 대통령은 이렇게 말한 바 있다.

> 인공지능은 러시아뿐만 아니라 전 인류의 미래입니다. 엄청난 기회는 물론이고 예측하기 어려운 위협도 함께 안겨줍니다. 누구든 이 분야의 리더가 된다면 곧 세계의 지배자가 되는 겁니다.[31]

전면적 금지에 걸림돌이 되는 것은 인공지능이 단일 구조로 된 분야가 아니라 무수히 많은 다양한 도구와 애플리케이션이 있고 그 각각이 나름의 결과를 낳는 분야라는 데 있다. 예를 들면 신용평가의 자동화는 1980년대에 머신러닝을 적용한 초기 사례에 속한다. 당시 거주지가 어디냐에 따라 불공정한 신용평가를 받는 개인이 나올 수 있다는 우려가 팽배했다. 이것은 신용평가 점수를 산출하는 데 사용하는 정보를 제한하고 평가 기관은 개인이 신용 점수를 향상시킬 수 있는 방법에 대해 안내해야 한다는 내용의 입법으로 이어졌다. 개별 적용 사례에는 각기 다른 일련의 쟁점들이 따르기 마련이므로 전면적인 금지보다는 개별 상황에 맞춰 대처하는 것이 최선의 해결책이다.[32]

여담

1987년 캘리포니아공과대학교 신경생물학과 코넬리스 위어스마(Cornelis Wiersma) 초빙교수로 안식년을 맞았다. 그때 나는 소크생물학연구소의 프랜시스 크릭을 방문했다. 그는 비전 분야 전문가들로 구성된 연구팀을 꾸리고 있던 중이었다. 내가 특별히 관심을 두고 있던 분야였다. 점심시간을 이용해 넷토크의 시연 영상을 보여줬더니 열띤 토론이 벌어졌다. 1989년 라호야로 이사한 것은 존스홉킨스의 하급교수에서 소크생물학연구소의 선임교수로 변모하게 된 흥미진진한 전환점이었다. 하룻밤 사이에 수많은 기회가 눈앞에 주어졌는 데, 26년 동안 내 연구를 넉넉하게 지원할 하워드휴스의학연구소(Howard Hughes Medical Institute)의 후원 대상에 선정된 것도 그중 하나였다.

1989년 내가 캘리포니아대학교 샌디에이고 캠퍼스로 옮겼을 때 우리에게 역전파의 방법을 가르쳐줬던 러멜하트가 이미 스탠퍼드로 떠난 뒤라 아쉬움이 남았다. 그 이후로는 어쩌다 한 번씩 그를 만날 수 있었다. 그렇게 세월이 흐르는 가운데 나는 데이비드의 행동 방식에 안타까운 변화가 일어났음을 알 수 있었다. 결국 그는 전두측두엽 치매 진단을 받게 되었다. 인성과 행동, 언어에 영향을 미치는 전두피질의 뉴런이 점진적으로 소실되어가는 질병이다. 2011년 68세를 일기로 세상을 떠날 당시 러멜하트는 더 이상 가족이나 친구들을 알아보지 못했다.

| 16장 | 컨볼루션[1] 러닝

뉴럴 네트워크에 대한 1980년대의 열기는 2000년대에 들어서면서 사그라졌고 뉴럴 네트워크는 다시 평범한 과학의 한 분야가 되었다. 토머스 쿤(Thomas Kuhn)은 과학 혁명이 발생하기 전의 시간을 정립된 패러다임이나 설명의 틀 안에서 과학자들이 이론 수립과 관찰, 실험 등과 같은 일상적 작업에 매진하는 시기로 특징지은 바 있다.[2] 제프리 힌튼은 1987년 토론토대학교으로 자리를 옮긴 후 점진적 성과를 내며 꾸준히 연구를 이어갔다. 하지만 아쉽게도 과거 볼츠만 머신이 보여줬던 마법과 같은 연구 성과는 없었다. 힌튼은 새로운 세기의 처음 10여 년 동안 캐나다첨단과학연구소(Canadian Institute of Advanced Research, CIFAR)의 뉴럴 연산 및 적응 인지(Neural Computation and Adaptive Perception, NCAP) 프로그램을 이끄는 책임자로 활동했다. 캐나다를 비롯한 여러 나라에서 모여든 약 25명의 과학자들이 머신러닝으로 난제를 해결하는 데 중점을 두고 연구하는 프로그램이었다. 나는 얀 르쾽이 위원장으로 있던 NCAP 자문위원회의 일원으로 NIPS 콘퍼런스 직전에 개최된 해당 프로그램의 연례회의에 참석했다. 뉴럴 네트워크의 개척자들은 느리지만 꾸준히 전진하며 머신러닝을 위한 새로운 전략을 탐구하고 있었다. 그들이 개발한 네트워크를 활용하는 다수의 유용한 애플리케이션이 나왔음에도 1980년대에 생성된 이 분야에 대한 높은 기대치가 충족되지는 않았다. 하지만 그렇다고 개척자들이 신념을 버린 것은 아니었다. 돌이켜 생각해보면 그들은 극적인 돌파구를 찾기 위한 무대를 마련하고 있었던 셈이다.

머신러닝의 꾸준한 진보

NIPS 콘퍼런스는 1980년대 뉴럴 네트워크의 인큐베이터였다. 또한 규모가 크고 차원이 높은 데이터세트를 처리할 수 있는 다른 알고리즘들이 세상의 빛을 보는 창구 역할을 하기도 했다. 1995년 혜성처럼 등장한 블라디미르 베프니크(Vladimir Vapnik)의 서포트벡터머신(Support Vector Machine, SVM)은 1960년대 이후 방치되었던 퍼셉트론 네트워크에 새로운 장을 열었다. SVM을 강력한 분류기로 만든 것은 오늘날 모든 네트워크 개발자들의 도구상자에 들어 있는 '커널 기법'이라 불리는 수학적 기법이었다. 이는 데이터 공간으로부터 데이터 점이 보다 쉽게 분리되도록 재배치할 수 있는 초공간으로 도약하는 것과 다름없는 수학적 변환 기법이다. 토마소 포지오는 제한된 수의 객체를 분류할 수 있는 'HMAX'라는 계층 네트워크를 개발했다.[3] 이로써 보다 심층적인 네트워크를 활용하면 수행력이 향상될 것이란 추론이 가능해졌다.

새로운 세기의 첫 몇 년 사이에 그래픽 모델이 개발되어 '베이즈 네트워크(Bayes Network)'라고 불리는 풍부한 확률적 모델과 접촉이 이뤄졌다. 18세기 영국의 수학자 토머스 베이즈(Thomas Bayes)가 만든 정리(定理)에 근거한 베이즈 네트워크는 새로운 정보가 기존 정보를 갱신하도록 허용한다. 캘리포니아대학교 로스앤젤레스 캠퍼스에 있던 주데아 펄(Judea Pearl)은 이전에 베이즈의 분석법에 기초한 '신뢰 네트워크'[4]를 인공지능에 적용한 바 있었다. 그 신뢰 네트워크가 데이터로부터 네트워크 내의 확률을 학습하기 위한 방법을 개발함으로써 더욱 강화되고 확장된 것이다. 이런 알고리즘과 여타의 네트워크들이 머신러닝 연구자들을 위한 강력한 기초 자료로 축적되었다.

컴퓨터의 처리 능력이 기하급수적으로 상승함에 따라 전에 없던 규모의 네트워크 학습이 가능해졌다. 보다 많은 수의 히든 유닛을 보유한 폭넓은 뉴럴 네트워크가 보다 많은 수의 계층으로 이뤄진 심층 네트워크보다 더 효율적이라는 것이 일반적인 생각이었다. 그러나 계층마다 학습이 이뤄진 네트워크의 경우 그런 일반론은 적용되지 않는다는 것이 증명되었고,[5] 인풋 계층 근처에서 학습의 속도를 저하시키는 오류 기울기 소실의 문제도 파악되었다.[6] 그리고 이 문제가 궁극적으로 극복되었을 때 벤치마크에서 순조롭게 작동하는 심층 역전파 네트워크의 학습도 가능해졌다.[7] 심층 역전파 네트워크가 컴퓨터 비전에 대한 전통적인 접근 방식에 도전하기 시작하자 2012년 NIPS 콘퍼런스부터 다시 '뉴럴'이 최대의 관심사로 부상했다.

컴퓨터 비전 분야의 경우 이전 세기의 마지막 10여 년에 걸쳐 이미지 내 객체의 인식에 꾸준한 발전이 있었다면 새로운 세기의 처음

10여 년에는 (서로 다른 방법을 비교하기 위해 이용되는) 벤치마크의 수행력에서 매년 미세한 비율로 성과가 이뤄졌다. 방법론의 발전이 서서히 이뤄질 수밖에 없었던 이유는, 새로운 범주의 객체 각각을 다른 객체들과 구분하기 위해서 움직임이 달라져도 변하지 않는 특징을 파악할 줄 아는 해당 영역의 전문가를 필요로 하기 때문이다. 2012년 힌튼은 자신의 제자인 알렉스 크리체브스키(Alex Krizhevsky), 일리아 수츠케버(Ilya Sutskever)와 함께 알렉스넷(AlexNet) 훈련을 위해 딥러닝을 사용하는, 이미지 내 객체 인식에 관한 논문을 NIPS 콘퍼런스에 제출했다. 바로 이 알렉스넷이 심층 컨볼루션(convolutional) 네트워크로 이 장에서 중점적으로 다루는 내용이다.[8] 분류된 1,500만 개의 고해상도 이미지들이 2만 2,000개 이상의 범주로 구분되어 있는 이미지넷을 벤치마크로 삼은 알렉스넷은 오류 발생률 18퍼센트 절감이라는 전례 없는 성과를 거뒀다.[9] 이렇게 수행력에서 비약적인 도약을 이룬 성과는 컴퓨터 비전 분야 학자들 사이에 적잖은 충격파로 작용했고 그 어느 때보다 규모가 큰 네트워크의 개발을 가속화하는 데 일조했다. 그런 거대한 네트워크는 이제 인간과 비슷한 수준의 수행력에 도달하고 있다. 2015년에 이르자 이미지넷 데이터베이스의 오류 발생률은 3.6퍼센트로 떨어졌다.[10] 카이밍 허(Kaiming He)와 동료들이 이와 같이 낮은 오류 발생률을 도출하기 위해 사용한 딥러닝 네트워크는 여러 측면에서 시각 피질과 흡사하다. 이것은 얀 르쿵이 고안한 것으로 초기에는 '르넷(Le Net)'으로 불렸다.

1980년대 힌튼과 내가 처음 만난 르쿵은(〈그림 16.1〉, 오른쪽) 1968년에 제작된 장편 공상과학영화 〈2001 스페이스 오디세이〉에 등장하는 미션 컴퓨터 HAL 9000으로부터 영감을 받아 아홉 살 때부터 인공지능 연구에 투신하겠다는 꿈을 키워온 프랑스 학생이었다. 그는 1987년 박사학위 논문을 준비하면서 독자적으로 역전파의 버전을 발견했고,[11] 이후 토론토로 건너와 힌튼과 함께 연구 활동을 했다. 그는 나중에 뉴저지주 홀름델에 있는 AT&T벨연구소(Bell Laboratories)로 자리를 옮겨 데이터 분류의 기준인 수정국립표준기술원(Modified National Institute of Standards and Technology, MNIST)의 데이터베이스를 활용해 편지봉투에 손글씨로 쓴 우편번호를 읽을 수 있도록 네트워크를 학습시키는 연구를 진행했다.

매일 수백만 통의 서신이 지역별로 분류되어야 한다. 오늘날 이 모든 과정은 완전 자동화되었다. 은행의 자동입출금기(ATM)에서 수표의 액수를 자동으로 판독하는 것을 가능하게 만든 것도 이와 동일한 기술이다. 흥미롭게도 가장 난해한 문제는 수표마다 각기 다른 양식을 사용하기 때문에 수표의 어느 부분에 숫자가 적혀 있는지 그 위치를 파악하는 일이었다. 르쾽에게는 원리의 증명을 활용해(학자들이 곧잘 하는 그것 말이다) 현실 세계에서 실제로 작동하도록 만드는 비범한 재

〈그림 16.1〉
힌튼과 르쾽은 딥러닝의 거장들이다. 이 사진은 2000년경 캐나다첨단과학연구소의 뉴럴 연산 및 적응 인지 프로그램이 주최한 한 모임에서 찍은 것이다. 뉴럴 연산 및 적응 인지 프로그램은 딥러닝 분야의 발전에 인큐베이터 역할을 했다. 이미지 출처: 제프리 힌튼.

능이 있다는 사실이 1980년대에 이미 명백히 드러난 셈이었다. 여기에는 실제 상황에서 수행력이 검증된 강력한 제품이 요구된다.

컨볼루션 뉴럴 네트워크

2003년 얀 르쾽은 뉴욕대학교로 자리를 옮긴 후 지금은 '컨브넷(ConvNet, 〈그림 16.2〉)'으로 알려져 있는 자신의 비전 네트워크를 진화시키기 위한 연구를 이어갔다. 뉴럴 네트워크를 이루는 근본적인 구성 요소는 컨볼루션에 기초한다. 컨볼루션은 이미지 위를 통과하는 작은 슬라이딩 필터로 간주할 수 있으며 이미지 전반에 걸쳐 특징을 포착하는 층을 형성한다. 예를 들면 이 필터는 5장에서 소개된 것과 같은 정향성 가장자리 탐지기가 될 수도 있는데, 이는 윈도우가 이미지 내 객체의 가장자리 위에 정확한 방향으로 위치할 때 또는 객체 내에서 그 방향을 갖는 구조 위에 위치할 때 큰 아웃풋을 가질 수 있다. 첫 번째 층 위의 창은 이미지의 작은 패치에 지나지 않지만 필터의 수가 많기 때문에 다수의 특징이 모든 패치에 나타날 수 있다. 이미지에 얽혀 있는 첫 번째 층의 필터들은 허블과 비셀이 1차 시각피질에 있는 '단순 세포'라고 불렀던 그것과 유사하다(〈그림 16.3〉).[12] 더 높은 층에 있는 필터들은 보다 복잡한 특징에 반응한다.[13]

컨브넷의 초기 버전에서 각 필터의 아웃풋은 '시그모이드 함수'라고 하는 비선형성을 통과했다. 시그모이드 함수는 0부터 1까지 부드럽게 상승하며 약하게 활성화된 유닛의 아웃풋을 억제했다(〈박스 14.2〉

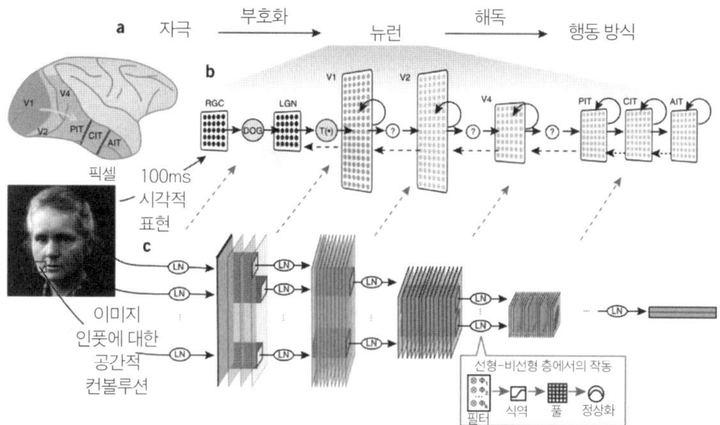

〈그림 16.2〉
이미지 내 객체 인식을 위한 컨볼루션 네트워크와 시각 피질의 비교. (위) (a, b) 망막에서 1차 시각피질(V1)로 수용된 인풋에서 시작해 시상(RGC, LGN)을 거쳐 하측두 피질(PIT, CIT, AIT)로 이어지는 시각 피질의 계층 체계는 피질 영역과 컨볼루션 네트워크의 층 사이에 유사성이 있음을 보여준다. (아래) (c) 왼쪽에 있는 이미지에서 발생한 인풋이 각각 특징을 보유한 다수의 면으로 구성된 첫 번째 컨볼루션 층에 투사된다. 이들 면은 시각 피질에서 발견된 정향성 단순 세포와 같은 필터의 역할을 한다. 필터들은 식역(識閾, 지각 작용이 일어나고 사라지고 하는 경계선)이며 첫 번째 층의 전반에 걸쳐 풀링되어 패치마다 불변의 반응을 보이도록 정상화된다. 시각 피질의 복합 세포와 유사한 셈이다(박스: 선형-비선형 층에서의 작동). 이와 같은 작동 방식이 네트워크의 컨볼루션 층마다 반복된다. 아웃풋 층은 이전의 컨볼루션 층으로부터 오는 인풋과 전체적인 연결성을 갖는다. 이미지 출처: 제임스 디카를로 외.[14]

시그모이드 함수 참조). 첫 번째 층에서 인풋을 수용하는 두 번째 층의 창은 시야의 보다 넓은 영역을 처리했다. 그런 방식으로 여러 개의 층을 지나면 전체 이미지로부터 인풋을 수용하는 유닛들이 존재하게 된다. 이 최상위의 층은 시각 계층의 최상층과 유사하다. 영장류에서 이것은 '하측두 피질'이라 불리며 시야의 대부분을 처리하는 수용장을 보유한다. 그런 다음 최상층은 분류층으로 넘어간다. 전체적인 연결성을 갖는 분류층은 역전파를 이용해 이미지 내의 객체를 분류하기 위한 네트워크 전체의 학습에 사용되었다.

컨브넷의 성능 향상은 수년에 걸쳐 점진적으로 진행되었다. 추가

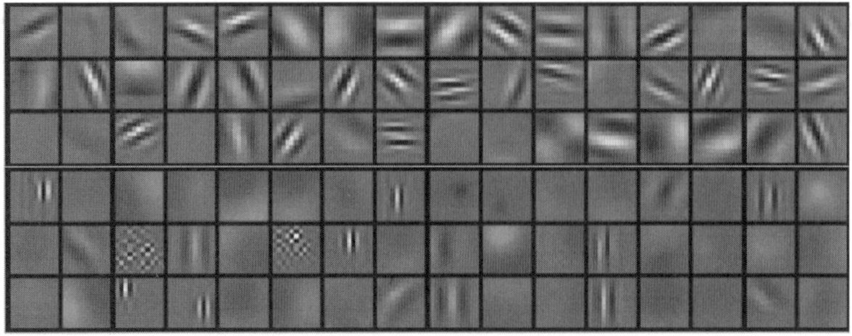

〈그림 16.3〉
컨볼루션 네트워크의 첫 번째 층에 있는 필터. 각 필터는 시야에 있는 하나의 패치로 국한된다. 위 세 줄에 있는 필터의 선호 자극은 시각 피질의 단순 세포와 마찬가지로 정향성을 보인다. 아래 세 줄에서 보이는 두 번째 층의 선호 자극은 보다 확장되며 복합적인 형상으로 나타난다. 이미지 출처: 제프리 힌튼 외.[15]

된 기능 중 중요한 한 가지는 영역 전반에 걸쳐 각각의 특징을 종합하는 '풀링(pooling)'이었다. 이것은 어느 정도의 변환 불변성을 제공하며 허블과 비셀이 1차 시각피질에서 발견한, 시야의 모든 패치에 동일한 방향성으로 반응하는 복합 세포와 유사하다. 또 다른 유용한 기능은 인풋의 증폭을 조정해 각 유닛이 운영 범위 내에서 작동할 수 있도록 하는 증가분 정상화 기능으로 피드백 억제에 의해 피질에서 이행되는 그것과 흡사한 것이다. 시그모이드 아웃풋 함수 또한 뚜렷한 임계값까지는 아웃풋이 없고 임계값 이상일 때 선형으로 상승하는 정류선형유닛(ReLU)으로 대체되었다. 이것은 임계값 이하의 유닛이 네트워크로부터 효율적으로 떨어져나가는 장점을 지니며 실제 뉴런의 임계값이 작용하는 방법과 유사하다.

컨브넷에 일어난 모든 변화에는 공학자가 이해할 수 있는 방식으로 네트워크의 수행력을 향상시킨 연산적 합리성이 깔려 있었다. 그리고 이런 변화들로 인해 1960년대 시각피질의 구조에 대해 알려진 바에 점점 더 근접하게 되었다. 비록 당시에는 단순 세포와 복합 세포의 기능이 무엇인지 또는 최상위 계층의 배분된 표상들이 무엇을 얻기 위한 것인지 짐작만 할 뿐이었지만 말이다. 이것은 생물학과 딥러닝 사이에 유익한 공생 관계가 존재할 수 있는 잠재성을 보여주는 것이다.

딥러닝, 시각 계층을 만나다

캘리포니아대학교 샌디에이고 캠퍼스의 철학자인 퍼트리샤 처치랜드는 뇌신경철학 전문가다.[16] 지식은 궁극적으로 뇌가 지식을 표현하는 방법에 달려 있다는 사실은 철학자들이 지식을, 임마누엘 칸트의 용어를 빌리자면, '물(物) 자체', 다시 말해 이 세상으로부터 독립된 무엇으로 간주하는 것을 막을 수 없었던 것이 분명하다. 그러나 인간이 (다른 동물들 사이에서) 현실 세계에서 생존하고자 한다면 현실에 기초한 지식이 반드시 필요하다는 것 또한 그만큼 명백하다. 훈련된 다층 뉴럴 네트워크의 숨겨진 유닛과 한 번에 하나씩 기록된 생물학적 뉴런의 집단으로부터 기록된 그것들 사이에 놀라울 정도로 유사한 활동성 패턴이 존재한다는 사실에 고무된 처치랜드와 나는 1992년 뉴런의 대규모 군집에 기초한 신경과학의 개념적 틀을 개발해《컴퓨터 두뇌(The Computational Brain)》를 출간했다.[17] (우리가 쓴 책은 현재 2판이 발행되었으며 뇌와 유사한 유형의 컴퓨팅에 대해 배우고자 한다면 꽤 유용한 입문서라 하겠다.) 매사추세츠공과대학교(MIT)의 제임스 디카를로(James DiCarlo)

는 최근 사물의 이미지를 인식하도록 훈련된 원숭이의 시각 피질 계층의 서로 다른 층에 있는 뉴런의 반응과 동일한 이미지를 인식할 수 있는 딥러닝 뉴럴 네트워크에 있는 유닛의 반응을 비교한 바 있다(〈그림 16.2〉).[18] 그가 내린 결론은 딥러닝 네트워크의 각 층에 있는 뉴런의 통계적 특성은 피질 계층에 있는 뉴런의 그것과 매우 근접하게 부합한다는 것이다.

딥러닝 네트워크 유닛의 수행력과 원숭이의 시각 피질에 있는 뉴런의 수행력 사이의 유사성은 풀리지 않는 퍼즐이다. 특히 원숭이의 뇌는 학습을 위해 역전파를 사용할 가능성이 극히 희박하다는 점에서 그렇다. 역전파는 이미 알려진 생물학적 뉴런의 피드백 연결보다 훨씬 더 정밀한, 뉴럴 네트워크의 각 층에서 각각의 뉴런에 전달되는 세부적인 오류 신호의 피드백을 필요로 한다. 생물학적 관점에서 본다면 피질에서 발견된 헵의 시냅스 가소성을 사용하는 볼츠만 머신의 학습 알고리즘과 같은 여타의 다른 학습 알고리즘이 보다 그럴듯하다. 여기서 흥미로운 의문이 제기된다. 딥러닝에는 피질에 있는 그것을 포함한 대규모 학습 알고리즘에 적용할 수 있는 수학적 이론이 있는가. 앞서 14장에서 나는 시각 계층의 상위 층에 있는 분류 표면의 구분을 암시한 바 있다. 상위 층의 결정면은 하위 층의 그것에 비해 보다 평평하다. 결정면에 대한 기하학적 분석이 인간의 뇌와 딥러닝 네트워크 양쪽 모두에 대한 보다 심층적인 수학적 이해로 이어질지도 모를 일이다.

딥러닝 뉴럴 네트워크의 장점 중 하나는 네트워크의 모든 유닛으로부터 '기록'할 수 있고 층에서 층으로 전송되는 정보의 흐름을 추적할 수 있다는 것이다. 그런 네트워크의 분석을 위한 전략은 인간의 뇌에 있는 뉴런을 분석하는 데에도 적용될 수 있을 것이다. 사용되는 기술의 매력 중 하나는 기술의 이면에 훌륭한 설명과 그 설명을 이해하려는 강력한 인센티브, 이 두 가지가 모두 존재한다는 점이다. 최초의 증기기관은 직감을 따른 공학자들에 의해 먼저 만들어졌다. 엔진의 작동 원리를 설명하는 열역학 이론은 엔진 효율성의 향상과 함께 나중에 정립되었다. 현재 물리학자와 수학자들에 의한 딥러닝 네트워크에 대한 분석 작업이 한창 진행 중이다.

작업 기억 및 활동성 지속

1960년 이후로 신경과학 분야에는 많은 진전이 있었다. 덕분에 우리는 뇌에 대한 현재의 지식에서 많은 것을 얻을 수 있다. 1990년 퍼트리샤 골드만-라키치(Patricia Goldman-Rakic)는 원숭이를 대상으로 실험을 진행했다. 원숭이에게 짧은 불빛 신호로 위치를 기억하게 만들고 지연 기간 이후 기억한 위치를 향해 눈을 움직이도록 훈련시킨 것이다.[19] 원숭이의 전전두엽 피질의 기록에 근거해 그녀는 신호에 최초로 반응했던 일부 뉴런은 지연 기간 중에도 그 활동성을 유지한다는 사실을 알아냈다. 심리학자들은 이것을 인간의 '작업 기억(working memory)'이라고 부른다. 우리가 전화번호를 누르는 것과 같은 하나의 작업을 수행하는 와중에도 머릿속에 7 ± 2개 정도의 다른 무엇을 넣어둘 수 있는 것이 이 작업 기억 덕분이다.

전통적인 피드포워드 네트워크는 한 번에 한 층씩 인풋을 네트워크로 전파한다. 여기에 작업 기억을 적용하면 나중에 전파된 인풋이 이전 인풋이 남겨둔 흔적과 상호 작용하는 것이 가능해진다. 예를 들면 불어 문장을 영어로 번역할 때, 네트워크에 전파된 첫 번째 불어 단어는 차후에 이어지는 영어 단어의 순서에 영향을 미친다. 네트워크에 작업 기억을 적용하는 가장 간단한 방법은 인간의 피질에서 일반적으로 발생하는 순환 연결을 첨가하는 것이다. 뉴럴 네트워크의 층 내에서 일어나는 순환 연결과 이전 층에 대한 피드백 연결은 인풋의 시간적 순서가 일시적으로 통합되는 것을 허용한다. 1980년대 그런 네트워크에 대한 연구가 진행되었고 음성 인식에 광범위하게 사용되었다.[20] 실제로 이것은 단기 의존성 네트워크에서 훌륭하게 작동하지만 인풋 간의 시간적 공백이 클 경우에는 그렇지 않다. 인풋의 영향력은 시간이 지남에 따라 쇠퇴하기 때문이다.

1997년 셉 호크라이터(Sepp Hochreiter)와 위르겐 슈미트후버(Jürgen Schmidhuber)는 이런 쇠퇴 문제를 극복할 수 있는 방법을 찾아냈고, 그것을 '장단기 기억(long short term memory, LSTM)'이라고 불렀다.[21] LSTM은 활동 내용을 기본적으로 손상시키지 않고 이후로 전달한다. 이는 원숭이의 전두엽 피질에서 지연 기간에 일어나는 현상과 같다. 또한 새롭게 들어오는 정보를 기존 정보와 어떻게 통합할 것인가에 대한 복잡한 계획도 LSTM이 담당한다. 결과적으로 장기 의존성이 선별적으로 보존된다. 뉴럴 네트워크에 있는 이런 유형의 작업 기억은 딥러닝 네트워크에 적용되기 전까지 20년간 동면 상태에 있었다. 딥러닝 네트워크에 적용된 작업 기억은 영화와 음악, 동작, 언어 등 인풋과 아웃풋의 순서를 학습하는 것이 관건인 많은 영역에서 눈부신 성공을 거뒀다.

슈미트후버는 마노에 있는 달르몰인공지능연구소(Dalle Molle Institute for Artificial Intelligence Research)의 공동소장이다. 마노는 스위스 남부 티치노주에 위치한 소도시로 주변에 있는 알프스 최고의 하이킹 코스들로 유명하다.[22] 뉴럴 네트워크 분야의 로드니 데인저필드(Rodney Dangerfield)로 통하는 창의적이고 특이한 이 인물은 자신의 창의성이 제대로 인정받지 못하고 있다고 확신했다. 2015년 몬트리올에서 개최된 NIPS 콘퍼런스의 공개토론회에서 자신을 '다시 돌아온 슈미트후버'로 소개했다. 2016년 바르셀로나 NIPS 콘퍼런스에서는 자신의 아이디어에 충분히 관심을 기울이지 않는다는 이유로 5분 동안이나 진행자를 괴롭히기도 했다.

2015년 켈빈 쉬(Kelvin Xu)와 동료들은 이미지 내 객체를 파악하는 딥러닝 네트워크와 사진에 캡션을 다는 LSTM 순환 네트워크를 결합했다. 그들은 장면의 모든 객체를 인풋으로 파악하는 딥러닝 네트워크의 퍼스트패스(first pass)를 이용해 LSTM 순환 네트워크로 하여금 장면을 하나의 캡션으로 묘사하는 일련의 영단어들을 산출하도록 훈련시켰다. 아울러 LSTM 네트워크가 캡션에 포함된 각 단어와 연결된 이미지의 위치도 파악하도록 훈련시켰다.[23] 그들의 연구 방식이 인상적이었던 이유는 LSTM 네트워크가 캡션 문장의 의미를 이해하도록 학습된 적이 한 번도 없으며 단지 객체와 이미지 상의 위치에 근거해 구문론적으로 올바른 일련의 단어들을 아웃풋으로 도출하기만 하면 된다는 데 있었다. 앞서 15장에서 사례로 제시한 넷토크와 더불어 이

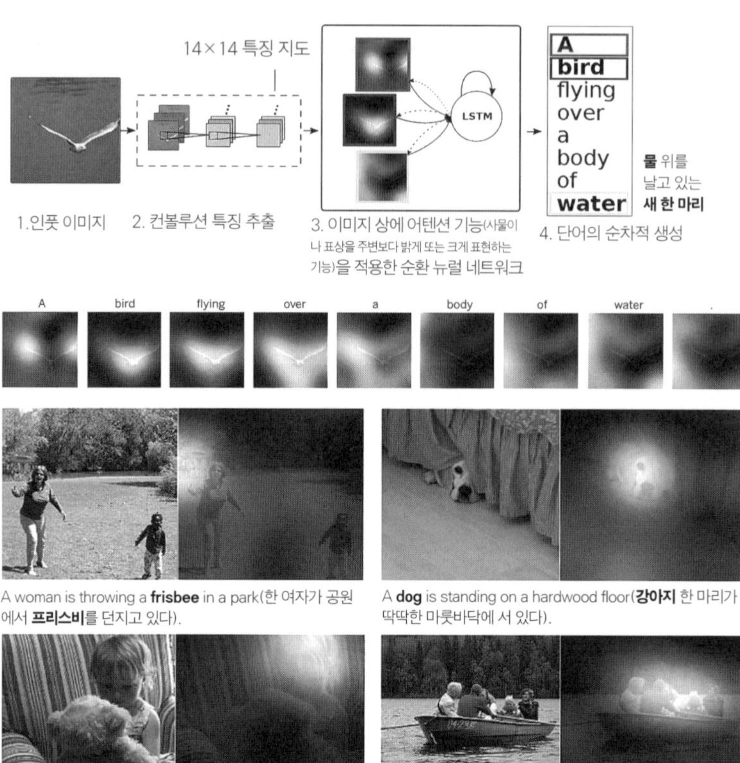

〈그림 16.4〉
딥러닝을 활용한 사진 캡션 작업. 상단은 사진을 분석하는 절차를 도식화해 보여주고 있다. 첫 번째 단계에서 컨브넷(CNN)은 사진의 객체를 분류한 다음 순환 뉴럴 네트워크(RNN)로 전달한다. RNN은 적절한 영어 단어의 조합을 도출하도록 훈련되어 있다. 하단에 있는 네 개의 패널은 사진의 단어가 지시하는 대상을 표시하기 위해 어텐션 기능(흰 색 구름 부분)을 적용해 추가적으로 정제된 결과를 보여주고 있다. 이미지 출처: (상단) M. I. 조던(M. I. Jordan) 외.[24] (하단) 켈빈 쉬 외.[25]

것은 뉴럴 네트워크가 언어에 대해 친연성을 갖는 것으로 보인다는 또 하나의 증거다. 우리가 아직 이해하지 못하는 그 어떤 이유로 말이다. 어쩌면 LSTM 네트워크의 분석을 통해 네트워크의 작동 원리와 자연 언어의 속성 양쪽 모두를 조명할 새로운 언어 이론이 부상할지도 모를 일이다.

생성적 적대 네트워크

14장에서 아웃풋이 인식하도록 훈련된 범주에 아웃풋이 고정되고 활동성 패턴이 인풋 층으로 스며들 때 새로운 인풋 샘플을 생산할 수 있는 생성 모델로서 볼츠만 머신을 소개한 바 있다. 몬트리올대학교의 이안 굿펠로(Ian Goodfellow)와 요슈아 벤지오는 동료들과 더불어 적대적 상황에서 보다 나은 샘플을 생성하도록 피드포워드 네트워크를 훈련시키는 일이 가능하다는 것을 입증했다.[26] 생성적 컨볼루션 네트워크는 인풋이 진짜 이미지인지 가짜인지 결정해야만 하는 다른 컨볼루션 네트워크를 속이는 방법으로 훌륭한 이미지 샘플을 생산하도록 훈련시킬 수 있다. 생성적 네트워크의 아웃풋은 인풋이 참일 때는 1, 인풋이 거짓일 때는 0, 이렇게 단일 아웃풋을 제시하도록 훈련된 판별적 컨볼루션 네트워크의 인풋으로 주어진다. 이 두 개의 네트워크는 서로 경쟁한다. 판별적 네트워크의 오류 발생률을 높이려는 생성적 네트워크의 노력은 곧 자신의 오류 발생률을 낮추기 위한 노력이 된다. 이렇게 서로 다른 두 가지 목표 사이에 존재하는 긴장이 놀라울 정도로 사실적인 이미지를 생산해내는 것이다(〈그림 16.5〉).[27]

이렇게 생성된 이미지는 합성된 것일 뿐 이미지에 포함된 객체는 존재하지 않는다는 점에 유념해야 한다. 훈련 세트에 있는 분류되지 않은 이미지들의 일반화된 버전이라는 얘기다. 주의할 것은 생성적

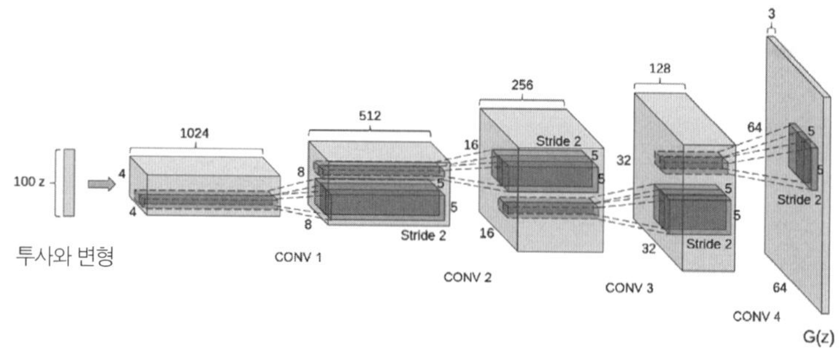

<그림 16.5>

GAN. 상단은 이미지 샘플 생성에 이용되는 컨볼루션 네트워크가 판별적 컨볼루션 네트워크를 속이도록 훈련되는 과정을 묘사하고 있다. 왼쪽의 인풋은 지속적으로 평가되는 100차원 벡터들로서 여러 다른 이미지를 생성하도록 무작위로 선택된다. 그런 다음 인풋 벡터는 필터 층을 점점 더 큰 공간 규모로 활성화한다. 하단의 패널은 단일 범주에 대한 사진들로 훈련된 GAN이 생성한 샘플 이미지들이다. 이미지 출처: (상단) A. 래드퍼드(A. Radford) 외.[28] (하단) 안 응구옌(Ahn Nguyen) 외.[29]

적대 네트워크(Generative Adversarial Networks, GAN)는 비지도 학습 네트워크이므로 무제한적인 데이터 사용이 가능하다는 사실이다. 이런 네트워크는 초해상도의 천체 이미지에서 잡음을 제거하는 기능[30]부터 감정적 언어 표현의 학습[31]에 이르기까지 매우 다양하게 적용할 수 있다.

생성적 네트워크의 인풋 벡터를 서서히 변화시키는 방법으로 이미지의 점진적 변환도 가능하다. 창문을 나타내는 부분과 조각들이 서서히 나타나거나 캐비닛과 같은 아예 다른 물건으로 변할 수 있다는 뜻이다.[32] 더욱 놀라운 것은, 〈그림 16.6〉에서 묘사하고 있는 바와 같이 이미지 내에 있는 객체의 혼합을 얻기 위해 네트워크의 상태를 나타내는 벡터를 첨가하거나 차감할 수도 있다는 점이다. 이들 실험이 암시하는 바는 생성적 네트워크의 묘사가 우리가 장면의 일부를 묘사하는 방식과 유사한 표현력을 발휘할 수 있다는 것이다. 이 기술

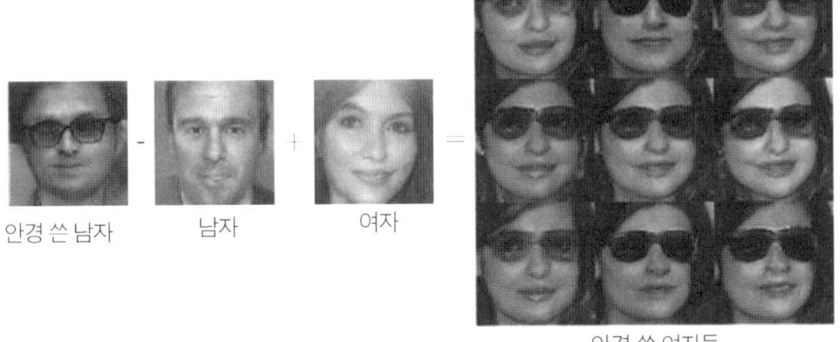

〈그림 16.6〉
생성적 적대 네트워크의 벡터 연산. 얼굴에 대한 훈련을 수행한 생성적 네트워크에 혼합 인풋을 제공하자 왼쪽과 같은 아웃풋을 생성했다. 이것들은 다시 선택된 인풋 벡터에 대한 가감을 통해 오른쪽과 같은 혼합물을 생성하는 데 사용되었다. 합성 과정에서 발생하는 평균값이 아니라 가장 높은 표상적 수준에서 혼합이 이뤄졌기 때문에 부분과 자세가 이음새 없이 결합되었다. 이미지 출처: A. 래드퍼드 외.[33]

〈그림 16.7〉
밀라노에서 열린 조르지오 아르마니(Giorgio Armani)의 2018 봄/여름 남성복 패션쇼.

은 급속도로 발전하고 있으며 다음 번 개척 분야는 사실적인 영화를 생성하는 일이 될 것이다. 마릴린 먼로와 같은 배우가 연기한 영화를 생성적 순환 적대 네트워크가 학습하도록 훈련시켜 이미 고인이 된 배우가 출연하는 새로운 영화를 만들어내는 일도 가능하게 된다는 의미다.

〈그림 16.7〉은 밀라노 패션위크에서 몽환적 표정의 모델들이 매력적인 워킹을 선보이는 런웨이 장면이다. 이런 패션업계에서도 모종의 동요가 일어나고 있다. 명품 브랜드 펜디(Fendi)의 디자이너 실비아 벤투리니 펜디(Silvia Venturini Fendi)는 쇼가 시작되기 전 이렇게 말했다. "많은 직업이 사라지고 있습니다. 안드로이드가 기존의 직업들을 대체할 것입니다. 그러나 유일하게 대체 불가능한 것은 우리가 가진 창의성과 정신입니다."[34] 그렇다면 새로운 스타일과 고급 여성복을 무한히 다양하게 생성하도록 훈련된 생성적 적대 네트워크를 상상해보는 것은 어떤가. 패션업계 역시 창의성에 의존하는 수많은 다른 산업들과 마찬가지로 곧 새로운 시대로 들어서는 문턱을 넘어야 할 것이다.

결국 모든 것은 규모의 문제였다

현재 사용하고 있는 대부분의 학습 알고리즘은 처음 개발된 시점이 대략 25년 전이다. 그렇다면 현실 세계에 영향력을 미치기까지 왜 그렇게 긴 시간이 소요되었던 것인가? 1980년대 과학자들이 활용할 수 있었던 컴퓨터와 분류 데이터로는 간단한 문제의 원리를 입증하는 수준을 넘을 수 없었다. 몇몇 유망한 결과에도 불구하고 당시로서는 네트워크의 학습과 수행력이 현실적인 문제들의 복잡성에 필적하기 위해 유닛과 연결의 수가 증가되는 상황에 맞춰 얼마나 적절히 조정될 것인지 장담할 수도 없었다. 인공지능에 사용된 대다수의 알고리즘은 적정한 규모라 할 수 없으며 한 번도 간단한 문제를 해결하는 수준을 넘어선 적이 없다. 우리는 이제 뉴럴 네트워크 학습이 적절히 조정될 수 있으며 그 수행력은 네트워크의 규모 및 층의 수와 함께 지속적으로 향상된다는 사실을 알고 있다. 특히 역전파는 매우 쉽게 조정할 수 있다.

대뇌피질이 포유류의 발명품이며 영장류, 특히 인간에게서 급속도로 늘어났다는 사실은 과연 놀라운 것인가? 대뇌피질이 확장되면서 고차원적 표상을 위한 연관 영역에 보다 많은 수의 층이 더해지고 보다 큰 용량을 사용할 수 있게 되었다. 그 정도 용량에 맞춰 조정 가능한 복합 시스템은 극히 소수에 불과하다. 인터넷은 규모 면에서 수백만 배 확장된 소수의 공학적 시스템 중 하나다. 인터넷의 진화는 패킷 교환을 위한 프로토콜의 체계가 수립되면서 시작되었다. DNA의 유전자 코드로 인해 세포의 진화가 이뤄진 것과 흡사하다.

동일한 데이터세트를 활용해 다수의 딥러닝 네트워크를 학습시키면 대략 평균적으로 동일한 수준의 수행력을 보유하는 수없이 많은 다양한 네트워크가 만들어진다. 우리가 알고자 하는 것은 동일하게 우수한 수행력을 보유한 네트워크들 사이에 어떤 공통점이 있는가다. 네트워크 하나를 분석해서 그 답을 얻을 수 있는 것은 아니다. 딥러닝의 이면에 있는 원리를 이해하기 위한 또 다른 접근 방식은 학습 알고리즘의 세계를 좀 더 탐구하는 것이다. 지금은 단지 모든 학습 알고리즘의 세계에서 몇몇 군데의 표본값을 얻은 것에 불과하다. 보다 폭넓은 탐구를 통해 떠오를 수 있는 것은 학습의 연산이론이다. 이 이론은 여타 과학 분야의 그 어떤 이론에 못지않게 심오하며 자연에 의해 발견된 학습 알고리즘에도 매우 긍정적인 관심의 빛을 유도할 것이다.[35]

몬트리올대학교의 벤지오(〈그림 16.8〉)[36]와 르쿵은 10년간의 연구 성과가 검토되고 프로그램의 명칭도 '머신러닝과 뇌(Learning in Machines and Brains)'로 바뀐 뒤 힌튼의 뒤를 이어 CIFAR의 NCAP 프로그램을 감독하게 되었다. 벤지오는 자연어에 딥러닝 적용을 연구하는 몬트리올대학교의 팀을 이끌었다. 몬트리올대학교 팀의 연구 주제는 머신러닝과 뇌 프로그램의 새로운 중점 분야가 되었다. 20여 명의 교수와 동료들로 구성된 이 작은 모임이 10년 동안 수많은 회의를 통해 딥러닝을 발전시켰다. 이전에는 다루기 힘들었던 수많은 문제들에 딥러닝을 적용하는 데에도 지난 5년간 상당한 진전이 이뤄졌는데, 이 또한 그들이 이룬 성과에 속한다. 물론 그들은 보다 큰 공동체의 작은 부분일 뿐이지만 말이다(이에 대해서는 18장에서 다룰 것이다).

〈그림 16.8〉
벤지오는 CIFAR의 머신러닝과 뇌 프로그램을 이끄는 공동책임자다. 프랑스 출신으로 캐나다 국적을 보유한 컴퓨터공학자로서 벤지오는 딥러닝을 자연언어에 적용하는 문제에서 선두주자의 역할을 하고 있다. 힌튼과 르쿵 그리고 벤지오가 이뤄낸 성과는 딥러닝의 성공에서 매우 중대한 의미를 갖는다. 이미지 출처: 요슈아 벤지오.

딥러닝 네트워크의 수행력은 많은 적용 사례에서 입증되고 있지만, 그렇다고 현실 세계에서 독단적인 생존까지 보장되는 것은 아니다.[37] 데이터를 공급하는 연구원들, 수렴성 향상을 위해 학습률, 층의 수, 각 층에 있는 유닛의 수 등과 같은 초매개변수의 조정을 담당하는 연구원들 그리고 막대한 연산 자료를 제공하는 수많은 연구원들의 지원과 보살핌이 있었기에 생존했고, 또 앞으로도 그럴 것이라는 얘기다. 다른 한편으로, 대뇌피질 또한 뇌의 다른 부분과 신체로부터 지원과 자율성을 제공받지 못했다면 현실 세계에서 독자생존은 불가능했을 것이다. 불확실성의 세계에서 그것은 실로 패턴 인식보다 훨씬 어려운 문제임에 틀림없다. 17장에서는 보상 경험을 추구하도록 동기를 부여함으로써 인간의 생존에 도움을 준 아주 오래된 학습 알고리즘을 소개할 것이다.

| 17장 | 보상학습

중세 시대부터 전해오는 옛날이야기가 하나 있다. 은혜로운 통치자가 체스 게임을 처음 만든 발명가에게 밀밭을 하사하고자 했다. 발명가는 밀밭을 하사받는 대신 체스판의 첫 번째 사각형에 밀알 한 개, 두 번째 사각형에 밀알 두 개, 세 번째 사각형에 밀알 네 개, 이런 식으로 사각형마다 밀알의 수를 두 배씩 늘려가며 전체 64개의 사각형이 뒤덮일 때까지 밀알을 하사해줄 것을 요청했다. 겸손한 요청이라고 생각한 통치자는 기꺼이 발명가의 요청을 들어줬다. 하지만 사실 통치자가 발명가의 요청을 들어주려면 자신의 왕국에서 생산된 모든 밀알뿐만 아니라 향후 수백 년 동안 세상에서 나는 모든 밀알을 전부 발명가에게 주어야 했다. 64개의 사각형을 뒤덮을 밀알의 수가 2의 64승(대략 10의 19승) 개이기 때문이다.[1] 이것을 '기하급수적 증가'라 칭한다. 체스나 바둑과 같은 게임에서 기물이나 돌이 놓일 수 있는 경우의 수는 이 옛날이야기에 등장하는 밀알의 개수보다 그 증가 속도가 훨씬 빠르다. 체스 게임에서 기물을 한 번 움직일 때 가능한 수는 평균 35가지다. 바둑의 경우에는 분기 계수가 250이다. 이것은 지수 성장을 더욱 가속화시키는 요인이 된다.

백개먼 게임법의 학습

게임에는 규칙이 명확하게 규정되고 플레이어가 게임 판에 대한 지식을 보유하고 임한다는 장점이 있다. 또한 게임에 동원되는 의사 결정은 현실 세계만큼 복잡하지는 않더라도 도전의식을 고취시킬 정도는 된다. 상업용 디지털 컴퓨터 시대의 초창기였던 1959년 IBM의 머신러닝 개척자였던 아서 사무엘(Arthur Samuel)은 체커 게임을 거의 완벽하게 플레이할 수 있는 프로그램을 만들었다. 프로그램이 발표되던 날 IBM의 주가가 치솟기도 했다. 체커는 비교적 쉬운 게임이다. 사무엘의 프로그램은 이전의 게임 프로그램과 마찬가지로 다양한 게임 판세의 강점을 평가하기 위한 비용함수에 기초하고 진공관이 사용된 IBM 최초의 상업용 컴퓨터 IBM701에서 구동되었다. 그 프로그램이 인상적이었던 이유는 바로 한 가지 새로운 측면에 있었는데, 바로 게임을 플레이하는 과정에서 스스로 학습한다는 사실이었다.

제럴드 테사우로(Gerald Tesauro)는 뉴욕 요크타운 하이츠에 있는 IBM의 토머스 J. 왓슨 연구센터로 옮겨가기 전, 어바나-샴페인 소재 일리노이대학교의 복잡계 연구센터에서 나와 함께 뉴럴 네트워크에게 백개먼을 가르치는 연구(〈그림 17.1〉)[2]를 수행했다. 우리는 전문적 지도 방식을 택해 게임의 판세와 가능한 말의 이동을 평가하기 위한 역전파 기법으로 네트워크를 훈련시켰다. 이런 접근 방식의 결함

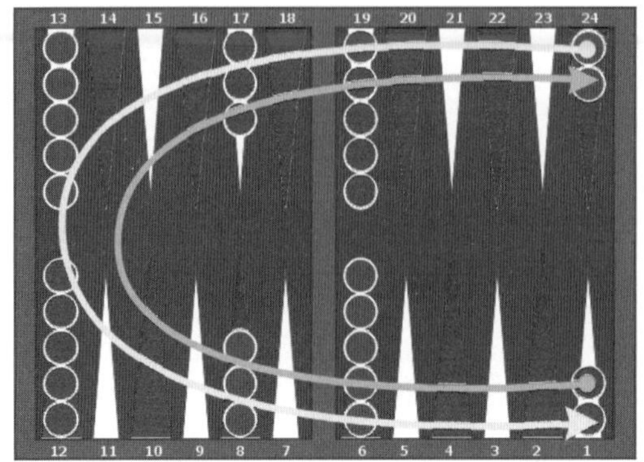

〈그림 17.1〉 백개먼 게임 보드. 백개먼 게임은 모든 말을 결승선에 먼저 도달시키면 이기는 게임이다. 빨간색 말은 검정색 말과 서로 반대 방향으로 움직인다(화살표). 출발점은 그림과 같다. 두 개의 주사위를 던져 나오는 두 개의 숫자가 각각 말이 몇 칸 움직일 수 있는지를 나타낸다.

은 프로그램이 결코 우리의 전문가를 능가할 수 없다는 데 있었다. 이 연구에 참여한 전문가들은 세계챔피언 수준이 아니었다. 하지만 셀프 플레이(self-play)를 통해서라면 보다 나은 수행이 가능할지도 모를 일이었다. 당시 셀프 플레이의 문제점은 게임 종료 후의 승 또는 패가 유일하게 주어지는 학습 신호라는 데 있었다. 어느 한쪽이 승리를 했다면 그 많은 말의 움직임 중에 승리의 결정적 요인이 된 것은 도대체 어느 것이란 말인가? 이것이 바로 '시간제약적 신뢰할당의 문제(temporal credit assignment problem)'다.

시간제약적 신뢰할당의 문제를 해결할 수 있는 학습 알고리즘은 1988년 리처드 서튼(Richard Sutton)[3]에 의해 개발되었다. 그는 애머스트에 있는 매사추세츠대학교에서 박사과정 지도교수였던 앤드류 바토(Andrew Barto)와 긴밀히 협력하며 강화학습에 관련된 난제들을 연구했다. 강화학습은 머신러닝의 한 분야로 동물 실험에서 볼 수 있는 연상학습에서 영감을 받은 연구 분야다(〈그림 17.2〉). 인풋을 아웃풋으로 변형하는 것이 유일한 과업인 딥러닝 네트워크와 달리 강화 네트

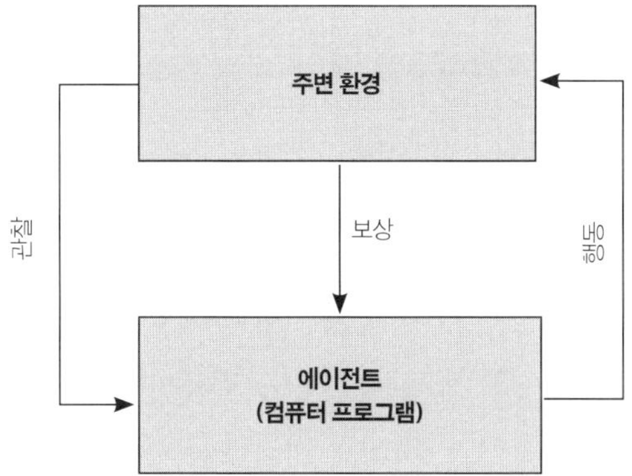

〈그림 17.2〉
강화학습의 시나리오. 에이전트는 행동과 관찰을 통해 주변 환경을 적극적으로 탐사한다. 행동이 성공적일 경우 에이전트에게 보상이 주어진다. 미래의 보상을 극대화할 수 있는 행동을 학습하는 것이 목표다.

워크는 폐쇄 루프 내에서 환경과 상호 작용하며 감각 인풋을 수용하고 결정을 내리고 조치를 취한다. 강화학습은 동물들이 불확실한 조건에서 주변에 있는 다양한 선택 사항을 탐사하고 그 결과를 통해 학습하는 방식으로 어려운 문제를 해결하는 것을 관찰한 바에 기초한다. 학습이 향상됨에 따라 탐구 활동은 점차 줄어들고 결과적으로 학습 중 발견된 최선의 전략에 대한 집중적 개발로 이어진다.

목표에 도달하기 위해 일련의 결정을 내려야 한다고 가정해보자. 가능한 선택 사항이 무엇인지 그리고 각각의 선택에 대해 기대되는 미래의 보상이 무엇인지 이미 알고 있다면, 검색 알고리즘을 사용해 미래의 보상을 극대화시킬 수 있는 선택의 집합을 찾아낼 수 있다(구체적으로 말하자면 리처드 벨만(Richard Bellman)의 역동적 프로그래밍을 위한 알고리즘을 여기에 이용할 수 있다).[4] 그러나 선택 가능한 사항의 수가 늘어나게 되면 문제의 규모가 기하급수적으로 커진다. 앞서 시작 부분에서 묘사한 바 있는 '차원의 저주'라 불리는 현상이다. 하지만 만약 선택에 따르는 결과에 대한 모든 정보를 사전에 알지 못한다면 과정을 거치면서 가능한 최선의 선택을 내릴 수 있는 방법을 학습해야 한다. 이것을 '온라인 학습'이라 부른다.

서튼(〈그림 17.3〉)이 개발한 온라인 학습 알고리즘은 기대한 보상과 주어진 보상 간의 차이에 의존한다(〈박스 17.1〉). 시간제약적 학습의 경우 현재 상태에서 행위를 취할 때 예측되는 장기적인 보상과 실제로 얻은 보상에 근거한 보다 나은 추정치 그리고 다음 단계의 장기적인 보상에 대한 추정치를 서로 비교한다. 그렇게 이전의 추정치를 보다 개선된 값에 가깝도록 변경함으로써 행위에 대한 의사 결정을 점점 개선하는 것이다. 게임의 각 판세마다 미래에 예상되는 보상을 예측하는 가치 네트워크(value network)가 업데이트되고 그것은 다시 다음 행위를 위한 의사 결정에 사용된다. 시간제한적 알고리즘은 가능성에 대한 탐사를 충분히 수행한 다음 주어진 상태에서 의사 결정을 하

〈그림 17.3〉
2006년 에드먼튼 소재 앨버타대학교에 재직하던 당시의 서튼. 그는 미래의 보상에 이르는 경로에 대한 학습 방법을 가르쳐줬다. 리치는 암을 극복하고 강화학습 분야의 지도자로 남아 여전히 혁신적인 알고리즘 개발에 열중하고 있다. 그는 자신의 시간과 통찰을 나눠주는 데 있어 매우 관대하다. 이 분야의 모든 사람들이 그 점을 높이 평가한다. 앤드류 바토와 함께 집필한 저서 《강화학습의 기초(Reinforcement Learning: An Introduction)》는 이 분야의 고전으로 통한다. 책의 2판이 현재 인터넷 상에서 무상으로 공유되고 있다. 이미지 출처: 리처드 서튼.

〈박스 17.1〉

시간제약적 차이 학습 (Temporal Difference Learning)

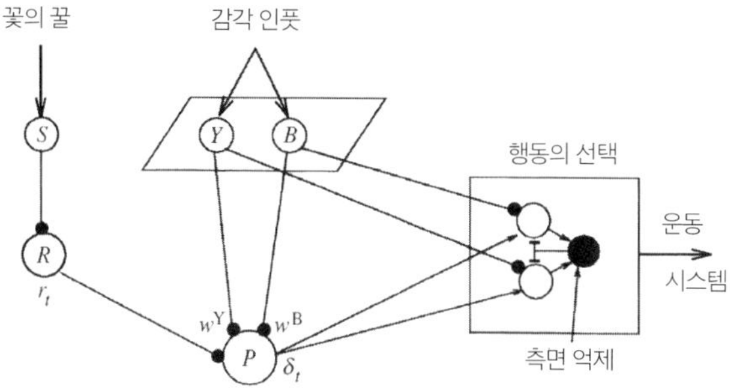

꿀벌의 뇌 모델을 살펴보면, (꽃 위에 내려앉기 등과 같은) 행동의 선택은 미래의 모든 할인된 보상을 극대화하는 쪽으로 취해진다.

$$R(t) = r_{t+1} + \gamma r_{t+2} + \gamma^2 r_{t+3} + \cdots,$$

γ_{t+1}은 시간 t+1에 주어지는 보상이며 $0 < \gamma < 1$ 은 할인계수다. 현재의 감각 인풋에 근거하여 예측된 미래의 보상 s(t)는 뉴런 P에 의해 연산된다.

$$P_t(s) = w^y s^y + w^B s^B,$$

예와 같이 노란색 꽃(Y)과 파란색 꽃(B)이 있는 경우 각각에서 얻는 감각 인풋에 가중치 w^y와 w^B가 가해진다. 시간 t에 발생하는 보상 예측 오류 $\delta(t)$는 다음의 공식에 의해 산출된다.

$\delta_t = r_t + \gamma P_t(s_t) - P_t(s_{t-1})$,

여기서 rt는 현재의 보상이다. 각 가중치 값의 변경은 아래와 같다.

$\Delta w_t = \alpha \delta_t s_{t-1}$,

여기서 α는 학습률이다. 현재의 보상이 예측된 보상보다 크고 δ_t 값이 양의 수라면 가중치는 보상 이전에 있었던 감각 인풋에 따라 증가한다. 현재의 보상이 기대치보다 작고 δ_t 값이 음의 수라면 가중치는 감소한다. 이미지 출처: 테런스 세즈노스키 외.[5]

기 위한 최적의 규칙으로 수렴된다. 서튼의 알고리즘이 차원의 저주를 회피할 수 있었던 것은 가능한 모든 게임 판세 중 극히 일부에 해당하는 수만 다뤘기 때문이다. 그러나 그것만으로도 새로운 게임에서 발생할 수 있는 유사한 유형의 게임 판세에서 괜찮은 전략을 개발하기에는 충분했다.

게리 테소로(Gerry Tesauro)가 개발한 프로그램 'TD-개먼(TD-Gammon)'은 백개먼의 게임보드와 규칙의 중요한 특징을 그대로 보유했지만 어떤 것이 좋은 수인지에 대한 지식은 전혀 없었다. 학습의 시작 단계에서는 무작위적인 수를 뒀지만 결과적으로 한쪽이 승리해 최종적인 보상을 받았다. 백개먼 게임에서 승자는 제일 먼저 모든 말을 '베어 오프(bear off, 게임보드로부터 자신의 말을 빼내는 것)' 하는 쪽이다.

실제로 보상은 게임의 종료 시에만 주어지기 때문에 TD-개먼이 가장 먼저 게임의 종반을 학습하고 이어서 중반, 마지막으로 초반을 학습할 것이라고 예상하는 것도 무리는 아니다. 실제로 이것은 상태 공간의 모든 상태에 해당하는 값을 표로 나타내는 '계표 강화학습(tabular reinforcement learning)'에서 볼 수 있는 현상이다. 그러나 뉴럴 네트워크의 경우에는 완전히 다르다. 뉴럴 네트워크는 인풋 특징 중 간단하고 신뢰할 수 있는 신호를 먼저 신속하게 포착하고, 복잡하고 신뢰할 수 없는 인풋 신호는 나중에 이해한다. TD-개먼이 학습하는 첫 번째 개념은 '모든 말을 베어-오프하라'다. 이것은 보드 밖으로 나가는 말의 수를 나타내는 인풋 특징에 긍정적 가중치를 부여하면 된다. 두 번째 개념은 '상대방의 말을 잡아라'다. 모든 단계에서 상당히 훌륭한 체험적 방법이다. 잡힌 상대방 말의 수를 부호화하는 인풋 유닛에 가중치를 부여하는 방식으로 학습된다. 세 번째 개념 '공격을 회피하라'는 두 번째 개념에 대한 자연스러운 대응으로 공격당할 가능성이 있는 말(두 개 이상 겹쳐지지 않아 포인트를 구축하지 못한 단일 말)들에 부정적 가중치를 부여함으로써 학습할 수 있다. 네 번째 개념은 상대방의 전진을 차단하기 위한 '새로운 포인트를 구축하라'다. 포인트가 구축되는 인풋에 긍정적 가중치를 부여하면 된다. 이런 기본적인 개념을 학습하려면 수천 번의 훈련 게임이 필요하다. 만 번 정도의 훈련 게임을 치를 때까지 TD-개먼은 중급 난이도의 개념을 학습했고, 훈련 게임의 횟수가 10만 번 정도에 이르자 고급 난이도의 개념을 학습하기 시작했다. 그리고 연습 경기 횟수가 100만 번에 이르렀을 때 TD-개먼은 1990년대 초 당시의 세계 최고 수준 또는 인간의 지식 수준을 넘어서는 단계의 학습을 마쳤다.

1992년 게리 테소로가 세상에 공개한 TD-개먼은 나를 비롯한 많은 사람들을 놀라게 했다.[6] 가치함수는 80개의 숨겨진 유닛을 보유한 역전파 네트워크였다. 35만 번의 게임을 치른 후 프로그램은 게리를 꺾고 승리를 거뒀다. 테소로는 유명한 백개먼 세계챔피언이자 작가인 빌 로베르티(Bill Robertie)에게 연락을 취해 요크타운하이츠에 있는 IBM으로 초청했다. TD-개먼과 게임을 해보자는 제안이었다. 로베르티는 거의 대부분의 게임에서 이겼지만 자신의 플레이가 괜찮았던 몇몇 게임에서 프로그램에 패배했다는 사실에 적잖이 놀랐다. 그는 TD-개먼이 자신이 경험해본 최고의 백개먼 프로그램이라고 단언했다. TD-개먼이 선보인 몇 가지 특이한 수는 로베르티가 한 번도 본 적이 없는 것이었으며, 면밀히 검토해본 결과 인간의 플레이보다 나은 것이었음이 드러났다. TD-개먼이 150만 회의 셀프 플레이를 마쳤을 때 다시 대국에 임한 로베르티는 프로그램이 자신과 무승부 경기를 펼친 사실에 크게 놀랐다. 그는 이전에 비해 비약적으로 발전한 그 프로그램이 세계 챔피언 수준에 도달한 것으로 느꼈다. 백개먼 전문가인 키트 울지(Kit Woolsey)는 TD-개먼이 '안전한'(저위험/저보상) 플레이를 할 것인지, 아니면 '대담한'(고위험/고보상) 플레이를 할 것인지 판단을 내린 순간은 지금까지 자신이 본 그 어떤 사람의 플레이보다 훌륭했다고 평했다. 150만 번의 연습 게임이 엄청나게 많은 횟수인 것처럼 보이지만 백개먼 게임에서 나올 수 있는 경우의 수를 모두 합친 10^{20}에 비하면 극소수에 불과하다. 이것은 곧 TD-개먼 프로그램이 거의 모든 움직임에 대해 새로운 판세를 적용할 능력을 갖출 필요가 있음을 의미했다.

TD-개먼은 1997년 체스 플레이어인 가리 카스파로프(Garry Kasparov)를 꺾은 IBM의 딥블루만큼 많은 이목을 집중시키지는 못했다. 체스는 백개먼보다 훨씬 어려운 게임이고, 카스파로프는 당시 세계챔피언이었다. 하지만 어떤 면에서는 TD-개먼이 훨씬 더 인상적인 성과를 이룬 것이라고 할 수 있다. 첫째, TD-개먼은 패턴 인식을 사용해 게임 방법을 스스로 학습했다. 인간이 플레이를 익히는 것과 유사한 방식이다. 반면 딥블루는 완력으로 승리한 것이나 마찬가지였다. 인간이 할 수 있는 것보다 더 많은 수를 미리 내다보기 위한 맞춤형 하드웨어를 사용했기에 하는 말이다. 둘째, TD-개먼은 사람들의 플레이에서 한 번도 나온 적이 없는 교묘한 전략과 포지션 플레이를 사용할 정도로 창의적이었다. 그럼으로써 TD-개먼은 인간 플레이어의 수준을 끌어올리는 역할도 했다. 이것은 인공지능의 발전사에서 분수령을 이룬 성과였다. 인간이 인공지능 프로그램으로부터 무언가를 배우기 시작했기 때문이다. 인간만이 할 수 있다고 여겨지던 영역에서 복잡한 전략, 그것도 우리 인간이 관심과 노력을 쏟아부어도 아깝지 않을 전략을 스스로 학습해 통달한 인공지능으로부터 말이다.

뇌의 보상학습

TD-개먼의 핵심은 동물에 대한 학습 실험에서 영감을 얻은 시간제약적 차이 학습 알고리즘이다. 꿀벌에서 인간에 이르기까지 (테스트를 거친) 거의 모든 종들은 연상을 통한 학습이 가능하다. 파블로프의 개 실험에서 볼 수 있는 것처럼 말이다. 파블로프의 실험의 경우 음식을 보여준 직후 종소리를 들려주는 것과 같은 감각적 자극은 개의 타액 분비를 유도했다. 수차례 같은 자극을 반복해서 제시하자 음식을 보여주지 않고 종소리만 들려줘도 개는 타액을 분비했다. 생물의 종에 따라 연상학습에서 선호하는 무조건적 자극은 제각각 다르다. 꿀벌은 꽃의 냄새와 색깔, 형태를 꿀이라는 보상과 연관 짓는 데 탁월하다. 그렇게 학습된 연상을 활용해 다음 철에 유사한 꽃을 찾아내는 것이다. 이 보편적 형태의 학습 방식 중 특정 부분은 분명 매우 중요한 무엇이다. 1960년대 심리학자들이 연상학습을 촉발하는 조건에 대해 집중적으로 연구하고 그것을 설명하기 위한 모델을 개발했던 적이 있다. B. F. 스키너와 같은 행동주의 심리학자들은 비둘기에게 사진에 있는 사람을 식별하도록 훈련시키기도 했다. 딥러닝을 통해 얻을 수 있는 성과를 떠올리게 하지 않는가. 그러나 여기에는 큰 차이점이 있다. 역전파 학습은 아웃풋 층에 있는 모든 유닛에 자세한 피드백이 전달되어야만 한다. 그러나 연상학습에서는 정답 또는 오답, 이렇게 단 한 개의 보상 신호만 주어질 뿐이다. 어떤 특징이 성공적인 의사 결정으로 이어지는 요인인지 뇌 스스로 알아내야만 하는 것이다.

보상 직전에 주어지는 자극만이 보상과 연관될 수 있다. 이것은 바로 직전의 자극이 직후의 그것보다 보상의 원인이 될 가능성이 매우 높다는 점에서 타당성이 있다. 인과관계는 중요한 자연의 원리다. 조건적 자극이 처벌에 이어 주어진다면 반대의 결과가 나타난다. 예를 들어 발에 충격이 가해지면 동물들이 그 자극을 회피하게 되는 것처럼 말이다. 경우에 따라서는 조건적 자극과 처벌 사이에 꽤 긴 시차가 있을 수 있다. 1950년대 존 가르시아(John Garcia)는 설탕물을 먹은 후 몇 시간 동안 메스꺼움을 경험한 생쥐가 며칠이 지난 후에도 설탕물을 회피한다는 것을 보여준 바 있다. 이것을 '미각 혐오 학습'이라 하며 인간에게도 나타난다.[7] 간혹 메스꺼운 증상은 섭취한 음식과 잘못 연관될 수도 있다. 예를 들면 어쩌다 함께 섭취하긴 했지만 메스꺼운 증상의 원인은 아니었던 초콜릿이 그런 오명을 뒤집어쓸 수도 있다. 결과적으로 그렇게 경험한 혐오감은 수년간 잔존할 수도 있다. 초콜릿이 문제가 아니었다는 의식적 자각이 있더라도 말이다.

뇌간에 있는 산만하게 돌출된 뉴런의 집합체가 운반하는 신경전달물질인 도파민(〈그림 17.4〉)은 오래전부터 보상학습과 연관성이 있는 것으로 추정되었다. 하지만 피질에 정확히 무엇을 전달하는 것인지 알려진 것은 아니었다. 1990년대 내 연구실에서 박사후 연구원으로 일하던 피터 다얀과 리드 몬터규(Read Montague)는 도파민 뉴런이 시

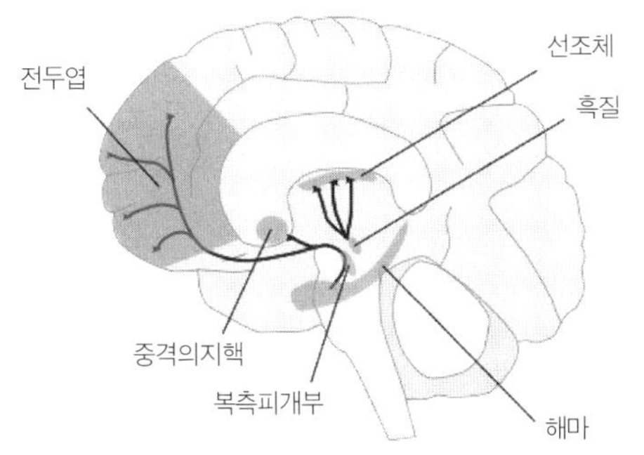

〈그림 17.4〉
인간 뇌의 도파민 뉴런. 중뇌에 있는 다수의 핵(복측피개부와 흑질)은 피질과 기저핵(선조체와 중격의지핵)으로 축색돌기를 돌출시킨다. 일시적 파열은 보상에 대한 예측과 주어진 보상 사이의 불일치를 의미하며, 이것은 행동의 선택 및 예측의 수정에 이용된다.

간제약적 차이 학습을 수행할 수도 있다는 점을 깨달았다.[8] 내 인생에서 과학적으로 가장 흥미진진했던 시기에 속했던 그 시절 그들의 예측과 모델들이 출간되었고, 그것들은 나중에 볼프람 슐츠와 동료들이 진행한 단일 뉴런 기록을 이용한 원숭이 실험(〈그림 17.5〉)[9]과 뇌 영상법을 이용한 인간 실험[10]을 통해 확증되었다. 오늘날 도파민 뉴런의 활동에서 일어나는 순간적 변화가 보상 예측의 오류를 시사한다는 사실은 확실하게 정립되어 있다.

우리가 보상 예측 오류에 대한 연구에서 모종의 진전을 이루고 있던 1992년 나는 베를린에서 벌의 두뇌에서 이뤄지는 빠른 학습에 대해 연구 중이던 랜돌프 멘젤(Randolph Menzel)을 방문했다. 곤충의 세계에서 벌은 학습의 일인자라 할 수 있다. 보상을 주는 꽃에 두세 번만 접촉하면 벌은 그 꽃을 기억한다. 벌의 뇌에는 100만 개 내외의 아주 작은 뉴런들이 있다. 크기가 너무나 작기 때문에 기록을 하는 것은 매우 어려운 일이다. 멘젤의 연구팀이 발견한 'VUMmx1'이라는 독특한 뉴런은 자당에 반응을 보였지만 향기에는 그렇지 않았다. 만약 향기의 전달이 자당이라는 보상 직후에 이뤄졌다면 VUMmx1이 향기에도 역시 반응을 보였을 것이다.[11] 시간제약적 차이 학습의 도파민 모델이 벌의 뇌에 있는 단일 뉴런에 의해 수행되는 것인지도 모르는 일이었다. VUMmx1은 화학적으로 도파민과 밀접하게 연관되어 있는 옥토파민이라는 신경전달물질을 방출했다. 벌의 학습 모델은 위험 회피와 같은 벌의 심리의 일부 미묘한 측면에 대해 설명을 제공해줄 수 있었다.[12] 만약 벌에게 지속적으로 보상을 받는 상황과 두 배의 보상이 따르지만 시간은 절반으로 줄어드는 상황 중에서 선택할 수 있는 기회가 주어진다면 벌은 지속적인 보상에 머무를 것이다. 양쪽의 평균 수치가 같더라도 말이다.[13] 도파민 뉴런은 파리에게도 있으며 장단기 연상 기억을 위한 다수의 병렬 강화학습 경로로 이뤄져 있다는 것이 증명된 바 있다.[14]

동기부여와 뇌기저핵

도파민 뉴런은 뇌에서 동기부여를 제어하는 핵심 시스템을 구성한다(〈그림 17.4〉). 모든 중독성 약물은 도파민 활동의 수준을 증가시키는 작용을 한다. 도파민 뉴런의 수가 과도하게 줄어들면 떨림 현상이나 행동 실행의 어려움 그리고 어떤 행동으로도 전혀 즐거움을 느낄 수 없고('쾌감 상실') 결국에는 운동과 반응 기능의 완전 소실('긴장증')로 이어지는 파킨슨병의 증상이 나타난다. 그러나 정상적인 도파민 세포는 예상치 못한 보상이 주어졌을 때 일시적으로 도파민을 분출해 피질을 비롯한 다른 뇌 영역으로 전달한다. 기대 이하의 보상을 경험했다면 도파민의 양이 감소한다. 정확히 이것은 시간차 알고리즘의 특징이다(〈그림 17.5〉).

메뉴 중에 어떤 음식을 주문할 것인가를 고민할 때와 같이 모종의 의사 결정을 내려야 할 때 우리는 도파민 뉴런에게서 정보를 얻는다. 우리가 각각의 품목을 상상하면 도파민 세포가 예상되는 보상에 대한 추정치를 제공하는 방식이다. 이 사람과 결혼해야 할까? 우리의 도파민 세포는 이성보다 더 신뢰가 가는 '직관'에 근거한 의견을 제

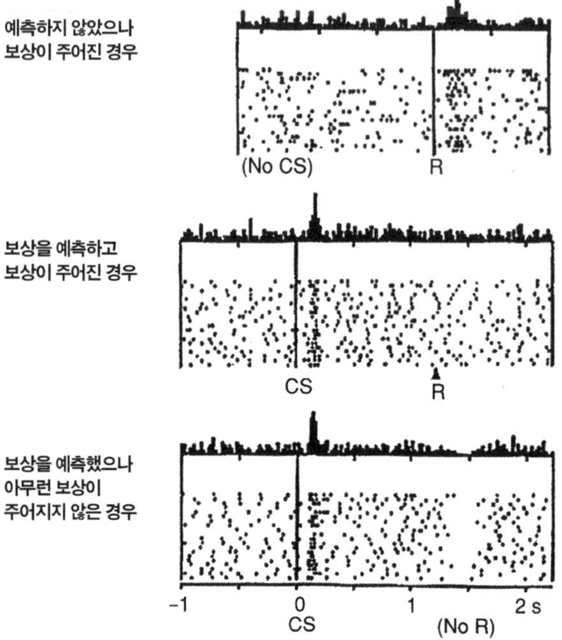

〈그림 17.5〉
원숭이 뇌의 도파민 뉴런의 반응. 뇌의 다른 영역으로 보상 예측 오류 신호를 보내고 있는 모습이다. 각각의 점은 도파민 뉴런의 극파다. 각각의 선은 단일 학습 시도를 나타낸다. 각 래스터(raster, 컴퓨터에서 화상정보를 표현하는 방법 중 한 가지-옮긴이)의 상단에서 각 단위시간에 발생한 극파의 수를 확인할 수 있다. (위) 학습이 시작될 때 보상이 예측되지 않았으나 보상이 주어진 직후 도파민이 지속적으로 극파를 분출하고 있다. (중간) 많은 시도를 거친 후 보상이 주어지기 직전에 조명(조건적 자극, CS)이 지속적으로 깜빡이면 도파민 세포는 보상이 아닌 CS에 반응한다. 시간제약적 차이 학습에 따르면 보상 이후의 반응은 보상 예측에 의해 상쇄된다. (아래) 함정 시행으로 보상이 보류되었을 때 분출량이 감소한 것은 보상을 예측했음을 나타낸다. 이미지 출처: 볼프람 슐츠 외.[15]

공해줄 것이다. 서로 어울리지 않는 차원 사이의 의사 결정이 가장 어려운 문제들이다. 배우자를 선택할 때 유머감각과 지저분한 습성 간에서 갈등하게 된다든가 혹은 다른 수백가지의 긍정적 특성과 부정적 특성 사이에서 어떤 선택이 이루어질 수 있을까? 우리의 보상 체계는 그렇게 다양한 차원을 일반적으로 통용되는 단위, 다시 말해 일시적 도파민 신호로 감소시킨다. 자연은 인간보다 훨씬 앞서 공통 화폐의 경제적 힘을 발견했던 것이다.

시간제약적 차이 학습 알고리즘에는 두 개의 매개변수가 있다. 〈박스 17.1〉에서 보여준 학습률 α와 할인계수 γ가 그것이다. 한두 번의 접촉으로 꽃과 보상을 연관 지을 수 있는 벌처럼 학습률이 매우 높은 곤충이 있는 반면, 대체로 무수한 시행을 거쳐 학습하는 포유류의 학습률은 훨씬 낮다. 할인계수 또한 다양하며 범위도 넓다. $\gamma=0$인 경우 학습 알고리즘은 탐욕 알고리즘(차후를 고려하지 않고 현재 상태에서 최적의 해결책을 찾는 데 집중하는 알고리즘을 탐욕 알고리즘(greedy algorithm)이라 한다-옮긴이)이 사용되고 즉각적인 보상에 근거한 의사 결정을 내리게 될 것이다. 그러나 $\gamma=1$이면 모든 미래의 보상에는 동등한 가중치가 부여된다. 어린이들에게 즉시 한 개의 마시멜로를 먹거나 15분을 기다린 후 두 개의 마시멜로를 먹을 수 있는 것 사이에서 선택권을 주는 고전적인 실험이 있다.[16] 연령은 매우 강력한 예측변수였다. 나이가 어린 아이들일수록 만족을 유예하는 일이 불가능에 가까워졌다. 먼 미래에 큰 보상이 있을 것이란 기대는 단기적으로 부정적인 보상을 선택하게 만들 수도 있다. 그것이 예상된 보상을 획득하는 데 필요하다고 간주된다면 말이다.

도파민 뉴런은 '기저핵'이라고 하는 뇌의 부분으로부터 인풋을 받아들인다(〈그림 17.4〉). 기저핵은 순서 학습과 습관적 행동 방식의 형성에 중요한 영향을 미치는 것으로 알려져 있다. 기저핵의 선조체에 있는 뉴런들은 대뇌피질 전체로부터 인풋을 받아들인다. 피질의 뒤쪽 절반으로부터 오는 인풋은 특히 목표를 달성하기 위한 운동 동작의 순서 학습과 관련이 있다. 전두엽으로부터 기저핵으로 전달되는 인풋은 동작의 순서를 계획하는 일을 담당한다. 피질로부터 기저핵으로 전달되었다가 다시 돌아가는 순환 과정은 100밀리초가 소요되는데, 이것은 초당 10회의 연산을 한다는 의미다. 덕분에 목표 달성을 위한 빠른 의사 결정의 절차가 진행될 수 있다. 기저핵의 뉴런은 피질 상태를 평가하고 가치를 할당하는 역할도 한다.

기저핵은 게리 테소로가 TD-개먼을 학습시킬 때 수순의 가치를 예측하기 위해 사용했던 가치 함수의 정교한 버전을 수행하는 것이라 볼 수 있다. 앞서 1장에서 서술한 바 있는 바둑 세계챔피언 수준의 플레이에 도달한 딥마인드의 알파고가 거둔 놀라운 성공 또한 TD-개먼과 동일한 구조에 기초를 두고 있다. 다만 좀 더 강력할 뿐이다. TD-개먼의 가치 네트워크에 있는 한 층의 숨겨진 유닛이 알파고에서는 십여 개의 층으로 늘어났고, 그것들이 수백만 번의 연습 게임을 거친 것이었다. 하지만 어쨌든 기본적인 알고리즘은 동일하다. 이것은 뉴럴 네트워크를 위한 학습 알고리즘이 얼마나 규모가 조정될 수 있는지를 보여주는 극적인 사례다. 우리가 네트워크의 규모를 끊임없이 증가시키고 훈련 시간을 늘려나간다면 그들의 수행력은 과연 어느 수준까지 높아질 것인가?

게임은 현실 세계보다 훨씬 간단한 환경이다. 보다 복잡하고 불확실한 환경을 향한 발판은 비디오 게임의 세계에서 나왔다. 2015년 딥마인드는 시간제약적 차이 학습이 〈퐁(Pong)〉과 같은 아타리(Atari)의 오락실용 비디오 게임을 스크린의 픽셀을 인풋으로 삼아 초인 레벨에서 플레이하는 법을 학습할 수 있다는 사실을 보여줬다.[17] 그다음

발판은 3차원 환경의 비디오 게임이다. 지금까지 경쟁을 벌인 비디오 게임 중 최고는 단연 〈스타크래프트〉다. 딥마인드는 이것을 이용해 그 세계에서 번성할 수 있는 자주적인 딥러닝 네트워크를 개발하고 있다. 마이크로소프트 리서치(Microsoft Research)는 최근 또 다른 인기 비디오 게임인 〈마인크래프트〉의 판권을 인수해 오픈소스로 전환했다. 여타의 사용자들로 하여금 3차원 환경을 맞춤 제작하도록 만들어 인공지능의 진보를 가속화하기 위해서다.

백개먼이나 바둑과 같은 게임을 챔피언 수준으로 플레이한다는 것은 실로 인상적인 성과다. 그리고 비디오 게임 플레이는 분명 중요한 다음 단계다. 하지만 현실 세계의 문제 해결은 어떻게 되는 것인가? 지각-행동 주기(〈그림 17.2〉)는 감각 데이터에 기초해 행동을 계획하는 모든 문제의 해결에 적용될 수 있다. 행동의 결과는 예측된 아웃풋과 비교될 수 있고 그 차이는 예측 시스템의 상태를 업데이트하는 데 사용될 수 있다. 또한 이전 조건에 대한 기억은 자원의 활용을 극대화하고 잠재적 문제를 예측하는 데 사용될 수 있다.

온타리오주 해밀턴 소재 맥마스터대학교에 재직하는 사이먼 헤이킨(Simon Haykin)은 다수의 중요한 공학적 소프트웨어 시스템의 성능 향상에 이 구조를 사용했다.[18] 커뮤니케이션 채널을 역학적으로 할당하는 인지 무선, 간섭을 감소시키기 위해 주파수 대역을 역학적으로 전환하는 인지 레이더, 전력망에 균형 전력을 역학적으로 로딩하는 인지 그리드 등이 그런 시스템에 해당한다. 리스크의 제어 또한 동일한 지각-행동의 구조 내에서 관리할 수 있다.[19] 지각-행동 구조를 사용함으로써 이들 소프트웨어 시스템의 성능이 향상되었으며 이런 프로그램이 관리하는 영역 또한 상당한 발전이 이뤄졌다. 특히 성능과 비용 절감 면에서 그렇다.

날아오르는 방법의 학습

2016년 캘리포니아대학교 샌디에이고 캠퍼스의 마시모 베르가솔라(Massimo Vergassola)와 나는 시간제약적 차이 학습을 이용해 글라이더에 새들처럼 날아올라 과도한 에너지 소모 없이 장시간 공중에 머무르는 방법을 가르칠 수 있을지 의문을 품었다.[20] 공기의 온열용승 현상은 새들이 아주 높은 고도에도 오를 수 있도록 돕지만, 상승 기류 내의 공기는 난기류뿐만 아니라 갑작스러운 하락을 유발하는 에어포켓(청천난류(clear air turbalance, CAT)라고도 하며, 구름 등 시각적 징후 없이 갑작스럽게 발생하는 강한 난기류로 인한 진동 및 압력-감수자)도 포함한다. 새들이 그런 난타 속에서도 상승 궤도를 유지하기 위해 사용하는 신호가 어떤 것인지에 대해서는 밝혀진 바가 없다. 우리 연구의 첫 번째 단계는 물리적으로 현실에 가까운 난기류의 대류 시뮬레이션과 공기역학적인 글라이더 모델을 개발하는 일이었다. 다음 단계는 난기류 속에서 글라이더가 취하는 비행 궤도를 모의실험하는 것이었다.

처음에는 글라이더가 상승기류에 편승하지 못하고 아래로 활공했다(〈그림 17.6〉). 상승에 대한 보상을 받은 이후 글라이더는 전략을 학습하기 시작했고 수백 번의 시행 끝에 글라이더의 궤도는 날아오르는 새가 만드는 급격한 커브의 고리 모양과 비슷해졌다(〈그림 17.6〉).

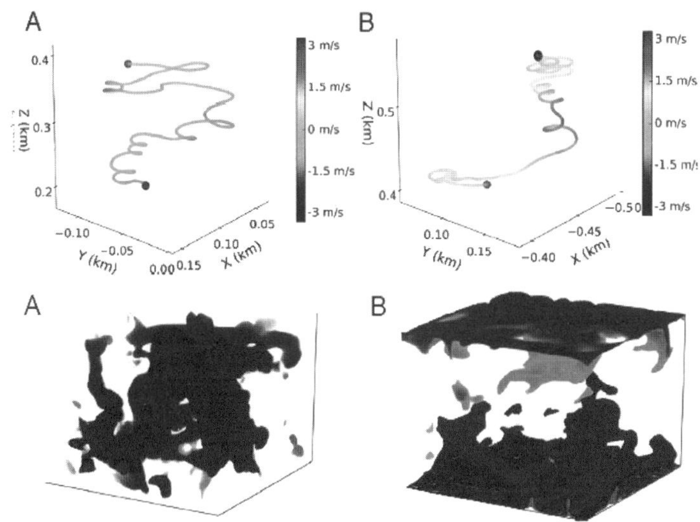

〈그림 17.6〉
상승 온난 기류에서 날아오르는 학습을 하는 글라이더의 시뮬레이션. (상단) 비학습 글라이더의 전형적인 비행 궤도 A와 레일리-버나드 난류(Rayleigh-Bénard turbulent flow) 내에서 비행하는 학습된 글라이더의 궤도 B. 색깔은 글라이더가 경험하는 수직 풍속을 나타낸다. 검정색과 빨간색 점은 각 궤도의 시작 및 종료 지점을 나타낸다. 비학습 글라이더는 무작위적 의사 결정을 하고 비행한다. 반면 학습된 글라이더는 강한 상승기류가 위치한 지역에서 특징적인 나선형을 그리며 비행한다. 새와 글라이더가 상승기류에서 날아오르는 경우에 관찰된 것과 마찬가지다. (하단) 3차원 레일리-버나드 대류에 대한 우리의 수치적 시뮬레이션에서 나타나는 수직 속도 A와 온도 영역 B. 수직 속도 부분에서 빨간색과 검정색은 각각 큰 상승 및 하강 기류 지역을 나타낸다. 온도 영역에서 빨간색과 검정색은 각각 고온과 저온을 나타낸다. 이미지 출처: 테런스 세즈노스키 외.[21]

또한 글라이더는 난기류의 강도에 따라 각기 다른 전략을 학습했다. 이런 전략들에 대한 분석을 통해 우리는 가설을 도출할 수 있었다. 그리고 날아오르는 새가 실제로 전략을 사용하는지 질문을 던질 수 있게 되었다. 다음으로 우리는 날개 길이가 거의 2미터에 달하는 실제 글라이더를 제작했고 상승과 체공 방법을 가르쳤다.[22]

노래하는 방법의 학습

강화학습의 힘을 보여주는 또 다른 사례는 새들이 노래하는 법을 학습하는 것과 아이들이 말하기를 학습하는 것 사이의 유사점이다. 양쪽 모두 청각학습 기간이 선행한 후에 점진적인 운동학습 기간이 이어진다. 금화조는 부모 새가 노래하는 소리를 태어날 때부터 듣지만 몇 달이 지날 때까지 아무런 소리도 내지 않는다. 운동학습 단계 이전에 부모 새로부터 고립되더라도 긁는 소리 같은 소리를 내는 기간을 거치며 서서히 향상시켜 결국엔 부모 새의 그것과 같은 노랫소리를 내게 된다. 금화조는 자신의 동족이 숲의 어느 부분 출신인지 노랫소리로 구별한다. 우리가 상대의 억양을 듣고 어느 지방 출신인지 알 수 있는 것과 흡사하다. 새의 노랫소리에 관한 연구를 견인했던 가설은 청각학습 단계에서 견본에 대한 학습이 이뤄진 다음 운동학습 단계에서 운동 시스템이 만들어내는 소리를 개선하는 데 견본 학습이 이용된다는 것이다. 운동학습 단계로 이어지는 경로는 인간과 명금 모두 기저핵에 저장되어 있다. 바로 강화학습이 이뤄지는 것으로 우리가 알고 있는 곳이다.

1995년 내 연구실의 박사후연구원이었던 켄지 고야(Kenji Koya)는 새소리의 동작학습 개선 과정을 재현하는 강화학습 모델을 개발했다(〈그림 17.7〉). 이 모델은 새의 발성기관("울대") 모델로 이어지는 동작 경로에 있는 시냅스를 수정해서 자체 모델의 성능을 향상시킨다. 이어서 새로운 노래가 이전 것에 비해 견본에 더 가까운지 확인하는 방식이다. 만약 그렇다면 변경된 내용을 저장하고 새로운 노래가 이

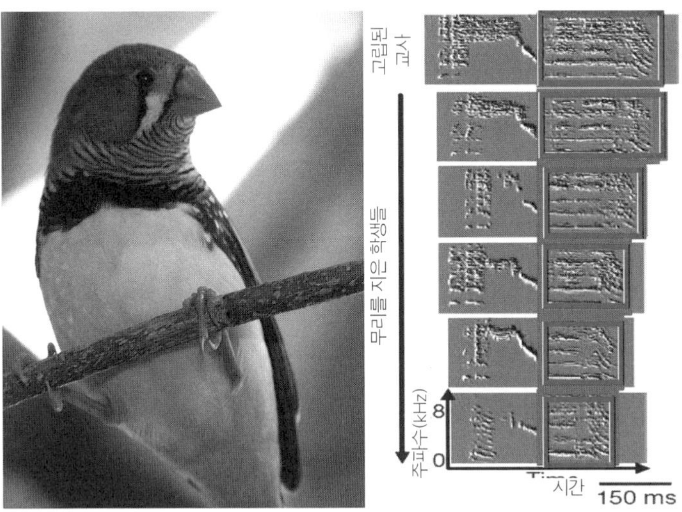

〈그림 17.7〉
금화조의 새소리. (오른쪽 분광파형도) 부모 새의 소리(상단의 교사)가 새끼 새(상단에서 두 번째의 학생)를 학습시키고 소리에 담긴 특성은 부모 세대에서 자식 세대로 전수된다. 분광파형도(시간함수로 나타낸 스펙트럼의 출력)에 있는 문양(빨간 선 네모 안)의 유사성에 주목할 필요가 있다. 세대를 거치면서 문양이 점점 짧아진다. 이미지 출처: (왼쪽) http://bird-photoo.blogspot.com/2012/11/zebra-finch-bird-pictures.html. (오른쪽) 올가 페히어(Olga Feher) 외.[23]

전에 비해 나쁘다면 시냅스의 변화는 원래의 강도로 다시 쇠퇴하도록 허용된다.[24] 우리는 음절의 순서를 생성하는 동작 회로의 최상부에 노래의 단일 음절에만 활성화되는 뉴런이 반드시 있어서 각 음절마다 독립적으로 적응하기가 보다 용이해지는 것으로 예측했다. 이후 MIT의 마이클 피(Michale Fee) 연구실을 비롯해 다른 새소리 연구소의 연구 결과들이 우리가 예측했던 것을 포함해 우리 프로그램의 여타 핵심 예측들을 확증해줬다.

캘리포니아대학교 샌프란시스코 캠퍼스에서 새소리를 연구하던 앨리슨 두프(Allison Doupe)와 시애틀 소재 워싱턴대학교에서 아기들의 언어 기능 발달에 관한 연구를 했던 퍼트리샤 컬(Patricia Kuhl), 이 두 사람은 명금의 학습과 유아기 언어 능력의 발현 사이에서 많은 유사점을 발견했다.[25] 음절을 학습하는 새와 음소를 학습하는 아기 모두 먼저 소리(청각학습)로 그것을 배우고 동작학습은 새의 경우 긁는 소리, 아기의 경우 옹알이를 내는 기간을 거치며 나중에 이뤄진다. 뇌에는 다양한 영역 특화적 학습 및 기억 시스템이 있는데, 그것들은 분명 새로운 기술을 습득하기 위해 서로 협력할 것이다. 명금에서 관찰된 것과 같은 새소리 학습을 위한 강화학습 알고리즘과 원숭이나 인간, 벌 그리고 다른 동물의 보상 시스템에 있는 시간제약적 차이 학습 알고리즘은 수많은 알고리즘 중에 두 가지일 뿐이다.

학습의 다른 형태

시각이나 청각과 같은 일부 인지 기능의 자동화에 발전이 있었음에도 인간의 지능에는 여전히 인공지능이 더욱 발전해야 따라잡을 수 있는 부분이 많다. 피질의 표현학습과 기저핵의 강화학습 간의 상호 보완성은 매우 강력하다. 바둑 세계챔피언 수준의 플레이를 학습하는 인공지능을 다른 복잡한 문제의 해결에도 이용할 수 있는가? 인간이 하는 학습의 대부분은 관찰과 모방에 기초한다. 우리 인간은 딥러닝이 새로운 객체를 인식하기 위해 필요로 하는 것보다 훨씬 적은 수의 사례를 필요로 한다. 비분류 감각 데이터는 넘쳐난다. 강력한 비지도 학습 알고리즘은 지도나 감독이 개입하기 전에 이런 데이터들을 유리하게 사용할지도 모를 일이다. 앞서 14장에서 비지도 버전의 볼츠만 학습 알고리즘이 딥러닝 네트워크의 초기 내용을 설정하는 데 사용되었다는 사실을 살펴봤다. 13장에서는 ICA와 비지도 학습 알고리즘, 자연 이미지에서 도출한 희귀 개체군 코드 등을 다뤘다. 또 16장에서는 비지도 학습 알고리즘인 생성적 적대 네트워크가 새로운 실사 이미지를 만들어낼 수 있는지 알아봤다. 비지도 학습은 머신러닝에서 차세대 개척지와 같다. 우리는 이제 막 인간 뇌 방식의 컴퓨팅에 대해 이해하기 시작했을 뿐이다.

뇌에는 많은 수의 학습 시스템이 있고 서로 시너지 작용을 하는 다양한 형태의 가소성이 있다. 심지어 피질 내에도 뉴런의 흥분과 이득을 포함하여 수십 가지 다른 형태로 획득할 수 있는 가소성이 존재한다. 특별히 중요한 형태의 시냅스 가소성은 뉴런이 최적의 역동 범위 내에서 활동성의 수준을 유지하도록 만드는 항상성이다. 시냅스의 강도가 제로로 떨어지거나 최대 한계에 도달하면 어떤 일이 벌어질 것인가? 그렇게 되면 뉴런은 임계점에 도달하기 위한 충분한 인풋을 수용하지 못하거나 과도하게 많은 인풋으로 인해 항상 높은 수준의 활동성을 유지하게 될 수도 있다. 지나 투리지아노(Gina Turrigiano)는 우리 뇌에 존재하는 새로운 형태의 시냅스 가소성을 발견했다. 활동성의 균형을 유지하기 위해 뉴런에 있는 모든 시냅스를 정상화하는 가소성이다.[26] 만약 평균 발화율이 과도하게 높으면 모든 흥분성 시냅스의 강도가 전반적으로 하향 조정된다. 반대로 너무 낮으면 모든 강도가 상향 조정된다. 억제 인풋의 경우 이것은 반대로 나타난다. 발화율이 너무 높으면 시냅스 강도가 상향 조정되고 너무 낮으면 하향 조정된다는 말이다. 유사한 형태의 정상화가 뇌의 뉴런 지도 개발 모델에서 효율적으로 작용하는 것으로 판명되었다.[27] 확률적 경사 하강법으로부터 동력을 얻은 인공 뉴럴 네트워크는 항상성 조절의 혜택을 입을 수 있다.

우리 뇌에 있는 흥분성과 신호를 규제하는 뉴런의 막에는 수십 개의 전압민감성 및 리간드 개폐형 이온 통로가 있다. 이런 통로들의 위치와 밀도를 역학적으로 규제하는 뉴런의 수상돌기와 세포체, 축색돌기 등에서 이뤄지는 활동성의 국부적 패턴을 기반으로 삼는 메커니즘이 분명 존재할 것이다. 이것이 어떻게 이행되는지 설명하기 위한 몇몇 알고리즘이 나타나기도 했다.[28] 이런 형태의 항상성은 항상적 시냅스 가소성만큼 충분히 이해되지 못하고 있다.

놓친 것은 무엇인가?

몬트리올에서 개최된 2015년 NIPS 콘퍼런스의 '뇌, 마인드, 머신(Brains, Minds and Machines)' 심포지엄과 2016년 바르셀로나 NIPS 콘퍼런스의 '비츠와 뇌(Bits and Brains)' 워크숍에서 데미스 허사비스와 나는 인공지능의 미래와 차기 우선순위를 놓고 벌이는 집중 토론에 참가했다. 인공지능 분야에는 여전히 해결해야 할 미결 문제들이 산적해 있다. 먼저 인간 추론의 최고 수준에 영향을 미치는 인과관계 그리고 행동의 고의성에 관한 문제가 있다. 두 가지 모두 마인드 이론을 전제로 한다. 앞서 나는 우리가 만들어낸 딥러닝 학습 시스템 중 어느 것도 독자적으로 생존할 수는 없다고 언급한 바 있다. 이런 시스템들의 자율성은 지금까지 무시되었던 뇌의 다른 부분의 기능들과 유사한 것들이 이들 시스템에 포함되는 경우에만 가능하다. 예를 들면 음식의 섭취와 생식, 호르몬 제어, 내부 장기의 항상성 등에 반드시 필요한 시상하부 그리고 동작 예측 오류에 근거해 동작을 개선하는 데 도움을 주는 소뇌 등의 기능이 여기에 해당한다. 이것들은 모든 척추동물에서 찾을 수 있는 오래된 조직이며 생존을 위해 반드시 필요한 무엇이다.

애머스트에 위치한 매사추세츠대학교의 컴퓨터 과학자 하바 시겔만(Hava Siegelmann)은 아날로그 연산이 디지털 컴퓨터로 연산할 수 있는 수준을 넘어서는 역량, 즉 슈퍼튜링(super-Turing) 능력을 보유할 수도 있음을 입증한 바 있다.[29] 환경에 적응하고 그에 기초해 학습할 수 있는 순환 뉴럴 네트워크 또한 슈퍼튜링 연산 능력을 보유한다. 반면 훈련 집합을 기반으로 학습한 후 학습을 멈추는 네트워크, 즉 작동 과정에서 발생하는 실제적 경험으로부터 학습하지 못하는 네트워크는 단지 튜링 머신에 지나지 않는다. 하지만 우리의 뇌는 변화하는 조건에 지속적으로 적응하며 우리에게 슈퍼튜링 능력을 제공한다. 이전의 지식과 기술을 유지하면서 동시에 이 과업을 완수하는 방법은 아직 우리가 이해하지 못하는 문제에 속한다. 시겔만은 DARPA의 프로젝트 중 하나인 평생학습 프로그램(Lifelong Learning Program)의 책임자다. 그녀의 평생학습 프로그램은 자율 시스템 분야에서 평생학습을 위한 새로운 통합 아키텍처의 개발을 목표로 하는 첨단 연구를 재정적으로 지원하고 있다.

| 18장 | NIPS

과학 분야에서는 아이디어의 기원을 거슬러 올라가는 일이 쉽지 않다. 과학은 시공간적으로 광범위하게 분산된 수많은 개인들의 집합적 활동이기 때문이다. NIPS(現 NeurIPS, 〈그림 18.1〉) 콘퍼런스들은 지금까지 이 책에 서술된 모든 내용을 잇는 중심 가닥이다. 지금쯤이면 NIPS가 나뿐만 아니라 이 분야 전체에 막대한 영향을 미쳤다는 사실이 명확해졌을 것이다.[1] 베아트리체 골롬은 NIPS의 초기 콘퍼런스(1990년)에서 자신의 SEXNET에 대한 강연을 했다. 그녀는 그 얼마 후 나의 부인이 되었다. 우리가 결혼한 직후 또 한 차례 콘퍼런스가 열렸고 거기에 동행한 우리 두 사람은 헤어지기 직전까지 치달았다. NIPS 콘퍼런스는 완전한 몰입을 요구한다. 낮에 공식 일정이 진행되고 저녁에 또 일종의 질의응답을 통한 토론 시간인 포스터 세션(poster session)이 열리기 때문이다. 토론에 집중하다 보면 자정을 넘기기 일쑤다. 포스터 세션이 끝나고 새벽 3시에 숙소로 돌아왔을 때 베아트리체의 모습이 보이지 않았다. 그때 나는 내가 심각한 문제에 봉착했음을 직감했다. 그러나 우리는 그 고비를 넘겼고, 현재 28년째 부부로 살고 있다.

〈그림 18.1〉
NIPS 콘퍼런스의 로고. 30년의 역사를 자랑하는 NIPS 콘퍼런스는 머신러닝과 딥러닝 분야 최고의 학술회의다. NIPS 재단 제공.

딥러닝은 연례 NIPS 콘퍼런스와 워크숍 그리고 초기 개척자들까지 거슬러 올라가는 유구한 혈통을 보유한다. 1980년대 공학자, 물리학자, 수학자, 심리학자 그리고 신경과학자 등 다양한 배경을 보유한 사람들이 NIPS 콘퍼런스에 모여들어 인공지능에 대한 새로운 접근법을 정립했다. 뉴럴 네트워크 모델을 분석한 물리학자와 인간의 인지 모델을 구축한 심리학자, 신경 시스템과 신경 기록을 분석한 신경과학자, 고차원적 공간의 대규모 데이트세트를 탐구한 통계학자 그리고 인간처럼 보고 들을 수 있는 기계 장비를 제작한 공학자 등 각 분야의 전문가들이 일궈낸 성과가 급속한 진전의 원동력이 되었다.

1987년 덴버테크센터(Denver Tech Center)에서 열린 최초의 NIPS 콘퍼런스에는 400여 명이 참가했다. 학술회의는 통상적으로 매우 한정적 범위의 연구 분야에 집중한다. 그렇게 해야 편하다. 참석자들 모두 해당 분야의 동일한 전문용어를 사용하기 때문이다. 그러나 초기 NIPS 콘퍼런스의 과학적 다양성은 실로 숨이 멎을 정도였다. 생물학자들이라고 해도 서로 연구 분야가 다르면 한 생물학자의 강연이 다른 생물학자에게는 암호로 말하는 것처럼 들릴 수도 있다.[2] 방정식에만 집중하는 수학자와 물리학자에게는 그것이 어떻게 들리겠는가. 공학자들은 그나마 나은 편이다. 그들이 만드는 것들은 많은 설명이 필요하지 않기에 하는 말이다. 이와 같은 분야 간 문화적 장벽 때문에 학제 간 연구는 비록 그것이 보편적인 희망 사항이긴 하지만 성과를 거두는 일이 좀처럼 쉽지 않다. 초기 NIPS 콘퍼런스에 모인 사람들은 하나같이 서로 알아들을 수 없는 말을 하고 있었다.

1987년 콘퍼런스의 주요 일정이 끝난 후 참가자들은 워크숍을 진행하기 위해 근처의 키스톤 스키리조트로 자리를 옮겨 즉석에서 자발적으로 팀을 나눠 소그룹 모임에 들어갔다. 이때부터 비교적 비공식적인 환경에서 학제 간의 의사소통이 본격적으로 시작되었다. 키스톤의 온수욕조에 모여 앉았을 때 한 신경과학자가 바다민달팽이인 군소를 주제로 한 워크숍을 제안했던 일을 지금도 생생히 기억한다.[3] 그때 온수욕조 안에서 내 옆자리에 있던 신사는 국방부에서 나온 사람이었다. 필경 그는 군소에 관한 워크숍이 국가 안보와 무슨 연관이 있는지 의아심이 들었을 것이다. 하지만 오늘날 NIPS 워크숍은 포스터 세션 형식의 소규모 콘퍼런스로 진행되는데, 개중 일부는 참가자가 수천 명에 달하기도 한다.

NIPS가 수년 동안 명맥을 이어올 수 있었던 이유는 두 가지다. 첫째, 생물학의 영감을 받은 학습 알고리즘에 기초해 곧 연산학적 난제를 해결할 수 있을 것 같다는 기대에 찬 흥분이 전반적인 분위기를 지배하고 있었기 때문이다. 둘째, 에드 포스너(〈그림 18.2〉)의 공로 덕분이다. 캘리포니아공과대학교(칼텍)의 정보이론학자이자 제트추진연구소(Jet Propulsion Lab)의 최고 기술책임자인 그는 이 분야에 대한 장기적 안목으로 콘퍼런스의 관리를 위해 신경정보처리시스템재단(Neural Information Processing Systems Foundation)을 설립했다.

〈그림 18.2〉
캘리포니아공과대학교의 에드 포스너. 그가 창립한 NIPS 콘퍼런스는 부분적으로 그의 선견지명에 힘입어 30년이 지난 지금까지 활발히 운영되고 있다. 이미지 출처: 캘리포니아공과대학교.

조직 문화는 설립자의 성향을 반영하는 경우가 많다. 포스너는 NIPS에 지혜와 실용적 지성 그리고 유머 감각의 독특한 조합을 선사했다. 그는 영감을 불어넣는 지도자이자 유능한 리더였다. 또한 그는 '칼텍의 가장 가치 있는 자산' 중 하나로 비유되는 학부생 여름 연구과정(Summer Undergraduate Research Fellowships, SURF) 프로그램에 지원을 아끼지 않아 캘리포니아공과대학교에서 존경을 한 몸에 받기도 했다. 그가 고용한 공익무료법률상담가 필 소텔(Phil Sotel)은 지난 수십 년 동안 규모와 복잡성이 날로 더해져 언제라도 정상 경로를 이탈할 가능성이 다분했던 NIPS의 제궤도 순항을 도왔다.

베아트리체 골롬은 어린 시절부터 포스너와 친분이 있었고 나는 NIPS를 통해 포스너를 알게 되었다. 언젠가 NIPS 콘퍼런스에서 별안간 그녀와 나의 약혼 소식을 알렸을 때 그는 이렇게 반응했다. "뭘

약속했다고?" 1993년 포스너가 자전거 사고로 세상을 떠난 후 내가 NIPS 재단의 이사장직을 맡았다. 재단은 계속 성장하며 번성하고 있다. 우리는 그를 추모하기 위해 매년 NIPS 기간 중에 '에드 포스너 강연(Ed Posner Lecture)'을 개최한다. 이 강연은 대개 우리 분야에서 중대한 기여를 한 인물이 주역을 맡고 NIPS 주력 분야 이외의 분야에서 활동하는 전문가들을 초대해 특별 강연을 맡기는 식으로 진행된다.

NIPS 콘퍼런스를 이끌어가는 사람들은 쟁쟁한 이력의 과학자와 공학자들이다. 그중 몇 명만 예를 들자면 다음과 같다. 스콧 커크패트릭은 (앞서 14장에서 언급한 바와 같이) '가열' 후 서서히 '냉각'시키는 일명 '모의 담금질'이라는 과정을 통해 컴퓨터가 어려운 연산학적 문제를 해결할 수 있는 방법을 발명한 장본인이다. (1장에서 소개한) 컴퓨터 과학자 서배스천 스런은 2005년 DARPA가 개최한 그랜드 챌린지에서 자율주행 자동차로 우승을 차지해 오늘날의 자율주행 차량 개발을 위한 문을 활짝 연 인물이다. 온라인대중공개강좌(MOOCs)의 부흥을 촉발한 코세라(Coursera)의 공동설립자이자 컴퓨터 과학자인 다프네 콜러(Daphne Koller)도 빼놓을 수 없다.

딥러닝의 비상에 결정적 역할을 한 것은 빅데이터다. 얼마 전까지만 해도 테라바이트 규모의 데이터를 저장하기 위해서는 적잖은 본체 내의 공간을 필요로 했다. 지금은 1테라바이트(10조 바이트)의 정보를 단 한 개의 메모리스틱에 저장할 수 있다. 인터넷 기업들은 페타바이트 수준의 저장 용량을 갖춘 데이터센터를 보유하고 있다. 1페타바이트는 1,000테라바이트(1,000조 바이트, 즉 10^{15}바이트)다. 세계의 데이터양은 1980년대 이래로 매 3년마다 두 배로 증가해왔다. 그리고 오늘날 페타바이트 규모의 데이터 수천 개가 매일 인터넷에 추가되고 있다. 인터넷의 총 용량은 페타바이트의 100만 배인 제타바이트(10해 바이트, 즉 10^{21}바이트)에 도달한 상태다. 빅데이터의 폭발은 과학과 공학뿐만 아니라 사회 전 영역에 걸쳐 지대한 영향을 미치고 있다. 인터넷상에 있는 수백만 건의 이미지와 여타 분류된 데이터들이 없었다면 진정으로 큰 규모의 딥러닝 네트워크의 훈련은 불가능했을 것이다.

전 세계의 대학교들이 데이터 과학과 관련된 센터와 기관, 부서 등을 신설하고 있다. 2009년 알렉스 자레이(Alex Szalay)는 1998년부터 천문 데이터를 수집하기 시작한 슬로언 디지털 우주 조사(Sloan Digital Sky Survey, SDSS, http://www.sdss.org/)에 참여한 경험을 바탕으로 존스홉킨스대학교에 데이터 집중 공학 및 과학 연구기관(Institute for Data Intensive Engineering and Science)을 설립했다. 현재 이곳은 천문학자들이 그때까지 수집한 모든 데이터의 천 배에 달하는 데이터를 생산했으며 세계에서 가장 많이 이용되는 천문학 시설이 되었다. 슬로언 디지털 우주 조사에서 수집된 테라바이트 규모의 데이터세트는 현재 건설 중에 있는 대형 시놉틱 관측 망원경(Large Synoptic Sky Survey Telescope, https://www.lsst.org/)이 수집하게 될 페타바이트 규모의 데이터세트가 역시 천 배 규모로 추월하게 될 것이다. 2013년 얀 르쾽이 뉴욕대학교에서 데이터과학센터(Center for Data Science)를 설립했을 당시 거의 모든 학부의 교수진이 데이터를 들고 찾아왔다. 2018년 캘리포니아대학교 샌디에이고 캠퍼스는 할리셔글루 데이터 과학 연구기관(Halıcıoğlu Data Science Institute)을 신설했다. 오늘날 데이터 과학 석사학위(MDS)는 MBA만큼 인기가 높아지고 있다.

게임 테이블 위에 놓인 딥러닝

딥러닝은 레이크 타호에서 개최된 2013 NIPS 콘퍼런스에서 성년의 나이가 되었다(〈그림 18.3〉). 뉴럴 네트워크의 초기 개척자인 힌튼은 제자들과 더불어 다층 뉴럴 네트워크가 이미지의 객체 인식에서 놀랍도록 훌륭한 수행력을 발휘한다는 내용의 논문을 발표했다.[4] 이런 네트워크들은 객체 인식에서 단순히 최첨단 컴퓨터 비전보다 훌륭한 것이 아니라 그것과는 다른 보다 높은 차원에서 인간의 능력에 가까운 수행력을 보여줬다. 〈뉴욕타임스〉는 딥러닝에 관한 기사를 실었고 페이스북은 또 다른 딥러닝의 개척자인 르쾽을 설립이사로 세운 새로운 인공지능 연구소의 개설을 발표했다.

그해 NIPS 딥러닝 워크숍에는 페이스북의 최고경영자 마크 저커버그도 참여했다. 유명인의 등장으로 보안상의 문제가 발생하기도 했지만 엄청난 관심과 관중을 끌어모으는 효과도 있었다. 행사장 안에 모두 수용할 수 없어 영상 장치를 갖춘 별도의 장소가 추가로 필요할 정도였다. 행사 후 만찬에서 나는 저커버그와 정식으로 인사를 나눴다. 그는 나에게 뇌에 관한 질문을 했고 마인드 이론에 특별한 관심을 표명했다. 심리학에서는 인간의 마인드가 어떻게 작동하는가에 관한 암묵적 이론이 있으며 우리는 그것을 타인의 마인드를 이해하는 길잡이로 활용한다. 친구에게 문자메시지를 보낼 때 우리의 뇌는 어떤 내용의 문자를 어떻게 작성할 것인지에 대한 수많은 의사 결정을 내리지만 정작 우리는 그것을 알지 못한다. 저커버그는 많은 질문을 던졌다. "나의 뇌는 나 자신의 심성 모형을 어떻게 만들죠?" "경험

〈그림 18.3〉
레이크 타호 카지노에서 열린 2013년 NIPS 콘퍼런스는 하나의 전환점이 되었고 '뉴럴'이라는 단어가 공식 명칭에 다시 포함되었다. NIPS 재단 제공.

에 근거한 타인의 심성 모형은 어떻게 만드나요?" "나의 뇌는 타인이 취할 미래의 행동 방식을 어떻게 예측하죠?" "인간이 아닌 다른 종에도 마인드 이론이 적용되나요?" 당시 나는 그 얼마 전에 소크생물학연구소에서 마인드 이론에 관한 학술 토론회를 공동 주최한 적이 있었다. 저커버그는 토론회의 참고문헌을 전부 보고 싶어 했다.

머신러닝에서는 누구든 데이터를 가장 많이 보유하는 사람이 승자다. 페이스북은 다른 어느 곳보다 많은 사람들의 기호, 지인, 사진 데이터를 보유하고 있다. 이 모든 데이터로 페이스북은 나름의 마인드 이론을 창출해 우리가 무엇을 선호하는지 파악하고 정치적 성향은 어떠한지 예측하는 데 이용할 수 있었다. 언젠가 페이스북이 나 자신보다 나에 대해 더 많은 것을 알게 되는 날이 올지도 모를 일이다. 실로 페이스북은 오웰의 소설에 등장하는 빅 브라더의 화신이 될 것인가?[5] 당신은 이것을 섬뜩한 전망이라고 생각하는가, 아니면 필요하면 언제든 시중을 들어주는 디지털 집사가 생겨 편리할 것이라 생각하는가? 과연 페이스북이 이런 힘을 가져도 되는 것인가? 이런 의문을 품는 것은 지극히 당연한 일이다. 그러나 우리는 이 문제에 대해 발언권을 갖지 못하게 될지도 모른다.

2012년과 2013년 NIPS 콘퍼런스는 레이크 타호에서 개최되었지만 참가자들은 도박 테이블을 피했다. 그들은 도박에서 이길 승산이 매우 낮다는 것을 알고 있었기 때문이다. 또한 자신들의 관심 분야가 그보다 훨씬 흥미롭기 때문이기도 했다. 도박은 중독성이 강하다. 왜냐하면 도파민이 우리 뇌의 일부인 예측 오류 시스템에 보상을 제공하기 때문이다(앞서 17장에서 논의한 바와 같다). 카지노는 베팅을 부추기는 최적화된 환경이다. 엄청난 보상에 대한 약속을 하고 어쩌다 한 번씩 작은 승리, 즉 보상을 무작위적으로 배치한다. 연구에 따르면 이것은 실험용 쥐가 먹이를 얻기 위해 계속 막대기를 누르도록 만드는 최선의 방법이다. 슬롯머신에서 대박이 터졌을 때 나오는 요란한 소리와 불빛 그리고 낮이나 밤이나 똑같은 어두운 조명은 정상적인 낮-밤 주기에 기인하는 빛에 의한 생물학적 주기를 분리시키며 나가떨어질 때까지 베팅하도록 부추긴다. 물론 결국 승자는 당신이 아닌 도박장일 것이다.

몬트리올에서 개최된 2015년 NIPS 콘퍼런스에서는 전 세계로부터 모여든 3,800명의 참가자들로 팔레 데 콩그레(Palais des congrés) 건물이 넘쳐났다. 콘퍼런스 첫날에 마련된 딥러닝 지도 시간은 너무나 인기가 높아 건물의 소방 기준을 어기지 않기 위해 사람들을 돌려보내야만 했다. 딥러닝은 첨단 기술 분야에서 빅데이터를 이용하는 거의 모든 기업들이 채택하고 있으며 보다 넓은 영역으로 빠르게 확산되고 있다. 2016년 바르셀로나 NIPS 콘퍼런스는 2주 전에 참가 인원이 최대치인 5,400명에 달해 조기에 등록이 마감되었다. 사전 신청 없이 콘퍼런스에 참여하기 위해 뉴욕에서 날아온 사람은 현장 등록이 불가능하다는 사실에 망연자실할 수밖에 없었다. 2017년 롱비치 NIPS 콘퍼런스는 등록 신청이 시작된 지 12일 만에 8,000명 제한인원이 모두 채워졌다. 만약 2014년 이후 지금까지처럼 앞으로도 매년 참가자 수가 50퍼센트씩 증가한다면 언젠가는 지구상의 모든 사람들이 NIPS 콘퍼런스에 참가하길 원하는 날이 올지도 모른다. 물론 거품이란 것은 결국 터지게 마련이지만 언제 터질지는 아무도 모르는 일이다.

지난 30년간 해마다 그랬던 것처럼 다양한 과학 및 공학 분야의 연구자들이 지속적으로 NIPS 콘퍼런스에 모여들고 있지만, 2016년 바르셀로나 NIPS 콘퍼런스에 모인 5,400명 가운데 40퍼센트는 처음으로 참가하는 사람들이었다. 2016년까지 NIPS 재단 이사회는 현명하게도 콘퍼런스를 단일 트랙으로 진행했다. 대규모 학회로서는 드문 일이었다. 모든 참가자를 한 공간에 모아놓고 회의를 진행함으로써 분야의 세분화를 방지하기 위한 결정이었다. 그러나 2016년에는 단일 트랙에서 벗어나 두 개의 장소에서 회의를 진행해야만 했다. 참가자 전원이 모두 들어갈 수 있는 넓은 공간을 찾는 일이 쉽지 않았기 때문이다. 여타의 대형 학술회의가 대개 10개의 트랙을 운용하는 것에 비하면 그래도 여전히 분화를 피하기 위해 노력하는 것임에 틀림없다. NIPS의 논문 채택률은 약 20퍼센트 수준에 머물러 있다. 대다수의 학술지보다 낮은 수준이다. NIPS는 2016년 '머신러닝계의 여성(Women in Machine Learning, WiML)'이라는 명칭의 행사도 마련해[6] 거의

600명에 달하는 여성 학자들을 바르셀로나로 불러들였다(행사 참가자 전원의 10퍼센트에 해당한다). 2017년 롱비치 콘퍼런스에서는 여성 학자의 수가 1,000명에 이르렀다. 예전이나 지금이나 다양성은 NIPS 콘퍼런스의 전형적인 특징이다. 어떤 것이든 단일 분야 하나만으로는 딥러닝을 만들어낸 다재다능한 인재들을 한자리에 모을 수 없었을 것이다.

많은 산업 분야에 미칠 잠재적 영향력이 지대함에도 딥러닝의 지적재산권을 보호할 특허권은 그리 많지 않다는 사실이 놀라울지도 모른다. 우리는 1980년대 학습 알고리즘을 새로운 과학 분야의 토대로 만들고자 했기에 특허권으로 보호하는 것이 오히려 도움이 되지 않을 것이라 생각했다. 오늘날 기업들은 특정 애플리케이션에 대해 여지없이 특허권을 신청한다. 보호 장치가 없다면 신기술에 투자될 큰돈을 정당화하기가 어렵기 때문이다.

미래를 위한 준비

1950년대 퍼셉트론 개발을 시작으로 1980년대 다층 퍼셉트론을 위한 학습 알고리즘을 거쳐 2010년대 딥러닝에 이르기까지 뉴럴 네트워크 학습에서 중대한 전환점은 매 30년마다 발생했다. 그때마다 단기간에 많은 진보가 이뤄졌을 때 나타나는 과열 현상이 따랐고 뒤이어 느리고 점진적인 발전이 장기간 이어졌다. 한 가지 차이점은 과열 현상의 여파는 매번 증가하고 있다는 데 있다. 최근의 급성장은 그동안 활용 가능성이 점차 확대되어온 빅데이터에 기인한다. NIPS 스토리는 지금부터 전개될 시대에 대한 중요한 준비 과정이었다.

| 연대표 |

▶ **1949년**

도널드 헵이 저서《행동 방식의 기원(The Organization of Behavior)》을 통해 신경세포 간의 접점인 시냅스의 전달 효율 및 형상이 시간의 경과에 따라 지속적으로 변화하는 현상, 즉 시냅스의 가소성을 설명하는 헵 규칙(Hebb rule)을 제시했다.

▶ **1982년**

존 홉필드가 논문 <우발적 연합 연산 능력을 갖춘 물리적 시스템과 뉴럴 네트워크(Neural Networks and Physical Systems with Emergent Collective Computational Abilities)>에서 상호 결합형 신경망 모델인 홉필드 망(Hopfield net)을 소개했다.

▶ **1985년**

제프리 힌튼과 테런스 세즈노스키가 '볼츠만 머신의 학습 알고리즘(A Learning Algorithm for Boltzmann Machines)'을 발표했다. 그때까지 널리 수용되던, 다층 네트워크를 위한 학습 알고리즘의 생성은 불가능하다는 마빈 민스키와 시모어 페퍼트의 신념에 반증을 제시한 것이다.

▶ **1986년**

데이비드 러멜하트와 제프리 힌튼이 공동 논문인 <오차의 전파에 의한 내적 표상에 대한 학습(Learning Internal Representations by Error-Propagation)>에서 오늘날 딥러닝에 활용되고 있는 '역전파(backprop)' 학습 알고리즘의 개념을 소개했다.

▸ 1988년

리처드 서튼이 전문잡지 <머신러닝(Machine Learning)>에 '시간차 기법을 활용한 예측 학습(Learning to Predict by the Methods of Temporal Differences)'을 발표했다. 오늘날 시간차 학습은 보상 학습을 위해 동물의 뇌가 실행하는 알고리즘으로 인식되고 있다.

▸ 1995년

앤서니 벨과 테런스 세즈노스키가 독립성분분석을 위한 비지도 알고리즘을 설명하는 논문 <암묵적 분리 및 암묵적 디컨볼루션(컨볼루션을 제거하는 연산-옮긴이)에 대한 정보극대화 접근법(An Information-Maximization Approach to Blind Separation and Blind Deconvolution)>을 발표했다.

▸ 2013년

제프리 힌튼이 2012년 NIPS 학회에서 발표한 논문 <심층 컨볼루션(중첩 적분을 의미-옮긴이) 뉴럴 네트워크를 활용한 이미지넷 분류(ImageNet Classification with Deep Convolutional Neural Networks)> 덕분에 이미지 분류의 오류 발생률이 18퍼센트 감소했다.

▸ 2017년

딥러닝 네트워크 프로그램 **알파고**가 당시 바둑 세계 챔피언이던 중국의 커제를 제압했다.

내가 근무하는 소크생물학연구소는 구조가 특별하다. 외부에서는 콘크리트 요새처럼 보이지만 중정에 들어서면 폭넓은 석회암 바닥이 태평양을 향해 뻗어나가고 양옆으로 솟아오른 건물들이 비현실적인 공간을 단단히 잡아주는 광경이 펼쳐진다(〈그림 19.1〉)[1] 내 연구실은 중정에 면한 사우스빌딩(사진의 왼쪽)에 위치한다. 건물에 들어설 때 가장 먼저 눈에 띄는 것은 왼쪽 벽면을 차지한 해마의 전자현미경 사진으로 스파게티를 담아 올린 접시의 횡단면과 흡사한 느낌이다. 입구는 티룸으로 이어지는데, 이곳은 전산신경생물학 연구실의 심장과 같은 장소다.

제자들과 동료들이 모인 자리에서 열띤 토론을 벌이길 좋아했던 프랜시스 크릭을 포함해 전 세계의 뛰어난 과학자들이 흰색의 원형 티 테이블에 둘러앉아 과학과 관련된 모든 것에 대해 토론을 벌이곤 했다(〈그림 19.2〉). 실제로 우리의 티룸은 크릭의 저서 《놀라운 가설(The Astonishing Hypothesis)》 속에 등장하기도 했다.

소크생물학연구소의 테런스 세즈노스키 연구팀은 주중 오후 시간에 거의 매일 비공식적인 티타임을 갖는다. 최근의 실험 결과에 대해 토론하고 새로운 아이디어를 창출하기도 하며 과학이나 정치 혹은 새로운 소식에 대한 잡담을 나누는 매우 이상적인 시간이다. 어느 날 나는 티룸으로 가서 처치랜드와 세즈노스키에게 '의지'의 자리를 발견했다고 밝혔다! 그것이 전측대상회 또는 그 주변에 위치한다는 얘기였다. 이 문제를 안토니오 다마시오(Antonio Damasio)와 토론하며 그 또한 나와 같은 결론에 도달했음을 알게 되었다.[2]

프랜시스 크릭이 베아트리체 골롬과 함께 티룸에 들어서던 1989년의 그날이 특히 내 기억에 남아 있다. 크릭은 뉴럴 네트워크에 대해 연구하고 싶어 하는 골롬을 소개하며 내게 그녀를 채용하라고 권했다.[3] 골롬은 캘리포니아대학교 샌디에이고 캠퍼스에서 의학박사 과정을 밟고 있었고 대학원생 신분으로 크릭의 연구에 잠시 참여한 적도 있었다. 그녀는 박사학위 논문을 위해 뉴럴 네트워크에 관한 연구를 하고 싶어 했지만 자신이 속한 대학원에서는 불가능한 일이었다. 나는 크릭의 조언을 따랐고 그녀가 나를 통해 배움을 얻은 만큼 나 또한 그녀를 통해 배움을 얻었다. 그리고 1990년 캘리포니아대학교 아테나움(Athenaeum)에서 그녀와 결혼식을 올린 이후로 나는 계속 그녀에게서 많은 것을 배우고 있다.

그 티 테이블은 나의 존스홉킨스대학교 시절부터 줄곧 나와 함께했다. 1981년 토머스 젠킨스 생물물리학부(Thomas C. Jenkins Department of Biophysics)에서 시작한 첫 직장의 새로운 연구실 비품으

〈그림 19.1〉
태평양을 내려다보고 있는, 캘리포니아 라호야의 소크생물학연구소. 루이스 칸(Louis Kahn)이 설계한 이 획기적 건물은 과학의 사원이다. 여기가 바로 내가 매일 출근하는 직장이다. 이미지 출처: 켄트 슈노이커(Kent Schnoeker).

〈그림 19.2〉
2010년 소크생물학연구소의 연산학적 신경생물학 연구실의 티룸. 매일 가졌던 다과 시간은 이 책에서 설명하고 있는 다수의 학습 알고리즘과 과학적 발견의 사회적 인큐베이터 역할을 했다. 이미지 출처: 솔크생물학연구소.

로 제일 먼저 구입한 것이 바로 그것이었다. 학부 전체가 오랜 가족 같은 분위기였고 나는 맹목적 사랑을 받는 막내였다. 내가 새로운 방향으로 나아갈 수 있는 자신감을 심어준 그들에게 나는 영원히 감사한다. 나는 하버드 의과대학교 신경생물학부 시절에도 오후의 티타임 전통을 이어나갔다. 규모가 크고 다양한 연구 활동이 이뤄지던 곳이었던 만큼 티타임은 진행 중인 실험과 구성원들의 소식을 접할 수 있는 수단이 되어줬다. 소크생물학연구소의 내 연구실은 과학, 수학, 공학, 의학 등 다양한 배경의 학생들이 모인 대학교의 축소판이었고 티타임은 우리 모두가 하나의 팀으로 합쳐질 수 있는 시간이었다.

나는 운이 좋은 편이다. 내 부모님은 교육을 중시했고 어릴 때부터 나를 믿어주셨다. 전례 없는 경제적 성장과 풍부한 기회가 주어지는 시대를 살았던 덕분에 넓은 시야를 가질 수 있었다. 내 주변에는 자신의 통찰력과 조언을 아끼지 않는 멘토와 협력자들이 많았고, 뛰어난 재능을 보유한 일단의 학생들을 제자로 두고 함께 연구하는 혜택도 입었다. 제프린 힌튼, 존 홉필드, 브루스 나이트, 스테판 커플러, 마이클 스티맥, 존 휠러 그리고 내 경력의 무수한 전환점마다 내가 옳은 선택을 내리도록 도움을 준 나의 장인 솔로몬 골롬에게 특별한 감사를 표하는 바다. 베아트리체는 비판적 사고가이며 나는 그녀로부터 집단적 사고를 피하는 방법을 배웠다. 모두가 그렇게 믿는다고 해서 그것이 진실이 되는 것은 아니다. 일반적 믿음이 공동체 전반에 넘쳐흐르기까지 한 세대의 시간이 걸릴 수도 있다.

이 책의 집필에 도움을 준 많은 사람들에게 감사한다. 오랜 기간 나의 협력자였던 퍼트리샤 처치랜드, 온라인 〈사이언스네트워크〉의 설립자인 로저 빙햄(Roger Bingham)과의 토론은 영감의 원천이었다. 제어이론에 대한 존 도일의 통찰력은 뇌의 운영 체계에 대한 내 연구에 한 줄기 빛이 되었다. 스위스의 클로스터와 다보스 주변의 등산로에서 캐리 스톨러(Cary Staller)와 함께 한 긴 도보여행은 알고리즘의 세계를 명확하게 인식하게 해줬다. 바버라 오클리는 강의실 밖에 있는 보다 많은 청중들에게 다가갈 수 있는 방법을 가르쳐줬다. 스톨러와 오클리 두 사람은 딥러닝에 관한 내 스토리의 방향을 잡아준 사람들이다. 그 외에도 요슈아 벤지오와 시드니 브레너, 안드레아 치바, 게리 코트렐, 켄드라 크릭(Kendra Crick), 로드니 더글러스, 폴 에크만, 미카엘라 에니스(Michaela Ennis), 제롬 펠드먼, 아담 게즐리(Adam Gazzaley), 제프리 힌튼, 조나단 하워드(Jonathan C. Howard), 어윈 제이콥, 스콧 커크패트릭, 마크와 잭 닉크럼(Mark and Jack Knickrehm), 이태원, 데이비드 린든(David Linden), 제임스 맥클러랜드, 사킷 나블라카(Saket Navlakha), 바버라 오클리, 토마소 포지오, 찰스 로젠버그, 하바 시겔만, 데이비드 실버(David Silver), 제임스 시몬스, 매리언 스튜어트 바틀릿 등을 포함한 많은 사람들이 피드백과 아이디어를 제공해줬다. 리처드 서튼, 폴라 탈랄, 제럴드 테사우로, 서배스천 스런, 아짓 바르키(Ajit Varki), 마시모 베르가솔라, (이 책의 제목을 제안해준) 스테판 볼프람(Stephen Wolfram) 그리고 스티브 저커 또한 빼놓을 수 없다.

연산학적 신경과학에 관한 우즈홀 워크숍(Woods Hole Workshop on Computational Neuroscience)은 1984년 이후로 매년 여름 개최된다. 늘 모이는 몇몇 핵심 구성원들과 새로운 참가자들이 아침과 저녁 두 차례 심도 있는 토론 시간을 가지며 오후 시간은 야외 활동에 할애한다. 완벽한 조합이 아닐 수 없다. 이 워크숍 출신의 동문들 모두 눈부신 경력을 쌓았다. 우즈홀 워크숍은 지금까지 지속되고 있으며 1999년부터는 텔루라이드로 장소를 바꿔 해마다 열리는 뉴로모픽 공학 워크숍(Neuromorphic Engineering Workshop)과 동시에 개최되고 있다. 지난 30년간 이 워크숍에 참석해준 모든 사람들과, 특히 존 올먼, 다나 발라드(Dana Ballard), 로버트 드시모네(Robert Desimone), 존 도일(John Doyle), 카탈린 고다드(Katalin Gothard), 크리스토프 코흐, 존 먼셀(John Maunsell), 윌리엄 뉴섬(William Newsome), 베리 리치몬드(Barry

Richmond), 마이클 스트라이커(Michael Stryker), 스티븐 저커에게 감사한다.

소크생물학연구소와 캘리포니아대학교 샌디에이고 캠퍼스의 내 동료들은 기업심과 협력 정신이 넘치는 연구원들로 구성된 놀라운 공동체다. 이들은 의생명과학의 미래를 창조하는 사람들이다. UCSD의 뉴런 연산학 연구소(Institute for Neural Computation)의 교수진과 학생들은 1990년 설립 당시에는 가능할 것이라 상상도 못했던 방식으로 신경과학과 연산학의 통합을 이뤄냈다.

소크생물학연구소에 있는 연산학적 신경생물학 연구소(The Computational Neurobiology Laboratory, CNL)는 지난 30년 동안 나에게는 집이나 다름없었다. 이곳을 거쳐간 수많은 제자들이 세계 곳곳에서 이른바 잘나가는 경력자로 자리를 잡았다. 나에게 연구소는 가족이다. 수세대에 걸친 열정적인 대학원생들과 박사후연구원들이 내 삶에 형언할 수 없는 풍요로움을 선사해줬다. CNL이라는 훌륭한 배는 연구소의 관리를 책임지는 로즈마리 밀러(Rosemary Miller)와 메리 엘렌 페리(Mary Ellen Perry)의 보살핌을 받고 있다. 페리는 NIPS의 성장기인 지난 십여 년 동안 총감독의 역할을 훌륭히 수행했다. 리 캠벨(Lee Campbell)은 콘퍼런스의 규모를 열 배나 증대시킬 수 있도록 컴퓨터 플랫폼을 개발해준 장본인이다.

40년간 신뢰할 수 있는 동반자가 되어준 MIT 출판부에도 감사를 전한다. 나와 토마소 포지오가 함께 편집한 연사학적 신경과학에 관한 일련의 서적과 1989년 내가 직접 창간한 잡지 〈뉴런컴퓨테이션(Neural Computation)〉, 1992년 집필한 《연산학적 뇌(Computational

Brain)》를 발간할 수 있었던 것도 출판부 덕분이다. 그 외에도 MIT 출판부는 리처드 서튼과 앤드류 바토의 《강화학습 기초(Reinforcement Learning: An Introduction)》, 이 분야의 선구적 교과서로 이안 굿펠로(Ian Goodfellow), 요슈아 벤지오, 아론 코어빌(Aaron Courville)이 공동 저술한 《심층 학습》 등 머신러닝의 기본서라 할 수 있는 다수의 책을 발간했다. 출판부의 로버트 프라이어(Robert Prior)는 책의 출판까지 도달하는 긴 여정에서 예상치 못한 어려움을 극복하고 현재의 내용으로 완성될 수 있도록 아낌없는 지원을 제공해줬다.

NIPS 공동체에도 무한한 감사를 보낸다. 그들이 없었다면 이 책을 집필할 수 없었을 것이다. 설령 썼다고 해도 이 분야의 폭넓은 역사와는 상당한 거리를 두고 불과 몇 안 되는 주제와 뉴럴 네트워크 연구에 참여한 소수의 학자들에 초점을 맞춘 책이 되었을 것이다. 국제 뉴럴 네트워크 학회(International Neural Network Society)의 논문집인 《뉴럴 네트워크》는 뉴럴 네트워크의 도달 범위를 확장하는 데 커다란 도움이 되었다. 학회는 전기전자학회(Institute of Electrical and Electronic Engineering, IEEE)와 협력해 해마다 뉴럴 네트워크에 관한 국제 공동 콘퍼런스를 개최하고 있다. 머신러닝은 NIPS의 자매라 할 수 있는 머신러닝에 관한 국제 콘퍼런스(International Conference on Machine Learning, ICML)를 포함해 다수의 탁월한 콘퍼런스가 시작되는 계기를 마련해줬다. 이런 모든 조직과 그 조직에 기여한 수많은 학자들의 수고와 노력 덕분에 이 분야의 발전이 가능했다.

2018년 롱비치에서 개최된 NIPS의 개회식에서 나는 NIPS의 성장에 대한 경이로움을 이렇게 표현했다. "30년 전 최초의 NIPS 콘퍼런스가 열릴 때만 해도 오늘 이 자리에서 8,000명의 참가자들과 마주할 것이라고 생각지 못했습니다. 10년이면 충분할 거라 생각했었거든요." 나는 2016년 4월 마운틴뷰에 있는 제프리 힌튼을 방문했다. 구글 브레인은 건물의 한 층을 독차지하고 있었다. 우리는 옛 시절을 돌이켜보며 추억담을 나누다 우리가 결국 해냈다는 결론을 내렸다. 생각했던 것보다 더 오래 걸리긴 했지만 말이다. 힌튼은 영국과 캐나다의 왕립학회 회원으로 선출되었고, 나는 미국국립과학아카데미(National Academy of Sciences), 미국 의학회(National Academy of Medicine), 미국국립공학아카데미(National Academy of Engineering), 미국국립발명학술원(National Academy of Inventors), 미국예술과학아카데미(American Academy of Arts and Sciences) 등의 회원으로 선출되었다. 매우 드문 영광이 아닐 수 없다. 수년 동안 네트워크 연산에 관한 통찰력을 나눠준 힌튼에게 무한한 감사의 마음을 전한다.

프린스턴대학원 시절 나는 일반 상대성 이론에서의 블랙홀과 중력장, 즉 아인슈타인의 중력 이론에 관한 연구에 몰두했었다. 그러나 물리학 박사학위를 취득한 후 신경생물학으로 전향했고 그때부터 인간의 뇌는 나의 최대 관심사가 되었다. 나는 아직 나의 세 번째 연구 주제가 무엇이 될지 알지 못한다. 언젠가 나의 장인 솔로몬 골롬은 경력은 지난 일을 회고할 때 쌓이는 것이라는 말을 해준 적이 있다. 이 책을 쓰고 있는 지금 나는 그의 말이 틀리지 않았음을 확인하고 있다. 과거를 되돌아보면 나를 지금의 나로 만들어준 사건과 의사 결정의 순간들이 명확해진다. 물론 당시에는 알 수 없었던 부분이지만.

- **적응 신호 처리(adaptive signal processing):** 자동 그레인 제어 또는 잡음 자동 조정 필터 등과 같이 신호의 품질을 향상시키는 방식.
- **알고리즘:** 특정한 목적을 이루기 위해 밟는 단계별 절차. 요리할 때 따르는 레시피와 비슷하다고 보면 쉽다.
- **역전파(backdrop, backpropation of errors):** 비용 함수를 최소화하고 수행력을 향상시키기 위한 경사하강법으로 뉴럴 네트워크를 최적화하는 학습 알고리즘.
- **베이즈 규칙(Bayes's rule):** 새로운 데이터와 해당 이벤트에 관련된 조건에 대한 사전 지식을 기반으로 이벤트의 확률을 업데이트하는 수식. 보다 일반적인 표현인 '베이즈 확률'은 현재 및 이전 데이터를 기반으로 삼은 결과에 대한 믿음의 정도다.
- **볼츠만 머신(Boltzmann machine):** 상호 작용하는 이진 유닛들로 구성된 뉴럴 네트워크 모델이다. 여기서는 활성 상태에 있는 유닛의 확률이 통합된 시냅스 인풋에 의존한다. 통계 역학의 토대를 마련한 19세기 물리학자 루드비히 볼츠만의 이름을 따서 명명되었다.
- **제약 조건(constraints):** 최적화 문제에 대한 솔루션이 양의 값을 갖기 위해 만족해야 하는 조건.
- **컨볼루션(convolution):** 하나의 함수가 다른 함수 위로 옮겨질 때 그 겹쳐지는 양을 계산해 하나의 함수와 다른 함수를 혼합하는 중첩 적분이다.
- **비용 함수:** 네트워크의 목표를 특정하고 수행력을 정량화하는 기능이다. 학습의 목표는 비용 함수를 줄이는 것이다.
- **디지털 보조자(digital assistant):** 아마존의 스마트스피커 에코에 탑재된 알렉스와 같은, 과업 해결을 돕는 가상의 비서를 말한다.
- **세대(epoch):** 지정된 수의 예제에서 평균 경사도가 산출된 후 학습 과정에서 가중

치가 업데이트되는 시점을 말한다.

- **평형(equilibrium):** 물질 또는 에너지의 순수한 거시적 흐름이 없는 열역학 상태다. 유닛이 개연성에 의거하는 볼츠만 머신에서는 인풋이 일정하게 유지될 때 시스템이 평형 상태가 된다.
- **피드백(feedback):** 뉴럴 네트워크에서 상위 계층에서 하위 계층으로 이동하며 네트워크 내에 신호가 순환되는 고리를 창출하는 연결을 말한다.
- **피드포워드 네트워크(feedforward network):** 계층 간 연결성이 인풋 계층에서 아웃풋 계층으로 한 방향으로만 이뤄지는 계층형 뉴럴 네트워크다.
- **경사하강법(gradient descent):** 비용 함수를 줄이기 위해 매 시기마다 매개 변수를 바꾸는 최적화 기술로서, 네트워크 모델이 얼마나 잘 수행되고 있는지를 재는 척도다.
- **홉필드 망(Hopfield net):** 존 홉필드가 도입한 완전히 연결된 뉴럴 네트워크 모델로, 시작 상태에 의존하는 고정 어트랙터 상태로 수렴되는 것이 보장되었고 정보를 저장하고 검색하는 데 사용될 수 있었다. 이 네트워크는 논문 천여 편의 출발점이 되었다.
- **학습 알고리즘(learning algorithm):** 예제를 기반으로 함수의 매개 변수를 변경하기 위한 알고리즘으로, 인풋과 원하는 아웃풋이 주어지는 경우 '지도' 학습이라 하고, 인풋만 주어지는 경우 '비지도' 학습이라 한다. 강화학습은 유일한 피드백이 훌륭한 수행에 대한 보상이 되는, 지도 학습 알고리즘의 특별한 유형이다.
- **로직(logic):** 참 또는 거짓만 나올 수 있는 가정에 기초한 수학적 추론이다. 수학자는 로직을 이용해 정리를 증명한다.
- **머신러닝(machine learning):** 명시적인 프로그래밍 없이 데이터를 토대로 과업을 수행하는 법을 배울 수 있는 능력을 컴퓨터에 부여하는 컴퓨터 과학 분야다.
- **밀리초(millisecond):** 1,000분의 1초(0.001초)로서 1킬로헤르츠 톤의 한 주기에 걸리는 시간이다.
- **온라인대중공개강좌(massive open online course, MOOC):** 인터넷으로 자유롭게 수강할 수 있는 폭넓고 다양한 주제의 무료 강좌로서 첫 번째 강좌는 2006년에 제공되었으며 2018년 1월 기준 전 세계의 9,100만 명에 달하는 이용자가 9,400여

개의 강좌에 참여하고 있다.

- **뉴런(neuron):** 다른 뉴런의 인풋을 통합해 다른 뉴런으로 아웃풋을 보내는 전문화된 뇌 세포다.
- **정상화(normalization):** 신호의 진폭을 고정된 한계 내에 유지하는 것으로, 시간에 따라 변하는 양의 신호를 정상화하는 한 가지 방법은 최댓값으로 나눈 다음 1로 한정하는 것이다.
- **최적화(optimization):** 함수의 최적값을 찾기 위해 허용된 집합 내에서 인풋 값을 체계적으로 검색해 함수를 최대화 또는 최소화하는 프로세스다.
- **과대적합(overfitting):** 네트워크 모델에서 조정 가능한 매개 변수의 수가 훈련 데이터의 수보다 훨씬 많고 알고리즘이 예제를 암기하기 위해 초과 용량을 사용할 때 학습 알고리즘이 도달 하는 상태로서, 네트워크의 새로운 예를 일반화해 적용하는 능력을 크게 감소시키지만 규칙화를 통해 줄일 수 있다.
- **퍼셉트론(perceptron):** 인풋을 범주로 분류하도록 훈련할 수 있는 가변 가중치를 갖춘 단일 유닛과 인풋으로만 구성된 간단한 뉴럴 네트워크 모델이다.
- **가소성(plasticity):** 연결 강도('시냅스 가소성')의 변화 또는 인풋에 대한 뉴런의 반응('본질적 가소성')과 같은 기능을 변경하는 뉴런 내의 변화성을 말한다.
- **확률 분포(probability distribution):** 시스템의 모든 가능한 상태 또는 특정 실험의 결과가 나타날 확률을 특정하는 함수를 말한다.
- **회귀성 네트워크(recurrent network):** 피드백 연결이 신호를 내부에서 순환하도록 허용하는 뉴럴 네트워크다.
- **규칙화(regularization):** 네트워크의 모든 가중치가 훈련의 매 시기마다 감소하고 커다란 양의 경사도를 지닌 가중치만 생존하는 가중치 붕괴와 같은 상황에서처럼 훈련 데이터가 제한적일 때 많은 매개 변수를 지닌 네트워크 모델의 과대적합을 피하는 방법이다.
- **축척(scaling):** 알고리즘의 복잡성이 문제의 크기에 따라 달라지는 방식으로, 예를 들어 n만큼 더해지면 n만큼 복잡해지지만 n의 모든 쌍이 곱해지면 n의 자승만큼 복잡해진다.
- **스컹크 작업단(skunk works):** 조직 내에서 고급 프로젝트나 비밀 프로젝트를 고

도의 자율성을 갖고 수행하는 그룹으로, 만화 <릴 애브너(Li'l Abner)>에 나오는 밀주 공장의 이름에서 유래되었다.

- **희소성 원칙(sparsity principle):** EEG나 fMRI와 같은 신호의 희소한 표현은 몇 가지 고정된 기본 함수의 가중치 합으로 신호의 근사치를 내는 것으로, 이것은 독립 성분분석의 경우 소스(source)라고 불린다. 뉴런 모집단에서 인풋의 희소한 표현은 소수의 뉴런만이 고도로 활동적인 경우다. 이렇게 하면 다른 인풋을 나타내는 다른 유형의 활동에 대한 간섭을 줄일 수 있다.
- **시냅스(synapse):** 시냅스 이전 뉴런에서 시냅스 이후 뉴런으로 신호가 전달되는, 두 개의 뉴런 사이의 특별한 신경접합부를 말한다.
- **훈련 및 테스트 세트(training and test sets):** 훈련 세트에 대한 수행력은 특정 뉴럴 네트워크가 새로운 인풋에 대해 얼마나 훌륭한 수행력을 보일지를 추정할 수 있는 좋은 척도가 되지 못하기 때문에 훈련에 이용되지 않은 테스트 세트를 통해 해당 네트워크가 새로운 인풋을 얼마나 잘 일반화해 적용할 수 있는지 확인해야 한다. 데이터 세트가 작으면 훈련 세트에서 제외된 단일 샘플을 이용해 나머지 샘플로 훈련된 네트워크의 수행력을 테스트할 수 있다. 모든 샘플에 대해 이 프로세스를 반복하면 평균적인 테스트 수행력을 얻을 수 있다. 이것은 n=1인 교차 유효성 검사의 특수한 경우이며, n개의 하위 샘플이 보류된다.
- **튜링 머신(Turing machine):** 앨런 튜링이 1937년 수학 계산을 위한 간단한 모델로 발명한 가상의 컴퓨터로, 앞뒤로 움직일 수 있는 '테이프'와 아래의 활성 셀의 속성을 변경할 수 있는 '상태'를 가진 '헤드', 그리고 헤드가 어떻게 활성 셀을 수정하고 테이프를 움직여야 하는지에 대한 일련의 지침으로 구성된다. 각 단계에서 튜링 머신은 활성 셀의 속성을 수정하고 헤드의 상태를 변경할 수 있다. 그런 다음 그것은 테이프를 한 단위 이동시킨다.

주

서문

1 엄밀히 말해서 뉴럴 네트워크는 생물학적 독립체이고 머신러닝에 이용되는 모델은 인공 뉴럴 네트워크다. 하지만 이 책에서 '뉴럴 네트워크'는 달리 적시하지 않는 한 인공 네트워크를 가리킨다.

2 Conor Dougherty, "Astro Teller, Google's 'Captain of Moonshots,' on Making Profits at Google X," New York Times, February 6, 2015, https://bits.blogs.nytimes.com/2015/02/16/googles-captain-of-moonshots-on-making-profits-at-google-x. 딥러닝은 데이터센터를 가동하는 데 들어가는 에너지 비용을 15퍼센트 낮췄다. 이것은 연간 수억 달러에 달하는 비용 절감을 의미한다.

3 비록 1943년에 왓슨이 했다는 이 말은 확증된 바는 없지만, 컴퓨터의 미래에 대해 인식하던 당대의 전반적인 분위기를 반영한다.

1장

1 "O brave new world that has such people in't!" Miranda, in Shakespeare's The Tempest (5.1.182–183 [Oxford Standard Authors Shakespeare]).

2 Bill Vlasic, "G.M. Wants to Drive the Future of Cars That Drive Themselves," New York Times, June 4, 2017, https://www.nytimes.com/2017/06/04/business/general-motors-self-driving-cars-mary-barra.html.

3 "Full Tilt: When 100% of Cars Are Autonomous," New York Times Magazine, November 8, 2017, https://www.nytimes.com/interactive/2017/11/08/magazine/tech-design-autonomous-future-cars-100-percent-augmented-reality-policing.html?hp&action=click&pgtype=Homepage&clickSource=story-heading&module=second-column-region®ion=top-news&WT.nav=top-news/.

4 Christopher Ingraham, "The Astonishing Human Potential Wasted

on Commutes," Washington Post, February 24, 2016, https://www.washingtonpost.com/news/wonk/wp/2016/02/25/how-much-of-your-life-youre-wasting-on-your-commute/?utm_term=.497dfd1b5d9c.

5 Patcharinee Tientrakool, Ya-Chi Ho, and N. F. Maxemchuk, "Highway Capacity Benefits from Using Vehicle-to-Vehicle Communication and Sensors for Collision Avoidance," IEEE Vehicular Technology Conference, San Francisco, 5-8 September 2011.

6 "Google's Waymo Passes Milestone in Driverless Car Race," Financial Times, December 10, 2017. https://www.ft.com/content/dc281ed2-c425-11e7-b2bb-322b2cb39656/.

7 B. A. Golomb, "Will We Recognize It When It Happens?" in Brockman, J. (ed.), What to Think About Machines That Think (New York: Harper Perennial, 2015), 533-535.

8 Pierre Delforge, "America's Data Centers Consuming and Wasting Growing Amounts of Energy," Natural Resources Defense Council Issue Paper, February 6, 2015. https://www.nrdc.org/resources/americas-data-centers-consuming-and-wasting-growing-amounts-energy/.

9 W. Brian Arthur, "Where Is Technology Taking the Economy?" McKinsey Quarterly October, 2017. https://www.mckinsey.com/business-functions/mckinsey-analytics/our-insights/Where-is-technology-taking-the-economy/.

10 Gideon Lewis-Kraus, "The Great A.I. Awakening," New York Times Magazine, December 14, 2016. https://www.nytimes.com/2016/12/14/magazine/the-great-ai-awakening.html.

11 Aleksandr Sergeevich Pushkin, Eugene Onegin: A Novel in Verse, 2nd ed., trans. Vladimir Nabokov (Princeton: Princeton University Press, 1991).

12 이와 관련된 초기의 시도를 알고 싶으면 다음을 참조하라. Andrej Karpathy, "The Unreasonable Effectiveness of Recurrent Neural Networks," Andrej Karpathy Blog, posted May 21, 2015. http://karpathy.github.io/2015/05/21/rnn-effectiveness/.

13 G. Hinton, L. Deng, G. E. Dahl, A. Mohamed, N. Jaitly, A. Senior, et al., "Deep Neural Networks for Acoustic Modeling in Speech Recognition,"

IEEE Signal Processing Magazine 29, no. 6 (2012): 82–97.

14 W. Xiong, J. Droppo, X. Huang, F. Seide, M. Seltzer, A. Stolcke, et al., "Achieving Human Parity in Conversational Speech Recognition," Microsoft Research Technical Report MSR–TR–2016–71, revised February 2017. https://arxiv.org/pdf/1610.05256.pdf.

15 A. Esteva, B. Kuprel, R. A. Novoa, J. Ko J, S. M. Swetter, H. M. Blau, and S. Thrun, "Dermatologist–Level Classification of Skin Cancer with Deep Neural Networks," Nature 542, no. 7639 (2017): 115–118.

16 Siddhartha Mukherjee, "A.I. versus M.D: What Happens When Diagnosis Is Automated?," New Yorker, April 3, 2017. http://www.newyorker.com/magazine/2017/04/03/ai–versus–md/.

17 Dayong Wang, Aditya Khosla, Rishab Gargeya, Humayun Irshad, Andrew H. Beck, Deep Learning for Identifying Metastatic Breast Cancer, arXiv:1606.05718. 이들이 이용한 척도는 ROC 곡선 아래 영역(area under the curve, AUC)이라 불린다. 신호감지 이론 분야에서 나온 것으로 허위 음성과 허위 양성 양쪽 모두에 민감하다. https://arxiv.org/abs/1606.05718/.

18 Anthony Rechtschaffen and Alan Kales, eds., A Manual of Standardized Terminology, Techniques and Scoring System for Sleep Stages of Human Subjects, National Institutes of Health publication no. 204 (Bethesda, MD: U.S. National Institute of Neurological Diseases and Blindness, Neurological Information Network, 1968).

19 다음을 참조하라. Ian Allison, "Former Nuclear Physicist Henri Waelbroeck Explains How Machine Learning Mitigates High Frequency Trading," International Business Times, March 23, 2016, http://www.ibtimes.co.uk/former–nuclear–physicist–henri–waelbroeck–explains–how–machine–learning–mitigates–high–frequency–1551097/; Bailey McCann, "The Artificial–Intelligent Investor: AI Funds Beckon," Wall Street Journal, November 5, 2017. https://www.wsj.com/articles/the–artificial–intelligent–investor–ai–funds–beckon–1509937622/.

20 Sei Chong, "Morning Agenda: Big Pay for Hedge Fund Chiefs despite a Rough Year," New York Times, May 16, 2017. https://www.nytimes.com/2017/05/16/business/dealbook/hedge–funds–amazon–bezos.html.

21 수천 명의 수학자를 고용하고 있는 미국 국가안보국은 제외하고 그렇다. Alfred W. Hales, personal communication, May 4, 2016.

22 Sarfaz Manzoor, "Quants: The Maths Geniuses Running Wall Street," Telegraph, July 23, 2013. http://www.telegraph.co.uk/finance/10188335/Quants-the-maths-geniuses-running-Wall-Street.html.

23 D. E. Shaw, J. C. Chao, M. P. Eastwood, J. Gagliardo, J. P. Grossman, C. Ho, et al., "Anton: A Special-Purpose Machine for Molecular Dynamics Simulation," Communications of the ACM 51, no. 7 (2008): 91-97.

24 D. T. Max, Jim Simons, "The Numbers King," New Yorker, December 18 & 25, 2017. https://www.newyorker.com/magazine/2017/12/18/jim-simons-the-numbers-king/.

25 곧 주요한 영화의 소재가 되기도 한다.

26 John von Neumann, as quoted in Jacob Bronowski, The Ascent of Man, documentary TV series, episode 13 (1973).

27 다음을 참조하라. M. MoravČík, M. Schmid, N. Burch, V. Lisý, D. Morrill, N. Bard, et al., "DeepStack: Expert-Level Artificial Intelligence in Heads-Up No-Limit Poker," Science 356, no. 6337 (2017): 508-513 표준편차는 종형 곡선의 반쪽 폭이다. 표본의 16퍼센트만이 평균에서 1표준편차보다 컸고 1만 표본에서 오직 3개만이 평균에서 4표준편차보다 컸다.

28 1983년에 나온 공상과학 영화 〈워게임(Wargames)〉의 시나리오가 떠오른다. 다음을 참조하라. https://en.wikipedia.org/wiki/WarGames.

29 다음을 참조하라. D. Silver, A. Huang, C. J. Maddison, A. Guez, L. Sifre, G. v. d. Driessche, et al., "Mastering the Game of Go with Deep Neural Networks and Tree Search," Nature 529, no. 7587 (2016): 484-489.

30 "오늘은 무슨 말을 어떻게 시작해야 할지 모르겠습니다." 이세돌은 기자회견에서 이렇게 말했다. "어쨌든 사과 말씀부터 드려야 맞을 거 같습니다. 보다 나은 결과, 보다 나은 성과, 보다 나은 게임 내용을 보여드렸어야 했는데요. 많은 분들의 기대에 부응하지 못한 데 대해 사과드립니다. 뭐랄까, 좀 무력감을 느꼈습니다. 지난 세 번의 대국을 돌아보면, 첫 번째 대국은 설령 다시 돌아가서 다시 대국을 벌인다 해도 이길 수 있을까 의심이 듭니다. 왜냐하면 애초에 저는 알파고의 기력을 오판하고 있었으니까요." 다음에서 인용한 글이다. Jordan Novet, "Go Board Game Champion Lee Sedol Apologizes for Losing to Google's AI," VentureBeat,

March, 12, 2016. https://venturebeat.com/2016/03/12/go-board-game-champion-lee-sedol-apologizes-for-losing-to-googles-ai/.

31 서베이어 1호는 1966년 1월 2일 만국표준시 6:17:36(미국 동부 시간 1:17:36)에 달 표면에 착륙했다. 착륙 지점은 플램스티드 분화구 북쪽에 위치한 100킬로미터 폭 분화구 안쪽의 평원이었다.

32 다음에서 인용한 커제의 말이다. Selina Cheng, "The Awful Frustration of a Teenage Go Champion Playing Google's AlphaGo," Quartz, May 27, 2017. https://qz.com/993147/the-awful-frustration-of-a-teenage-go-champion-playing-googles-alphago/.

33 다음에서 인용한 커제의 말이다. Paul Mozur, "Google's A.I. Program Rattles Chinese Go Master As It Wins Match," New York Times, May 25, 2017. https://www.nytimes.com/2017/05/25/business/google-alphago-defeats-go-ke-jie-again.html.

34 Paul Mozur, "Beijing Wants A.I. to Be Made in China by 2030," New York Times, July 20, 2017. https://www.nytimes.com/2017/07/20/business/china-artificial-intelligence.html.

35 Silver D., J. Schrittwieser, K. Simonyan, I. Antonoglou, A. Huang, A. Guez, T. Hubert, L. Baker, M. Lai, A. Bolton, Y. Chen, T. Lillicrap, F. Hui, L. Sifre, G. van den Driessche, T. Graepel, and D. Hassabis, "Mastering the Game of Go Without Human Knowledge," Nature 550 (2017): 354-359.

36 David Silver, Thomas Hubert, Julian Schrittwieser, Ioannis Antonoglou, Matthew Lai, Arthur Guez, Marc Lanctot, Laurent Sifre, Dharshan Kumaran, Thore Graepel, Timothy Lillicrap, Karen Simonyan, Demis Hassabis, Mastering Chess and Shogi by Self-Play with a General Reinforcement Learning Algorithm, arXiv:1712.01815 (2017).

37 Harold Gardner, Frames of Mind: The Theory of Multiple Intelligences, 3rd ed. (New York: Basic Books, 2011).

38 J. R. Flynn, "Massive IQ Gains in 14 Nations: What IQ Tests Really Measure," Psychological Bulletin 101, no. 2 (1987):171-191.

39 S. Quartz and T. J. Sejnowski, Liars, Lovers, and Heroes: What the New Brain Science Reveals About How We Become Who We Are (New York: Harper Collins, 2002).

40 Douglas C. Engelbart, Augmented Intelligence: Smart Systems and the Future of Work and Learning, SRI Summary Report AFOSR-3223 (Washington, DC: Doug Engelbart Institute, October 1962). http://www.dougengelbart.org/pubs/augment-3906.html.

41 M. Young, "Machine Learning Astronomy," Sky and Telescope, December (2017): 20-27.

42 "Are ATMs Stealing Jobs?" The Economist, June 15, 2011. https://www.economist.com/blogs/democracyinamerica/2011/06/technology-and-unemployment/.

43 John Taggart and Kevin Granville, "From 'Zombie Malls' to Bonobos: What America's Retail Transformation Looks Like," New York Times, April 15, 2017.

44 E. Brynjolfsson and T. Mitchell, "What Can Machine Learning Do? Workforce Implications." Science (2017): 358: 1,530-1,534. doi: 10.1126/science.aap8062.

45 "Technology Is Transforming What Happens When a Child Goes to School: Reformers Are Using New Software to 'Personalise' Learning," Economist, July 22, 2017. https://www.economist.com/news/briefing/21725285-reformers-are-using-new-software-personalise-learning-technology-transforming-what-happens/.

46 미국의 경우 교육 시장의 규모는 1조 2,000억 달러가 넘는 것으로 추산된다. 주요한 세 부문으로 나뉘는데, 조기교육 시장이 700억 달러, K-12 시장이 6,700억 달러, 고등교육 시장이 4,750억 달러 규모다. 다음을 참조하라. Arpin Gajjar, "How Big Is the Education Market in the US: Report from the White House," Students for the Future, October 10, 2008. https://medium.com/students-for-the-future/how-big-is-the-education-market-in-the-us-report-from-white-house-91dc313257c5.

47 "Algorithmic Retailing: Automatic for the People," Economist, April 15, 2017, 56.

48 T. J. Sejnowski, "AI Will Make You Smarter," in Brockman, J. (ed.), What to Think About Machines That Think (New York: Harper Perennial, 2015), 118-120.

2장

1 공식 설립 연도는 1970년이지만 MIT 인공지능 연구소는 1959년부터 연구를 시작했고, 2003년 MIT 컴퓨터과학 연구소와 통합되어 MIT 컴퓨터과학 및 인공지능 연구소(CSAIL)로 재탄생했다. 하지만 나는 단순성과 연속성을 고려해 초기부터 오늘날까지 그 연구소를 MIT 인공지능 연구소로 칭한다.

2 다음을 참조하라. Seymour A. Papert, "The Summer Vision Project," AI Memo AIM-100. July 1, 1966, DSpace@MIT. https://dspace.mit.edu/handle/1721.1/6125. MIT의 2016학번인 미카엘라 에니스(Michaela Ennis)는 이렇게 말한다. "'컴퓨터 비전' 과업을 여름 프로젝트로 할당 받은 대학생에 대한 이야기는 패트릭 윈스턴(Patrick Winston) 교수님이 매년 수업에 들어온 학생들에게 들려주곤 합니다. 또 교수님은 그 학생이 바로 제럴드 서스먼이었다고 확인해주곤 합니다."

3 다음을 참조하라. Roger Peterson, Guy Mountfort, and P. A. D. Hollom, Field Guide to the Birds of Britain and Europe, 5th ed. (Boston: Houghton Mifflin Harcourt, 2001).

4 Peterson, Mountfort, Hollom, A Field Guide to the Birds of Britain and Europe, 5th ed., p.16.

5 Bruce G. Buchanan and Edward H. Shortliffe, Rule Based Expert Systems: The MYCIN Experiments of the Stanford Heuristic Programming Project (Reading, MA: Addison-Wesley, 1984).

6 S. Mukherjee, "A.I. versus M.D.: What Happens When Diagnosis Is Automated?" New Yorker, April 3, 2017

7 Pedro Domingos, The Master Algorithm: How the Quest for the Ultimate Learning Machine Will Remake Our World (New York: Basic Books, 2015), 35. 우리가 보유하고 당연시 여기는 상식적인 지식 전부를 정량화하는 방법에 대해 아는 사람은 없다.

8 고양이는 사람보다 가볍고, 뒤로 추락해도 공중에서 몸을 틀어 앞으로 착지할 수 있다. J. A. Sechzera, S. E. Folsteina, E. H. Geigera, R. F. and S. M. Mervisa, "Development and Maturation of Postural Reflexes in Normal Kittens," Experimental Neurology 86, no. 3 (1984): 493-505.

9 B. Katz, Nerve, Muscle, and Synapse (New York: McGraw-Hill, 1996); A. Hodgkin, Chance and Design: Reminiscences of Science in Peace and

War (Cambridge: Cambridge University Press, 1992).

10 M. Stefik, "Strategic Computing at DARPA: Overview and Assessment," Communications of the ACM 28, no.7 (1985): 690–704.

11 G. Tesauro and T. J. Sejnowski, "A Parallel Network That Learns to Play Backgammon," Artificial Intelligence 39 (1989): 357–390.

3장

1 피질의 각기 다른 부분에서 세포의 특성 및 연결성의 차이가 발견되는데, 이는 계층의 상이한 감각 시스템 및 다른 수준에 대한 분화를 반영하는 것으로 추정된다.

2 P. C. Wason, "Self-Contradictions," in P. N. Johnson-Laird and P. C. Wason, eds., Thinking: Readings in Cognitive Science (Cambridge: Cambridge University Press, 1977).

3 Norbert Wiener, Cybernetics, or Control and Communication in the Animal and the Machine (Cambridge, MA: MIT Press, 1948).

4 O. G. Selfridge, "Pandemonium: A Paradigm for Learning," in D. V. Blake and A. M. Uttley, eds., Proceedings of the Symposium on Mechanisation of Thought Processes (1959): 511–529.

5 Peter H. Lindsay and Donald A. Norman, Human Information Processing: An Introduction to Psychology, 2nd ed. (New York: Academic Press, 1977), figure 3-1. Wikipedia Commons: https://commons.wikimedia.org/wiki/File:Pande.jpg.

6 다음을 참조하라. Bernard Widrow and Samuel D. Stearns, Adaptive Signal Processing (Englewood Cliffs, NJ: Prentice-Hall, 1985).

7 다음을 참조하라. Frank Rosenblatt, Principles of Neurodynamics: Perceptrons and the Theory of Brain Mechanisms (Washington, DC: Spartan Books, 1962).

8 수줍음을 많이 타면서도 스포츠카를 타고 코넬대학교 캠퍼스 주변을 누비길 좋아했던 로젠블랫은 다양한 분야에 관심을 쏟는 박식가였다. 그는 천문학 분야에도 관심을 갖고 우주의 특정한 행성이 특정한 별을 지나칠 때 생기는 밝기의 변화를 측정함으로써 그것이 해당 별의 행성인지 아닌지를 판단하는 방법을 밝혔다. 그가 밝힌 방법은 오늘날 은하계에서 별을 공전하는 외계행성을 찾는 데 널리 이용되고 있다.

9 M. S. Gray, D. T. Lawrence, B. A. Golomb, and T. J. Sejnowski, "A Perceptron Reveals the Face of Sex," Neural Computation 7, no. 6 (1995): 1,160–1,164.

10 B. A. Golomb, D. T. Lawrence, and T. J. Sejnowski, "SEXNET: A Neural Network Identifies Sex from Human Faces," in R. Lippmann, and D. S. Touretzky, eds., Advances in Neural Information Processing Systems 3 (1991): 572–577.

11 포스너의 말장난은 1950년대에 로스앤젤레스 경찰국의 범죄 소탕 전담형사들의 활약상을 소개하던 인기 TV 시리즈 〈드래그넷(Dragnet)〉을 암시하는 것이다.

12 M. S. Gray, D. T. Lawrence, B. A. Golomb, and T. J. Sejnowski, "A Perceptron Reveals the Face of Sex," Neural Computation 7 (1995): 1,160–1,164, figure 1

13 M. Olazaran, "A Sociological Study of the Official History of the Perceptrons Controversy," Social Studies of Science 26, no. 3 (1996): 611–659.

14 Vladimir Vapnik, The Nature of Statistical Learning Theory (New York: Springer 1995), 138.

15 Weifeng Liu, José C. Principe, and Simon Haykin, Kernel Adaptive Filtering: A Comprehensive Introduction (Hoboken, NJ: Wiley, 2010).

16 Marvin Minsky and Seymour Papert, Perceptrons (Cambridge, MA: MIT Press, 1969). 다음도 참조하라. Marvin Lee Minsky and Seymour Papert, Perceptrons: An Introduction to Computational Geometry, expanded ed. (Cambridge, MA: MIT Press, 1988).

17 UCSD의 동료 하비 카튼(Harvey Karten)에 따르면 로젠블랫은 보트를 몬 경험이 많았고, 그날도 일단의 학생들을 데리고 유람에 나섰다 사고를 당한 것이다. 돛의 아래 활대가 갑자기 그를 치는 바람에 배 밖으로 튕겨나간 것이었는데, 학생들 중 어느 누구도 그를 구하기엔 역부족이었다고 한다(2017년 11월 8일에 나눈 사적인 대화다).

4장

1 Christoph von der Malsburg, "The Correlation Theory of Brain Function," Internal Report 81–2 (Göttingen: Max–Planck Institute for Biophysical

Chemistry, 1981), https://fias.uni-frankfurt.de/fileadmin/fias/malsburg/publications/vdM_correlation.pdf.

2 P. Wolfrum, C. Wolff, J. Lücke, and C. von der Malsburg. "A Recurrent Dynamic Model for Correspondence-Based Face Recognition," Journal of Vision 8, no. 34 (2008): 1-18.

3 K. Fukushima, "Neocognitron: A Self-Organizing Neural Network Model for a Mechanism of Pattern Recognition Unaffected by Shift in Position," Biological Cybernetics 36, no. 4 (1980): 93-202.

4 T. Kohonen, "Self-Organized Formation of Topologically Correct Feature Maps," Biological Cybernetics 43, no. 1 (1982): 59-69.

5 Judea Pearl, Probabilistic Reasoning in Intelligent Systems: Networks of Plausible Inference (San Mateo, CA: Morgan Kaufmann, 1988).

6 이 내용은 추후 공동 저작으로 출간된다. Geoffrey E. Hinton and James A. Anderson, eds., Parallel Models of Associative Memory (Hillsdale, NJ: Erlbaum, 1981).

7 Terrence J. Sejnowski, "David Marr: A Pioneer in Computational Neuroscience," in Lucia M. Vaina, ed., From the Retina to the Neocortex: Selected Papers of David Marr (Boston: Birkhäuser, 1991), 297-301; 다음을 참조하라. D. Marr, "A Theory of Cerebellar Cortex," Journal of Physiology 202 (1969): 437-470; D. Marr, "A Theory for Cerebral Neocortex," Proceedings of the Royal Society of London: B Biological Sciences 176 (1970): 161-234; D. Marr, "Simple Memory: A Theory for Archicortex," Philosophical Transactions of the Royal Society of London: B Biological Sciences 262 (1971): 23-81.

8 D. Marr and T. Poggio, "Cooperative Computation of Stereo Disparity," Science 194, no. 4262 (1976): 283-287; 무선점 스테레오그램에 대한 설명은 또한 다음을 참조하라. Béla Julesz, Foundations of Cyclopean Perception (Chicago: University of Chicago Press, 1971).

9 매직아이 이미지는 시선을 분기하면 볼 수 있는 3차원 구조를 패턴 내에 감추고 있는 오토스테레오그램이다. 크리스토퍼 타일러(Christopher Tyler)는 1979년에 최초로 흑백 오토스테레오그램을 창출했다. 다음을 참조하라. http://www.magiceye.com/.

10 David Marr, Vision: A Computational Investigation into the Human Representation and Processing of Visual Information (New York: W. H. Freeman, 1982).

11 Terrence Joseph Sejnowski, "A Stochastic Model of Nonlinearly Interacting Neurons" (Ph.D. diss., Princeton University, 1978).

12 T. J. Sejnowski, "Vernon Mountcastle: Father of Neuroscience," Proceedings of the National Academy of Sciences of the United States of America 112, no. 4262 (2015): 6523–6524.

13 존스홉킨스대학교에는 의학부와 공중보건학부, 인문과학부, 이렇게 세 개의 학부가 제각기 생물물리학과를 보유한다. (홈우드 캠퍼스의 인문과학부 산하 토머스 C. 젠킨스 생물물리학과에 재직했다.)

14 P. S. Churchland and T. J. Sejnowski, "Perspectives on Cognitive Neuroscience," Science, 242 (1988): 741–745, figure 1

15 T. J. Sejnowski and M. I. Yodlowski, "A Freeze-Fracture Study of the Skate Electroreceptor," Journal of Neurocytology 11, no. 6 (1982): 897–912.

16 T. J. Sejnowski, S. C. Reingold, D. B. Kelley, and A. Gelperin, "Localization of [^{3}H]-2-Deoxyglucose in Single Molluscan Neurones," Nature 287, no. 5781 (1980): 449–451.

17 이 문장은 유전학자이자 진화생물학자인 테오도시우스 도브잔스키의 유명한 인용문에서 영감을 받았다. "생물학의 어떤 것도 진화에 비춰보지 않고는 이해할 수 없다." 이 버전은 빌 뉴섬(Bill Newsome) 덕분이며 NIH의 브레인 이니셔티브를 위한 로드맵인 브레인 2025에서 찾아볼 수 있다. https://www.braininitiative.nih.gov/2025/.

18 S. W. Kuffler and T. J. Sejnowski, "Peptidergic and Muscarinic Excitation at Amphibian Sympathetic Synapses," Journal of Physiology 341 (1983): 257–278.

19 S. W. Kuffler and T. J. Sejnowski, "Peptidergic and Muscarinic Excitation at Amphibian Sympathetic Synapses," Journal of Physiology 341 (1983): 257–278, plate I.

20 시스템디벨롭먼트코퍼레이션은 캘리포니아 산타모니카에 소재한 비영리 소프트웨어 기업이었다. 이 회사는 미군의 하청 계약을 수행했는데, 법인 청산에 들어갔을 때 사옥의 매각 대금으로 많은 이익이 남았다. 비영리 기업의 이익은 법이 허용

하지 않는 까닭에 그 돈의 처리 방안으로 나온 것이 재단 설립이었다. 시스템디벨롭먼트파운데이션은 1969년 캘리포니아 팰러앨토에 설립되었으며 사옥 매각 수익금을 이용해 1980년부터 1988년까지 연구 지원 프로그램을 운용했다.

21 심볼릭스(Symbolics)에서 출시한 LISP 기계는 상징 처리 AI 프로그램을 작성하는 용도였으며 그에 강점을 보였으나 수치 처리에는 약했다. 뉴럴 네트워크의 시뮬레이션에는 수치 처리가 필수적으로 따르는데 말이다.

22 1984년 NSF를 감독하는 젊은 조사관으로서 나는 당시 학술연구용 컴퓨팅의 역용마라 할 수 있는, VAX 780의 파워를 탑재한 컴퓨터에 대해 새로운 컴퓨터 회사인 리지(Ridge)로부터 큰 할인 혜택을 받았다.

5장

1 프랜시스 크릭, V. S. 라마찬드란, 고든 쇼(Gordon Shaw)가 1980년대 창립한 헬름홀츠 클럽은 20년 이상 명맥을 이어나갔다. 그 역사에 대해서는 다음을 참조하라. C. Aicardi, "Of the Helmholtz Club, South-Californian Seedbed for Visual and Cognitive Neuroscience, and Its Patron Francis Crick," Studies in History and Philosophy of Biological and Biomedical Sciences 45, no. 100 (2014): 1-11.

2 한 참석자는 만족감을 이렇게 피력했다. "나는 거기서 만나는 모두에게 실로 많은 것을 배우고 있다. 그들의 아이디어를 차용하는 것도 전혀 부끄럽지 않다… 내 생애 가장 강렬한 학습 경험은 헬름홀츠 클럽이라는 데서 나왔다. 당신이 들어봤을지 모르겠지만 그런 클럽이 있다… 대략 스무 명 정도가 모이는데, 나는 한 번도 모임에 빠진 적이 없다. 강의 시간과 겹치는 경우에는 다른 사람에게 수업을 맡길 정도다. 무슨 일이 있어도 참석한다. 놓치기엔 너무 중요한 모임이니까." Carver Mead, in James A. Anderson and Edward Rosenfeld, eds., Talking Nets: An Oral History of Neural Networks (Cambridge, MA: MIT Press, 2000), 138.

3 S. J. Thorpe and M. Fabre-Thorpe, "Seeking Categories in the Brain," Science 291, no. 5502 (2001): 261.

4 R. Desimone, T. D. Albright, C. G. Gross, and C. Bruce, "Stimulus-Selective Properties of Inferior Temporal Neurons in the Macaque," Journal of Neuroscience 4, no. 8 (1984): 2,051-2,062 찰스 그로스 연구실의 연구원 다수는 턱수염을 길렀다. 따라서 화장실 브러시에 반응한 시각 피질의 뉴런은 수염 세포였을지도 모른다.

5 D. H. Hubel and T. N. Wiesel, "Receptive Fields, Binocular Interaction and Functional Architecture in the Cat's Visual Cortex," Journal of Physiology 160, no. 1 (1962): 106–154.2, figure 2

6 D. H. Hubel and T. N. Wiesel, "Receptive Fields, Binocular Interaction and Functional Architecture in the Cat's Visual Cortex," Journal of Physiology 160, no. 1 (1962): 106–154.2, figure 7.

7 D. Hubel, Eye, Brain and Vision (뉴욕: W. H. Freeman and Company, 1988), 131.

8 David Hubel, Eye, Brain, and Vision (New York: W. H. Freeman, 1988), 191–216.

9 고양이의 임계기는 생후 약 3주에서 수개월 사이에 올 수 있고, 인간의 경우 생후 수개월에서 7~8년이 될 수도 있다. 임계기의 끝은 예전에 생각했던 것처럼 불현듯 찾아오는 게 아닐 수도 있다. 사시를 교정한 성인도 심도 있는 연습을 통해 입체 시력(stereo vision)을 확보할 수 있다. 다음을 참조하라. Susan R. Barry, Fixing My Gaze: A Scientist's Journey into Seeing in Three Dimensions (New York: Basic Books, 2009). 오늘날 '스테레오 수'라 불리는 수전 베리와 나는 내가 프린스턴대학원에 재학하던 시절부터 알고 지내온 사이이다.

10 이 규칙에는 몇 가지 예외가 있다. 해마의 치상회에 있는 과립 세포와 후각 신경구의 뉴런은 우리의 삶 전체에 걸쳐 생성된다. 다음을 참조하라. Michael Specter, "Rethinking the Brain: How the Songs of Canaries Upset a Fundamental Principle of Science," New Yorker, July 23, 2001. http://www.michaelspecter.com/2001/07/rethinking-the-brain/.

11 Terrence Sejnowski, "How Do We Remember the Past?" in John Brockman, ed., What We Believe but Cannot Prove: Today's Leading Thinkers on Science in the Age of Certainty (London: Free Press, 2005), 97–99; and R. Y. Tsien, "Very Long-Term Memories May Be Stored in the Pattern of Holes in the Perineuronal Net," Proceedings of the National Academy of Sciences of the United States of America 110, no. 30 (2013): 12,456–12,461.

12 알츠하이머병의 경우 세포외 기질의 완전성이 손상되고, 이것이 장기 기억의 상실을 야기할 수도 있다. 2017년 7월 존 올먼과 나눈 사적인 대화.

13 게리의 인터뷰 내용은 다음을 참조하라. Shelley Batts, "SFN Special Lecture: Architecture Frank Gehry and Neuro-Architecture," ScienceBlogs, posted

October 15, 2006. http://scienceblogs.com/retrospectacle/2006/10/15/sfn-special-lecture-architect-1/.

14 B. S. Kunsberg and S.W. Zucker, "Critical Contours: An Invariant Linking Image Flow with Salient Surface Organization," May 20, 2017 https://arxiv.org/pdf/1705.07329.pdf.

15 산의 등고선지도에서 보는 바와 같은 표면의 3차원 윤곽과 이미지 상에서 일정한 농도를 갖는 윤곽의 연관성은 '모스 스메일 복체(Morse-Smale complex)'라고 하는, 표면의 임계점과 경사도 흐름(gradient flow)의 기하학적 구조로 설명할 수 있다.

16 S. R. Lehky and T. J. Sejnowski, "Network Model of Shape-from-Shading: Neural Function Arises from Both Receptive and Projective Fields," Nature 333, no. 6172 (1988): 452-454.

17 Kunsberg and Zucker, "Critical Contours: An Invariant Linking Image Flow with Salient Surface Organization," figure 5 Dr. G. Gululassy.

18 V. S. Ramachandran, "Perception of Shape from Shading," Nature 331, no. 6152 (1988), figure 2.

19 Terrence J. Sejnowski, "What Are the Projective Fields of Cortical Neurons?" in J. Leo van Hemmen and Terrence J. Sejnowski, eds. 23 Problems in Systems Neuroscience (New York: Oxford University Press, 2005), 394-405.

20 C. N. Woolsey, "Cortical Localization as Defined by Evoked Potential and Electrical Stimulation Methods," in G. Schaltenbrand and C. N. Woolsey (eds.), Cerebral Localization and Organization (Madison: University of Wisconsin Press, 1964), 17-26; J. M. Allman and J. H. Kaas, "A Representation of the Visual Field in the Caudal Third of the Middle Temporal Gyms of the Owl Monkey (Aotus trivirgatus)." Brain Research 31 (1971): 85-105.

21 D. J. Felleman and D. C. Van Essen, "Distributed Hierarchical Processing in Primate Visual Cortex," Cerebral Cortex 1, no. 1 (1991): 30, figure 4.

22 L. Geddes, "Human Brain Mapped in Unprecedented Detail: Nearly 100 Previously Unidentified Brain Areas Revealed by Examination of the Cerebral Cortex," Nature, July 20, 2016. doi: 10.1038/nature.2016.20285.

23 그러한 기법 중 하나인 확산텐서영상(DTI)은 대뇌피질에서 백질을 구성하는 축삭 돌기의 방향을 추적한다.

24 Elizabeth Penisi, "Two Foundations Collaborate on Cognitive Neuroscience," Scientist, October 1989. http://www.the-scientist.com/?articles.view/articleNo/10719/title/Two-Foundations-Collaborate-On-Cognitive-Neuroscience/.

25 U. Hasson, E. Yang, I. Vallines, D. J. Heeger, and N. Rubin, "A Hierarchy of Temporal Receptive Windows in Human Cortex," Journal of Neuroscience 28, no. 10. (2008): 2,539-2,550.

6장

1 캐글 웹사이트에서는 100만 명에 달하는 데이터 과학자들이 최상의 성과로 상금을 타기 위해 서로 경합을 벌이고 있다. Cade Metz, "Uncle Sam Wants Your Deep Neural Networks," New York Times, June 22, 2017, https://www.nytimes.com/2017/06/22/technology/homeland-security-artificial-intelligence-neural-network.html.

2 나의 강연 'Cognitive Computing: Past and Present'의 동영상은 다음에서 볼 수 있다. https://www.youtube.com/watch?v=0BDMQuphd-Q.

3 다음을 참조하라. Jen Clark, "The Countdown to IBM's IoT, Munich," IBM Internet of Things (blog), posted February 8, 2017. https://www.ibm.com/blogs/internet-of-things/countdown-ibms-iot-hq-munich/.

4 이 BRAIN 보고서는 신경 회로와 행동방식에 대한 우리의 이해를 증진하도록 돕는 혁신적인 기술을 제안하고 우선사항을 권고했다. BRAIN Working Group, BRAIN 2025: A Scientific Vision, Report to the Advisory Committee to the Director, NIH (Bethesda, MD: National Institutes of Health, June 5, 2014), https://www.braininitiative.nih.gov/pdf/BRAIN2025_508C.pdf.

5 다음을 참조하라. K. S. Kosik, T. J. Sejnowski, M. E. Raichle, A. Ciechanover, and D. A. Baltimore, "A Path toward Understanding Neurodegeneration," Science 353, no. 6302 (2016): 872-873.

6 2002년에 나온 공상과학 영화 〈마이너리티 리포트(Minority Report)〉에서 주인공 역을 맡은 톰 크루즈는 정부 당국의 수배를 피해 도망 다니는 과정에서 불법적인 안구이식 수술을 받음으로써 탐지를 피할 수 있었다.

7 다음을 참조하라. Nandan Nilekani and Viral Shah, Rebooting India: Realizing a Billion Aspirations (Gurgaon: Penguin Books India, 2015).

8 Nandan Nilekani, as quoted in Andrew Hill, "Nandan Nilekani, Infosys, on Rebooting India," Financial Times, January 22, 2017, https://www.ft.com/content/058c4b48-d43c-11e6-9341-7393bb2e1b51-mhq5j=e1.

9 구체적 사례를 알고 싶으면 다음을 참조하라. M. Gymrek, A. I. McGuire, D. Golan, E. Halperin, and Y. Erlich, "Identifying Personal Genomes by Surname Inference," Science, 339, no. 6117 (2013): 321-324.

10 다음을 참조하라. M. Wilson, "Six Views of Embodied Cognition," Psychonomic Bulletin & Review 9, no. 4 (2002): 625-636.

11 P. Ruvolo, D. Messinger, and J. Movellan, "Infants Time Their Smiles to Make Their Moms Smile," PLoS One 10, no. 9 (2015): e0136492.

12 Abigail Tucker, "Robot Babies," Smithsonian Magazine, July 2009, https://www.smithsonianmag.com/science-nature/robot-babies-30075698/; Tiffany Fox, "Machine Perception Lab Seeks to Improve Robot Teacher with Intelligent Tutoring Systems," UCSanDiego News Center, July 30, 2008, http://ucsdnews.ucsd.edu/newsrel/general/07-08RobotTeachers.asp. 또한 다음을 참조하라. F. Tanaka, A. Cicourel, and J. R. Movellan, "Socialization between Toddlers and Robots at an Early Childhood Education Center," Proceedings of the National Academy of Sciences of the United States of America 104, no. 46 (2008): 17,954-17,958.

13 "Conserve Elephants. They Hold a Scientific Mirror Up to Humans," Economist, June 17, 2017, 72-74 . http://www.economist.com/news/science-and-technology/21723394-biology-and-conservation-elephants-conserve-elephants-they-hold.

14 다음을 참조하라. R. A. Brooks, "Elephants Don't Play Chess," Robotics and Autonomous Systems 6, no. 1 (1990): 3-15.

15 https://www.youtube.com/watch?v=knRyDcnUc4U/.

16 디에고 산이 코로코 사(Kokoro Co.)에 의해 제작된 일본에서 '산'은 존칭 접미사다.

17 다음 유튜브 영상을 참조하라. "Diego Installed," https://www.youtube.com/watch?v =knRyDcnUc4U. 이 얼굴은 데이비드 핸슨과 핸슨로보틱스가 제작했다.

18 다음을 참조하라. Paul Ekman, Thomas S. Huang, and Terrence J. Sejnowski,

eds., Final Report to NSF of the Planning Workshop on Facial Expression Understanding July 30–August 1, 1992, http://papers.cnl.salk.edu/PDFs/Final%20Report%20To%20NSF%20of%20the%20Planning%20Workshop%20on%20Facial%20Expression%20Understanding%201992-4182.pdf.

19 다음을 참조하라. J. Gottman, R. Levenson, and E. Woodin, "Facial Expressions during Marital Conflict," Journal of Family Communication 1, no. 1 (2001): 37–57.

20 다음을 참조하라. F. Donato, M. Stewart Bartlett, J. C. Hager, P. Ekman, and T. J. Sejnowski, "Classifying Facial Actions," IEEE Transactions on Pattern Analysis and Machine Intelligence 21, no. 10 (1999): 974–989.

21 다음을 참조하라. G. Littlewort, J. Whitehill, T. Wu, I. Fasel, M. Frank, J. Movellan, and M. Bartlett, "The Computer Expression Recognition Toolbox (CERT)," 2011 IEEE International Conference on Automatic Face and Gesture Recognition, Santa Barbara, California. http://mplab.ucsd.edu/wp-content/uploads/2011-LittlewortEtAl-FG-CERT.pdf .

22 다음을 참조하라. A. N. Meltzoff, P. K. Kuhl, J. Movellan, and T. J. Sejnowski, "Foundations for a New Science of Learning," Science 325, no. 5938 (2009): 284–288.

23 Meltzpff, Kuhl, Movellan, Sejnowski, "Foundations for a New Science of Learning)," figure 1

24 다음을 참조하라. A. A. Benasich, N. A. Choudhury, T. Realpe-Bonilla, and C. P. Roesler, "Plasticity in Developing Brain: Active Auditory Exposure Impacts Prelinguistic Acoustic Mapping," Journal of Neuroscience 34, no. 40 (2014): 13,349–13,363.

25 다음을 참조하라. J. Whitehill, Z. Serpell, Y. Lin, A. Foster, and J. R. Movellan, "The Faces of Engagement: Automatic Recognition of Student Engagement from Facial Expressions," IEEE Transactions on Affective Computing 5, no. 1 (2014): 86–98. 학생들의 얼굴 표정을 자동적으로 기록하기 위해 머신러닝을 이용하는 일에는 그웬 리틀워트(Gwen Littlewort)와 린다 살라만카(Linda Salamanca), 에이샤 포스터(Aysha Foster), 주디 라일리(Judy Reilly) 등도 포함하는 팀이 노력을 쏟았다.

26 다음을 참조하라. R. V. Lindsey, J. D. Shroyer, H. Pashler, and M. C.

Mozer, "Improving Students' Long-Term Knowledge Retention through Personalized Review," Psychological Science 25, no. 3 (2014): 630-647.

27 B. A. Rogowsky, B. M. Calhoun, and P. Tallal, "Matching Learning Style to Instructional Method: Effects on Comprehension," Journal of Educational Psychology 107, no. 1 (2015): 64-78. 이 주제에 관한 웨비나(webinar)는 다음을 참조하라. https://www.youtube.com/watch?v=p-WEcSFdoMw.

28 International Convention on the Science of Learning (Science of Learning: How can it make a difference? Connecting Interdisciplinary Research on Learning to Practice and Policy in Education) Shanghai, 1-6 March 2014 Summary Report. https://www.oecd.org/edu/ceri/International-Convention-on-the-Science-of-Learning-1-6-March-2014-Summary-Report.pdf.

29 다음을 참조하라. B. Bloom, "The 2 Sigma Problem: The Search for Methods of Group Instruction as Effective as One-to-One Tutoring," Educational Researcher 13, no. 6 (1984): 4-16.

30 John Markoff, "Virtual and Artificial, but 58,000 Want Course," New York Times, August 15, 2011, http://www.nytimes.com/2011/08/16/science/16stanford.html.

31 내가 가장 좋아하는 편지 중 하나는 초등학교 5학년 학생이 보낸 감사편지다. 2015년 2월 2일. 안녕하세요, 교수님. 저는 얼마 전 최종 시험을 치렀는데, 결과에 매우 만족합니다. 저는 현재 5학년이고요. 제가 이 강좌를 듣게 된 것은 우리 엄마가 코세라(Coursera)를 검색하고 있을 때 저도 참여하게 해 달라고 떼를 썼더니 골라주신 덕분입니다. 저는 교수님들이 이렇게 위트가 넘치시고 전 과정이 이렇게 재미있을 줄은 진짜 몰랐습니다. 물론 저는 어려운 과학 용어들은 사전을 펼쳐가며 배워야 했지만, 정말 멋진 공부가 아닐 수 없었습니다. 시험장에 들어설 때면 긴장해서 배가 불편하곤 했는데, 여기서 배운 호흡 기법을 써보니까 실제로 그런 게 말끔히 가셨어요! 이제 저는 제가 얼마나 많이 배우고 또 보유하는지를 이해하는 도구로 시험을 받아들입니다. 포모도로 집중법(Pomodoro technique), 정말 짱입니다. 과정 전체에 걸쳐서 엄마가 역할극을 해주셨어요. 엄마는 반대편의 입장을 취했지요. 엄마는 비디오 강의를 말 그대로 폭식하듯 엄청 많이 보셨습니다. 그리고 최종 시험 전날에는 쉬지도 않고 잠도 주무시지 않았어요. 엄마는 저보다 훨씬 똑똑하지만 시험을 잘 보지는 못했어요. 간단한 기법으로 시험에 대한 부

담을 털어내고 좋은 점수를 얻을 수 있었다는 사실이 놀라울 뿐입니다. 교수님들께, 정말 많은 감사를 드립니다. 이 강좌의 2탄이 나왔으면 좋겠습니다. 행복한 월요일 보내시길 바랍니다. _수잔 올림

32 Barbara Oakley and Terrence Sejnowski, Learning How to Learn: How to Succeed in School Without Spending All Your Time Studying; A Guide for Kids and Teens (New York: TarcherPerigee, Penguin Books, August 7, 2018).

33 "Udacity's Sebastian Thrun: 'Silicon Valley has an obligation to reach out to all of the world,'" Financial Times, November 15, 2017. https://www.ft.com/content/51c47f88-b278-11e7-8007-554f9eaa90ba/.

34 Barbara Oakley, Mindshift: Break through Obstacles to Learning and Discover Your Hidden Potential (New York: Penguin Random House, 2017).

35 다음을 참조하라. D. Bavelier and C. S. Green, "The Brain-Boosting Power of Video Games," Scientific American 315, no 1 (2016): 26-31.

36 G. L. West, K. Konishi, and V. D. Bohbot, "Video Games and Hippocampus-Dependent Learning," Current Directions in Psychological Science 26, no. 2 (2017): 152-158.

37 J. A. Anguera, J. Boccanfuso, J. L. Rintoul, O. Al-Hashimi, F. Faraji, J. Janowich, et al., "Video Game Training Enhances Cognitive Control in Older Adults," Nature 501, no. 7465 (2013): 97-101.

38 Ibid.

39 다음을 참조하라. IES: What Works Clearinghouse, Beginning Reading Intervention Report: Fast ForWord (Washington, DC: U.S. Department of Education, Institute of Education Sciences, 2013). https://ies.ed.gov/ncee/wwc/Docs/InterventionReports/wwc_ffw_031913.pdf.

40 다음을 참조하라. J. Deveau, D. J. Ozer, and A. R. Seitz "Improved Vision and On-Field Performance in Baseball through Perceptual Learning," Current Biology 24, no. 4 (2014): R146-147.

41 다음을 참조하라. Federal Trade Commission press release "FTC Charges Marketers of 'Vision Improvement' App with Deceptive Claims," September 17, 2015, https://www.ftc.gov/news-events/press-releases/2015/09/ftc-

charges-marketers-vision-improvement-app-deceptive-claims/. 세이츠의 과학 연구는 수준이 높고 〈동료 평가〉 심리학 저널에 발표도 되었지만, FTC는 약물의 효능을 테스트하는 데 이용되는 실험과 유사한 무작위 대조 실험을 수행할 것을 요구했다. 이는 소규모 신생 기업이 수행하기에는 결코 쉽지 않은 고비용 과업이다.

42 Johana Bhuiyan, "Ex-Google Sebastian Thrun Says That the Going Rate for Self-Driving Talent Is $10 Million per Person," Recode, September 17, 2016. https://www.recode.net/2016/9/17/12943214/sebastian-thrun-self-driving-talent-pool.

43 제프리 힌튼은 벡터연구소의 최고과학고문이다. 다음을 참조하라. http://vectorinstitute.ai/ .

44 Paul Mozur and John Markoff, "Is China Outsmarting America in A.I.?" New York Times, May 27, 2017, https://www.nytimes.com/2017/05/27/technology/china-us-ai-artificial-intelligence.html.

45 Paul Mozur, "Beijing Wants A.I. to Be Made in China by 2030," New York Times, July 20, 2017. https://www.nytimes.com/2017/07/20/business/china-artificial-intelligence.html.

46 다음을 참조하라. Mike Wall, "JFK's 'Moon Speech' Still Resonates 50 Years Later," Space.com(blog), posted September 12, 2012, https://www.space.com/17547-jfk-moon-speech-50years-anniversary.html. 1962년 9월 12일 휴스턴의 라이스대학교에서 행한 존 F. 케네디 대통령의 "우리는 달에 가기를 원한다"는 연설은 50년 이상이 지난 지금도 여전히 마음을 울리며 그의 리더십을 상기시켜준다. 다음을 참조하라. https://www.youtube.com/watch?v=WZyRbnpGyzQ/. 1969년 7월 20일 우주비행사 닐 암스트롱(Neil Armstrong)이 달에 첫 발을 내딛었을 때 NASA에 근무하던 엔지니어들의 평균 연령은 26세였다. 그들이 학교에 다니던 1962년에 케네디의 연설에 감명 받아 그 길을 택한 것으로 볼 수 있다.

47 J. Haskel and S. Westlake, Capitalism without Capital: The Rise of the Intangible Economy (Princeton, NJ: Princeton University Press, 2017), 4.

48 W. Brian Arthur, "The second economy?" McKinsey Quarterly October, 2011. https://www.mckinsey.com/business-functions/strategy-and-corporate-finance/our-insights/the-second-economy/.

49 "헬로, 월드!"는 브라이언 커닝헌(Brian Kernighan)과 데니스 리치(Dennis Ritchie)의 고전 도서 《C 프로그래밍 언어(The C Programming Language)》에 나오는 예시 프로그램의 시험 메시지다. (Englewood Cliffs, NJ: Prentice Hall, 1978).

7장

1 '21세기 과학을 위한 위대한 도전' 콘퍼런스 참석자들의 토론 영상은 다음에서 볼 수 있다. https://www.youtube.com/results?search_query=Grand+Challenges++for+Science+in+the+21st+Century.

2 다음을 참조하라. W. Brian Arthur, The Nature of Technology: What It Is and How It Evolves (New York: Free Press, 2009).

3 George A. Cowan, Manhattan Project to the Santa Fe Institute: The Memoirs of George A. Cowan (Albuquerque: University of New Mexico Press, 2010).

4 구글의 창업자 래리 페이지(Larry Page)와 세르게이 브린(Sergey Brin)이 발명한 구글의 페이지랭크(PageRank) 알고리즘은 각 웹페이지의 링크들을 사용해 인터넷 상 페이지의 중요성을 평가한다. 이것은 이후 검색에 대한 편향을 처리하기 위해 다층 구조의 알고리즘으로 정교화되었다.

5 A. D. I. Kramer, J. E. Guillory, and J. T. Hancock, "Experimental Evidence of Massive-Scale Emotional Contagion through Social Networks," Proceedings of the National Academy of Sciences of the United States of America 111, no. 24 (2014): 8,788-8,790.

6 Stuart Kauffman, The Origins of Order: Self Organization and Selection in Evolution (New York: Oxford University Press, 1993).

7 Christopher G. Langton, ed., Artificial Life: An Overview (Cambridge, MA: MIT Press, 1995).

8 Stephen Wolfram, A New Kind of Science (Champaign, IL: Wolfram Media, 2002).

9 National Research Council, The Limits of Organic Life in Planetary Systems (Washington, DC: National Academies Press, 2007), chap. 5, "Origin of Life," 53-68. https://www.nap.edu/read/11919/chapter/7.

10 Von Neumann, J. and A. W. Burks, Theory of Self-Reproducing Automata

(Urbana, IL: University of Illinois Press, 1966). 또한 위키피디아에서 다음을 참조하라. "Von Neumann universal constructor."

11 W. S. McCulloch, and W. H. Pitts, "A Logical Calculus of the Ideas Immanent in Nervous Activity," Bulletin of Mathematical Biophysics 5 (1943): 115–133.

12 이 컴퓨터는 또 다른 초기의 디지털 컴퓨터 '에니악(ENIAC)'에 공명하는 취지에서 '조니악(JOHNNIAC)'으로 불렸다.

13 폰 노이만이 이 강좌를 위해 준비한 강의 자료는 훗날 《컴퓨터와 뇌(The Computer and the Brain)》라는 저서의 토대가 된다. (New Haven: Yale University Press, 1958).

14 Stephen Jay Gould and Niles Eldredge, "Punctuated Equilibria: The Tempo And Mode Of Evolution Reconsidered." Paleobiology 3, no. 2 (1977): 115–151, 145; John Lyne and Henry Howe, "Punctuated Equilibria': Rhetorical Dynamics of a Scientific Controversy," Quarterly Journal of Speech, 72, no. 2 (1986): 132–147. doi: 10.1080/00335638609383764.

15 John H. Holland, Adaptation in Natural and Artificial Systems: An Introductory Analysis with Applications to Biology, Control, and Artificial Intelligence (Cambridge, MA: MIT Press, 1992).

16 K. M. Stiefel and T. J. Sejnowski, "Mapping Function onto Neuronal Morphology," Journal of Neurophysiology 98, no. 1 (2007): 513–526.

17 울프럼알파 연산지식 엔진 웹사이트를 참조하라. https://www.wolframalpha.com/.

18 Stephen Wolfram, A New Kind of Science (Champaign, IL: Wolfram Media, 2002).

19 울프럼의 사고가 어떤 식으로 진화했는지에 대한 흥미로운 에세이는 다음을 참조하라. Stephen Wolfram, "A New Kind of Science: A 15-Year View," Stephen Wolfram Blog, posted May 16, 2017. http://blog.stephenwolfram.com/2017/05/a-new-kind-of-science-a-15-year-view/.

20 다음을 참조하라. Stephen Wolfram, "Wolfram Language Artificial Intelligence: The Image Identification Project," Stephen Wolfram Blog, posted May 13, 2015. http://blog.stephenwolfram.com/2015/05/wolfram-language-artificial-intelligence-the-image-identification-project/.

8장

1 실리콘밸리에서 매년 개최되는 기술 심포지엄—옮긴이.

2 R. Blandford, M. Roukes, L. Abbott, and T. Sejnowski, "Report on the Third Kavli Futures Symposium: Growing High Performance Computing in a Green Environment," September 9–11, 2010, Tromsø, Norway, http://cnl.salk.edu/Media/Kavli-Futures.Final-Report.11.pdf.

3 1998년부터 시작된 저전력 고속 칩의 발전을 보여주는 국제 심포지엄.

4 Carver A. Mead and George Lewicki, "Silicon compilers and foundries will usher in user-designed VLSI," Electronics August 11, 55, no. 16 (1982): 107–111. ISSN 0883-4989.

5 Carver Mead, Analog VLSI and Neural Systems (Boston: Addison-Wesley, 1989).

6 M. A. Mahowald and C. Mead, "The Silicon Retina," Scientific American 264, no. 5 (1991): 76–82; Tribute from Rodney Douglas: https://www.quora.com/What-was-the-cause-of-Michelle-Misha-Mahowald-death/; Misha Mahowald, "Silicon Vision" (video), http://www.dailymotion.com/video/x28ktma_silicon-vision-misha-mahowald_tech/.

7 M. Mahowald and R. Douglas, "A Silicon Neuron," Nature 354, no. 6354 (1991): 515–518.

8 다음을 참조하라. Carver Mead, Collective Electrodynamics: Quantum Foundations of Electromagnetism (Cambridge, MA: MIT Press, 2002).

9 토비아스의 아버지인 막스 델브뤼크(Max Delbrück)는 물리학자이자 1950년대 분자생물학의 창시자였다. 그는 1969년 알프레드 허시(Alfred Hershey) 및 살바도르 루나(Salvador Luna)와 공동으로 노벨 생리 · 의학상을 수상했다.

10 C. Posch, T. Serrano-Gotarredona, B. Linares-Barranco, and T. Delbrück, "Retinomorphic Event-Based Vision Sensors: Bioinspired Cameras with Spiking Output," Proceedings of the IEEE 102, no. 10 (2014): 1470–1484; T. J. Sejnowski and T. Delbrück, "The Language of the Brain," Scientific American 307 (2012): 54–59. https://www.youtube.com/watch?v=FQYroCcwkS0.

11 P. Lichtsteiner, C. Posch, and T. Delbruck, "A 128 × 128 120 dB 15 μ s

Latency Asynchronous Temporal Contrast Vision Sensor," IEEE Journal of Solid–State Circuits 43, no. 2 (2008): figure 11. 토비아스 델브뤼크 제공.

12 H. Markram, J. Lübke., M. Frotscher, and B. Sakmann., "Regulation of Synaptic Efficacy by Coincidence of Postsynaptic APs and EPSPs," Science 275, no. 5297 (1997): 213–215.

13 다음을 참조하라. T. J. Sejnowski, "The Book of Hebb," Neuron 24.no. 4 (1999): 773–776.

14 Hebb, The Organization of Behavior (New York: Wiley & Sons), 62.

15 다음을 참조하라. R. F. Service, "The Brain Chip," Science 345, no. 6197 (2014): 614–616. http://science.sciencemag.org/content/345/6197/614.full.

16 Ramón y Cajal, S. Estudios Sobre la Degeneración y Regeneración del Sistema Nervioso (Moya, Madrid, 1913–1914), figure 281.

17 G. Q. Bi and M. M. Poo, "Synaptic Modifications in Cultured Hippocampal Neurons: Dependence on Spike Timing, Synaptic Strength, and Postsynaptic Cell Type," Journal of Neuroscience 18 (1998): 10464–10472, figure 7. 푸무밍(Mu–ming Poo) 제공.

18 D. Huh and T. J. Sejnowski, "Gradient Descent for Spiking Neural Networks," 2017. https://arxiv.org/pdf/1706.04698.pdf.

19 K. A. Boahen, "Neuromorph's Prospectus," IEEE Xplore: Computing in Science and Engineering 19, no. 2 (2017): 14–28.

9장

1 Jimmy Soni and Rob Goodman, A Mind at Play: How Claude Shannon Invented the Information Age (New York: Simon & Schuster: New York, 2017).

2 https://dennisdjones.wordpress.com.

3 Solomon Wolf Golomb, Shift Register Sequences: Secure and Limited–Access Code Generators, Efficiency Code Generators, Prescribed Property Generators, Mathematical Models, 3rd rev. ed. (Singapore: World Scientific, 2017).

4 다음을 참조하라. Stephen Wolfram, "Solomon Golomb (1932–2016),"

Stephen Wolfram Blog, posted May 25, 2016. http://blog.stephenwolfram.com/2016/05/solomon-golomb-19322016/.

5 Richard Rhodes, Hedy's Folly: The Life and Breakthrough Inventions of Hedy Lamarr, the Most Beautiful Woman in the World (New York: Doubleday, 2012).

6 G. H. Hardy, A Mathematician's Apology (Cambridge: Cambridge University Press, 1940).

7 Solomon W. Golomb, Polyominoes (New York: Scribner, 1965).

8 L. A. Riggs, F. Ratliff, J. C. Cornsweet, and T. N. Cornsweet, "The Disappearance of Steadily Fixated Visual Test Objects," Journal of the Optical Society of America 43, no. 6 (1953): 495-501.

9 Rajesh P. N. Rao and Dana H. Ballard, "Predictive Coding in the Visual Cortex: A Functional Interpretation of Some Extra-Classical Receptive-Field Effects," Nature Neuroscience 2, no. 1 (1999): 79-87.

10 이 통찰이 미드에게 뉴로모픽 시스템을 구축하고자 하는 동기를 부여했다. 뇌와 마찬가지로 실시간으로 돌아가는 시스템 말이다. C. Mead, "Neuromorphic Electronic Systems," Proceedings of the IEEE 78, no. 10 (1990): 1,629-1,636.

11 Hermann von Helmholtz, Helmholtz's Treatise on Physiological Optics, vol. 3: The Perception of Vision, trans. James P. C. Southall (Rochester, NY: Optical Society of America, 1925), 25 Originally published as Handbuch der physiologische Optik. 3. Die Lehre von den Gesichtswahrnehmungen (Leipzig: Leopold Voss, 1867).

12 J. L. McClelland and D. E. Rumelhart, "An Interactive Activation Model of Context Effects in Letter Perception: Part 1. An Account of Basic Findings." Psychological Review 88, no. 5 (1981): 401-436; "Part 2. The Contextual Enhancement Effect and Some Tests and Extensions of the Model," Psychological Review 89, no. 1 (1982): 60-94.

13 Gábor Stefanics, Jan Kremláček, and István Czigler, "Visual Mismatch Negativity: A Predictive Coding View," Frontiers in Human Neuroscience 8 (2014): 666, figure 1. doi: 10.3389/fnhum.2014.00666.

14 L. Muller, G. Piantoni, D. Koller, S. S. Cash, E. Halgren, and T. J.

Sejnowski, "Rotating Waves during Human Sleep Spindles Organize Global Patterns of Activity during the Night" supplement 7, subject 3, TPF. Left: figure 2B, right: figure 1.

15 L. Muller, G. Piantoni, D. Koller, S. S. Cash, E. Halgren, and T. J. Sejnowski, "Rotating Waves during Human Sleep Spindles Organize Global Patterns of Activity during the Night," eLife 5 (2016): e17267 Supported by the Office of Naval Research.

16 나중에 '클라크의 제3법칙(Clarke's third law)'으로 알려지는 것에서 아더 클라크(Arthur C. Clarke)는 이런 유명한 말을 남겼다. "충분히 진보한 기술은 어떤 것이든 마법과 구분이 안 된다."

10장

1 이 장은 다음 자료를 정리해서 구성했다. T. J. Sejnowski, "Consciousness," Daedalus 144, no. 1 (2015): 123–132. 또한 다음을 참조하라. Francis H. C. Crick, What Mad Pursuit: A Personal View of Scientific Discovery (New York: Basic Books, 1988); Bob Hicks, "Kindra Crick's Mad Pursuit," Oregon ArtWatch, December 3, 2015. http://www.orartswatch.org/kindra-cricks-mad-pursuit/.

2 각기 다른 많은 현상들을 언급하는 데 사용되는 '의식(consciousness)'에 대해 보편적으로 받아들여지는 단일의 과학적 정의는 없지만, 이 용어는 깨어 있는 상태, 주위 환경에 대한 인식, 무언가에 대한 알아차림이나 인식, 마음 자체와 세상에 대한 앎 등을 포함하는 것으로 널리 이해되고 있다.

3 F. Crick, "The Function of the Thalamic Reticular Complex: The Searchlight Hypothesis," Proceedings of the National Academy of Science of the United States of America 81, no. 14 (1984): 4,586–4,590.

4 F. Crick and C. Koch, "The Problem of Consciousness," Scientific American 267, no. 3 (1992): 10–17; F. Crick and C. Koch, "Constraints on Cortical and Thalamic Projections: The No-Strong-Loops Hypothesis," Nature 391, no. 6664 (1998): 245–250; F. Crick and C. Koch, "A Framework for Consciousness," Nature Neuroscience 6, no. 2 (2003): 119–126; and F. Crick, C. Koch, G. Kreiman, and I. Fried, "Consciousness and Neurosurgery," Neurosurgery 55, no. 2 (2004): 273–281.

5 F. Crick and C. Koch, "Are We Aware of Neural Activity in Primary Visual Cortex?" Nature 375, no. 6527 (1995): 121–123; C. Koch, M. Massimini, M. Boly, and G. Tononi, "The Neural Correlates of Consciousness: Progress and Problems," Nature Reviews Neuroscience 17 (2016): 307–321.

6 R. Q. Quiroga, L. Reddy, G. Kreiman, C. Koch, and I. Fried, "Invariant Visual Representation by Single Neurons in the Human Brain," Nature 435, no. 7045 (2005): 1,102–1,107.

7 A. D. Friederici and W. Singer, "Grounding Language Processing on Basic Neurophysiological Principles," Trends in Cognitive Sciences 19, no. 6 (2015): 329–338, figure 1.

8 K. Deisseroth and M. J. Schnitzer, "Engineering Approaches to Illuminating Brain Structure and Dynamics," Neuron 80, no. 3 (2013): 568–577.

9 V. Mante, D. Sussillo, K. V. Shenoy, and W. T. Newsome, "Context-Dependent Computation by Recurrent Dynamics in Prefrontal Cortex," Nature 503, no. 7474 (2013): 78–84.

10 BRAIN Working Group, BRAIN 2025: A Scientiific Vision, Report to the Advisory Committee to the Director, NIH (Bethesda, MD: National Institutes of Health, June 5, 2014), 36. https://www.braininitiative.nih.gov/pdf/BRAIN2025_508C.pdf.

11 Patricia Smith Churchland and Terrence J. Sejnowski, The Computational Brain, 2nd ed. (Cambridge, MA: MIT Press, 2016), 183, 221.

12 L. Chang and D. Y. Tsao, "The Code for Facial Identity in the Primate Brain," Cell 169, no. 6 (2017): 1,013–1,028.e14.

13 D. A. Bulkin and J. M. Groh, "Seeing Sounds: Visual and Auditory Interactions in the Brain," Current Opinion in Neurobiology 16 (2006): 415–419.

14 D. M. Eagleman and T. J. Sejnowski, "Motion Integration and Postdiction in Visual Awareness," Science 287, no. 5460 (2000): 2,036–2,038.

15 다음을 참조하라. Stephen L. Macknik, Susana Martinez-Conde, and Sandra Blakeslee, Sleights of Mind: What the Neuroscience of Magic Reveals about Our Everyday Deceptions (New York: Henry Holt, 2010).

16 S. Dehaene and J.-P. Changeux, "Experimental and Theoretical Approaches to Conscious Processing," Neuron 70, no. 2 (2011): 200-227.

17 S. Moeller, T. Crapse, L. Chang, and D. Y. Tsao, "The Effect of Face Patch Microstimulation on Perception of Faces and Objects," Nature Neuroscience 20, no. 6 (2017): 743-752.

18 J. Parvizi, C. Jacques, B. L. Foster, N. Withoft, V. Rangarajan, K. S. Weiner, and K. Grill-Spector, "Electrical Stimulation of Human Fusiform Face-Selective Regions Distorts Face Perception," Journal of Neuroscience 32, no. 43 (2012): 14,915-14,920.

19 BRAIN Working Group, BRAIN 2025: A Scientific Vision, pp. 6, 35, 48.

20 Sejnowski, "What Are the Projective Fields of Cortical Neurons?"

21 L. Chukoskie, J. Snider, M. C. Mozer, R. J. Krauzlis, and T. J. Sejnowski, "Learning Where to Look for a Hidden Target," Proceedings of the National Academy of Sciences of the United States of America 110, supp. 2 (2013): 10,438-10,445.

22 L. Chukoskie, J. Snider, M. C. Mozer, R. J. Krauzlis, and T. J. Sejnowski,"Learning Where to Look for a Hidden Target," figure 1.

23 T. J. Sejnowski, H. Poizner, G. Lynch, S. Gepshtein, and R. J. Greenspan, "Prospective Optimization," Proceedings of the IEEE 102, no. 5 (2014): 799-811.

24 이 논문은 동료인 크리스토프 코흐가 크릭의 유작으로 완성해 공저로 발표했다. "What Is the Function of the Claustrum?" Philosophical Transactions of the Royal Society of London B360, no. 1458 (2005), 1,271-1,279.

25 다음을 참조하라. Lewis Carroll, Alice's Adventures in Wonderland (London: Macmillan, 1865), chap. 6.

11장

1 T. A. Lincoln and G. F. Joyce, "Self-Sustained Replication of an RNA Enzyme," Science 323, no. 5918 (2009): 1,229-1,232.

2 T. R. Cech, "The RNA Worlds in Context," Cold Spring Harbor Perspectives in Biology 4, no. 7 (2012), http://cshperspectives.cshlp.org/content/4/7/a006742.full.pdf+html.

3 J. A. Feldman, "Mysteries of Visual Experience" (2016; rev. 2017), https://arxiv.org/ftp/arxiv/papers/1604/1604.08612.pdf.

4 Patricia S. Churchland, V. S. Ramachandran, and Terrence J. Sejnowski, "A Critique of Pure Vision," in Christof Koch and Joel D. Davis, eds., Large-Scale Neuronal Theories of the Brain (Cambridge, MA: MIT Press, 1994), 23-60.

5 John Allman, Evolving Brains (New York: Scientific American Library, 1999).

6 B. F. Skinner, Beyond Freedom and Dignity (Indianapolis: Hackett, 1971).

7 Noam Chomsky, "The Case against B. F. Skinner," New York Review of Books, 17, no. 11 (1971): 18-24. http://www.nybooks.com/articles/1971/12/30/the-case-against-bf-skinner/

8 Ibid., para. 27 언어에 대한 규칙 기반의 분석과 통계적 분석 사이의 보다 상세한 비교는 다음을 참조하라. Peter Norvig, "On Chomsky and the Two Cultures of Statistical Learning," http://norvig.com/chomsky.html.

9 Noam Chomsky, Rules and Representations (Oxford: Basil Blackwell, 1980).

10 A. Gopnik, A. Meltzoff, and P. Kuhl, The Scientist in the Crib: What Early Learning Tells Us about the Mind (New York: William Morrow, 1999).

11 T. Mikolov, I. Sutskever, K. Chen, G. Corrado, and J. Dean, "Distributed Representations of Words and Phrases and Their Compositionality," Advances in Neural Information Processing Systems 26 (2013): 3,111-3,119.

12 이것은 MIT의 맥거번연구소(McGovern Institute)에서 언어 및 언어장애의 생물학적 기초를 이해하는 데 주력을 기울일 것을 제안하기 위해 한 말이다.

13 T. Mikolov, I. Sutskever, K. Chen, G. Corrado, and J. Dean, "Distributed Representations of Words and Phrases and Their Compositionality," figure 2. 제프리 딘 제공.

14 〈스타워즈〉에 나오는 제디 마스터 오비완(Obi-Wan)의 유명한 대사를 인용하자면, "포스가 함께하길 기원하오(May the Force be with you)"가 될 것이다.

15 J. A. Fodor, "The Mind/Body Problem," Scientific American 244, no. 1 (1981): 114-123.

16 D. Hassabis, D. Kumaran, C. Summerfield, and M. Botvinick, "NeuroscienceInspired Artificial Intelligence," Neuron 95, no. 2 (2017): 245–258.

17 Paul W. Glimcher and Ernst Fehr, Neuroeconomics: Decision Making and the Brain, 2nd ed. (Boston: Academic Press, 2013).

18 Colin Camerer, Behavior Game Theory: Experiments in Strategic Interaction (Princeton: Princeton University Press, 2003).

19 Minsky and Papert, Perceptrons (1969), 231. 이 책의 증보판에서는 이 발췌가 포함된 섹션 13.2가 삭제되었다. 하지만 'Epilogue: The new connectionism' 이라는 새로운 섹션이 추가되었다. 새로운 섹션은 다층 퍼셉트론에서 학습의 초기 결과에 대한 40쪽 분량의 평가를 담고 있다. 차후의 전개 과정을 보는 관점에서 읽을 가치가 충분한 부분이다.

20 다음을 참조하라. https://www.dartmouth.edu/~ai50/homepage.html. 또한 다음을 참조하라. https://en.wikipedia.org/wiki/AI@50/.

21 Marvin Minsky, The Society of Mind (New York: Simon & Schuster, 1985).

22 다음을 참조하라. "Society of Mind," Wikipedia, last edited August 22, 2017. https://en.wikipedia.org/wiki/Society_of_Mind.

23 MIT의 신시아 브레질(Cynthia Breazeal)과 자비에르 무벨란(Javier Movellan)은 인간과 상호 작용하고 얼굴 표정을 사용해 의사소통하는 소셜 로봇을 개발했으며, 이는 감정의 연산적 이론을 향한 첫 걸음을 의미한다.

24 Marvin Minsky, "Theory of Neural-Analog Reinforcement Systems and Its Application to the Brain Model Problem" (Ph.D. diss., Princeton University, 1954).

25 Stephen Wolfram, "Farewell, Marvin Minsky (1927–2016)," Stephen Wolfram Blog, posted January 26, 2016, http://blog.stephenwolfram.com/2016/01/farewell-marvin-minsky-19272016/.

26 A. Graves, G. Wayne, M. Reynolds, T. Harley, I. Danihelka, A. Grabska-Barwińska, et al., "Hybrid Computing Using a Neural Network with Dynamic External Memory," Nature 538, no. 7626 (2016): 471–476.

12장

1 http://thesciencenetwork.org/programs/the-science-studio/sydney-

brenner-part-1.

2 Sydney Brenner, "Nature's Gift to Science," Nobel Lecture, December 8, 2002, video, https://www.nobelprize.org/mediaplayer/index.php?id=523/.

3 Sydney Brenner, "Reading the Human Genome": 1. "Much Ado about Nothing: Systems Biology and Inverse Problems," January 26, 2009; 2. "Measure for Measure: The GC Shift and the Problem of Isochores," January 29, 2009; 3. "All's Well That Ends Well: The History of the Retina," January 30, 2009, videos, http://thesciencenetwork.org/search?program=Reading+the+Human+Genome+with+Sydney+Brenner.

4 파리의 성충판은 다리와 더듬이를 형성하게 되는 최초 단계의 원시 세포다.

5 이 이야기의 원전은 다음 자료에 나온다. S. Brenner, "Francisco Crick in Paradiso," Current Biology. 6, no. 9 (1996): 1,202: "나는 케임브리지에서 20년 동안 프랜시스 크릭과 한 사무실을 썼다. 한때 그는 배아에 관심을 가졌고, 초파리의 성충판에 대해 생각하느라 많은 시간을 보냈다. 어느 날 그는 읽고 있던 책을 책상 위로 내던지며 화난 목소리로 소리쳤다. '이런 성충판이 어떻게 작용하는지 누가 알아? 하느님이나 아시겠지!' 순간 내 머릿속에 프랜시스가 하늘나라에 가면 어떤 일이 벌어질지 그려졌다. 하늘나라에 도착한 프랜시스를 성 베드로가 반갑게 맞이한다. '오, 크릭 박사님. 먼 길을 오시느라 고생하셨습니다. 앉아서 한잔하면서 좀 쉬시죠.' '아니에요.' 프랜시스는 말한다. '우선, 하느님부터 만나야 합니다. 물어볼 게 있거든요.' 약간의 실랑이 끝에 천사는 프랜시스를 하느님께 데려가는 데 동의한다. 그들은 하늘의 중간 부분을 가로지르고 마지막으로 철로를 건너 폐물로 둘러싸인 채 골이 진 철판 지붕을 올린 헛간에 도착한다. 헛간 안쪽에 뒷주머니에 커다란 스패너를 꽂은 작업복 차림의 작은 남자가 서 있다. 천사가 말한다. '크릭 박사를 데려왔습니다. 크릭 박사님, 하느님께 인사드리세요.' '만나서 반갑습니다.' 프랜시스가 말한다. '꼭 여쭤봐야 할 질문이 있어서요. 성충판은 어떻게 작용하는 겁니까?' '글쎄.' 하느님이 답한다. '이런 걸 좀 가져다 몇 가지를 추가하고 그랬는데… 사실 나도 잘 모르지. 다만 한 가지 말해줄 수 있는 것은 파리가 여기까지 오는 데 2억 년이 걸렸는데 아직까지 아무런 불평이 없었다는 거지.'"

6 T. Dobzhansky, "Nothing in Biology Makes Sense Except in the Light of Evolution," American Biology Teacher 35, no. 3 (1973): 125-129, http://biologie-lernprogramme.de/daten/programme/js/homologer/daten/lit/

Dobzhansky.pdf.

7 Sydney Brenner, "Why We Need to Talk about Evolution," in "10-on-10: The Chronicle of Evolution" lecture series, Nanyang Technological University, Singapore, February 21, 2017. http://www.paralimes.ntu.edu.sg/NewsnEvents/10-on-10%20The%20Chronicle%20of%20Evolution/Pages/Home.aspx. Video. https://www.youtube.com/watch?v=C9M5h_tVlc8.

8 Terrence Sejnowski, "Evolving Brains," in "10-on-10: The Chronicle of Evolution" lecture series, Nanyang Technological University, Singapore, July 14, 2017. https://www.youtube.com/watch?v=L9ITpz4OeOo.

9 T. Nagel, "What Is It Like to Be a Bat?" Philosophical Review 83, no. 4 (1974): 435-450.

10 다음을 참조하라. Center of Academic Research and Training in Anthropology (CARTA) website, https://carta.anthropogeny.org/.

11 라호야 그룹과 CARTA는 진화에 대해 열정적 관심을 쏟던 UCSD의 의사 겸 과학자 아지트 바카리(Ajit Varki)의 리더십 아래 창립되었다.

12 John Allman, 《Evolving Brains》, p164. 존 올먼 제공.

13 DNA의 약 1퍼센트는 단백질을 코딩하는 서열이고, 8퍼센트는 단백질을 결합하는 조절 서열이다.

14 Howard C. Berg, E. coli in Motion (New York: Springer, 2004).

15 S. Navlakha and Z. Bar-Joseph, "Algorithms in Nature: The Convergence of Systems Biology and Computational Thinking," Molecular Systems Biology 7 (2011): 546.

13장

1 J. Herault and C. Jutten, "Space or Time Adaptive Signal Processing by Neural Network Models," in J. S. Denker, ed., Neural Networks for Computing, AIP Conference Proceedings 151, no. 1 (1986): 206-211.

2 A. J. Bell and T. J. Sejnowski, "An Information-Maximization Approach to Blind Separation and Blind Deconvolution," Neural Computation 7, no. 6 (1995): 1,129-1,159.

3 IBM의 랠프 린스커(Ralph Linsker)가 이보다 앞서 '인포맥스'라는 알고리즘을

도입해 시각 체계가 발달 중에 어떻게 연결되는지 설명한 바 있다. R. Linsker, "Self-Organization in a Perceptual Network," Computer 21, no. 3 (1988): 105-117.

4 A. J. Bell and T. J. Sejnowski, "An Information-Maximization Approach to Blind Separation and Blind Deconvolution."

5 ICA의 발전에 여타의 중요한 기여를 한 인물은 피에르 코몬(Pierre Comon), 장-프랑수아 카르도소(Jean-François Cardoso), 아포 하이베리넨(Apo Hyvarinen), 에르키 오자(Erkki Oja), 안드르제 키초키(Andrzej Cichocki), 순-이치 아마리(Shun-ichi Amari), 이태원, 마이클 르위키(Michael Lewicki) 등이다.

6 A. J. Bell and T. J. Sejnowski, "The 'Independent Components' of Natural Scenes. Are Edge Filters," Vision Research 37, no. 23 (1997): 3,327-3,338.

7 브루노 올사우센(Bruno Olshausen)과 데이비드 필드(David Field) 역시 희소성에 기초한 또 다른 학습 알고리즘으로 동일한 결론에 도달했다. B. A. Olshausen and D. J. Field, "Emergence of Simple-Cell Receptive Field Properties by Learning a Sparse Code for Natural Images," Nature 38, no. 6583 (1996): 607-609.

8 Horace Barlow, "Possible Principles Underlying the Transformation of Sensory Messages," in Walter A. Rosenblith, ed., Sensory Communication (Cambridge, MA: MIT Press, 1961), 217-234.

9 A. J. Bell and T. J. Sejnowski, "Learning the Higher-Order Structure of a Natural. Sound," Network: Computation in Neural Systems 7, no. 2 (1996): 261-267.

10 A. Hyvarinen and P. Hoyer, "Emergence of Phase- and Shift-Invariant Features by Decomposition of Natural Images into Independent Feature Subspaces." Neural Computation 12, no. 7 (2000): 1,705-1,720.

11 Bell and Sejnowski, "The 'Independent Components' of Natural Scenes Are Edge Filters," (figure 4)

12 M. J. McKeown, T.-P. Jung, S. Makeig, G. D. Brown, S. S. Kindermann, T.-W. Lee, and T. J. Sejnowski, "Spatially Independent Activity Patterns in Functional MRI Data during the Stroop Color-Naming Task," Proceedings of the National Academy of Sciences of the United States of America 95, no. 3 (1998): 803-810.

13 M. J. McKeown,T.–P. Jung, S. Makeig, G. D. Brown, S. S. Kindermann, T.–W. Lee, and T. J. Sejnowski, "Spatially Independent Activity Patterns in Functional MRI Data during the Stroop Color–Naming Task," Proceedings of the National Academy of Sciences of the United States of America 95, no. 3 (1998): 806, figure 1.

14 D. Mantini, M. G. Perrucci, C. Del Gratta, G. L. Romani, and M. Corbetta, "Electrophysiological Signatures of Resting State Networks in the Human Brain," Proceedings of the National Academy of Sciences of the United States of America 104, no. 32 (2007): 13,170–13,175.

15 D. L. Donoho, "Compressed Sensing," IEEE Transactions on Information Theory. 52, no. 4 (2006): 1289–1306; Sanjoy Dasgupta, Charles F. Stevens, and Saket Navlakha, "A Neural Algorithm for a Fundamental Computing Problem," Science 358 (2017): 793–796 doi: 10.1126/science.aam9868.

16 어쩌면 뇌는 소뇌에서 과립 세포의 수상돌기에 수렴하는 태상섬유 인풋 수준으로 독립성분분석을 구현한 상태일지도 모른다. 다음을 참조하라. D. M. Eagleman, O. J.–M. D. Coenen, V. Mitsner, T. M. Bartol, A. J. Bell, and T. J. Sejnowski, "Cerebellar Glomeruli: Does Limited Extracellular Calcium Implement a Sparse Encoding Strategy?" in Proceedings of the 8th Joint Symposium on Neural Computation (La Jolla, CA: Salk Institute, 2001).

17 토니 벨은 독립성분분석과 근적외선 분광법을 이용해 물 구조를 연구하고 있다. 그의 목표는 물이 빛을 통해 소통하고 현재의 기기로는 볼 수 없는 규모로 생체 분자 생활을 위한 기질을 형성하는 응집성 구조를 형성한다는 것을 증명하는 것이다. 기저를 이루는 아이디어는 '신경 체계'가 신체 전체 세포 내의 보다 분산된 원자 네트워크에서 일관성 있는 정보가 나오도록 허용하기에 충분할 정도로 완화될 때 의사 결정이 발생한다는 것이다.

14장

1 뉴런이 의사 결정을 내리는 가장 빠른 시간은 10밀리초이고, 1초 내에 의사결정에 도달하는 경우 고작 100단계 정도만 거친다.

2 전자기에 관해서라면, 마이클 패러데이(Michael Faraday)의 물리학은 '지저분한' 반면 제임스 클럭 맥스웰(James Clerk Maxwell)의 그것은 '깔끔하다'.

3 Theodore Holmes Bullock and G. Adrian Horridge, Structure and

Function in the Nervous Systems of Invertebrates (San Francisco: W. H. Freeman, 1965).

4 E. Chen, K. M. Stiefel, T. J. Sejnowski, and T. H. Bullock, "Model of Traveling Waves in a Coral Nerve Network," Journal of Comparative Physiology A 194, no. 2 (2008): 195–200.

5 D. S. Levine and S. Grossberg, "Visual Illusions in Neural Networks: Line Neutralization, Tilt after Effect, and Angle Expansion," Journal of Theoretical Biology 61, no. 2 (1976): 477–504.

6 G. B. Ermentrout and J. D. Cowan, "A Mathematical Theory of Visual Hallucination Patterns," Biological Cybernetics 34, no. 3 (1979): 137–150.

7 J. J. Hopfield, "Neural Networks and Physical Systems with Emergent Collective Computational Abilities," Proceedings of the National Academy of Sciences of the United States of America 79, no. 8 (1982): 2,554–2,558.

8 A. Krogh, J. Hertz, and R. G. Palmer, Introduction to the Theory of Neural Computation(Redwood City CA: Addison–Wesley, 1991). Left: figure 2.6; Right: figure 2.2

9 마와 포지오의 1976년 입체 시각 모델(4장 참조)은 대칭적이었지만 그들이 모든 유닛에 대한 동기식 업데이트를 이용했기에 비동기식 업데이트를 적용한 홉필드 망보다 네트워크의 역학이 훨씬 더 복잡했다. D. Marr, G. Palm, and T. Poggio T, "Analysis of a Cooperative Stereo Algorithm," Biological Cybernetics 28, no. 4 (1978): 223–239.

10 L. L. Colgin, S. Leutgeb, K. Jezek, J. K. Leutgeb, E. I. Moser, B. L. McNaughton, and M.–B. Moser, "Attractor–Map versus Autoassociation Based Attractor Dynamics in the Hippocampal Network," Journal of Neurophysiology 104, no. 1 (2010): 35–50.

11 J. J. Hopfield and D. W. Tank,"'Neural' Computation of Decisions in Optimization Problems," Biological Cybernetics 52, no. 3 (1985): 141–152 순회 외판원 문제는 컴퓨터과학 분야에서 문제를 해결하는 데 요구되는 시간이 문제의 규모가 커짐에 따라 급격히 증가하는 사례로 매우 유명하다.

12 Dana H. Ballard and Christopher M. Brown, Computer Vision (Englewood Cliffs, NJ: Prentice Hall, 1982).

13 D. H. Ballard, G. E. Hinton, and T. J. Sejnowski, "Parallel Visual

Computation," Nature 306, no. 5938 (1983): 21–26 ; R. A. Hummel and S. W. Zucker, "On the Foundations of Relaxation Labeling Processes," IEEE Transactions on Pattern Analysis and Machine Intelligence 5, no. 3 (1983): 267–287.

14 S. Kirkpatrick, C. D. Gelatt Jr., and M. P. Vecchi, "Optimization by Simulated Annealing," Science 220, no. 4598 (1983): 671–680.

15 P. K. Kienker, T. J. Sejnowski, G. E. Hinton, and L. E. Schumacher, "Separating Figure from Ground with a Parallel Network," Perception 15 (1986): 197–216.

16 H. Zhou, H. S. Friedman, and R. von der Heydt, "Coding of Border Ownership in Monkey Visual Cortex," Journal of Neuroscience 20, no. 17 (2000): 6,594–6,611.

17 P. K. Kienker, T. J. Sejnowski, G. E. Hinton, and L. E. Schumacher, "Separating Figure from Ground with a Parallel Network," Perception 15 (1986): 197–16. Left: figure 1; right: figure 2.

18 P. K. Kienker, T. J. Sejnowski, G. E. Hinton, and L. E. Schumacher, "Separating Figure from Ground with a Parallel Network," Perception 15 (1986): 197–216, Below: figure 6; above: figure 3.

19 Donald O. Hebb, The Organization of Behavior: A Neuropsychological Theory (New York: Wiley & Sons., 1949), 62.

20 T. J. Sejnowski, P. K. Kienker, and G. E. Hinton, "Learning Symmetry Groups with Hidden Units: Beyond the Perceptron," Physica 22D (1986): 260–275.

21 T. J. Sejnowski, P. K. Kienker, and G. E. Hinton, "Learning Symmetry Groups with Hidden Units: Beyond the Perceptron," Physica 22D (1986): 260–75, figure 4.

22 N. J. Cohen, I. Abrams, W. S. Harley, L. Tabor, and T. J. Sejnowski, "Skill Learning and Repetition Priming in Symmetry Detection: Parallel Studies of Human Subjects and Connectionist Models," in Proceedings of the 8th Annual Conference of the Cognitive Science Society (Hillsdale, NJ: Erlbaum, 1986), 23–44.

23 B. P. Yuhas, M. H. Goldstein Jr., T. J. Sejnowski, and R. E. Jenkins, "Neural

Network Models of Sensory Integration for Improved Vowel Recognition," Proceedings of the IEEE 78, no. 10 (1990): 1,658–1,668.

24 G. E. Hinton, S. Osindero, and Y. Teh, "A Fast Learning Algorithm for Deep Belief Nets," Neural Computation 18, no. 7 (2006): 1,527–1,554.

25 G. E. Hinton, "Learning Multiple Layers of Representation," Trends in Cognitive Sciences 11 (2007): 428–434, figure 1

26 G. E. Hinton, S. Osindero, and Y. Teh, "A Fast Learning Algorithm for Deep Belief Nets," Neural Computation 18 (2006): 1,527–1,554 figure 8.

27 J. Y. Lettvin, H. R. Maturana, W. S. McCulloch, and W. H. Pitts, "What the Frog's Eye Tells the Frog's Brain," Proceedings of the Institute of Radio Engineers 47, no. 11 (1959): 1,940–1,951. http://hearingbrain.org/docs/letvin_ieee_1959.pdf.

28 R. R. Salakhutdinov and G. E. Hinton, "Deep Boltzmann Machines," in Proceedings of the 12th International Conference on Artificial Intelligence and Statistics, Journal of Machine Learning Research 5 (2009): 448–455. 폴 스몰렌스키(Paul Smolensky)는 볼츠만 머신의 이 특별한 사례를 하모늄(Harmonium)이라는 이름으로 소개했다. P. Smolensky, "Information Processing in Dynamical Systems: Foundations of Harmony Theory," in David E. Rumelhart and James L. McLelland (eds.), Parallel Distributed Processing: Explorations in the Microstructure of Cognition, Volume 1: Foundations (Cambridge, MA: MIT Press, 1986), 194–281.

29 B. Poole, S. Lahiri, M. Raghu, J. Sohl-Dickstein, and S. Ganguli, "Exponential Expressivity in Deep Neural Networks through Transient Chaos," in Advances in Neural Information Processing Systems 29 (2016): 3,360–3,368.

30 Jeffrey L. Elman, Elizabeth A. Bates, Mark H. Johnson, Annette Karmiloff-Smith, Domenico Parisi, and Kim Plunkett, Rethinking Innateness: A Connectionist Perspective on Development (Cambridge, MA: MIT Press, 1996).

31 Steven R. Quartz and Terrence J. Sejnowski, Liars, Lovers, and Heroes: What the New Brain Science Reveals about How We Become Who We Are (New York: Harper-Collins, 2002).

32 S. Quartz and T. J. Sejnowski, "The Neural Basis of Cognitive Development: A Constructivist Manifesto," Behavioral and Brain Sciences 20, no. 4 (1997): 537–596.

33 This is called "non-CG methylation." 다음을 참조하라. R. Lister, E. A. Mukamel, J. R. Nery, M. Urich, C. A. Puddifoot, N. D. Johnson, J. Lucero, Y. Huang A. J. Dwork, M. D. Schultz, M. Yu, J. Tonti-Filippini, H. Heyn, S. Hu, J. C. Wu, A. Rao, M. Esteller, C. He, F. G. Haghighi, T. J. Sejnowski, M. M. Behrens, J. R. Ecker, "Global Epigenomic Reconfiguration during Mammalian Brain Development," Science 341, no. 6146 (2013): 629.

15장

1 UCSD의 인지과학과는 인적 요소와 인체공학 전문가인 돈 노먼(Don Norman)이 설립했으며 탁월한 교수진을 보유했다.

2 역전파 학습 알고리즘에 사용된 수학은 1960년대 제어 이론 분야에서 한동안 관심을 끌었으나 가장 큰 영향력을 갖게 된 것은 다층 퍼셉트론에 적용되면서부터다. 다음을 참조하라. Arthur E. Bryson and Yu-Chi Ho, Applied Optimal Control: Optimization, Estimation, and Control (University of Michigan, Blaisdell, 1969).

3 현대 확률론적인 경사하강법에 관한 마이클 조던의 권위 있는 강연을 참조하라. "On Gradient-Based Optimization: Accelerated, Distributed, Asynchronous, and Stochastic," May 2, 2017, Simons Institute for the Theory of Computing, UC, Berkeley. https://simons.berkeley.edu/talks/michael-jordan-2017-5-2/.

4 D. E. Rumelhart, G. E. Hinton, and R. J. Williams, "Learning Representations by Back-Propagating Errors," Nature 323, no. 6088 (1986), 533–536.

5 널리 인용되는 버트런드 러셀의 일화가 있다. 그가 한 번은 천문학을 주제로 공개 강의를 했다. 강의가 끝날 무렵 방 뒤쪽에서 한 할머니가 일어나 이렇게 말했다. "당신이 말한 내용은 전부 말도 안 된다오. 이 세상은 진짜 거대한 거북이의 등으로 되어 있는 거라오." 러셀은 웃으며 답했다. "그러면, 그 거북이는 어디에 서 있는 겁니까?" "아주 영악한 젊은이로군요. 아주 영악해." 노파가 말했다. "하지만 나는 그 답을 알고 있다오. 아래쪽으로 계속 거북이들이 있는 거예요!" 노파는 그

렇게 반복의 개념으로 자신의 문제를 해결했다. 하지만 무한회귀는 희생시킨 셈이다. 실제로 그런 루프는 끝이 있어야 한다.

6 C. R. Rosenberg And T. J. Sejnowski, "Parallel Networks That Learn to Pronounce English Text," Complex Systems 1 (1987): 145–168.

7 W. Nelson Francis and Henry Kucera, "A Standard Corpus of Present-Day Edited American English, for Use with Digital Computers," Brown University, 1964; revised and amplified, 1979, http://clu.uni.no/icame/manuals/BROWN/INDEX.HTM .

8 네트워크가 학습의 각기 다른 단계에서 내는 소리에 대한 기록은 다음에서 다운로드할 수 있다. http://papers.cnl.salk.edu/~terry/NETtalk/nettalk.mp3.

9 M. S. Seidenberg and J. L. McClelland, "A Distributed Developmental Model of Word Recognition and Naming," Psychological Review 96, no. 4 (1989), 523–568.

10 N. Qian and T. J. Sejnowski, "Predicting the Secondary Structure of Globular Proteins Using Neural Network Models," Journal of Molecular Biology, 202 (1988): 865–884.

11 David E. Rumelhart and James L. McClelland, "On Learning the Past Tense of English Verbs," in Rumelhart and McClelland, eds., Parallel Distributed Processing: Explorations in the Microstructure of Cognition (Cambridge, MA: MIT Press, 1986), 2:216–271; J. L. McClelland and K. Patterson, "Rules or Connections in Past-Tense inflections: What Does the Evidence Rule Out?" Trends in Cognitive Sciences 6, no. 11 (2002): 465–472; and S. Pinker and M. T. Ulman, "The Past and Future of the Past Tense," Trends in Cognitive Sciences 6, no. 11 (2002): 456–463.

12 M. S. Seidenberg and D. C. Plaut, "Quasiregularity and Its Discontents: The Legacy of the Past Tense Debate," Cognitive Science 38, no. 6 (2014): 1,190–1,228.

13 D. Zipser and R. A. Andersen, "A Back-Propagation Programmed Network That Simulates Response Properties of a Subset of Posterior Parietal Neurons" Nature 331, no. 6158 (1988): 679–684. 이 네트워크는 눈의 위치를 고려해 망막에 뜬 물체의 위치를 망막 좌표에서 머리 중심 좌표로 변환했다.

16장

1 '합성곱'이라고 하며, 하나의 함수와 또 다른 함수를 반전 이동한 값을 곱한 다음, 구간에 대해 적분하여 새로운 함수를 구하는 연산자다. 신호 처리 등에서 많이 사용하며, 딥러닝의 경우에서는 행렬 연산을 통해서 이미지 등의 데이터 차원을 보존한 상태에서 학습을 실행할 수 있어서 널리 사용되고 있다.

2 Thomas S. Kuhn, The Structure of Scientific Revolutions, 2nd ed. (Chicago: University of Chicago Press, 1970), 23.

3 M. Riesenhuber and T. Poggio, "Hierarchical Models of Object Recognition In Cortex." Nat Neurosci. 2: 1,019–1,025, 1999; T. Serre, A. Oliva, and T. Poggio, "A Feedforward Architecture Accounts for Rapid Categorization." Proceedings of the National Academy of Sciences of the United States of America 104, no. 15 (2007): 6,424–6,429.

4 Pearl, Probabilistic Reasoning in Intelligent Systems. Morgan Kaufmann; 1988.

5 Yoshua Bengio, Pascal Lamblin, Dan Popovici, and Hugo Larochelle, "Greedy Layer–Wise Training of Deep Networks," in Bernhard Schölkopf, John Platt, and Thomas Hoffman, eds., Advances in Neural Information Processing Systems 19: Proceedings of the 2006 Conference (Cambridge, MA: MIT Press), 153–160.

6 Sepp Hochreiter, Yoshua Bengio, Paolo Frasconi, and Jürgen Schmidhuber, "Gradient Flow in Recurrent Nets: The Difficulty of Learning Long–Term Dependencies," In John F. Kolen and Stefan C. Kremer, eds., A Field Guide to Dynamical Recurrent Neural Networks (New York: IEEE Press, 2001), 237–243.

7 D. C. Ciresan, U. Meier, L. M. Gambardella, and J. Schmidhuber, "Deep Big Simple Neural Nets for Handwritten Digit Recognition," Neural Computation 22, no. 12 (2010): 3,207–3,220.

8 A. Krizhevsky, I. Sutskever, and G. E. Hinton, "ImageNet Classification with Deep Convolutional Neural Networks," Advances in Neural Information Processing Systems 25 (NIPS 2012). https://papers.nips.cc/paper/4824-imagenet-classification-with-deep-convolutional-neural-networks.

9 Ibid.

10 K. He, X. Zhang, S. Ren, and J. Sun, "Deep Residual Learning for Image Recognition," 2015. https://www.cv-foundation.org/openaccess/content_cvpr_2016/papers/He_Deep_Residual_Learning_CVPR_2016_paper.pdf.

11 Yann LeCun, "Modèles connexionistes de l'apprentissage" (Connectionist learning models) (Ph.D. diss., Université Pierre et Marie Curie, Paris, 1987).

12 Krizhevsky, Sutskever, and Hinton, "ImageNet Classification with Deep Convolutional Neural Networks."

13 M. D. Zeiler and R. Fergus, "Visualizing and Understanding Convolutional Networks," 201. https://www.cs.nyu.edu/~fergus/papers/zeilerECCV2014.pdf.

14 Yamins and DiCarlo, "Using Goal-Driven Deep Learning Models to Understand Sensory Cortex," figure 1.

15 Krizhevsky, Sutskever, and Hinton, "ImageNet Classification with Deep Convolutional Neural Networks," figure 3.

16 Patricia Smith Churchland, Neurophilosophy: Toward a Unified Science of the Mind-Brain (Cambridge, MA: MIT Press, 1989).

17 Patricia Smith Churchland and Terrence J. Sejnowski, The Computational Brain, 2nd ed. (Cambridge, MA: MIT Press 2016).

18 D. L. Yamins and J. J. DiCarlo, "Using Goal-Driven Deep Learning Models to Understand Sensory Cortex," Nature Neuroscience 19, no. 3 (2016): 356-365.

19 S. Funahashi, C. J. Bruce, and P. S. Goldman-Rakic, "Visuospatial Coding in Primate Prefrontal Neurons Revealed by Oculomotor Paradigms," Journal of Neurophysiology 63, no. 4 (1990): 814-831.

20 J. L. Elman, "Finding Structure in Time," Cognitive Science 14 (1990): 179-211; M. I. Jordan, "Serial Order: A Parallel Distributed Processing Approach," Advances in Psychology 121 (1997): 471-495; G. Hinton, L. Deng, G. E. Dahl, A. Mohamed, N. Jaitly, A. Senior, et al., "Deep Neural Networks for Acoustic Modeling in Speech Recognition," IEEE Signal Processing Magazine, 29, no. 6 (2012): 82-97.

21 S. Hochreiter and J. Schmidhuber, "Long Short-Term Memory," Neural Computation 9, no. 8 (1997): 1,735-1,780.

22 John Markoff, "When A.I. Matures, It May Call Jürgen Schmidhuber 'Dad.'" New York Times, November 27, 2016, https://www.nytimes.com/2016/11/27/technology/artificial-intelligence-pioneer-jurgen-schmidhuber-overlooked.html.

23 K. Xu, J. L. Ba, K. Kiror, K. Cho, A. Courville, R. Slakhutdinov, R. Zemel, Y. Bengio, "Show, Attend and Tell: Neural Image Captions Generation with Visual Attention," 2015, rev. 2016 https://arxiv.org/pdf/1502.03044.pdf.

24 M. I. Jordan and T. M. Mitchell, "Machine Learning: Trends, Perspectives, and Prospects," Science 349, no. 6245 (2015): 255-260, figure 2. 톰 미첼 제공.

25 Xu et al., "Show, Attend and Tell," 2015, rev. 2016, figures 1 and 3, https://arxiv.org/pdf/1502.03044.pdf. 켈빈 쉬 제공.

26 I. J. Goodfellow, J. Pouget-Abadie, M. Mirza, B. Xu, D. Warde-Farley, S. Ozair, A. Courville, Y. Bengio, "Generative Adversarial Nets," Advances in Neural Information Processing Systems, 2014. https://arxiv.org/pdf/1406.2661.pdf.

27 다음을 참조하라. A. Radford, L. Metz, and S. Chintala, "Unsupervised Representation Learning with Deep Convolutional Generative Adversarial Networks," 2016, https://arxiv.org/pdf/1511.06434.pdf; Cade Metz and Keith Collins, "How an A.I. 'Cat-and-Mouse Game' Generates Believable Fake Photos," New York Times, January 2, 2018. https://www.nytimes.com/interactive/2018/01/02/technology/ai-generated-photos.html.

28 A. Radford, L. Metz, and S. Chintala, "Unsupervised Representation Learning with Deep Convolutional Generative Adversarial Networks," figure 1, arXiv:1511.06434, https://arxiv.org/pdf/1511.06434.pdf. 서미스 친탈라(Soumith Chintala) 제공.

29 A. Nguyen, J. Yosinski, Y. Bengio, A. Dosovitskiy, and J. Clune, "Plug & Play Generative Networks: Conditional Iterative Generation of Images in Latent Space," figure 1, https://arxiv.org/pdf/1612.00005.pdf . 안 응구옌 제공.

30 K. Schawinski, C. Zhang, H. Zhang, L. Fowler, and G. K. Santhanam, "Generative Adversarial Networks Recover Features in Astrophysical

Images of Galaxies beyond the Deconvolution Limit," 2017. https://arxiv.org/pdf/1702.00403.pdf.

31 J. Chang and S. Scherer, "Learning Representations of Emotional Speech with Deep Convolutional Generative Adversarial Networks," 2017. https://arxiv.org/pdf/1705.02394.pdf.

32 A. Nguyen, J. Yosinski, Y. Bengio, A. Dosovitskiy, and J. Clune, "Plug & Play Generative Networks: Conditional Iterative Generation of Images in Latent Space," 2016, https://arxiv.org/pdf/1612.00005.pdf; Radford, Metz, and Chintala, "Unsupervised Representation Learning with Deep Convolutional Generative Adversarial Networks," 2016. https://arxiv.org/pdf/1511.06434.pdf.

33 A. Radford, L. Metz, and S. Chintala, "Unsupervised Representation Learning with Deep Convolutional Generative Adversarial Networks," figure 7, arXiv:1511.06434, https://arxiv.org/pdf/1511.06434/.

34 Guy Trebay, "Miuccia Prada and Sylvia Fendi Grapple with the New World," New York Times, June 19, 2017. https://www.nytimes.com/2017/06/19/fashion/mens-style/prada-fendi-milan-mens-fashion.html.

35 T. R. Poggio, S. Rifkin, Mukherjee and P. Niyogi. "General Conditions for Predictivity in Learning Theory," Nature 428, no. 6981 (2004): 419-422.

36 벤지오는 또한 마이크로소프트와 본인이 공동 창업한 엘레멘트 AI(Element AI) 등을 포함한 몇몇 회사에서 고문으로도 활동하고 있다. 하지만 그의 본업은 학술 연구다. 그는 과학의 발전과 공익의 증진에 헌신하고 있다.

37 다음 도서의 서문을 참조하라. Churchland and Sejnowski, The Computational Brain, 2nd ed., ix-xv.

17장

1 우화에 나오는 발명가의 뒷얘기는 알려진 바 없지만, 통치자가 속았다는 사실을 깨달은 후에 그 무례함에 대한 대가를 톡톡히 치렀을 가능성이 높다.

2 Tesauro and Sejnowski, "A Parallel Network That Learns to Play Backgammon."

3 R. Sutton, "Learning to Predict by the Methods of Temporal Differences," Machine Learning 3, no. 1 (1988): 9-44.

4 다음을 참조하라. Richard Bellman Adaptive Control Processes: A Guided Tour (Princeton: Princeton University Press, 1961), 51–59.

5 Montague, P. R. and Sejnowski, T. J., The Predictive Brain: Temporal Coincidence and Temporal Order in Synaptic Learning Mechanisms, figure 6A.

6 G. Tesauro, "Temporal Difference Learning and TD–Gammon," Communications of the ACM 38, no. 3 (1995): 58–68.

7 J. Garcia, D. J. Kimeldorf, and R. A. Koelling, "Conditioned Aversion to Saccharin Resulting from Exposure to Gamma Radiation," Science 122 no. 3160 (1955): 157–158.

8 P. R. Montague, P. Dayan, and T. J. Sejnowski, "A Framework for Mesencephalic Dopamine Systems Based on Predictive Hebbian Learning," Journal of Neuroscience 16, no. 5 (1996): 1,936–1,947.

9 W. Schultz, P. Dayan, and P. R. Montague, "A Neural Substrate of Prediction and Reward," Science 275, no. 5306 (1997): 1,593–1,599.

10 P. N. Tobler, J. P. O'Doherty, R. J. Dolan, and W. Schultz, "Human Neural Learning Depends on Reward Prediction Errors in the Blocking Paradigm," Journal of Neurophysiology 95, no. 1 (2006): 301–310.

11 M. Hammer and R. Menzel, "Learning and Memory in the Honeybee," Journal of Neuroscience 15, no. 3 (1995): 1,617–1,630.

12 L. A. Real, "Animal Choice Behavior and the Evolution of Cognitive Architecture," Science 253, no. 5023 (1991): 980–986.

13 P. R. Montague, P. Dayan, C. Person, and T. J. Sejnowski, "Bee Foraging in Uncertain Environments Using Predictive Hebbian Learning," Nature 377, no. 6551 (1995): 725–728.

14 Y. Aso and G. M. Rubin, "Dopaminergic Neurons Write And Update Memories With Cell–Type–Specific Rules," in L. Luo (ed.), eLife. 5 (2016): e16135. doi: 10.7554/eLife.16135.

15 Schultz, Dayan, and Montague, "A Neural Substrate of Prediction and Reward," 1594, figure 1.

16 W. Mischel and E. B. Ebbesen, "Attention in Delay of Gratification," Journal of Personality and Social Psychology 16, no. 2 (1970): 329–337.

17 V. Mnih, K. Kavukcuoglu, D. Silver, A. A. Rusu, J. Veness, M. G. Bellemare, et al., "Human-Level Control through Deep Reinforcement Learning," Nature 518, no. 7540 (2015): 529-533.

18 Simon Haykin, Cognitive Dynamic System: Perception-Action Cycle, Radar, and Radio (New York: Cambridge University Press, 2012).

19 S. Haykin, J. M. Fuster, D. Findlay, and S. Feng, "Cognitive Risk Control for Physical Systems," IEEE Access 5 (2017): 14,664-14,679.

20 G. Reddy, A. Celani, T. J. Sejnowski, and M. Vergassola, "Learning to Soar in Turbulent Environments," Proceedings of the National Academy of Sciences of the United States of America 113, no. 33 (2016): E4877-E4884.

21 G. Reddy, A. Celani, T. J. Sejnowski, and M. Vergassola, "Learning to Soar in Turbulent Environments," top: figure 2; bottom: figure 11.

22 G. Reddy, J. W. Ng, A. Celani, T. J. Sejnowski, and M. Vergassola, "Soaring Like a Bird via Reinforcement Learning in the Field," 출간 준비 중.

23 Olga Feher, Haibin Wang, Sigal Saar, Partha P. Mitra, and Ofer Tchernichovski, "De novo Establishment of Wild-Type Song Culture in the Zebra Finch," figure 4.

24 Kenji Doya and Terrence J. Sejnowski, "A Novel Reinforcement Model of Birdsong Vocalization Learning," in Gerald Tesauro, David S. Touretzky, and Todd K. Leen, eds., Advances in Neural Information Processing Systems 7 (Cambridge, MA: MIT Press, 1995), 101-108.

25 A. J. Doupe and P. K. Kuhl, "Birdsong and Human Speech: Common Themes and Mechanisms," Annual Review of Neuroscience 22 (1999): 567-631.

26 G. Turrigiano, "Too Many Cooks? Intrinsic and Synaptic Homeostatic Mechanisms in Cortical Circuit Refinement," Annual Review of Neuroscience 34 (2011): 89-103.

27 L. Wiskott and T. J. Sejnowski, "Constrained Optimization for Neural Map Formation: A Unifying Framework for Weight Growth and Normalization," Neural Computation 10, no. 3 (1998): 671-716.

28 A. J. Bell, "Self-Organization in Real Neurons: Anti-Hebb in 'Channel Space'?" Advances in Neural Information Processing Systems 4 (1991): 59-

66; M. Siegel, E. Marder, and L. F. Abbott, "Activity-Dependent Current Distributions in Model Neurons," Proceedings of the National Academy of Sciences of the United States of America 91, no. 24 (1994): 11,308-11,312.

29 H. T. Siegelmann, "Computation Beyond the Turing Limit," Science 238 (1995): 632-637.

18장

1 NIPS 콘퍼런스에서 발표된 모든 논문은 다음 사이트에서 온라인으로 열람이 가능하다. https://nips.cc/.

2 생물학자들의 전문 용어가 어느 정도인지 느낄 수 있는 예를 하나 제시한다. 〈사이언스〉지에 실린 최근의 리뷰에서 무작위로 뽑은 글이다. "Oligodendrocytes present a variety of proteins inhibitory to axon regrowth, including myelin-associated glycoprotein, the neurite-outgrowth inhibitor 'Nogo,' oligodendrocyte-myelin glycoprotein, and semaphorins." B. Laha, B. K. Stafford, and A. D. Huberman, "Regenerating Optic Pathways from the Eye to the Brain," Science 356, no. 6342 (2017): 1,032.

3 그 신경과학자는 나중에 알고 보니 하워드 워치텔(Howard Wachtel)이었다. 그는 볼더에 소재한 콜로라도대학교에서 군소의 신경 체계를 연구하고 있었다.

4 Krizhevsky, Sutskever, and Hinton, "ImageNet Classification with Deep Convolutional Neural Networks."

5 George Orwell, Nineteen Eighty-Four (London: Secker & Warburg, 1949). 이 책은 최근 들어 새로운 의미를 내포하게 되었다.

6 2016년에 출범한 '머신러닝계의 여성'은 머신러닝 분야의 여성들이 자신의 연구를 발표하고 홍보할 수 있는 기회를 창출해오고 있다. 다음을 참조하라. http://wimlworkshop.org.

헌사

1 다음을 참조하라. Sarah Williams Goldhagen, Louis Kahn's Situated Modernism (New Haven: Yale University Press, 2001).

2 Francis Crick, The Astonishing Hypothesis: The Scientific Search for the Soul (New York: Scribner's Sons, 1994), 267.

3 크릭은 또한 내게 베아트리체를 소개해준 공로를 인정받아야 한다.

AI 시대, 무엇을 준비할 것인가

딥러닝 레볼루션

제1판 1쇄 발행 | 2019년 10월 28일
제1판 7쇄 발행 | 2020년 11월 13일

지은이 | 테런스 J. 세즈노스키
감수 | 권정민
옮긴이 | 안진환
펴낸이 | 손희식
펴낸곳 | 한국경제신문 한경BP
책임편집 | 김종오
교정교열 | 이근일
저작권 | 백상아
홍보 | 서은실 · 이여진 · 박도현
마케팅 | 배한일 · 김규형
디자인 | 지소영
본문디자인 | 디자인 현

주소 | 서울특별시 중구 청파로 463
기획출판팀 | 02-3604-590, 584
영업마케팅팀 | 02-3604-595, 583 FAX | 02-3604-599
H | http://bp.hankyung.com E | bp@hankyung.com
F | www.facebook.com/hankyungbp
등록 | 제 2-315(1967. 5. 15)

ISBN 978-89-475-4522-8 03320

책값은 뒤표지에 있습니다.
잘못 만들어진 책은 구입처에서 바꿔드립니다.